大
方
sight

中产上海

中国式现代化与新阶层的崛起

李成 著　林华 译

中信出版集团｜北京

图书在版编目（CIP）数据

中产上海：中国式现代化与新阶层的崛起 / 李成著；林华译 . -- 北京：中信出版社，2024.7
ISBN 978-7-5217-6536-6

I.①中… II.①李…②林… III.①中等资产阶级－研究－上海 IV.① D675.1

中国国家版本馆 CIP 数据核字 (2024) 第 084868 号

Middle Class Shanghai by Cheng Li
Copyright © 2021 by Cheng Li
Simplified Chinese Translation copyright © 2024 by CITIC Press Corporation
ALL RIGHTS RESERVED
本书仅限中国大陆地区发行销售

中产上海：中国式现代化与新阶层的崛起
著者： 李 成
译者： 林 华
出版发行：中信出版集团股份有限公司
（北京市朝阳区东三环北路 27 号嘉铭中心 邮编 100020）
承印者： 北京启航东方印刷有限公司

开本：660mm×970mm 1/16 印张：29 字数：287 千字
版次：2024 年 7 月第 1 版 印次：2024 年 7 月第 1 次印刷
书号：ISBN 978-7-5217-6536-6
定价：98.00 元

版权所有·侵权必究
如有印刷、装订问题，本公司负责调换。
服务热线：400-600-8099
投稿邮箱：author@citicpub.com

谨以此书纪念

曲少旭（1980—2018）

他从山东到上海的迁徙代表着在一个不断变化的国家中新移民寻求中产生活的梦想和为之付出的奋斗

目录

序　i

前言　在世界大变局之时重新思考全球化　001

第一部分　绪论

第一章　上海的中产与中国未来的发展轨迹　011

第二部分　中国中产的崛起：问题与辩论

第二章　美中接触失败了吗？在华盛顿和北京展开的政策辩论　031
第三章　改革开放时代中国的社会分层与文化多元　学界的论战　065

第三部分　上海：中国寻求全球实力的排头兵

第四章　海派　上海例外主义与文化跨国主义　103
第五章　"魔都"与"龙头"　"中国曼哈顿"的诞生　133

第四部分　全球化上海的教育与艺术：视角、观念和呼声

第六章　"海龟"　出国留学潮与归国潮　175
第七章　教育交流的影响　上海的海归　203
第八章　态度与价值观　对上海留学精英的纵向调查　237
第九章　西方影响与幻觉　上海当代艺术的繁荣　272
第十章　与西方对话　上海前卫艺术家对全球化的批判　295

第五部分　结论与建议

第十一章　一个生机勃勃、多姿多彩社会的前景　对中国和美国的
　　　　　几点启示　331

注释　357

附录：插图　427
附录：略语表　443

序

美国作家欧内斯特·海明威曾经写道:"如果你足够幸运,年轻时候在巴黎居住过,那么从此以后无论你到哪里,巴黎都将一直跟着你。"我的生活经历也是一场移动的盛宴,不过我的盛宴始于一座人称"东方巴黎"的城市。我在上海出生,在那座城市的文化熏陶里长大。我难以忘怀的上海经历,改革开放初期在上海所受的本科教育,中华文化给我带来的底蕴,是我人生最珍贵的财富。

尤其幸运的是,我目前还在事业的旺盛时期,在当今世界地缘政治发生激烈动荡的时刻,能于 2023 年 7 月落地"东方之珠"香港,受聘于群星璀璨的香港大学,担任当代中国与世界研究中心的创始主任,致力于打造全球一流的公共政策和国际关系智库。我与许多新移民或回到香港的专业人士一样,如今来到这座充满活力的国际化都市工作,历史和时代给予了我们机遇和使命。

论机遇,目前香港社会趋于稳定。就像任何企业都热衷于在一个社会安定和政治稳定的地方投资,个体也同样希望在一座安全和政治稳定的城市生活和工作。香港此前曾经历非常不稳定的几年。现在的稳定来之不易，岂有不珍惜之理？值得注意的是，看当今世界，哪些地方是真正稳定的？欧洲？俄乌战争没完没了。中东？巴以冲突再陷深渊。美国？政党恶斗、社会撕裂……不难预测，在未来相当长一段时间里，国际社会将受到西方推动的泛政治化、泛安全化、逆全球化、两极化（可谓是"四化"）的冲击和限制。

然而，今天的世界发展趋势不应该是一些政客所热衷的两极化，而应该是多极化。面对国际关系乱云飞渡，走向新冷战没有出路而且极其危险。世界各国应该共同努力回应气候变化、公共卫生、贫富悬殊、粮食安全、经济合作、人工智能、可持续发展、军备控制与和平等重大的全球议题。

我作为一个在美国生活和工作长达38年的华裔智库学者，现在又回到了太平洋的这一畔，来到了近现代史上促进东西方文化交往的桥头堡的香港。这里和内地毗邻，粤港澳大湾区互联互通，我也经常有机会去内地其他省市考察交流。这种近水楼台的优势与对香港和内地理解固化片面的海外观察分析人士形成了对照。

谈使命，作为研究国际关系的学者，推动跨国界的交流，促进文化文明的对话而不是对抗，理应是我们的使命。如果我们推崇文化多元，信奉世界多极，我们就应该更包容而不是偏执，更开明开放而不是保守封闭，更有全球视野而不是狭隘的民族主义，更主张国际合作而不是对立竞争。一个稳定、自信、注重综合实力的中国有能力与西方的"四化"反其道而行之。正如习近平主席在首届"一带一路"国际合作高峰论坛上所说:"文明在开放中发展,民族在融合中共存。"一个国家的文化资源和软实力经常是通过国际文化交流得到开发和繁荣的。

回香港近一年来,尤其在与内地各界人士的广泛接触和交流中,我有了很多新的感知和体验。鄙见以为,当前中国很多人对外部世界的了解,尤其是近年来迅速变化中的美国内政外交的认识,有许多欠缺之处。虽然世界和美国对中国的了解非常不足,但这并不能减少中国因不够了解世界所造成的不利因素。一方面,国内有些知识分子,也包括香港的一些分析人士,不够了解中国自己的短板;另一方面,也需克服一些人对西方的过度崇拜所造成的对国内一些问题的过度悲观。

我觉得更严重的问题在于国内不少人对于中国自身的强大给外部世界造成的冲击缺乏了解,对全球政治经济版图尤其是中产人群的重新分布认识不足。用西方话语来讲,中国已经是"房间里最大的一头大象",所作所为对其他国家有很大影响,这些影响在外界看来,有些是积极的,有些并没有得到广泛认同。如果中国自身对此缺乏足够的认识和换位思考,就很难理解外部世界面对中国的强大而产生的不同反应。同时,近年来由于种种原因,中国经济有所放缓,无论是民营企业,还是中产阶层都有一个信心不足的问题。更有甚者,还会渲染妄自菲薄的悲观情绪和民族或文化虚无主义。

本书也是在这样的国际、国内大背景下应运而生的。以上所说的机遇和使命,不只是对个体而言,也是对城市、对中产群体、对国家而言。2020 年，我曾为英文世界的读者尤其是北美国家的读者写作过一版，而这次为华语世界的广大读者奉上中文版，二者的主体内容都是关于中国中产的阐释与分析，但随着时间的推移和世界局势的变化，这本书理应对主题和内容侧重进行新的调整。

2020 年重在强调中产上海如何反映美国以往对华接触政策的互惠作用和两国教育文化交流的重要意义，2024 年则不仅突出了全球东西方、南北方中产力量在 21 世纪以来消长变化的历史反差，而且论证了中国中产的崛起是对共同富裕理念和中国现代化的有效诠释。从全球的角度而言，中国还有望在世界经济复苏和中产共享增长中起到引领作用。

全球视野中的中国中产之崛起

在后疫情时代，各国产业链、供应链联系脆弱，贫富悬殊扩大，种族矛盾加剧，地缘政治冲突蔓延，金融危机风险不断，这些与西方发达国家陷入中产坍缩和空心化等困境往往互为因果。近 30—40 年来，西方中产在持续萎缩。美国中产占比已从"二战"后的 70% 下降到 2021 年的 50%。德国、意大利、西班牙等欧洲国家也面临相似趋势。据美联储 2023 年的统计报告，美国收入最高的前 1% 人群拥有的财富份额已超过全体中产阶级（收入分布第 20—80 分位的人群）。美国财政部部长耶伦 2024 年初在芝加哥经济俱乐部就美国中产阶级现状的主题演讲中承认，美国实际工资中位数几十年来一直停滞不前。根据欧洲央行 2024 年 2 月的报告，欧洲收入最高的前 5% 人群的财富份额则长期保持在社会总财富的 40% 以上。

与此同时，人类社会正在走入中产主导的世界。50 多年前，全球中产阶层不足 10 亿，约占世界总人口的 1/4；21 世纪以来，中产规模开始向 20 亿迈进，接近总人口的 1/3。发展中地区特别是中国在其中贡献巨大。据世界银行学者的测算，2009—2020 年间，全球 97.6% 的新增中产出现在亚太、中南美洲、中东-北非及撒哈拉以南非洲等地。在此期间，中国、印度、印度尼西亚、巴西等发展中国家都调整了脱贫政策以扩大中产规模。

尤为重要的是，中国改革开放 40 多年来，有 8 亿多人摆脱贫困，4 亿多人成为中等收入群体。中国中等收入群体真可谓异军突起，规模居世界第一，在全球中产和全国人口中的占比都在 30% 左右。近几年，尽管受疫情冲击，全球和中国中产的数量都出现过短暂波动。未来受产业转型、金融风险、人口结构等影响，中国中产的数量仍然还会有波动的可能。但只要不发生大规模战争或其他不可预测性事件，全球中产的发展趋势和分布就不会剧烈改变。像本书数据显示的那样，中国城市化的潜力，对新质生产力的战略部署及国内统一大市场的规划等构筑了中产发展的乐观图景。

共同富裕就是中产扩大之路

以共同富裕作为发展战略的中国，持续扩大的中等收入群体不仅可以发挥稳定器作用，为世界和平发展筑牢基础；还可以扮演推进器角色，通过进一步扩大消费和进口，为全球市场注入信心活力。共同富裕不是要限制民营企业，而是要通过激励市场经济的三大动力（消费、投资、外贸）来促进中产的增长。目前就消费而言，中国中产群体的潜力还未真正释放。要实现消费拉动经济增长的基础性作用的关键不在于富人群体，而完全依赖中产社会的形成。

顺应新一轮科技革命和产业变革，找到新的经济增长点是国内经济复苏的关键。在新冠肺炎疫情前的2019年，中央领导层就提出"高质量"和"一体化"的新发展规划，重点发展上海所在的长江三角洲区域的现代制造业、服务业和智能研发等。而此前几年，上海市政府就以建设医疗卫生、食品安全、终身教育、智慧交通、公共安全和科技服务这六大产业的大数据公共平台为工作重点。

中国在全球治理尤其是新能源、电商、创新驱动、人工智能、数据安全等领域，可以贡献更多中国方案，体现中国强调新质生产力和包容性增长的深远意义。善加引导中产对ESG（环境、社会和治理）的投资、低碳生活、可持续发展等的关注，有助于撬动这一群体的"经济引力中心"作用。近年来，中国积极稳妥推进碳达峰、碳中和的绿色发展模式和新能源的广泛应用，将会得到众多国家的认同和回响。中国中产的增长与国内的共同富裕、绿色发展，以及对外的包容性增长与和平发展理念构成了中国式现代化的特点。就如郑必坚先生所说，中国式现代化"从根本上超越了西方奉行的零和博弈思维和战争、殖民、掠夺、胁迫的现代化老路"。

同时，以教育、青年和民间交流为抓手，促进各国中产对话沟通，青年的成长发展将成为未来世界和平稳定的基石。人文交流、民间交往会帮助不同的国家寻求更多的利益汇合点。今日之青年，大概率就是明日之中产，是一起把蛋糕做大的国际参与伙伴。无论是国内政策层面还是对外关系层面，未来中产的包容性增长对实现中国式现代化都至关重要。

中国式现代化植根中国文化，是契合中国实际的实现中产社会的中国梦

中国式现代化并非古老华夏文明的衰亡，而是传统文化的新生。文化现代化是中国式现代化的重要组成部分。上海经常被认为是中国式现代化的亮丽名片。20世纪初，西式现代化和中国共产党这两支在中国近现代史上影响最大的力量都发源于上海。在与外来文化的交流中，上海产生了特色鲜明的海派文化。海派文化从诞生之日起，就体现了开放、多样、进取、外向、创新和包容的内涵。本书对海派文化特点的讨论揭示了上海在吸收外国文化精华的同时，也强化了中华文化的创新和地方文化的多元特色。海纳百川的海派文化的魅力不是由西方文化主导的，而是非西方文化韧性与适应能力的彰显。

上海是现代中国成长壮大的标志，而今它在国际上声望日高本身就加强了中国人的民族自豪感。改革开放以来，上海作为"中国曼哈顿"的兴起传达的是一个生机勃勃、百花齐放、富有自

信、面向未来、成长中的中产国家形象。而海派文化的风生水起，包括本书描写的上海先锋派艺术作品所表达的前瞻性思想，为我们理解中国中产对于文化和全球事务的参与提供了新思路。多维度的"上海奇迹"是通过"文明的对话"而非"文明的冲突"实现的。文化传播和国际交流是任何文化发展的前提。中国与外部世界的文化交流越活跃，国力就越强。而海派文化所体现的自信和包容会使中产中国在全球卓越地位的竞争中如虎添翼。

在解析中产上海的发展和意义，以及从大国战略层面放眼中国中产研究的过程中，我得到了海内外众多学者和各界人士的指导和帮助。我在英文版有一个很长的致谢名单。囿于中文版篇幅所限，我无法尽数重复。但对名单上的各位，我的感激一如既往。

但有一人我必须重复，即我的恩师，2023年刚过世的基辛格博士。过去近20年里，我时常与他会面，得到他耳提面命的教诲，这是我莫大的荣耀。在我们无数次一对一的会面中，他娓娓讲述了他的传奇经历、历史视角、远见卓识和战略思维，这一切都影响了我的学术和智库生涯，包括本书的写作。毫不夸张地说，基辛格博士在促成美国对华开放中起到的作用之大，无人能出其右；他推动中美关系正常化，为之后中国大批学生赴美留学奠定了基础，可以说是改变了几代人的命运。他不仅推动了冷战的结束，他在晚年提出"共同演进"的新理论，为中美处理大国关系提供了"解法"。他百岁高龄时还远渡重洋来中国访问，激励鼓舞着当今世界两个最强大国家之间民间外交的发展。他的去世，对世界而言，是一个时代的结束；对我个人而言，是我失去了生命中很重要的一部分。每每回想起他的鞭策和他睿智的话语，这种伤感都难以言表。

这本书能与中文读者见面，贡献最大的莫过于联合国高级翻译林华老师，她也是基辛格《论中国》的译者之一。她对原著的准确理解和她优美得体的中文表达令我由衷地敬佩。我要深深感谢中信出版集团为出版此书所做的大量工作。尤其是中信出版集团董事长陈炜、总编辑洪勇刚的大力支持；中信出版集团副总编辑、中信出版·大方总经理蔡欣，她参与策划与讨论，这几年来包括在新冠肺炎疫情期间，我们有许多次的见面；感谢中信出版·大方总编辑赵菁和编辑刘芷绮细致的编辑工作。也要感谢施宏俊先生最初对本书的推荐。而我的好友翁吉义先生对于本书的出版问世贡献非凡。

这本书是我 2023 年来到香港后完成的。我要感谢香港大学的校领导，尤其是张翔校长、王于渐首席副校长和宫鹏副校长的大力支持，让香港大学当代中国和世界研究中心（Centre on Contemporary China and the World, CCCW）得以建立。对研究中心这些才华横溢、精明强干的年轻同事，李逸飞、蒲玛俐和张驰，我的感谢言简意深。特别是张驰以他出色的中英文能力对书稿的内容和文字做了一丝不苟的校对和润色。

我来港大后，许多老朋友和新朋友，其中许多是闻名遐迩的专家学者和各界领军人物，对我们新的研究中心给予了多方面的巨大支持。我们中心很幸运，有一长串的支持者，包括：曹磊、邓锋、丁健、霍炳光、洪雯、贾庆国、金刻羽、林至颖、李开复、杰弗里·雷蒙、陆恭蕙、芮安卓、毛学峰、马凯硕、裴逸群、裴宜理、施涵、谢淑丽、孙洁、约翰·桑顿、董云裳、蔡欣怡、王石、翁吉义、迈克尔·韦尔兹、许戈辉、薛澜、杨大利、邱腾华、杨荣文、杨元庆、郁建兴、曾玉、张弛、张文宏、张云、郑志杰等。他们在中美关系面临严峻挑战之际，仍然致力于对跨学科、跨国界的学术研究的支持。对于我在港大的教授同事，我就不一一致谢了。能在港大良好的学术环境中工作是我的荣幸。

所有这些个人和机构的支持都在推进本书的中文版出版中起到了作用。他们都一贯支持独立、公正、客观的研究；这种无私奉献令人钦佩。当然，我对本书的所有论点，包括一切错误，担负全责。

在准备中文版的过程中，我的家人和亲属，尤其是李银生、李娴甫、章承修、章华、季慧、姚蓉，给予了我不可或缺的关爱和帮助。本书献给曲少旭，我叫他"小曲"。我是在2003年非典疫情期间在上海遇到小曲的，他很快成为我们大家庭中的一个成员。作为新上海人，他的故事代表着上海众多居民（无论是本地人还是外来人）共同的奋斗与梦想。我没能更多地帮助他克服健康问题以实现他的梦想，这是我此生永远的遗憾。谨将本书作为对他的纪念。

前言

在世界大变局之时重新思考全球化

> 那些使和平改变成为不可能的人,必将使暴力改变成为不可免。
>
> ——约翰·F. 肯尼迪

2000年上海美术馆举行的上海艺术双年展上,国际知名的中国艺术家黄永砯创作的一座雕塑吸引了众人的注意。黄永砯用沙子堆出了一座和外滩上曾经属于汇丰银行的那座著名大楼一模一样的沙雕。这件获奖艺术品有个讽刺性的名字,叫"沙的银行,银行的沙"(见附录插图1)。它最深刻的特征是它在展览期间的变化:逐渐变干,逐渐解体。

这个地标性建筑复制品的垮塌具有高度的象征意义,特别是隐喻了全球化的惊人影响和潜在的灾难性后果。由英国的帕尔默和特纳建筑设计公司设计的汇丰银行大楼1923年一俟建成,就成为外国势力在这座城市中辉煌岁月的代表。[1]大楼表面是壮观的罗马式建筑,前门有3个花岗岩石拱,上方是巨大的穹顶。英国人曾经吹嘘说，这座大楼是"从苏伊士运河到白令海峡之间最精美、最宏伟的"。[2] 20世纪上半叶，包括美国在内的许多帝国主义国家在和中国打交道的过程中，都与这家国际银行过从甚密（也向它借过款）。1949年中华人民共和国成立后的40多年，上海市委和市政府在这座大厦里办公。[3] 1996年后，它成为另一家银行——浦东开发银行——的所在地；这家银行作为主要供资方，支撑了在黄浦江对岸的浦东地区，特别是人称"中国曼哈顿"的陆家嘴地区的震撼世界的大开发。

近期世界上发生了不少具有转折性意义的事件，有美国的"9·11"恐怖袭击，有2008年全球金融危机，还有最重要的新冠病毒全球大流行，这些事件的影响共同证实了黄永砯对于日益互联互通的世界所产生的灾难性冲击与后果的感受和恐惧。由于新冠肺炎疫情危机，整个世界的日常生活与工作节奏突然被打乱，甚至戛然而止。国际航班、邮轮和其他远程运输大多陷入停滞。学校、工厂、商店、餐馆、影院、体育场和其他娱乐设施统统关门。大多数国家也关闭了国门。中国最初暴发新冠病毒的震中武汉（一个人口超过1100万的大都会）2020年大半个春天彻底封城。世界范围内，从新冠病毒暴发之初到2020年底，大约8370万人感染，超过181.9万人病亡，数十亿人被隔离，生活在孤立无援、焦虑紧张，甚至惊慌失措的状态中。例如，2020年3月，78个国家中的34亿人（约占世界人口的43%）在政府要求下"居家隔离"。[4] 截至2020年4月，新冠肺炎疫情大流行迫使191个国家关闭学校，全世界超过15亿学生无法在正常的教室环境中学习。[5]

这场"世纪大流行"的长期影响远未分明。新冠肺炎疫情暴发前,国家内部与国家之间的经济不平等已经在世界各地激起了反全球化运动。疫情暴发自然给全球化的前景蒙上了新的阴影。新冠肺炎疫情不单是一场毁灭性公共卫生危机,而且暴露出国家治理和国际秩序的根本性问题。如亨利·基辛格所说,"许多国家的制度将被视为失败","新冠病毒后的世界再也不复以往"。[6] 有理由认为,对区域和全球一体化的怀疑,以及激进民粹主义、种族主义和仇外情绪可能会在世界许多地方抬头,导致人的心态、行为、偏好和侧重点的改变。

考虑到这些情况,前面提到的中国艺术家黄永砅似乎企图用他那富有想象力的艺术作品提醒观众,现代中国在与外部世界相遇的过程中经历了急剧的变化和意外的曲折。他的雕塑每个细节都充满丰富的含义。生于福建的前卫艺术家黄永砅在巴黎住了十多年,对一门心思追求现代化及对全球化导致的破坏性结果一直持批评态度。[7] 在他和其他批评者看来,经济与文化全球化蕴含着不同的意义和现象——并非全是正面的。[8] 官员腐败、经济不平等、金融动荡、社会失序、环境退化、公共卫生资源分配不当、文化异化现象和国际紧张关系,这些问题是全球化进程的常见副作用,许多国家都有,中国也不例外。2000年,上海双年展的一位策展人侯瀚如说,黄永砅的展品显示了"走向现代、走向全球的梦想总是暗含着破坏与灾难的风险"。[9]

黄永砅的警告有着深深的历史原因。如哈佛大学历史学家杜维明所说,"中国在现代转型过程中目睹了太多的破坏和暴力"。[10]

值得注意的是，黄永砯的作品以艺术手段表现了知识界对于全球化"不可避免""不可抗拒""不可逆转"论调的批判，这样的批判声音始终没有平息。[11]

对中国来说，真正的风险及它作为新兴超级大国所面临的最大挑战不是政治风险，或国家重回国人心目中那"两个不幸的世纪"，即鸦片战争以后那段时间。改革开放后，中国从经济全球化中获益巨大，可以说甚于任何其他国家。国内市场改革与对外部世界的深度融入协同推进，造就了过去40年的"中国经济奇迹"。自邓小平1978年开启改革开放以来的40年中，中国大约8亿人脱离了贫困，相当于欧洲人口最多的德国的10倍。仅仅25年前，在中国还看不到明显的社会和经济层面"中产阶层"的踪影。但今天，越来越多的中国公民（目前据计在400万到500万）过上了中产生活，有私人房产、私人汽车、良好的医疗保健、各种金融资产，还有财力出国旅行和送孩子出国留学[12]；早期，这些人主要集中于上海和其他大城市。2019年10月，中国人民银行对中国城市居民做了一次大规模调查，调查结果显示，中国96%的城镇家庭拥有房产，其中31%有两套房产，11%有三套或三套以上。[13]与40年前相比，中国2019年的GDP增长了60倍，人均收入高了25倍。[14]

中国现在面临的严峻挑战是，在迅速跃升为世界最大的中产国家和世界第二大经济体的同时，如何消弭其他国家，特别是北美洲、欧洲和大洋洲国家的恐惧与忧虑，打消它们关于中国地位上升和影响力扩大将损害地区乃至世界繁荣与和平的担心和偏见。

中国的"一带一路"倡议已经开始重塑全球格局，一些由中国唱主角的新创金融机构，如丝路基金、亚洲基础建设投资银行和新开发银行，也起着同样的作用。有些人认为，中国牵头的这些倡议为发展中国家提供了急需的基础设施建设、资金和更加有效的脱贫手段，其他人却有不同看法。同样，中国在国际组织中的影响力也有了显著增加，世界卫生组织即是一例。新冠病毒大流行期间，中国在世卫组织的影响力进一步增强，这激起了世界各国批评者的强烈不满。

最令人担心的是，美国和中国之间紧张关系的升级。旷日持久的贸易战，对彼此政治制度日益尖锐的批评，在涉台、涉港、涉疆问题上的针锋相对，在东海和南海附近频繁的军事演习，在5G技术、人工智能、网络空间和外太空领域日益激烈的竞争——这些都是紧张升级的表现。华盛顿越来越感到，美国有可能在战略、外交、安全、军事、政治、意识形态、经济、金融、科学、技术、卫生，甚至教育与文化等多条战线上与中国发生重大冲突。华盛顿的一些政客和舆论领袖把教育与文化上升到"高端政治"（high politics）领域，将其变成了国家安全问题。由于这些关切，美国政界、外交界和学界中的许多人断定，美国对中国长期以来的接触政策失败了。在各个领域与中国全面"脱钩"的主张在华盛顿声势渐涨。

同样，针对美国的敌对观点在北京也日益普遍。对于在各种问题上与中国有争端或批评中国的美国、其他西方国家及中国的邻国，中国开始利用中国的经济、技术和军事力量对等应对。北京升级了国家主导的产业政策来打造"国家领军企业",还鼓励在高科技领域与西方公司开展直接竞争。中国推行主动大胆的外交政策,其特征是谈到中美关系时最新的常用字"斗争"。

中美关系恶化的速度与规模前所未有,几乎无人料到它来得如此之快、如此之广。时不我待,美国这个世界最强大的国家和中国这个迅速崛起的国家需要赶快找到办法,防止彼此愈演愈烈的恐惧和敌意发展到不可控制的地步,那将导致两国直接对抗,甚至是毁灭性的战争。如此可怕的前景似乎应和了中国一些人的悲观情绪,已故的黄永砯(1954—2019)那件艺术作品正是表达了这样的悲观情绪。黄永砯通过他的雕塑突出了历史的不可预测和纪念碑式的建筑在不断变化环境中的脆弱。不过,也许更重要的是,这件艺术品促使人们重新思考在我们岌岌可危的世界中全球一体化和文化交流的意义与价值。

在美中矛盾日益加剧,全球混乱、山雨欲来这一至为关键的时刻,美国决策者必须看到当今中国的充沛活力和巨大多样性。上海所体现与引领的今日中国中产迅速增长造成的政治、社会、经济、企业、文化和民间的改变。当然,中产当中盛行民族主义,有时甚至存在强烈的反美情绪。但是,这个重要的群体也具有开放的世界观和价值观,敢于挑战权威,要求政府尽责,而且非常乐意与美国和其他国家合作——他们中的许多人曾在美国和西方各国留过学。华盛顿不能低估中国中产的作用与力量,采取的政策不能排挤疏远这支力量,将其推向强硬的民族主义,那样对两国乃至全球都是有害的。

当然，上海的未来并无定论。不过，研究它的过去、现状和今后几十年可能的变化方向给人启示良多。作为1949年以前最西化的中国城市和当今中国融入世界的排头兵，上海是理想的研究案例，可借以评价跨国力量，以及文化与政治、国家与社会、东方与西方互动所产生的影响。

研究的核心是一个答案待定的问题：中产在塑造中国未来在世界舞台上的形象方面将发挥何种作用？它会成为国内积极社会变革的催化剂、绊脚石，抑或是别的什么东西？中产的快速增长一般会引发对未来的新期盼和责任感，它会推动中国在瞬息万变的全球环境中成为建设性（而非破坏性）的力量吗？著名国际事务评论家法里德·扎卡利亚（Fareed Zakaria）[15]最近说过，美国对中国的力量增长反应过度。若能充分了解中国中产的视角、价值观和呼声，特别是他们与西方同类人群的相似之处，能否帮助消解这种恐慌？

在中国继续沿着自己的发展道路阔步前行之际，对这些问题的探索和解答意义极其重大。要想寻求答案，透过中国最有活力的城市——上海，来了解中产这个当今中国社会的核心组成部分是一个很有效的途径。

绪论

第一部分

第一章

上海的中产与中国未来的发展轨迹

> 如果历史教会了我们什么,那就是令人激情燃烧、投入暴力的主义和事业转瞬即逝,经常因时过境迁而失去意义。我们必须学会在处理国际关系中耐心、宽容、开放,最重要的是要有历史眼光。
>
> ——菲利普·库姆斯

> 两千年历史看西安,五百年历史看北京,一百年历史看上海。
>
> ——中国的一句俗语

影响中国国内转型和世界作用的力量为数众多,其中最重要的莫过于中国中产的迅速兴起和爆发性增长。中国正在从一个相对贫穷的发展中国家向中等收入国家过渡,这一过程很可能对社会每个领域,特别对中国的经济、环境、教育、政治、社会凝聚力和文化产生广泛影响。在国际方面,中国新兴的中产已经开始改变中国与外部世界的互动方式,在紧跟跨国文化潮流的同时,扩大了中国社会和经济的外延和软实力的提升。

今后几十年,中国中产将成为变革的驱动力量,也会承担变革的代价、享受变革的裨益。更好地了解中国中产的特征及其在国家迅速变革过程中的多方面作用能帮助厘清它的经济与政治发展轨迹。对海外的中国观察者来说,中国中产体现了中国社会正在发生的多维度变化,因此是有用的研究课题,可以帮助外国政府,特别是美国政府,确定与北京打交道的有效政策选项。华盛顿目前正激烈辩论是否要终止40年的对华接触政策,进而与中国全面"脱钩";北京则尖锐批评美国带头阴谋遏制中国崛起,采取了针锋相对的态度;这些都证明中美之间的紧张在日益加剧,且远远超过了经济和贸易领域。两国都加紧了在亚太地区的海军活动和其他军事演习,指责对方开展非法网络攻击,互相驱逐记者,威胁停止民间交流,并加大了日益敌对的政治攻击声浪。鉴于目前的中美关系状况,世界上最强大的国家和世界上发展最快的国家之间爆发军事对抗甚至全面战争绝非危言耸听。

本书提出的论点与华盛顿流行的美国对华接触政策失败论截然相反。从上海这座中国最国际化的城市来回顾中国过去20多年的发展和对外关系,可以清楚地看到,美国甚嚣尘上的"全方位中国威胁"的假设和相关政策措施太过简单、思虑不周、误入歧途。

最近,华盛顿为推动对华脱钩,极力渲染中华民族是对美国"全社会的威胁"。这不仅造成了中国庞大的中产阶层这支活跃进步力量的反感,而且严重损害了美国公共外交和国家利益,有可能使两国走向直接对抗,进而导致战争。[1] 美国各界极其需要对中国国内的发展动态和中国社会的多样性,特别是对不断扩大的中产阶层开展全面实证研究;这样可以在分析中国未来与美国及世界的关系时拓宽视野,也有助于理性辩论。

双重焦点:中产和上海

研究上海中产及其文化价值观能否帮助我们对中国的政治轨迹和外交关系,包括战争与和平的可能性有更深的了解?从柏拉图(Plato)到马基雅维利(Machiavelli),从孔夫子到毛泽东,对文化动态与政治动态之间、内部力量与外部关系之间的关联早有认识。随着中国全球影响力的增长,关于中国在世界上的作用,以及与其他国家的关系,国际社会,特别是美国的政策制定者,越来越在两个截然不同的场景之间犹豫不决。两个场景中的任何一个都与中国迅速兴起的中产的发展轨迹密切交织。

第一个场景比较悲观:中国借着持续数十年的双位数经济增长和军事现代化的东风,成为超级大国。中国的中产规模空前,这些人强烈的民族主义观念将主导国家事务的方方面面。数以亿计中产消费者的巨大需求、全球资源的短缺、中国膨胀的碳足迹引起的国际惊愕、中国工业化与城市化迅猛发展造成的其他负面问题导致的全球关切——这一切都加剧了紧张;蛊惑人心的煽动家会趁机不断挑动这种敌意满满的有毒的民族主义情绪。在这个场景中,一个正在上升、对受西方帝国主义欺负的"屈辱的世纪"

念念不忘的中国很容易会选择无视国际规范、破坏全球机构,甚至考虑在东海和南海及亚太其他地区开展侵略性扩张。

第二个场景比较乐观:中国不断壮大的中产阶层与西方国家,特别是美国,有着紧密的经济与文化联系,因此乐于接受国际价值观。中国中产消费的增加会帮助减轻中美贸易的不平衡,缓解经济紧张关系,他们的生活方式也会变得和发达国家一模一样。另外,中国的政治、经济和文化精英中越来越多的人接受过一定的西方教育,对外部世界有更深刻的了解;他们是催动中国发展的力量。中国中产中有很多私人企业家和私营部门雇员,他们和其他国家与他们同类的人一样,重视财产权和经济自由。在大多数国家中,经济发展和执政效率之间的紧密联系是调节各方利益的重要一环,也是终极需要所在。中产阶层也许能通过推动政治改革和国家治理改善来创造并加强这样的联系,他们也会要求中国在外交政策上做负责任的利益攸关方,与美国及整个国际社会建立更具建设性的关系。

两个场景似乎都比较极端,但又都是基于对各种可能性的认真评估。例如,中国中产已经显示出购买外国货的强大意愿和能力。2019年8月,美国批发连锁店开市客(Costco)进入中国,在上海开了一家店。开业第一天,营业了没几个小时就不得不关门,因为来的顾客实在太多,招架不住。[2] 开市客出售的货品中一半以上来自海外,许多货品几乎一上架就立刻售罄。由此可见,崛起的中产显然拥有难以置信的经济实力和购买力。但与此同时,这也有潜在的可能成为一支严重损害美国利益的力量;悲观场景设想的真正危险于此得到凸显。可以说，美国也应负起一定责任，竭尽全力推动乐观场景的实现。主要是避免采取无谓地刺激中国民族主义的行动，并积极与中国开展建设性接触。不幸的是，当前关于美国对华政策的主流讨论大多忽视了中国中产的正面作用与影响。总的来说，中国经常被当作一个大一统的实体，不分国家与社会。

未来几年，无论哪个场景成真，中国新兴的中产都将驱动国内的政治发展，又将直接影响中国的对外姿态。美国若要确立有效的对华政策，外交政策界就必须更加准确、全面地了解中国中产，从它的基本组成到它的价值观、世界观，以及它在决定中国未来走向中的潜在作用。在21世纪互联互通的世界中，我们必须自问，两个最大国家拉开对抗的架势是好事吗？能持续吗？

1949年以前，上海是中国最西化的城市。今天，它依然是中国积极参与经济全球化和国际文化交流的先锋。因此，要了解中国中产的兴起、跨国力量对中国的影响，以及这两股潮流在中国的社会、文化和政治中的复杂互动，上海是理想的研究案例。在某种意义上，就中国从1978年至今的经济、社会和政治发展而言，上海既是实验室，也是创新者。

上海是新兴中产和海外留学归国人员的"摇篮"。根据中国社会科学院社会学研究所的一项研究，2010年，中产大约占上海劳动力的40%。[3]《中国新中产圈层白皮书》显示，2018年，上海超过500万住户可算作中产家庭。[4] 放眼上海周边更大的地区，华东（上海、浙江、江苏、福建、江西、山东和安徽）占全国中产的

44%。[5]当然，这在上海不是刚发生的新鲜事。早在2005年，上海约82%的家庭就已经拥有至少一处住房，其中22%拥有两套房产。[6]根据中国人民银行2019年的一份报告，全国城市家庭资产平均值是318万元（约合45.4万美元），中位值是163万元（约合23.3万美元）。同年，上海居民家庭资产的平均值是807万元（约合115万美元）。[7]

2009年，全国1/4以上留学回国人员居住在上海，上海的海归人数在中国31个（不含港、澳、台地区）省级行政区中位列第一。[8]那一年大约4 000名留学回国人员在上海建立了创新驱动企业。另外，多国公司和国际组织在上海的高级执行官员中相当一部分曾在国外留学。不仅如此，同年，中国科学院和中国工程院在上海的院士60%以上是海归，102人曾长期在国外工作。"国家973计划"（指国家重点基础研究计划——译者注）在上海的66位首席科学家中，97%曾在海外留过学。[9]总的来说，与其他地区的海归相比，上海海归中高学历的占比较高，平均来说更年轻。例如，2009年，大约64%的上海海归拥有硕士或硕士以上学位，73%在21岁到30岁。[10]

上海的国内外竞争力主要靠这座城市汇集的人才。下面会讲到，可以说一个国家最重要的资源就是它的高等教育系统和其他推动以文化与知识为基础的经济活动机构。著名大学和文化机构（如博物馆、艺术画廊、剧团和其他表演团体等）云集上海，不仅使它成为中国两大教育中心之一（另一个是北京），而且帮助培育了特征明显的上海文化（海派文化）。主流的北京文化（京派）有时被描述为具有贵族、保守、精英和官本位的特征；相比之下，对海派文化经常用务实、进取、创新、多元、悠闲、现代和前沿等词来形容。[11]

海派文化，无论是在艺术、文学、音乐领域，还是在公共讨论领域，都对不同的价值、观点和生活方式十分宽容。这里面部分的原因是，上海是座相对年轻的城市，无论在租界时期的过去，还是在全球化的今天，基本都不排斥外来人，也不无其西方影响的"洋气"。例如，2015年到2017年间，中国收视率最高的深夜脱口秀《金星秀》的主持人是位变性人。身为新上海人的金星是朝鲜族，也是从美国留学回来的海归。《金星秀》节目在上海制作，经常向中国观众介绍西方思想、新的社会规范、价值观和中产阶层的生活时尚。[12]《金星秀》于2017年末结束，但金星仍在主持其他宣传海派文化的电视节目，那些节目也很受欢迎。

上海特征鲜明的亚文化中这些活力四射、多元兼容的发展十分重要。正如一些学者所说，今天的上海"已变为具有世界意义的城市"。[13] 这不光是因为中产的爆发性增长所导致的上海经济与金融地位的提高，也因为上海代表了一个世界性文化的再次兴起和跨国力量的充沛活力。

上海："另一个中国"？

当然，上海不能代表全中国。这座大都会对于中国来说好比纽约对美国。值得注意的是，上海作为世界性城市的兴起恰值鸦片战争后清王朝的衰落之时。这给上海的身份与特征留下了不可磨灭的印记。怪不得许多上海历史学家都说它是一座处于历史潮流交汇处的城市，它的经历常常迥然有别于中国其他地区。[14] 例如，斯黛拉·董（Stella Dong）称，共产党1949年取得胜利之前的一个多世纪中，"中国之失从来都是上海之得"。[15]

所以，一些研究上海历史的学者声称，通过这座城市看中国，会"得到扭曲的印象"。[16] 例如，上海尽管经历了日本侵华战争和国共内战的双重打击，但在20世纪上半叶的大部分时间中，它都被视为"全亚洲都市化程度最深、工业最发达、最为国际化的城市"。[17] 在某种意义上，上海在20世纪头几十年之所以如此繁荣，主要是因为它与中国相对关系不大。[18] 一位分析家说，"上海的耸立建立在中国虚弱的基础上"。[19]

"另一个中国"这个说法是法国历史学家白吉尔（Marie-Claire Bergére）发明的，后来成了描述上海与中国其他地区截然不同的发展道路的典型标签。[20] 上海有独特的外国文化影响，有强烈的地方身份特征，20世纪上半叶，它在推动中国民族主义的发展中起到了中心作用，因为它提供了"中国世界地位的新远景"。白吉尔注意到，"上海对外部世界更开放，同时也更知道中国在世界上应有的地位。民族主义和世界主义齐头并进、相辅相成"。[21] 20世纪30年代，中国一大批著名作家、出版家、教育家和艺术家住在上海，其中许多是留洋归来的。他们中间大多数人也提倡中国民族主义。卡丽·瓦拉（Carrie Waara）注意到，"他们的国际取向加上他们强烈的经济与文化民族主义赋予了上海独特的地方风味。"[22]

20世纪上半叶的上海有多重身份，至今依然。既然上海是现代时期中国发展壮大的典范，它跃升为国际知名城市就使得中国人的民族主义感情愈发高涨。上海的地方性、国家性和世界性身份都生机勃勃，既互相加强，又在不同的情境中各自保持独立的价值。上海对外开放带来的不是文化融合，而是文化共存和文化多样性。

有些中国学者提出，上海近来的经验证明，许多研究中国文化的常规方法根本行不通，比如过于简单化的东西方二元论，还有西方施加影响、中国被动反应的模式。[23] 这些学者认为，文化跨国主义的功能如同双行道。20世纪90年代以来，跨国文化运动在上海落地生根，表明上海的政治和文化精英有推动对外交流的自信，也显示了他们"将地方化的外国文化据为己有时的心安理得"，这是阎云翔在描述另一座中国城市的"文化全球化"时用的说法。[24] 然而，上海对其世界性和地方性身份的自豪感在某种意义上也妨碍了它在文化与教育发展中追求卓越。[25] 跨国文化力量的充沛活力使上海的学者、教育工作者和艺术家得以与国际社会同步思考相关问题。

不过，上海在20世纪和近几十年来发挥的开辟性作用不容忽视。了解上海对弄懂现代中国至关重要。[26] 因其在文化传播中的特殊作用，上海一直被称为中国通往外部世界的"窗口"或"门户"、东西方之间的"桥梁"、了解当今时代中国崛起的驱动力的"钥匙"。在民国时期，上海就是接受西方思想影响、"带领全中国进入现代世界"[27]的桥梁。在一定程度上，上海是两个文化融合的产物。上海把世界引进了中国，也把中国带入了世界。[28]

因此，对于上海是"另一个中国"的定位，可以从两个方面提出反驳。

第一，尽管上海受西方影响很大，但它骨子里从来都是中国城市。上海永远是"中国的上海"，从未失去过自己的文化身份或"中国"感。[29] 2003年，中国出版了一本讲在上海的外国人的书，书中用了"中国有个上海"这句话来描述上海对中国的发展与多样性的贡献。[30] 整个20世纪中，上海在中国的经济、政治、社会和文化生活中一直占据着重要地位。如本书序中所说，上海是中国争取实现现代化的发源地，也是中国共产党的诞生地；这两者是塑就中国当代历史的两支最重要的力量。

过去的一个半世纪中，上海作为在中国的西方文化影响力来源，其重要性有起有落，但若没有上海，现代中国的崛起是无法想象的。按照费维恺（A. Feuerwerker）的说法，"上海确定了外国在中国存在的风格"，这种风格为其他中国城市所"争相效仿"。[31] 出生在上海、在美国受教育的历史学家卢汉超注意到，1949年以前，上海生活方式中的西方影响不仅保留了下来，而且许多重要内容在20世纪下半叶传播到了中国其他城市。[32]

第二，20世纪90年代，中国勠力把长三角地区建成经济中心，把上海定为长三角的"龙头"；自那以来，上海就是中国社会和经济发展的领头羊。它在很大程度上是江南地区（主要由浙江和江苏两省组成）事实上的"首府"。上海中产与居住在苏州、无锡、常州和宁波等其他江南大城市中无数的中产家庭有着千丝万缕的联系。分析上海是充分了解中国的钥匙，可以说现在尤甚以往。2019年5月，中共中央政治局召开会议，讨论"高质量"和"一体化"的新发展规划，重点发展上海所在的长江三角洲区域的现代制造业和服务业。[33]中国领导层宣布，这一区域一体化发展规划将为中国新时代的经济增长起到"伟大的示范作用"。

事实上，1978年之后的中国发生的许多重要现象，如商业社会的重兴、证券市场的建立、外国投资、土地租赁、房地产繁荣、农民工进城、电子商务的扩张、人工智能在城市发展中的应用、市场经济的发展等，都是要么起源于上海，要么对上海产生了深刻而直接的影响。过去1/4世纪以来，这座城市经历了令人瞩目的经济繁荣和巨大变化。这样的发展变化迅速传播到其他地区。上海作为世界性城市的重新崛起彰显着中国加入"全球俱乐部"的努力，是21世纪中国壮大成熟的深远象征。

近年来，中产的快速兴起和增长超出上海，扩展到中国的其他城市，包括内地的二三线城市。麦肯锡咨询公司的鲍达民（Dominic Barton）和同事们在2002年做的一项研究显示，中国的城市中产相对规模较小，40%集中在北上广深4座一线城市。然而，预计到2022年，住在这4座超大城市的中产居民占全国中产人口的比例将降到16%左右，76%的中产都将住在二线城市（45%）和三线城市（31%）。[34]关于中产的地域分布，麦肯锡的研究预测，中国中产将从2002年的沿海87%、内地13%转变到2022年的沿海61%、内地39%。[35]

上海不可能是"另一个中国"。不过，可以说它因其特有的世界性亚文化,是中国一座独特的城市,有力量改变国家,使之向国际规范和价值观看齐。美国国务院负责经济、能源与农业事务的前副国务卿罗伯特·霍马茨(Robert Hormats)观察到,上海在尊重知识产权方面比中国任何其他城市做得都好。[36] 清华大学中美关系研究中心副主任张传杰做过一次关于中国人对美国态度的民意调查。他按照性别、年龄、教育、收入和地点这5个人口学变量来细分收集到的回答,结果发现,只有在地点的变量下看得出中国人内部对美国看法的显著不同。具体来说,张教授发现,与中国其他地方的受访者相比,上海的受访者对美国的观感好得多。[37]

上海这些独有的特点使它成为一个很好的学术研究课题,也是前面说过的理想研究案例,可借以记录中国中产的成长壮大和跨国力量对中国的影响。本书将各种人的故事与严谨的实证分析相结合,来揭示上海在中国现代历史中如何行使以下3个必不可少的职能:(1)引进并吸收外国文化与投资;(2)突出中国社会日益增长的多样性和发展包容性文化的必要;(3)向国内其他地方传播并示范世界性(或"后现代")观点、思想和价值观。[38]

本书研究的课题、方法与组织结构

审视上海自20世纪90年代以来的重新崛起能使人了解这座城市的特殊作用。对美国和中国的决策圈、研究中国的学术圈及整个社会科学界来说,这是首要的兴趣所在。本书在探讨上述3个重要课题时结合了关于中国与美国及世界未来关系的两场重大政策与理论辩论。（1）中国空前的多维度国际交流（上海是其连接点）会如何影响华盛顿关于美中脱钩的政策辩论，以及中国对所谓美国牵头的遏华阴谋的关切？（2）如何评估外国影响和中国社会层级的变化所产生的冲击？理论与实证分析能够揭示中国中产的哪些主要特征？

本书在研究中采用的分析框架能够帮助厘清经济、政治、文化和教育之间活跃而复杂的相互作用，把焦点放在中国新兴中产的文化与教育上。本书采用了文化的通用定义，即对一个社会具有特定意义的一套价值观、惯例、规范、习俗、象征、逸事和神话。文化也包括生活方式、宗教信仰、艺术与学术作品、哲学和历史记忆。文化经常分为两类——精英文化和通俗文化。前者指文学、艺术和教育，后者指大众娱乐、脱口秀和新媒体，包括传播新思想和新语汇的社交媒体平台。博物馆、艺术画廊、酒馆、茶馆和其他公共聚集地是公共文化场所。

在日益全球化的世界里，文化多样性的概念有3个主要特征。第一，机构和个人是推动各种跨文化事业的代理人或行为者；第二，符号与思想被用来促进信仰与规范的跨国交流和相互理解；第三，具有便利跨国流动的方法和工具。[39] 这3个组成部分共同构成了文化的跨国力量。从某种意义上说，"文化全球化"是概念上的悖论。全球化意味着地方和国家的规范或思想在全球层面上的传播与融合，而文化蕴含着从传统历史环境中继承下来的独有特征。文化必然多种多样，缺乏一致性；某个文化的人民经历的过去各有不同，涉及的记忆、象征、神话、风格和规范也都不同。[40]

本书不用"文化全球化"这个词，而是用"文化跨国主义"和"文化国际主义"，两者可以互换使用。文化跨国主义意味着通过跨国交流形成共有规范、共同知识和多重身份，因而加强不同人民和不同传统之间的互联互通。[41] 本书的原始研究采用了4种方法：（1）个人生平、教育背景和职业数据分析，（2）对上海高等教育机构的案例研究，（3）调查问卷，（4）对前卫艺术作品的内容分析。

　　接下来的两章讨论了前述两场辩论的题目。第二章把对上海中产的研究直接放到了当今美中关系的大背景中来理解这一讨论的即时性和深远意义；集中介绍关于美中应该继续接触还是应该在各方面脱钩的政策辩论。第三章专门审视关于当今中国的社会分层和文化多元性的学术讨论，也概述了中国学术界关于中国中产特点和国际交流所产生影响的著述。

　　第四章显示，上海的现代史也是中国融入外部世界的历史。上海从来都是中国最西化、最世界性的城市，至今犹然。外国影响给上海居民的社会规范和文化价值观留下了持久的印记，这一章讨论了上海文化受外国影响的程度。包括居住在上海的台湾人在内，大约有50万不具有中华人民共和国国籍公民住在上海，他们帮助塑造了上海的社会结构。第四章突出显示了在此过程中形成的一些看似地方和国际的身份特征如何引发中国社会不同部分之间的争议性政治区分。这一章在讨论了上海例外主义和文化跨国主义之后提出，上海当代文化的地方性、国家性和国际性同时并存，海派文化对于中国其他城市的民族主义情绪起到了抵消中和的作用。

第五章记录了过去30年间,特别是邓小平作出开发浦东地区、对外资开放的决定之后,上海发生的一系列多姿多彩的跨国交流。这些进一步证明,新的市场力量只能是"变化的引擎",而新的中产文化则可以决定"变化的方向"。中产经常是提高市场效率的力量;中国共产党为了长期执政,需要支配这支力量。这一章研究了过去10年间上海的私营公司、国有企业和外国公司齐头并进这一看似矛盾的现象。

第六章集中探讨国际教育交流的作用与影响,特别是在西方受过教育的中国海归的情况。过去20多年中,尤其是近年来,出现了中国留学生的归国大潮。研究分析,留学回国人员这个群体使我们得以深入了解改革开放时代中国出国留学潮的宏观趋势,也能够更深刻地揭示中美文化与教育交流在微观层面上产生的影响。通过对中国顶级大学开展的大规模量化研究,可以看到,海归在大学行政管理、课程发展、社会科学研究和学术界其他方面的地位、分布和担任的领导角色。

第七章介绍了对上海留学归国人员的一次纵向调查,借以研究他们与从未留过学的人有何不同。调查显示,留美海归的民族主义倾向不一定比其他教育背景的中国精英弱,也不一定总是更亲美。然而,对于中国这个世界人口大国正在发生的多层面变化,中美教育交流产生的短期和长期的积极影响不容忽视。从美国的视角而言,对中国海归群体开展的详尽而具体的研究表明了应如何改善美国将来与中国的教育交流,如何向着积极的方向读懂中国政治、教育和文化领域的精英，如何防止反美情绪主导中国的公共讨论并决定中国年轻一代的观点，如何将中国这个新兴大国从潜在的劲敌转变为开放、合作的伙伴，如何找到最好的前行道路，在这个经历着剧烈且经常是破坏性变革的时代建立一个和平安全的世界。此事殊为不易，但美国和西方的外交政策学者和专业人员若不注意并研究这些问题，以后可能会意识到铸成了历史大错。

第八章和第九章分析了上海的前卫艺术，集中探索这座城市蓬勃发展的当代艺术，试图了解前卫艺术作品如何反映这个重要文化中心一些最具前瞻性和批评眼光的人在艺术和思想追求上的深刻改变。第八章探讨了过去10年艺术画廊在上海的惊人发展，包括一些大型私有美术馆的出现。这一章也突出了上海双年展的重要作用和国际文化交流在改革时代产生的巨大影响。

第九章讨论分析了上海前卫艺术家的一些代表性作品，他们的艺术作品传达的政治信息通常比较微妙，文化涉及面广，时时流露出焦躁之情，却没有北京一些艺术家的傲慢无礼。上海的前卫艺术家使用现代媒介（如需要观众参与的电脑程序、国际象征符号，还有行为艺术），但他们的作品并不仅着眼于眼下，而是开启批评性的国际对话，讨论中国和世界对消费主义痴迷日深的现象及其负面效果，特别是表现了这些艺术家对于他们眼中美国遏制中国崛起的政策，以及对美国在世界事务中道德虚伪性的普遍不满。他们发出的信息通常超越现代与传统、东方与西方、政治与文化这些一般的概念界线。仔细观看这些作品，能够看到上海民众迅速变化的视角和知识分子群体发出的兼具批评性与建设性的要求，呼吁与西方在平等基础上开展对话。上海艺术家希望通过自己的作品传递人性共通的强烈信息，人性可以克服看似严重的文化分歧。

有关上海中产的这一切反映了整个中国社会活力充沛、复杂多样的性质；第十章讨论了这对于中国、美国及全世界意味着什么。这最后一章与前面的第二章遥相呼应，进一步阐述如何尽量减少中美之间的误会和怀疑，尽量扩大中国中产在中美关系和全球关系中积极的、建设性的作用，这一章提出了供中美两国政策制定者思考的一些主张。

第二部分

中国中产的崛起

问题与辩论

第二章

美中接触失败了吗？
在华盛顿和北京展开的政策辩论

> 要毁灭一个幽灵远比毁灭一个真人更为困难。
>
> ——弗吉尼亚·伍尔夫

> 文明不是国家的——它是国际的。
>
> ——富兰克林·D. 罗斯福

在刚刚庆祝了中美建交40周年之际，来分析最近双边关系急剧恶化的促成因素似乎有些奇怪。其实恰恰相反，现在也许是这样做的最好时机，因为了解历史情境和目前局势的严重后果，也许能帮我们绘出这一对可称为21世纪最重要双边关系的发展轨迹。过去40年来，这两个各自品质独特的国家发展出了相互交织的密切关系。到2019年两国建交40周年之际，它们彼此间的接触无论是在政府、军事、地方、商业、文化、教育、智库、非政府组织、旅游，还是在民间交流方面，都达到了空前的广度、深度和密度。自那以来，特朗普政府对中国采取了敌对措施，华盛顿日益强烈地认为，中国对美国构成了多方面的重大威胁，美国必须与这个新兴超级大国"脱钩"。

这新一轮的紧张并非由某个决定性的事件或因素引发。美国许多分析人士认为，他们长期警惕的"中国威胁"现已延伸到双边关系的每个方面，并且进一步扩大，产生了区域和全球范围内的影响。中国大力推动经济扩张、政治外延、军事现代化、思想和文化传播及技术进步，因此被西方广泛认为，在损害美国的实力、影响和利益。在美国，明显感觉到一种紧迫感，急欲保护并加强美国的安全、繁荣和世界信誉。

尼克松和基辛格20世纪70年代初访问北京，开启了美国对华接触政策，后来的八届政府一直奉行这一政策。如今，华盛顿共和、民主两党的政策制定者往往认为，对华接触政策已经失败。美国领导层现在要求对中国采取更坚定、更具对抗性的政策。他们觉得，美国若不转用更为有效的新方法来对付中国，恐怕这个强大的竞争者将在很多重要领域超越美国，并在20年后，甚至更短的时间内，获得相对于美国的重大竞争优势。目前，美国对中国的政治、经济和安全政策的焦虑和批评可以说是两党共识，但如果由此断定美国就如何对付中国已经达成了战略和政策上的广泛协商一致，未免言过其实。

一些初步脱钩措施已经产生了实质性冲击。例如，2018年和2019年，技术领域的中美联合投资急剧减少，2020年更是几乎归零。2018年5月到9月，向中国公民发放的赴美商务、旅游和教育签证同比减少10万多份，降幅达13%。部分由于对赴美学习科学、技术、工程和数学（简称STEM）的中国留学生人数的限制，美国政府在2018财政年度发给中国国民的学生签证减少了54%。[1] 据报道，特朗普政府甚至考虑要完全禁止对中国发放学生签证。[2] 2020年，特朗普政府做出了一系列加速对华脱钩的极端决定，包括撤回在中国的和平队志愿者[3]、发布行政命令终止美国政府在中国内地和香港地区赞助的富布莱特计划[4]、不准据信与"军民融合发展"相关的中国研究生和研究人员入境[5]、命令中国关闭驻休斯敦领事馆，还威胁要全面禁止中共党员及家属踏足美国，这一禁令如果实行，可能至少影响到2.7亿中国人[6]。

从中国的角度来看，美国的政治叙事和脱钩政策证实了中国对美国阴谋遏制中国崛起的怀疑。在中国民众眼中，"华盛顿现在似乎决心不遗余力压制中国"。[7] 特朗普总统旷日持久的贸易战对中国产品施加了惩罚性高额关税，但在中国目前面临的各项挑战中，这可能反而成了最不重要的。中国领导层显然不仅决定继续推行针锋相对的外交政策，而且在各条战线上对等对待，甚至不惜冒与美国发生军事对抗的风险。中国的民族主义和反美情绪在急速飙升和扩散。

鉴于两个大国之间的敌意和爆发毁灭性战争的危险，美国的政策圈和学术界必须就以下问题开展认真的讨论：对华脱钩将带来什么代价与后果？美国现在放弃50年来对华接触政策是否为时过早？将中国作为一个大一统实体来对待，不承认它内部多种多样的力量，将国家与社会混为一谈，这种观点是否过于简单化？在由互联互通驱动的21世纪，两个最大经济体脱钩是否可取，甚至可行？企图孤立中国的战略是否实际上也会孤立美国，特别是鉴于美国民意日益倾向于单边主义，而中国却拥抱多边主义及其带来的经济和政治裨益？如果美国在经济发展、环境保护、能源安全和教育交流领域中与中国脱离接触，美国还能拿什么来了解和影响中国未来的发展？

一些问题也值得政策讨论的中国一方思考。中国的一些舆论领袖提出，中国领导层应当承认，中国过去40年惊人的科技进步只能部分地归功于国内努力。促成中国成功的首要因素是开放了与西方，特别是与美国的教育交流和技术合作。许多中国人相信，最近美国实施战略转移，从把中国当作伙伴或合作性竞争者转为视中国为敌，这也许反映了美国对自己全球霸权信心的下降。这种对地缘政治实力动态发展的看法可以帮助理解华盛顿的过度反应。无论是在经济领域、政治领域、意识形态领域，还是军事领域，这些行为引起了美国、其他西方国家的强烈不满。

本章首先回顾美国对华接触的历史背景，包括两国教育和文化交流的渊源，并讨论双方开展这类活动的动机和怀有的担忧，特别涉及中国领导人的"变化"。然后，对在6个重大领域导致关系恶化的原因，以及据信会引爆冲突的红线进行了分析。本章通过探讨对华盛顿脱钩政策的异议，提出美国抛弃50年的对华接触是不成熟的、有害的。讨论的结尾处将集中分析日益动荡的美中关系对中国中产产生了何种影响，以及中国中产的意见与反应如何能够为美国政策制定者提供宝贵指南，帮他们在一个不断变化的世界中调整对华接触的形式。

美国的对华接触政策与"和平演变"目标

利用国际融合来鼓励共产党政权"和平演变"的思想最初由约翰·福斯特·杜勒斯（John Foster Dulles）在20世纪50年代明确提出。长期以来，美国对华接触、改造中国的战略一直以此为基石。根据这个理论，如果中国继续向着开放的经济和社会"和平演变"，进一步融入美国领导的国际体系，最终就将发生某种形式的政治转型。这不是说美国想把中国变为西式民主国家，或者像一些美国领导人做得更离谱的白日梦那样，让中国成为美国的附属。其实，没有几个美国人会幼稚得如此想入非非。几十年来，华盛顿的决策者只是希望这个世界上人口最多的国家不要挑战西方主导的国际秩序。研究美中教育与文化交流的著名历史学家玛丽·布朗·布洛克（Mary Brown Bullock）在20世纪80年代说过，"通过教育把中国拉入美国的轨道成为广泛目标"。[8] 有学者认为，关于民主和平的理论经受了时间的考验，足以为信，根据这一理论的主张，中国有可能发生转变。[9] 为此，他们提出美国有责任推动中国国家和社会内部的变革。

作为文化外交的一种形式，与非西方国家的教育交流得到华盛顿的大力推动，特别是在冷战期间，它成为外交政策中除政治、经济和军事以外的"第四维度"。[10] 第四维度把重点放在"人民、思想和价值观"上，以此强调对外关系"人的方面"的重要性。[11] 用艾森豪威尔（Dwight D. Eisenhower）总统的话说，"战争发乎人心,和平亦然"。[12] 因此,教育可以成为重要的渠道,用来向外国未来的领导人灌输美国的价值观和思想。[13] 这个理论是美国外交政策界长期以来的信念——谁教育中国的青年,谁就将最终影响中国的发展。[14] 耶鲁大学历史学家史景迁(Jonathan D. Spence)指出,对许多西方国际主义者来说,中国提供了一个"以人格力量影响历史的机会"。[15] 这个建立在教育基础上的策略"在维持世界和平方面比大炮和战舰强得多"。[16]

两国最高领导人都把中美教育交流与世界和平和地区稳定的远大希冀明确联系起来。1979年1月,《美中科学文化交流协定》在华盛顿特区签署时,邓小平对国际媒体说,"我相信,国家之间广泛的接触合作,以及人民之间增强交流和理解会使我们的世界更加安全、稳定、和平"。[17] 正是在这场会上,卡特(Jimmy Carter)总统对邓小平和其他中国来宾宣布,"我们的目标是使我们两国之间的这种交流不再是例外,而是常态,不再是头条新闻和历史学家研究的题目,而是中国人民和美国人民日常生活中的例行部分"。[18]

过去40年,美国和中国的教育交流司空见惯,结果,人们反而不再注意这种交流对中国的政治、经济和社会转型、两国的大量民间来往,以及亚太地区的稳定产生的惊人影响。1978年到2019年,中国共有585.71万公民出国留学,其中大部分去了美国。[19] 仅2018年一年,就有大约70.35万中国学生在外国留学,中国因此而成为其他国家国际学生的首要来源。[20] 2017—2018学年,美国学校入学的中国留学生共363 341人,连续9年位居在美学习的外国学生人数榜首。[21] 中国留学生占当年美国全部国际学生的33%。作为对比，那年在中国学习的美国学生总数是 20 996 人。[22] 至于旅游者，美国采取脱钩措施之前，每年在美国和中国之间旅行的人数大约为 500 万。[23]

过去 20 年，出现了中国留学人员归国大潮。截至 2018 年，大约 365.14 万在国外学习的中国学生、学者回到中国，在国外完成学业项目的所有中国学生学者中占比 85%。[24] 仅 2017 年一年，就有大约 48.09 万中国学生学者从海外学成回国。[25] 他们中间有 22.74 万人获得了高等学位（硕士或博士）或完成了博士后训练。多数归国留学生都属于中国新兴的中产。现在，他们在各行各业发挥着重要作用，包括在中国的教育机构、研究中心、中央和地方政府、国企和私企、外资或合资公司、律师事务所、医院和诊所、媒体网络，以及非政府组织。为这个迅速扩大的精英群体专门发明了一个新中文词，叫作海归（留学国外的归国人员）。

美国重视跨国教育交流的另一个原因是，它相信和平的国际关系在很大程度上依赖于不同国家领导人之间的个人关系。[26] 所以，相当一部分受过西方教育的海归进入了中国精英阶层这个事实值得注意。本书的量化分析显示，2017 年全国党代会选出的由 376 人组成的中共中央委员会中，留学归国人员的占比逐渐提高，从 2002 年的 6% 到 2007 年的 11%，再到 2012 年的 15%，然后是 2017 年的 21%。这些人大多数是在西方国家，特别是在美国留学的。

过去 20 年，包括高级领导干部的孩子在内的许多年轻学生在西方学成归国，所以，受过西方教育的中国政治精英将来可能会更加位高权重。此外，美中合办的几个合资教育机构培养的大批毕业生在各行各业都发挥着重要作用。例如，1986年约翰斯·霍普金斯大学高级国际研究学院和南京大学联合建立了霍普金斯—南京中心，这个中心培养出了3 000多名毕业生，其中不少人在两国的政府、学术界、产业界、媒体和非政府组织担任领导职务。[27]

可以说，中国改革开放时代的这些发展正好符合向着美国的价值观和利益转变的预期。早期对中国的新富群体，包括对初生的中产所做的研究一般都强调，这些人在政治观点和行为方面倾向于保持现状，不愿冒险。但大量研究说明，这也许仅仅是中产发展过程中的一个短暂阶段。[28]中国中产普遍对官员腐败感到不满，对环境保护、财产权、食品药品安全的要求越来越高。所以，在某种程度上，中国中产已开始显现与民主国家同类人的相似之处。

然而，最近中国一些其他的经济和政治事态发展使得美国政界和知识界的一些人对接触政策是否成功产生了怀疑，特别是因为"和平演变"的目标与成果之间落差巨大。值得注意的是，中国改革开放时代的上述政治和社会发展并未削弱中国的政权。事实上，自从中美两国开始广泛的教育与文化交流以来，其他的关切和紧张一直暗潮汹涌。

过去40年中，中国和美国的决策者在规划执行广泛的教育交流活动时无疑各打各的算盘。对邓小平来说，派遣大批中国学生去西方国家和日本学习的首要目的是"弥补失去的岁月"，因为在"文化大革命"中，中国几乎与国际学术界完全隔绝。[29] 邓小平希望，通过与先进西方国家的教育交流来提高中国的经济生产力、改善人民的物质生活水平、增强教育能力和技术竞争力，并加强中国的国家凝聚力。[30] 今天，邓小平的目的显然达到了：40年来，中国的GDP增加了60倍，中国成长为世界第二经济大国，中国按照发表科学论文篇数计算的国际排名急速上升，从1979年的第38名到1982年的第23名，然后到1989年的第15名，再到2003年的第5名，最后是2017年的第2名。[31]

然而，令中国领导人为难的是，鼓励出国留学有两大风险，一是"不可避免的人才外流"，二是"无法阻挡的西方思想传播"。关于人才外流的问题，邓小平有信心，"即使派出的留学生有一半不回来，还有一半回来可以搞四化建设，（因此）也比不派、少派要好得多嘛"。[32] 相反，过去40年中国领导人担忧的，用中国一位著名国际关系学者的话说，"更多的是中国被孤立在世界之外，而不是'和平演变'"。[33]

美国决策者感到为难的是，美国大学要想向外国学生传授自由民主的思想，就不能不让他们从事科学技术研究。中国积极鼓励公民出国留学，大批留学生学成归国；这些美国看在眼里不喜反忧。中国非凡的经济增长、实现科技现代化一往无前的决心及其为捍卫国家主权而开展的强军努力都使美国忧心忡忡。两本关于小布什政府的畅销书披露，正是出于这样的担忧，乔治·W.布什（George W. Bush）总统早在"9·11"恐怖袭击发生之前就把中国视为重大威胁。[34] 美国政府担心分享科技知识会危及国家安全，所以对外国学生，特别是来自中国的学生，采取了限制政策，不准他们学习某些"敏感课题"。

中国对"和平演变"的反应

自 1949 年中华人民共和国成立以来，中国领导人一直怀疑西方要对中国的文化价值观和社会政治规范施加过度影响。毛泽东认为，美国企图通过约翰·杜勒斯的"和平演变"政策来阻挠中国的社会主义革命。[35] 不让中国落入美国彀中是毛泽东心头的一件大事。信奉毛泽东思想的人一直认为，前文概述的美国"通过教育把中国拉入美国的轨道"的策略是一个诡计，旨在塑造中国下一代领导人的世界观，使之与美国利益一致。[36]

20 世纪 60 年代初的中苏论战和 60 年代中期毛泽东发动的"文化大革命"都至少部分地源于毛泽东个人的思考，他怀疑杜勒斯的宏大战略已经影响了苏联，担心中国也会因此而发生类似的修正主义"变色"。[37] 许多知识分子，特别是在海外受过教育的知识分子，遭到迫害，因为他们被认为是美国威胁的一部分。

邓小平基本改变了中国的孤立主义政策。例如，1978 年，邓小平作出了两个里程碑式的决定：吸引外国投资和送中国学生出国学习。他勾勒出了中国追赶西方科技发展的战略计划，在 1983 年说出了"教育要面向现代化、面向世界、面向未来"的名言。[38] 20 世纪 80 年代，中国害怕大范围对外教育交流会导致西方思想的传播，进而改变中国的政治制度，使之顺从于西方利益。邓小平采取了一些措施，如反对"精神污染"和反对"资产阶级自由化"。[39] 尽管如此，这个时期的中国与其他国家的工商业往来还是迅速增加。邓小平在1992年著名的南方讲话中更是要求加快经济改革、扩大对外开放。

邓小平的继任者进一步扩展了中国与世界的关系。20世纪90年代，中国宣传部门大力宣扬中国应努力"与世界接轨"的主张，这反映出中国领导人强烈希望，通过经济与教育全球化使中国为"现代世界"所接受。[40] 用一些中国记者的话说，"中国要想与世界接轨，就必须改变自己"。[41] 中国加入了世界贸易组织，成功申办2008年北京奥运会和2010年上海世博会；这些常常被引为与世界接轨的成果。例如，中国领导人允许一个意大利歌剧团在紫禁城表演，引进美国电影《泰坦尼克号》。1999年，中国出版了5 000多部外国书，占新版书总数的10%。与其他国家的外国书出版相比，这个百分比是比较高的。[42]

进入21世纪之后，头十年的中国领导人对西方文化的兴趣包括经济管理、文化娱乐和科技发展，当然也有法治文化、社会福利制度。在他们的领导下，政治局会议的过程，包括决策会议和集体学习会议，都向媒体公布。在外交政策领域，提出了"中国和平崛起论"。这一理论主张，中国应努力成为国际社会中受尊敬、负责任的成员，这样它的崛起才不致被视为对世界和平的威胁，特别是在它的邻国眼里。[43]

2012年之后，中国领导人对内加强党的建设，推进反腐倡廉，对外采取积极进取的外交政策，提出"一带一路"倡议。对于美国领导的推翻苏联和其他社会主义政权的"颜色革命",中国领导人也表达了忧心。认为美国企图遏制中国,公开号召与美国作"斗争",这使得中国自由派知识分子和西方的中国观察者感到忧虑,担心中美抗争会危及中国稳定和世界和平。但是,在多数中国人民那里,在世界其他地方,特别是非洲和南美的多数人民那里,中国领导人的言行极受欢迎。他们觉得,中国领导人做的事情,如强力反腐、注重军队改革、坚定致力于消除国内贫困、有效动员举国之力抗击新冠肺炎疫情、制定大胆的环保目标、通过在国内外开展基础设施建设来推动经济增长,以及提出到2049年把中国建成技术超级大国的愿景——桩桩件件都符合中国的利益,也是对美国霸权的抗衡。

华盛顿对中国的关切和"脱钩"

中国在双边、区域和全球关系中越来越主动作为,这引起了美国决策者的关切,体现在诸多彼此紧密相连的领域。这些领域中的关切相互加强,成为两国间深度交织但令人忧心的关系中的重要因素。在华盛顿看来,美国现在与中国交往的所有领域都具有强烈的政治意义,需要认真审视。美国有6个主要关切领域:(1)战略与外交,(2)安全与军事,(3)政治与意识形态,(4)经济与金融,(5)科学与技术,(6)教育与文化。所有这些领域中的关切促使华盛顿一些政治人物发出了对华全面脱钩的呼吁。

战略与外交方面

众所周知，中国领导人和中国对外政策机构从来高度重视战略规划，特别是在外交政策方面。过去 10 年中，中国关于对外政策的讨论中出现了一个普遍论点，即中国在世界舞台上正在"下一盘大棋"，或者说必须学会下大棋。当然，中国下棋的对手是美国。像迈克尔·蓬佩奥（Michael Pompeo）和史蒂夫·班农（Steve Bannon）这样为美国出谋划策的人声称，中国的总目标不仅是实现国家的可持续发展，而且要超越美国。[44] 这些分析人士认为，中国的战略目标在"两个一百年"愿景中显示得淋漓尽致；"两个一百年"为 2021 年中国共产党建党 100 周年和 2049 年中华人民共和国成立 100 周年确定了发展目标。到 2049 年，中国的力量和影响力将走到世界前列。

对此，美国政府官员的反应是在各种声明和讲话中强调，应当把中国视为战略竞争者或对手。这样的说法载于美国政府发表的报告中，如《美国国家安全战略》和《美国国防战略》，也反映在美国最高层领导人关于外交政策的重要讲话中，包括特朗普（Donald Trump）总统 2018 年的国情咨文演讲、副总统迈克·彭斯（Mike Pence）2018 年在哈德逊研究所和 2019 年在威尔逊中心的演讲、参议院情报委员会副主席马克·沃纳（Mark Warner）2019 年在美国和平研究所的演讲、司法部部长威廉·P. 巴尔（William P. Barr）2020 年在福特总统博物馆关于中国政策的演讲，以及国务卿蓬佩奥 2020 年在全国州长协会会议上和在尼克松总统图书馆的演讲。所有这些报告和演讲都声称，现在"对美国最大的威胁"

不是恐怖主义团体，也不是所谓的流氓政权，而是来自中国的长期战略竞争的再现。[45]

在美国看来，中国不断扩大全球接触的范围，其战略和外交意图明确。中国在拉丁美洲、非洲和中东开展的一些活动让美国受了冷落。例如，在开展多边外交时，中国选择不包括美国在内的拉丁美洲和加勒比共同体作为与该地区接触的首要渠道。欧洲学者最近发布的一份长篇报告指出，中国在欧洲营造战略关系的努力不仅让中国站到了"'欧洲门口'，现在中国已经登堂入室"。[46]

有鉴于此，美国决策者要求盟友加强与美国的战略联盟关系，也敦促拉丁美洲和非洲的其他国家选边站队。[47]与此同时，美中之间的外交接触近年来发生了重大改变。奥巴马总统8年任期中，两国政府举办了105场定期双边对话。特朗普政府的前两年，对话锐减到4场，后来就连这一点对话也停止了。对两国外交关系最大的打击发生在2020年7月，当时美国指控中国开展经济间谍活动，企图窃取科学研究成果，以此为由下令关闭中国在得克萨斯州休斯敦的领事馆。作为回应，中国政府撤销了自1985年起就是美国在中国西部门户的驻成都领事馆的许可。

安全与军事方面

经过20多年的发展，中国军力已经被人称为世界第二强，实力仅次于美国。

美国军队在今后几年，甚至几十年中，都可能继续保持对中国军队的优势，但是，中国在以下领域构成的战略挑战仍然值得全世界注意。第一，台湾问题一贯是美中关系最敏感的问题。2018年，美国国会通过了《台湾旅行法》，加强了"在《台湾关系法》下满足台湾的合法防御需求、对胁迫台湾的行为进行威慑的承诺"。由于中国从领导层到老百姓，全国上下都将台湾问题视为国家核心利益，所以美国这一行动引起了中国极为强烈的反应，而且这种反应将不断持续。第二，中国不久前在吉布提建立了首个海外军队后勤保障设施，用来保护在当地的经济和商业利益，保证运输、工业、能源安全。第三，解放军现在的口号意思明确："时刻准备着。"解放军在陆、海、空、外空、网络空间等各个领域加强科技化发展。近几年来，中国加快了军事现代化的步伐，采用了先进技术、人工智能（AI）等。

按照一些美国分析人士的说法，中国军事现代化和军事能力的提升将带来严峻的长期挑战。目前，中国的军事预算仍仅为美国军事预算的1/3，但《经济学人》杂志认为，到2035年前后，中国的军费开支就将超过美国。预计到2050年，中国军费开支将达到1.75万亿美元左右，而届时美国军费开支是1.25万亿美元——远逊于中国。[48] 这些预测无论准确与否，都大大加剧了华盛顿的焦虑。美国参议员马尔科·卢比奥（Marco Rubio）因此力主美国发展这方面的战略反制措施，否则就悔之晚矣。[49] 2018年2月的一次参议院情报特别委员会听证会上，卢比奥参议员宣称，"在美国240多年的历史中，我想不出我们在哪个时候遇到过如此规模、范围和能力的竞争者和潜在对手……（中国人）在推行一项协调有序、执行得力、非常耐心的长期战略，目的是取代美国，成为地球上最强大、最有影响力的国家"。[50]

政治与意识形态方面

美国政界和知识界人士普遍认为，过去10年，中国社会发展的速度与规模是新中国成立之后的任何时期之最。中国的强硬在国内表现得最为明显，政治空间紧缩和意识形态控制均普遍增强。在国际上，可以从中国官方的宣传活动和建立"统一战线"的努力中看出它的积极进取。关于中共在国内外的强势政治举措，批评者经常突出如下几个方面。

第一，习近平领导的中国采取了一系列措施来加强意识形态管理。中国强调24字的核心价值观，反对历史虚无主义。

第二，中国共产党的十九大把"习近平新时代中国特色社会主义思想"纳入了宪法。党的领导得到加强，而且在其他国家的影响力也日益增强。北京下大力气营造中国特色的政治制度、经济制度和"举国体制"在世界眼中的正面形象。

第三，中国积极利用其宣传媒体在海外传播中国故事。中国的官方报纸现在是《华盛顿邮报》等主流外国报纸的免费夹页，中共还资助海外中文报纸的分销。例如，《侨报》在美国至少15座大城市有10万多华人订户。这份报纸的主要新闻版面几乎同《人民日报》一模一样。微信在线上发布的中文《北美留学生日报》也遵循中共路线，其首要读者群是海外的中国留学生。[51]批评中国意识形态和政治扩张活动的人士指出，北京越来越重视做四种人的工作：前政客，媒体、智库和学界的舆论领袖，美国和其他国家的国家及地方政府官员，海外华人社群。[52]

经济与金融方面

美国工商界人士也许不赞成和中国打长期的全面贸易战，但他们也一直对中国的各种做法啧有烦言。中国领导层全面加强党的领导，这些行动被一些批评者认为与政府扩大对外开放的承诺背道而驰。许多美国公司不满于中国在《中国制造2025》计划下推行的产业政策。中国领导层把航空航天、船舶制造、生物医药和机器人技术等行业定为"重要战略部门"，那些产业政策就是要推动受国家支持的中国厂家在这些部门中的发展。

批评者还指出，中国的市场改革进展缓慢，关于知识产权保护和市场准入的许诺迟迟不能兑现，这使得美国工商界恼怒不已，而这个群体以往都在美中关系中起着调解的作用。美国对中国最强硬的鹰派人士指责中国占国际贸易秩序的"便宜"。

此外，中国的国际经济倡议也加重了美国的关切，担心中国正在将经济计划纳入地缘政治战略，进一步扩张它的不公平行为和政治影响力。像"一带一路"倡议这样的大规模计划被批为"债务陷阱外交"，说中国利用令债务国无法长期承受的贷款和债务困境获取影响力，并迫使债务国作出过分的让步。中国还在与俄罗斯、巴西和委内瑞拉的石油结算中尽量使用人民币而不是美元。"一带一路"倡议在华盛顿激起了广泛讨论，大家都关心中国地位的上升及其对美国实力和全球领导地位的侵蚀所带来的风险。

华盛顿焦虑日增，特朗普总统又一直呼吁实现贸易再平衡，于是，美国对华经济立场丕变，随之而来的中美贸易战沉重打击了两国经济。例如，2018年中国的股票市场业绩为全球金融危机以来最差，损失了2.4万亿美元，使中国股市在那年的排行榜中垫底。同年，根据政府发布的官方数据，中国GDP增长率降至7%，为28年来最低。2018年中国对美投资只有前一年的1/6，是2016年的10%，显示出随着美中相互依存开始减弱而冒头的脱钩迹象。美国经济因新冠病毒大流行遭到破坏性打击后，白宫敦促美国公司重组全球产业供应链以降低对中国制造商的依赖，并要求在华美国公司迁出中国。[53]

科学与技术方面

中美之间紧张的焦点在于科技领域中日趋激烈的竞争。数字革命给人的安全、繁荣和尊严带来了也许是有史以来最快的变化。美中双边关系中日益加剧的紧张和竞争涉及的一些重要而复杂的问题就发生在这一空前变化的背景下。

中国在科技领域中构成的挑战与美国的经济、安全和政治关切密切相连。最近的美国《国家安全战略报告》宣称，"数据和能源一样，将塑造美国的经济繁荣和我们未来在世界上的战略地位"。[54] 在一些技术领域，如5G、人工智能和量子计算，中国正以惊人的速度奋起直追，有些方面已经超过了美国。美国《国家安全战略报告》还声称，中国的目标是控制信息和数据，在国内压制民间社会团体，在海外扩张中国的影响力。[55] 有些分析人士指出,中国缺乏有力的法治和基于道德的规则,这使它在人工智能开发和其他尖端研究中占据了不公平的优势。

美国批评中国的人指称,中国能够在世界舞台上占据技术支配地位,主要靠窃取技术、侵犯知识产权、强迫技术转移和产业政策。出于这些关切,美国开始重新思考并评价自己的技术政策。华盛顿的决策者现在认为,美国不仅应限制对中国的高端技术转移,而且要阻止中国公司进入美国的高科技市场,并防止中国学生在美国从事敏感课题的研究。[56]最近,联邦调查局(FBI)花大力气调查那些接受联邦资助、又在美中两国都参与研究项目的中国或华裔科学家,有几次甚至命令研究机构和大学解雇这样的科学家。

特朗普政府出手禁止中国华为在美国开展业务,还游说盟国如法炮制。特朗普政府希望借此破坏中国实现其科技目标的努力,并威胁中国,若不遵守美国的规则就要受到孤立。为此,澳大利亚禁止华为和中兴为本国电信网络提供5G技术。最值得注意的是,美国向加拿大提出要求,要引渡2018年秋过境温哥华时被捕的华为首席财务官孟晚舟。美国政府2019年5月决定把华为列入"实体清单"后(虽然后来暂缓执行),中美全面技术战的风险骤然加大。华为被列入"实体清单"意味着美国公司及其外国伙伴在向华为供应产品之前,必须获得美国政府的准许。按照中国媒体的说法,美国政府这个决定将影响170个国家的1.3万家华为供应商,包括《财富》杂志评出的全球500强中211家公司。[57]这可能对全球电信市场产生震撼性冲击。

教育与文化方面

美国和中国的教育机构都认为，自1979年建立外交关系以来，两国间教育与文化交流是建设性的、互利的。但近几年来，中国和美国的决策者对这样的接触改变了想法。中国加紧了对国际教育交流的监督与管理，中国2017年的《境外非政府组织管理法》对境外教育机构和从事教育、文化和民间交流的公民社会组织进行了广泛的规定。

美国对双边教育与文化交流的批评声浪似乎更大。2018年秋，白宫考虑禁止向中国公民发放学生签证，那将给与中国40年的教育交流画上句号。[58] 由于"对经济和外交影响的关切"，[59] 白宫鹰派官员提出的这个建议最终没有得逞。2020年7月新冠病毒大流行肆虐之时，特朗普政府再次试图驱逐在美国全时上网课的国际大学生；这个措施一旦实施，中国学生将首当其冲。此事激起大哗，闹上了法庭，白宫只得收回成命。2018年到2020年，联邦调查局局长克里斯多弗·雷（Christopher Wray）几次就教育与文化交流方面的"中国威胁"危言耸听，重申2017年美国《国家安全战略报告》中的说法，"中国军事现代化和经济扩张的部分原因是它能够进入美国的创新性经济，包括美国的世界一流大学"。

此外，美国媒体广泛报道中国在美国教育机构中的影响力。最值得注意的是，一些报道指控美国一些大学的中国留学生和访问学者中安插有特工。据西方媒体报道，若干中国学生学者联合会是中国在美国和其他国家使馆的外围组织。美中教育交流中争议最大、受攻讦最多的是孔子学院。2017年，全球131个国家共有512所孔子学院和1 074个孔子课堂，其中103所孔子学院（20%）和501个孔子课堂（47%）在美国。[60]

2018年8月，特朗普总统签署《国防授权法》，里面有一条"要求大学在接纳五角大楼出资的汉语教程和接纳中国的孔子学院之间做出选择"。[61]到2020年7月，美国有45所孔子学院已经关闭或正在关闭。[62]另外，美国国家民主基金会和胡佛研究所的两份报告指控中国越来越多地使用"锐实力"来渗透美国大学和智库，以图影响美国对华态度。香港特别行政区原行政长官董建华创立的中美交流基金会为外国大学、智库和非政府组织提供资助，经常被作为例子来说明中国在推动锐实力。

为应对他们眼中的这些问题，美国众议员乔·威尔逊（Joe Wilson）、参议员马尔科·卢比奥和参议员汤姆·科顿（Tom Cotton）联名提出了《外国影响力透明度法2018》。这份法案将：（1）修改1938年的《外国代理人登记法》，那项法律要求外国政府和政党的代理人在美国司法部登记；（2）说明"只有其活动不推动外国政府政治议程"的教育和学术组织方可豁免；（3）修改《高等教育法》，把要求学院和大学披露每个日历年内接受的外国捐助的门槛从目前的25万美元降到5万美元。[63]

曾任国务院政策计划司司长的基伦·斯金纳（Kiron Skinner）提出的建议最极端，她建议重新考虑对华文化交流，甚至将其彻底终结。2019年4月，斯金纳在华盛顿特区的一个公开论坛上把对华关系紧张说成是"与一个截然不同的文明和不同意识形态的斗争，是美国从未经历过的"。[64] 她接着说，"同样异乎寻常是，这是我们第一次面对一个非白种人的大国竞争者"。[65] 美国对华脱钩政策的某些要素，如前述关于禁止中共党员及其家属（据估计至少有 2.7 亿人）来美的提议，不可避免地会使中国的所有公民（甚至华裔）都遭到怀疑和严格审查。

反对与中国全面脱离接触的意见

重新审视或重置持续了 50 年的美国对华接触政策已成为华盛顿的普遍观点，但美国的许多政策和知识建制机构中仍然有人反对脱离接触。对于上述脱钩政策的每个方面，美国外交政策精英中都有人表示保留和异议。有些人认为，脱钩不能保护和推进美国利益，反而会进一步削弱美国的实力和影响力。另外，脱钩也会升高两国开战的风险。

关于中国在战略与外交方面的积极进取，把中国采取的所有行动都视为意图损害美国利益的观点肯定值得商榷。中国有些做法在国际事务中非常普遍，或许主要是为了自我防卫。中国和任何其他国家一样，有自己合法的国家利益。作为世界第二大经济体，中国追求能源安全并在海外寻求资源乃天经地义。在地缘政治格局迅速变化的关键时刻，特别是在美中双边关系恶化的情况下，中国领导人必须不断对国家的战略与外交目标一再进行评估；美国领导人也是这样做的。如前代理助理国务卿董云裳所说，"维持经常性对话和工作层面的讨论，以确保有合适的管控机制来应付万一发生的危机",[66]这是美国的重要利益所在。

要求重新评价对华接触政策的不光是华盛顿分析人士中的极端鹰派分子,美国所有的政策制定者都开始注意这个问题。然而,这场战略修正的实质内容仍在激烈辩论中,尚无明确的一致意见。[67]虽然美国对华政策发生了根本性改变,但美国政治和知识建制派内部仍然存在着重大的意见分歧。就战略而言,有些人认为,除了《国家安全战略》和《国防战略》的泛泛而论之外,特朗普政府没有战略,至少没有在认真思考过美国优先事务和能力的基础上制定的周密战略。奥巴马总统的"转向亚洲"和特朗普总统的"印太"战略立意长远,却资源不足、执行不力,反映出设计中严重的后勤缺失。就算有一项遏制战略,对遏制的内容也仍有歧见。此外,有些人指出,任何新的遏制政策都为时太晚、难以奏效。[68]其他国家,包括美国在亚洲和其他地区的一些盟友,也许不想选边站队,即使它们对中国的迅猛发展感到严重关切。

同样,在安全与军事方面,一些美国舆论领袖指出,华盛顿弥漫着恐惧和危言耸听的气氛,根本没有对中国的看法给予恰当考虑。用杰弗里·萨克斯(Jeffrey Sachs)的话说,"美国拒绝以中国的角度看待美国自己"。[69]萨克斯进一步解释说:

> 如果它这样做,它将看到这样一个美国:它在70多个国家,包括亚洲各地,设有军事基地(相比之下,中国只在吉布提有一个很小的海外海军后勤保障基地);它的军费预算世界第一,把别的国家远远甩在后面;它在亚洲和其他地区长

期挑动战争、推动政权更迭，最近的例子包括阿富汗、伊拉克、叙利亚和也门；……它在朝鲜半岛部署弹道导弹防御系统，威胁到了中国的核报复能力。[70]

在兰德公司最近发布的一份研究报告中，作者蒂莫西·R.希思（Timothy R. Heath）指出，过去的半个世纪，美国军队南征北战，几乎未有稍歇。相比之下，中国人民解放军参与的最后一次重大冲突已是40多年前的事了，[71]希思得出结论说："中国军队的武器越来越高科技化，令人印象深刻，但他们是否有能力使用这些武器和装备尚不清楚。"[72]中国拥有几艘航空母舰是一回事，但在真正的冲突中操作航母完全是另一回事。

一些学者争论说，在安全与军事方面，宣布美国过去8任总统的对华接触政策失败为时过早。奥巴马时期曾任白宫国家安全委员会亚洲事务特别助理的杰弗里·贝德说："自20世纪70年代以来，东亚从未发生重大军事冲突。鉴于在那之前的40年间，美国打了3场起源于东亚的战争，损失了25万生命。（相比这两个时期）这个成就非同小可。"[73]贝德认为，放弃接触政策可能会升高东亚地区的战争风险。

在政治与意识形态方面，中国政府从未明确宣称中国要输出自己的发展模式或政治制度。40年来，中国反复重申，各国应根据自身的社会和经济环境、历史背景和当地文化来选择自己的政治制度。至于在国际报纸上打广告这种传播影响力的行为是否为中国所独有，是否与美国推动软实力的行为大同小异这种问题，华盛顿各方众说纷纭、莫衷一是。

冷战时期，意识形态是两大对抗领域之一。相比之下，今天的中国领导人很少声称共产主义意识形态将压倒对方。他们反而经常抱怨美国和西方惯于戴着意识形态的有色眼镜看中国。一位研究世界政治的美国学者最近指出，华盛顿所说的中国对美国的意识形态威胁是"我们自己创造的威胁"，因为这种说法的基本假设——"中国和美国实际代表着两种本质上敌对的意识形态"——根本不堪一击。[74] 事实上，两国各自社会内部在世界观和价值观方面都存在着深深的裂痕。在美国，这样的裂痕最明显地表现为对特朗普总统的治国表现和意识形态评价的两极化，特别是乔治·弗洛伊德（George Floyd）的惨死引发了反对制度性种族主义的抗议示威后出现的意识形态和治国理念的分歧。

在经济与金融方面，美国和中国之间的激烈竞争是人所共见的现实存在。中国的经济实力对美国构成了实实在在的巨大挑战。许多著名美国经济学家认为，美国的第一要务应当是在各个方面"收拾好自己的屋子"，提高美国经济的竞争力和创新性。耶鲁大学经济学家斯蒂芬·罗奇认为，美国和中国绑定在"一种互相依存的经济关系中"。[75] 如他所说："美国消费者需要从中国进口的廉价商品来维持生活；美国也需要中国储蓄的过剩资金来支撑似乎已成痼疾的联邦政府预算赤字。"[76]

对美国工商界来说，施压中国令其改变美国心目中不公平的经济行为当然好，然而，傲慢鲁莽的言辞行动不可取，因为那会升高与世界第二大经济体脱钩的风险，特别是在中国正设法改善与欧盟和日本的经济关系之时。为打消美国人对中国在外国基建投资的焦虑，中国政府声明，将来的"一带一路"项目将强调透明、包容和债务的可持续性。另外，中国最近开放了一些经济部门和产业，包括金融服务、公共卫生、电动和无人驾驶汽车、智慧城市和绿色发展。在迅速成长为世界最大消费市场的中国，这些开放措施为美国公司提供了诸多商业机遇。所以，美国工商界人士担心，经济脱钩的长期效果是令他们失去中国市场的份额。

至于科学与技术方面的美中竞争，一些美国学者相信，美国在这些领域中牵头的对华脱钩阻挡不了中国成为科技超级大国。美国根本没有做好执行这一政策的准备，执行了也不会成功。[77]同时，他们认为，中国在竞争中采取了不公平的手段，但是，它迄今并未在综合科技能力方面超越美国。当今世界，没有任何国家能够在科技领域占据绝对优势。在某个意义上，美国领导的对华科技脱钩若是成功，中国不仅不会被打垮，甚至能够获益。不过，中国缺乏足够的力量和影响力，无法成为世界唯一的科技超级大国。在研发资金、人力资源（指 STEM 领域的工作人员人数）、电子商务规模、科学论文发表量、国家支持的创新及专利数量的迅速增加等方面，中国占据了优势。[78]

批评美国科技脱钩政策的人指责说，这一政策是出于对科技发展原理的无知。令人不安的证据表明，它染上了族裔偏见和种族定性的污点。这方面的明证是联邦调查局公开臆测中国（甚至是美籍华人）教授、科学家和学生在为中国从事间谍活动。这类种族主义意味浓厚的行动损害美国利益，为中国政府提供了弹药。事实是，这方面的事态发展帮助中国加快了自主创新和科技突破的步伐。现在，中国每年的STEM毕业生（科学家、技术专家、工程师和数学家）高达180万人，而美国每年才培养约65万STEM毕业生。[79]另外，美国大学毕业生1/3以上是外国人，在计算机科学领域，50%以上的大学毕业生是外国人。目前，世界上1/4的STEM工作人员在中国，这支技术力量比美国的大8倍。[80]如麻省理工学院院长拉斐尔·赖夫（Rafael Reif）最近指出的，"没有任何其他国家有中国那么多的一流科技人才"。[81]

说大批中国国民在美国大学和研究机构里系统性地从事间谍活动和其他不法行为，这种指控是对美国利益的伤害。出生在台湾的美国科学家何大一（David Ho）是洛克菲勒大学艾伦·戴蒙德艾滋病研究中心的教授兼主任，他认为，由于随时可能遭到联邦调查局的无端调查，一些顶级科学家只得返回中国，"结果使中国的顶级人才成倍增加"。[82]讽刺的是，美国推行的这一政策比中国政府以前的任何努力都更有效地促成了人才回归中国。

美国尽可怨天尤人，但阻止不了中国的经济崛起，也遏制不住中国成为科技巨人的决心。美国前财政部部长拉里·萨默斯（Larry Summers）说："试图遏制中国可能会加强北京最反美的力量。"[83]中国政府指控说，美国对华科技脱钩"是国家主导的科技政策，而这恰恰是美国企图不准中国推行的政策"。中国宣称，美国不应批评中国的发展模式，中国有权利用"举国体制"和产业政策来推动高科技部门的发展。

中国和美国都过分强调在科技领域的竞争，忽视了合作，并越来越将这种竞争视为零和博弈。于是，双方彼此的戒惧日益加深。两国在网络和人工智能领域的确优先点不同、看法各异，但这些分歧不应阻止这两个人工智能超级大国在这些领域中开展合作。网络恐怖主义、网络犯罪和虚假信息事件层出不穷，两国都易于受害，对这类事件的管控也都没有把握。今天的世界里，网络攻击和人工智能攻击变得更加迅捷、更加难以发现、更加不可预测，[84]美中两个超级大国也最容易成为这类攻击的靶子。一些美国分析人士称，中国和美国在人工智能领域开展"军备竞赛"是错误的，双方都没有看清真正的敌人和共同的威胁。[85]在公共卫生方面，新冠病毒是全球性威胁，结束这场毁灭性的大流行需要中美合作，特别是在疫苗和药物研发领域。

在文化与教育方面，美国大学的许多行政管理人担忧麦卡锡主义在美国死灰复燃。在一封对加州大学伯克利分校全体国际学生表示支持的公开信中，伯克利分校校长卡罗尔·克赖斯特（Carol Christ）和其他高级行政管理人对一些负面传言作了批驳，那些传言毫无根据地暗示伯克利的美籍华人教员和与中国公司和机构合作的华裔研究人员可能是中国间谍。公开信尖锐地指出，"加利福尼亚自己的黑暗历史启迪我们，只是因为某些人的族裔就自动对其产生怀疑会导致可怕的不公正"。[86]耶鲁大学校长苏必德（Peter Salovey）最近和加州大学、麻省理工学院、哥伦比亚大学及其他高等教育机构的行政管理人一起发表公开信，表示即使在美国和中国的紧张升级之际，仍会"坚定地致力于"国际教育交流。[87]鉴于越来越多的中国学生学者赴美学习的签证被拖延发放或干脆被拒签，苏必德敦促联邦机构说清楚"他们对国际学术交流的关切所在"。[88]

应当指出，这方面针对中国的一些指控缺乏证据。例如，美国全国学者联盟 2017 年提出了一份报告，历数孔子学院造成的问题，报告中做出了如下莫名其妙又匪夷所思的指称："没有确凿证据表明孔子学院也是中国针对美国的间谍活动的中心，但几乎每个研究它们的独立观察者都相信如此。"[89] 这种猎巫式的偏执对华裔美国人伤害尤深，他们担忧自己被视为"文化威胁"，害怕成为这新一波麦卡锡主义的打击目标。

前面讲过，时任国务院高层官员基伦·斯金纳从种族角度框定美国对华政策；她的表述在世界各地，包括在华盛顿都激起了强烈谴责。批评者嘲笑说，她的话明显是"非美的"。[90] 在某种意义上，斯金纳的话附和了已故的塞缪尔·亨廷顿（Samuel Huntington）提出的西方与"非西方"之间文明冲突的概念，她的演讲代表着一个联邦官员首次公开对文明冲突论表示支持。斯金纳演讲的那次活动中，主持人安妮-玛丽·斯劳特（Anne-Marie Slaughter）睿智地指出了斯金纳的主张与亨廷顿理论之间的相似之处。

亨廷顿生前是哈佛大学著名政治学家，他 1993 年在《外交事务》杂志上提出了自己的论点。[91] 那篇文章以文化为基础，界定了后冷战时代世界政治的性质，将文化定为冲突的首要根源。亨廷顿预言，除了对西方怀有敌意的广大伊斯兰世界之外，儒家文化，或者说表现于现代东亚国家的东方文明，将形成一个经济与政治集团，不仅对西方力量，而且对西方文明构成挑战。

亚洲、美国和世界其他地方的批评者对亨廷顿论点的许多方面不以为然。仅举一例，他对东亚价值观的理解过于简单化。他不仅过分强调所谓儒家文明的某些因素，对阴阳的概念一窍不通，而且不懂中华文化传统含有道教、佛教和其他价值体系的诸多要素。例如，道教倡导的世界观几乎与儒教截然相反。因此，假设"儒家文明圈"内国家的民众在价值观和世界观上完全一致是不合适的。

当然，中国和美国差别巨大，这是历史、地理、政治、社会和经济方面的事实。然而，所有人类社会都免不了治理和技术革命方面的问题和挑战。中心问题是，随着世界进入更加互联互通的数字时代，不同文明间的界线是变得模糊了，还是更清晰了？换言之，世界目击的是文明的交流还是文明的冲突？

有意思的是，亨廷顿发表了那篇争议性文章的几年后，包括韩国在内的若干具有强大儒家传统的政府转变为民主政体，给亨廷顿的论点釜底抽薪。然而与此同时，文明冲突论几乎如同自我实现的预言，助长了不同文化之间的相互误解，升高了冲突和战争的风险。

斯金纳和华盛顿其他官员最近发表的基于种族的言论附和了亨廷顿的陈旧论点，可能会疏远大批中国人及海外有中华文明背景的人，包括新加坡、马来西亚、印度尼西亚、澳大利亚、加拿大和美国等国的华人，也会造成尊孔子为文化偶像的其他亚洲人的反感。美国某些政策制定者缺乏文化敏感是给中国的天降大礼。最近，中国正在努力通过强调"亚洲文明"间的文化交流来团结亚洲国家，2019 年 5 月北京主办的"亚洲文明对话大会"就是例子。

文明冲突的世界观和关于中国威胁的种族言论对美国的利益与安全不是保护，反而是伤害。这些主张和言论与美国价值观背道而驰。2019 年 5 月的一次国会听证会上，众议院常设特别情报委员会主席亚当·希夫（Adam Schiff）说出了如下的睿智之言：

> 在应对中国崛起时，决不能进行种族定性或族裔攻击。我们美国一个持久的力量是欢迎并宣扬多样性。华裔美国人对我们的社会做出了数不清的贡献。华裔美国人中出了获得艾美奖的节目制作人、奥林匹克奖牌获得者、尖端科学家、成功的企业家、学者、著名艺术家和我们最成功的情报官员与国家安全人员。我们大家应该把华裔美国人看作我们强大力量的一个来源，而不应对他们抱有恶意的怀疑，这才是明智的态度。[92]

中国的中产：重要变数

要说美国人在分析当今中国时有一个常犯的错误，那就是对这个世界上人口超大规模、活力最旺的国家一概而论。赞成对华脱钩的人在评估中国目前状况、预测其未来发展趋势时，经常把中国社会视为铁板一块。中国和所有国家一样，有权追求经济繁荣，同时培育自己特有的文化和兴旺的中产。美国不应该对中国、中国社会或中国领导层横加指责。中国的发展轨迹并非事先确定，而且它面临着国内外因素的严重制约。正如亨利·基辛格最近所说，"中国仍在寻求自己世界地位的性质"。[93] 因此，美国的对华大战略必须具有全局观、前瞻性和灵活性。

可惜，目前华盛顿的战略讨论几乎无一例外，均未考虑到中国中产在双边关系中的作用与态度。对于美国和中国目前的紧张关系，包括所谓的贸易战、科技战、文化战和新"冷战"，相关分析大多从国与国关系的角度出发。然而，要想充分评估两国争端对中国国内发展及其与外国接触的影响，就必须考虑中国活力充沛的中产，是他们承担了中美紧张升级的大部分负面影响。影响中美关系的各种因素中，中国中产的政治影响力和变化不定的观点是最有趣，也是最重要的因素之一。美国决策者和分析者若对中国的领导层与中产之间复杂多变的关系没有充分的了解，恐怕就难以准确衡量美国对华政策的有效性。[94]

中国中产普遍拥护中央的反腐、全面深化改革和实现绿色发展。通过社交媒体，他们也对政府工作中的失误提出批评意见。

美国有些人认为，中国中产的这些不满威胁到了政权稳定和经济发展，这表示美方在与中方的贸易争端中占了上风。可是最近以来，中产意见也许又要转向有利于中方的方向了。促成中国公众观感改变的主要原因是双边关系的迅速恶化和华盛顿的对华全面脱钩政策，特别是因为特朗普总统不断使用"中国病毒"和"功夫流感"这样的词语。特朗普刚上台时，中国媒体对他的观感比美国媒体好，现在却来了个180度大转弯，把贸易摩擦全部算在这位"疯狂""贪婪"的美国总统头上。美国对中国采取的贸易行动和特朗普政府从伙伴到竞争对手的战略转移使大多数中国人坚信,美国的首要目标就是遏制崛起的中国。美国政治中广泛的反华潮流使中国中产惊怒交加。这又使许多观察中国的西方人士将这个群体视为中国执政者事实上的盟友。

然而,中国中产对美国的看法既非一成不变,亦非完全一致。他们对美国的失望似乎特别尖锐,因为美国中产阶级一直是他们努力效仿的榜样。在美国留学后归国的大批中国学生学者仍旧渴望获得美国中产阶级的生活方式和价值观。但是如前所述,美国政府官员在讲话中暗示,来自中国的教授、研究人员和学生是间谍,联邦调查局局长克里斯·雷发表对抗性言论,说中国是"全社会的威胁";这些说法引发了敌意。基伦·斯金纳这样的美国政策制定者关于中国明里暗里带有种族色彩的谈话在中国激起了民愤。中国中产曾经对美国投以羡慕的眼光,现在却怒目而视。

为反制美国日益强硬的贸易手段和经济与科技脱钩,中国领导层最近调整了经济政策。中国领导层采取了更多的经济改革措施,包括加快国内消费,建立新的金融机制来支持小企业和促进进口。2019年3月,中国国务院宣布新政策,通过总额高达2 980亿美元的税负减免来支持私营公司,并降低了贷款费用和难度。中国政府颁布的措施包括把制造业的增值税降低3%,提高对小型科技公司征收增值税的门槛,减少政府养老保险的雇主支付份额。

中国中产是否会奋起支持中国领导层对美国行动的强硬回应,目前尚不完全清楚。不过,很多中国人都熟知20世纪90年代的两件大事,即日本经济"失去的十年"和苏联的垮台。一些说法暗示,这两件事都是美国背后一手操纵的。担心美国对中国怀有同样的祸心——不管这种担心是否理性——最终可能使支持的天平倾斜到中国领导层强硬回应的一边。

目前,中国正处于微妙的经济和社会转型期,要从制造业转向国内消费与创新。中国领导人认为,这个转型对维系中国中产的增长,进而保持其对共产党的支持具有根本意义。中国领导层知道中国中产巨大且不断增长的政治影响力。美国的决策者若是聪明,也应该认识到这一点。

第三章

改革开放时代中国的社会分层与文化多元
学界的论战

> 中产阶层的发展是为了使穷人有所希望；穷人的存在是为了使富人感到高人一等；富人的发迹是为了使中产阶层自惭形秽。
>
> ——莫科科马·莫科诺阿纳

> 伟大的事件不是我们叫得最凶的时刻，而是我们最沉静的时刻。世界不是绕着新的叫嚣的发明者旋转，而是绕着新的价值的发明者旋转。世界的发展在于无声无息地旋转。
>
> ——弗里德里希·尼采

中国的新兴中产对研究中国的学者们来说是个挑战，不仅因为它五花八门的社会组成，也因为这个群体远大的思想抱负和与中国政府的互动关系。这个新生的社会和经济阶层由许多亚群体组成，彼此在家庭出身、职业、教育水平和社会政治背景方面大相径庭。尽管研究中国中产有其概念与方法上的固有困难，或者可能正是因为有这些困难，世界各地，尤其是中国的学者和知识分子一直在对世界上人口最多的国家中这支社会和经济力量近来的兴起开展认真严肃的学术研究。

中国中产的概念与定义涉及的难题及其多样性引发了学界论战；在很大程度上，这是源于过去有关中国社会流动与社会分层的理论问题。所以，中国学者研究的中心问题是中国的社会和经济结构是否正在从金字塔形转变为椭圆形，两头小，代表富人和穷人，中间大，代表占人口多数的中产阶层。[1]10多年来，中国学者的研究兴趣从中产的存在与规模扩大到其他题目，如中产群体的世界观、生活方式、行为、中产阶层中留学人员的教育经验和潜在的政治抱负。中国这些新兴学术研究从一些西方学术著作中汲取了影响，那些著作涉及的重要题目包括中产阶层的状况、国际教育对价值观的传播和文化研究中的建构主义范式。这样，中国的学术研究为关于文化跨国主义在一个日益互联互通的世界中的性质、作用和影响的全球学术讨论增添了内容，也对各国中产阶层特点的比较性分析做出了贡献。

本章将谈及这些重大的学术研究与论战，分三部分。第一部分介绍有关中国中产的历史与政治背景，显示西方学者迟迟没有注意到中国中产，甚至对其缺乏兴趣。这一部分也回顾了中国政府为"扩大中等收入群体"所作的持续努力，以及中外工商界为推动"世界最大的中产市场"而采取的积极举措。

为确保对这个引起激辩的新生主体以分析批评的眼光展开全面连贯的知识探究，第二部分讨论了中产的概念、定义标准和在中国各地的不同表现形式。清楚理解当今中国的社会分层，深刻把握中国学者如何评估中国新兴中产阶层在社会学意义上的多样性，以及对中国变化的影响——这些对海外观察者来说十分宝贵。

中国对经济与教育全球化的积极参与和中国中产在改革开放时代的迅速崛起密切相关；有鉴于此，本章第三部分特别强调了当今时代，在西方和中国各自内部和彼此之间开展学术交流的背景下出版的各种相关著作，这些著作论述了文化传播和国际教育的影响——广义上说是关于文化的汇合与差异的辩论。

中国中产的规模：国内背景和国际承认

"中产阶层"或"中产阶级"一词在中华人民共和国历史的头40年很少使用。即使在共产党执政之前，它也基本是外来概念。按照已故著名学者费正清（John King Fairbank）的说法，19世纪末20世纪初，资本主义未能在中国发展起来，因为中国的商人阶层没有形成一支不受"士绅阶层及其在官僚机构中的代表控制"的独立企业家力量。[2] 中国人没有自己的"中产阶层"，所以对这个概念一直非常陌生。此外，西方学者很少使用"中产阶层"概念的框架来分析中国的社会流动与社会分层。

1949年以前的中国，之前几十年中出现的私人企业家和小资产阶级知识分子等少数几个群体可以算是中产阶层。1949年后，这些群体不是快速消失，就是人数剧减。[3] 到20世纪50年代中期，1949年前中国原有的400万个私营公司和小企业都被有系统地解散取消。[4]根据毛泽东思想的观点，新中国政权是无产阶级领导的，以工农联盟为基础，还有资产阶级民主分子参加的人民民主专政。马克思主义将知识分子视为"中间阶层"的概念与西方的"中产阶层"概念大相径庭。[5]

邓小平开启了改革开放之后，"中产阶层"一词才开始出现在中国学术文献中。这个概念最早在20世纪80年代末偶尔得到提及；当时，学者们开始研究乡村企业家——乡镇企业的老板——的骤然兴起和城市中个体户的出现。即使在那时，中国学者也一致认为，中产阶层的概念不适用于这些群体，主要是因为许多乡村企业家和城市个体户都来自条件较差或没受过教育的社会阶层。[6]

到了世纪之交，中产阶层研究才进入中国知识界主流。这个概念的研究初期，中国学者经常使用"中产阶层""中间收入阶层"和"中等收入群体"来指称这支新的社会—经济力量。改革开放时期，中国学者对这些新术语使用频率的增加反映了中国的社会流动和社会分层发生的深刻变化。

除了乡村工业和城市民营企业的迅猛发展以外，其他重要变化也推动了中国中产急速蹿升。这些变化包括中外合资企业大量增加，成立了深圳和上海证券交易所，开展了城市住房改革和大规模城市化，高等教育得到显著扩张，财产权被纳入宪法，民营企业快速成长，中国信息技术公司和电子商务在国内外蓬勃发展，以及经济全球化和国际文化交流驱动了越来越国际化的生活方式。

商业驱动的实证研究

在中国，包括中资和外资公司在内的工商界早就意识到，宣传普及中产概念对盈利大有好处。中国中产不断扩大的前景是吸引外国投资和其他商业活动的首要原因。尽人皆知，中国的储蓄率在世界上名列前茅。例如，2008年，中国家庭的储蓄占可支配收入的40%左右。同年，美国家庭的储蓄只有可支配收入的3%。[7] 中国这个当时世界第一人口大国潜藏的国内消费能力不出意料地令国际工商界满怀憧憬。

中国中产的兴起与中国重返世界舞台齐头并进；也是在此时，世界开始认识到中国的巨大市场。进入21世纪以来，（中外）大公司对衡量中产增长的商业指标紧盯不放。一个指标是信用卡使用的迅速扩大。2003年，中国发放了300万张信用卡。到2019年，中国信用卡总数达到了9.7亿张，交易总额38.2万亿元。[8] 人均信用卡持有量从2008年的0.17张增长到2019年的0.7张。[9]

另一个指标是私人汽车的惊人增加，从1990年的24万辆左右到2009年的2 600万辆左右。2009年，中国的汽车产量和销量分别达到1 380万辆和1 360万辆，中国首次跃升为世界第一大汽车生产国和销售国。[10] 到2018年底，中国拥车人口达到3.25亿。[11] 中国有1.87亿登记在册的私人车辆，相当于每100个家庭有40辆私家车。[12] 同年，上海有390万辆小汽车，其中300万辆登记为私家车。[13] 2020年初，中国私家车拥有量首次超过两亿。[14] 汽车拥有量超过 100 万的城市达到 66 座，其中 30 座城市的拥车量超过 200 万。北京、上海、天津、重庆、深圳、成都、苏州、郑州、西安、武汉和东莞这 11 座城市的私家车拥有量超过了 300 万辆。[15]

瑞士信贷研究所的研究显示，2015 年，中国的中产人数首次超过美国，成为世界上中产人口最多的国家。[16] 两年后，瑞士信贷研究所报告说，按照人均收入 1 万到 10 万美元的范围，中国占全球中产人数的 35%，中国中产占全国人口的 34%（表 3-1）。相比之下，美国只占全球中产人数的 7%，美国中产占美国人口的

表 3-1　中产阶层在世界各国的占比，2017（前 10 国）

排名	国家	该国中产阶层在全球中产阶层的占比（%）	该国中产阶层在本国人口的占比（%）
1	中国	35	34
2	美国	7	31
3	印度	6	7
4	巴西	4	26
5	日本	4	36
6	墨西哥	3	43
7	印度尼西亚	3	17
8	德国	2	34
9	俄国	2	17
10	西班牙	2	48

来源：胡润（Rupert Hoogewerf）和卢兆庆，《2018 中国新中产圈层白皮书》（北京：金原投资集团，2018），第 9 页。原始数据来自瑞士信贷研究所，《全球财富报告》，香港，2017 年。

31%——大大低于美国人口学家和经济学家经常援引的50%。英国学者对中国和七国集团成员国（不包括加拿大）的中产阶层规模做了一项研究，在此基础上，中国在2018年发表了一份报告，发现中国中产的规模在2016年就已超过七国集团的任何一个成员国（图3-1）。据麦肯锡咨询公司预测，到2022年，中国75%以上的城市居民（5.5亿多人）将步入中产行列。[17]

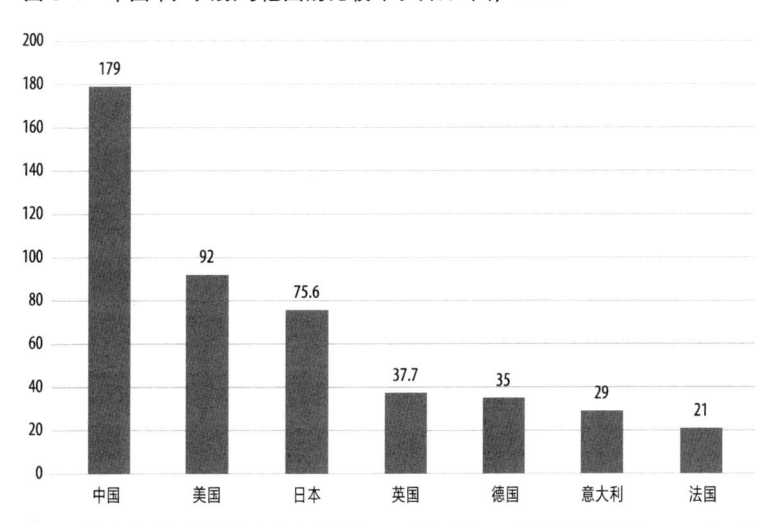

图 3-1 中国中产人数与他国的比较（以百万计），2015

中国	179
美国	92
日本	75.6
英国	37.7
德国	35
意大利	29
法国	21

来源：荣跃明，《上海文化产业发展报告2018》（上海：上海人民出版社，2018），第5页。

这些研究大多由经济学家小组集体完成，参与研究的有中国当地的研究人员、留学国外的中国学者和住在中国的外国学者。他们的研究方法经常不够透明，有些方法也许达不到严谨的学术研究标准。此外，一些比较乐观的预测也许掩盖了当今中国的社会分层和社会矛盾。不过无论如何，这些由商业驱动的研究项目推动了对中国中产的更多研究，特别是提高了公众对中国和全球经济格局发生的深远变化的认识。如一位中国社会学家所说，最初将中国中产从一个抽象的学术课题变为主流讨论题目的是在中国开展业务的商业公司。[18]

中国领导层宏观思维的转变和政策优先

中华人民共和国成立后的 50 年中，社会分层是个政治敏感话题。按照马克思主义理论，共产主义国家的最终目标是建立"无阶级的社会"。

1978 年邓小平深刻扭转了中国的经济、社会和政治发展的走向，抛弃了僵化的阶级斗争的观念。邓小平开启的政策方面的转变为市场改革和民营企业的兴起铺平了道路。2000 年标志着中国国家领导人在意识形态和政策方面的重大变化。时任中共总书记的江泽民提出了"三个代表理论"。[19] 马克思主义经典理论认为，共产党应当是"工人阶级的先锋队"，江泽民则主张中共扩大执政基础，把企业家、知识分子和技术官僚包括进来，这些人都属于"中等收入阶层"——这是官方对中产的隐晦称呼。

2002 年的中共十六大上，领导层要求"扩大中等收入群体"。自此，"在中国社会中培育中等收入阶层"成为中国政府明确的政策目标。[20] 中国领导人和官方出版物一般都使用"中等收入群体"这个用语，不说"中产阶层"，其实两者意思相同，指的是同一个经济和社会层级。这一官方政策的转变反映了中国领导层的新思维，说明他们开始把中产阶层视为有用的资产和政治盟友。按照这一逻辑，中共面临的真正威胁不是中产阶层，因为中产阶层和官方都希望维持社会与政治稳定；真正的威胁是富人和穷人之间可能发生的恶斗。若是没有一个迅速扩大的居间经济和社会群体来连接穷富两个极端，这样的恶斗似乎越来越在所难免。

十八大以来，扩大中产阶层成为中国"战略蓝图"的重要组成部分。[21] 2012年11月，习近平提出了"中国梦"的思想，它植根于中国在遭受西方和日本侵略之前国家强盛、历史辉煌的民族主义形象，其实质是"中华民族的伟大复兴"。[22] 同时，习近平给中国梦下的定义体现了较强的社会意识，他宣布要建成"小康社会"的具体蓝图。他说，社会各阶层要拧成一股绳，共同努力让大多数中国人民过上好日子。[23]

在2017年12月召开的中央经济工作会议上，中国领导层达成了和前述瑞士信贷研究所报告相类似的结论：中国现在是世界上中产阶层人数最多的国家。[24] 2018年的全国人民代表大会上，时任国家发改委主任何立峰说，中国中产现在达到4亿人，占全国人口的28%。[25] 中国官员预测，到2030年，中产阶层可能接近6亿人（占全国人口40%）。到新中国成立100周年的2049年，中国的中产人口预计将增至9亿，占全国人口60%以上。[26] 中国官员相信，一旦中产阶层占到总人口的60%到70%，中国就会形成椭圆形经济和社会结构，那是最有利于经济发展、社会稳定和福利国家建设的结构。[27]

西方学术界对中国中产迟来的认识

中国中产在 20 世纪 90 年代兴起后,大多数西方社会科学家,包括政治学家、社会学家和理论经济学家一般对其不屑一顾。[28] 西方的中国观察人士几乎一致承认中国过去 40 年的快速经济增长,但就使用"中国中产"一词仍有争议。除了少数皆知的例外,西方学者在过去 20 年一直不肯承认中国中产的存在,更遑论探讨其政治影响。[29]

西方对中国中产鲜少研究有几个原因。最明显的原因包括外国研究人员很难获得相关的广泛实证数据,对中国中产在概念理解上存在文化差异,中国中产在社会学意义上多种多样(特别是在教育和职业上五花八门),以及西方分析人士不愿意承认中国能产生和西方类似的中产阶层。[30] 至于最后这个原因,西方长期以来一直认为,中产阶层的壮大与公民社会的成长和政治民主化的提高之间有着动态的联系,甚至是因果关系。

小巴林顿·摩尔(Barrington Moore Jr.)和西摩·马丁·李普塞特属于研究这个题目的开先河者,他们的著作和许多其他人的著述都强调中产在民主政体中的重要作用。摩尔相信,一个强大的中产——用他的话说是"资产者的冲力"——会创立更加自主的社会结构,其中的新精英阶层不像贵族社会那样要靠国家的强迫力量才能兴旺发达。[31] 李普塞特认为,受过专业教育、政治上温和、经济上自信的中产是一个国家最终过渡到民主的重要前提条件。[32] 按照他的观点，在工业化和城市化提供的便利下，大众传媒提供了广阔的平台，使文化精英得以传播中产阶层的观念和价值观，从而塑造温和的主流公共舆论。同时，政治的社会化和中产阶层的专业兴趣也有助于民主政体的关键组成部分——法律制度和公民社会——的发展。

西方汉学家坚持有关中产阶层的这些观念，相信中产阶层与公民社会、法治和民主有着内在的联系，因此认为，富裕的中国人尚未像其他国家的中产阶层那样发展出权利意识、参政动力和鲜明的价值观系统等特点。[33] 西方的中国观察者心存怀疑当然并非全无道理，因为中国中产的崛起的确是崭新的现象。

社会学意义上的多样性和政治上的不确定性：中国学者的调查

过去 20 年来，中国学者发表的关于新兴中产的研究成果内容全面、数据翔实，但西方学术圈内却明显缺乏对中国中产的深入研究。中国学者在研究中使用了各种方法，包括理论与概念分析、调查问卷、行为分析、与别国中产阶层的比较、对国民收入分配的评估和地区性案例研究。

仅在 21 世纪第一个十年中，中国就出版了 100 多部中国学者撰写的有关中国中产的著作（其中有些见本书的参考文献）。中国社会科学院的社会学教授李春玲在 2009 年分析了中国的主要学术杂志和期刊，发现从 1980 年到 2007 年，标题中含有"中产"字样的中国学术文章出现激增。这些文章反映了对这个题目的三波学术兴趣：第一波发生在 20 世纪 80 年代末，焦点是兴办乡镇企业的乡村企业家的兴起；第二波出现于 20 世纪 90 年代中期，源于对其他国家中产阶层兴趣的上升；新世纪第一个十年早期涌起的第三波产生了海量的多层面研究成果，涉及中国新兴中产的各个方面，包括规模、组成、扩张速率、消费模式、文化规范和政治态度。[34] 这些研究及其产生的争议逐年递增。

关于中国不断变化的社会结构和新兴的中产阶层，中国国内学术研究的猛增反映了这些发展趋势的重要性，也说明了中国社会科学家在知识和政策讨论中影响力的提高。换言之，中国社会学家的学术研究已成为政府和公众一个不可或缺的信息来源。中国学者通过著书、撰文和公共理论探讨，开展了三场关于中产阶层的重要辩论。第一场围绕中产阶层的定义；第二场涉及中产阶层的特点，特别是中国中产与世界其他地方中产阶层的不同之处；第三场有关中产阶层的政治作用和潜在的意识形态立场。

定义的标准和规模的估计

"中产阶层"一词和许多其他社会学概念一样，被广泛使用却没有一个普遍接受的定义。关于根据什么标准来决定什么人属于中产，学者们言人人殊。缺乏清楚、连贯和一致同意的定义不只是研究中国新兴中产时遇到的问题。对中产总的研究，包括对美国或其他西方发达国家中产阶层的研究，也都受到这个问题的困扰。

美国学者一般把收入（特别是家庭收入）作为决定中产阶层地位的最重要标准。按加里·伯特莱斯（Gary Burtless）所说，美国中产阶级涵盖了收入介于美国中位收入的一半到两倍之间的那部分劳动力。根据20世纪90年代末的美国人口普查数据，伯特莱斯报告说，美国中产阶级的年收入在2.5万美元到10万美元。[35] 霍米·哈拉斯（Homi Kharas）和杰弗里·格茨（Geoffrey Gertz）在2010年对全球范围内中产阶层的研究中提议，把中产阶层的绝对定义定为每人每天开支超过10美元。[36] 他们还预言，到2020年，中国将超越美国，成为世界头号中产阶层市场。然而，围绕着中产阶层的收入范围总是争议不断。如哈佛大学政治学家江忆恩（Alistair Iain Johnston）所说，"关于用什么收入标准来切割人口，没有一致意见"。[37]

在家中人口、祖传家产、地理位置、住房价格，以及影响家庭生活水平的其他因素方面，不同家庭的情况千差万别；用收入作为衡量标准的固有问题因此而更加复杂难解。美国社会学家和经济学家一般把收入作为中产阶层定义的中心要素，但其他因素也很重要，如个人教育水平、职业地位、消费模式及生活方式、价值观和对中产阶层的自我认同。界定中产阶层成员的这一多层面方法可以追溯到C.赖特·米尔斯（C. Wright Mills）的经典研究《白领：美国中产阶级》（*White Collar: The American Middle Classes*）。[38]

看到西方中产阶层研究中概念上的复杂性和五花八门的定义

标准，不难想见，给中国中产下定义也不容易。一些研究中国社会分层的社会学家坚决不同意仅靠收入来界定中产阶层。王建英和戴慧思一针见血地指出，若是用收入做标准，"中产永远不会扩张到20%到30%的中线以上"。[39] 所以，许多中国学者和他们的外国同行一样，在界定中产时采用混合标准，或是综合指数。中国社科院社会学研究所前所长李培林以收入、教育和职业这三项特征为基础，制定了确定中产成员的全面指数。[40] 他的社科院同事李春玲则使用职业、收入、消费和自我认同这4个因素来界定中产。2005年，李春玲按照这4条标准计算了4个群体内中产的占比——总人口（2.8%）、都市居民（8.7%）、劳动人口（4.1%）和31岁到40岁年龄段的人（10.5%）。她的研究结果对特定时间内中国中产的规模作出了笼统的和具体的评估（表3-2）。李春玲2005年研究中列举的4条标准的每一条下，大多数受访者都至少能达到中产成员资格的一个度量值，但只有一小部分受访者能达到中产成员的全部标准。

表3-2 按几种分类法得出的中国中产规模，2005（百分比）

分类标准	占人口比例（%）
职业	15.9
收入	24.6
消费	35.0
自我认同（主观身份）	46.8
全面标准（上述4条的结合）	

续 表

分类标准	占人口比例（%）
总人口	2.8
都市人口	8.7
劳动人口（16—60岁年龄组）	4.1
31—40岁年龄组	10.5

来源：李春玲《断裂与碎片——当代中国社会阶层分化实证分析》（北京：社会科学文献出版社，2005），第485—499页。

  中国中产的界定方法各种各样，缺乏明确的一致定论。有鉴于此，很难确定一个毫无争议的标准。既然中产仍是个初生的概念，所以中国中产最广泛接受的定义很可能会随着中产发展过程中的起伏而不断演变。目前，得到最广泛接受、最普遍使用的方法可能就是李春玲的四部分全面分类法，这个方法用于分析合乎道理，得出的结果符合直觉。所以，本书的研究使用她的标准作为定义来进行质化分析，但也结合全球范围内的收入分配数据作为量化参照。

  过去15年来，中国中产急剧扩大。2010年，中国社科院社会学研究所前所长陆学艺根据一次大规模全国性调查撰著指出，截至2009年，中产占全国总人口的23%，而2001年时才占15%。[41] 陆学艺的研究还发现，2009年，在北京和上海这样的沿海大城市，中产阶层占人口的40%。他在接受中国媒体采访时预言，今后10年左右，中国中产将以1%的年增长率扩大，这意味着中国7.7亿劳动大军每年都会有大约770万人加入中产行列。[42] 他还设想，大约20年后,中国可能成为真正的中产国家,那也是中国领导人宣布的实现"小康"社会的目标。[43]

2018年国家发改委主任何立峰提供的最新官方估计似乎与陆学艺2009年开展的重要调查的结果相一致。2018年,一位研究中产的重要专家苏海南解释说,按照"每日收入在20美元到100美元"的绝对标准,中国有两亿多人属于中产,而根据"3倍于中位人均可支配收入"的相对标准,这个数字就超过了3亿。[44]据苏海南所说,到2020年底,中国中产预计将超过4亿人,在全国人口中的占比将达到28%。到2030年,中国中产的人数和在全国人口中的占比预计将各自达到6亿和40%。[45]

鲜明的特色和职业的多样

对中产标准的评定突出了职业分类和社会与经济分类,这些分类可以显示中国中产的一些鲜明特色。现已故去的陆学艺在2002年发表的《当代中国社会阶层研究报告》详细介绍了对改革时代的中国社会阶层做过的最有影响力的研究。陆学艺和同事们花了3年的时间(1999—2002)在全国开展田野调查和研究,在此基础上提出了由10个不同层级组成的框架,用以在概念上框定改革时代中国的社会分层(图3-2)。

陆学艺和同事们把职业作为首要分析标准,但也考虑到了每个阶层的成员所拥有的或能够获得的组织、经济和文化资源。[46]除了职业分类外,陆学艺还使用了基于社会—经济地位的五级排行

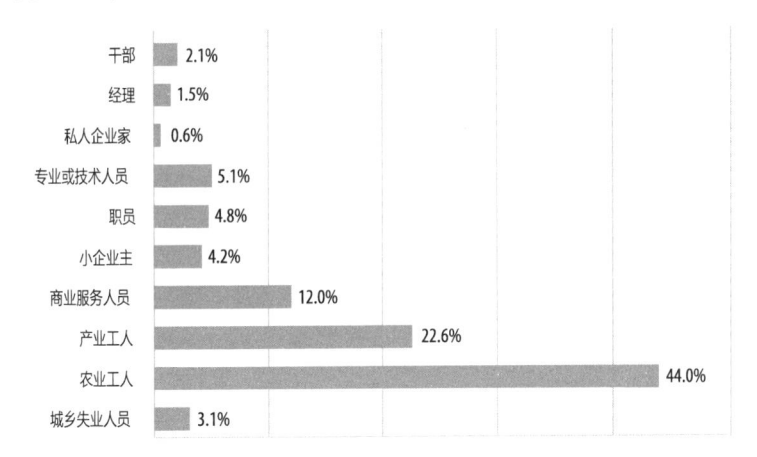

图 3-2　中国人口按社会阶层的细分，2002（百分比）

阶层	百分比
干部	2.1%
经理	1.5%
私人企业家	0.6%
专业或技术人员	5.1%
职员	4.8%
小企业主	4.2%
商业服务人员	12.0%
产业工人	22.6%
农业工人	44.0%
城乡失业人员	3.1%

来源：陆学艺，《当代中国社会阶层研究报告》（北京：社会科学文献出版社，2002），第 44 页。

制：上层、上中层、中层、下中层和下层（图 3-3）。在他的框架里，某个职业阶层的成员可以属于几个社会—经济阶层中的一个，反之亦然。例如，一个私人企业家可以属于上层、上中层或中层。同样，一个上中层成员的职业身份可以是干部、经理、私人企业家或专业 / 技术人员这 4 种中的一个。

陆学艺 2002 年对社会分层的研究在中国是一项名副其实的里程碑式研究。陆学艺的研究表明，世纪之交的中国在社会经济结构和政治生活方面依然是金字塔形，不是椭圆形。[47]

他的研究提出了一个更适于应用的全面范式，能够用来在概念上理解中国社会几个中间阶层的迅速扩张，并分析中产阶层的组成。陆学艺没有用"中产阶层"一词，而是用了"中层"，但他的分析框架突出了这个迅速兴起的群体在社会中的重要性。例如，

图 3-3　中国的社会—经济阶层与职业阶层，2002

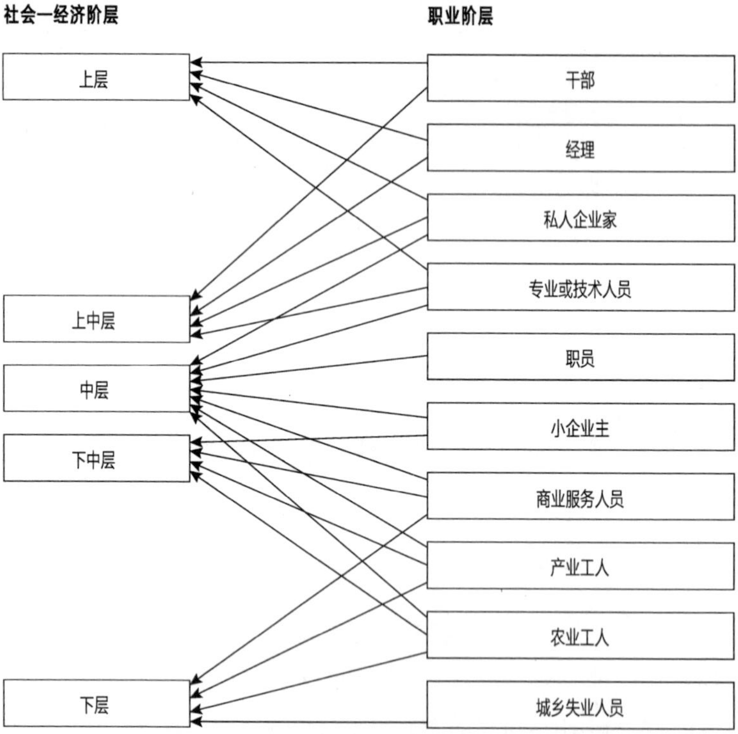

社会—经济阶层　　　　　　　　　　　　**职业阶层**

社会—经济阶层	职业阶层
上层	干部
	经理
	私人企业家
上中层	专业或技术人员
中层	职员
下中层	小企业主
	商业服务人员
	产业工人
	农业工人
下层	城乡失业人员

来源：陆学艺，《当代中国社会阶层研究报告》（北京：社会科学文献出版社，2002），第 9 页。

他对比了 1978 年、1988 年和 1991 年的数据后，发现干部、经理、私人企业家、技术人员和小企业主这些社会经济阶层的中层或上层的关键组成部分在人数上都大为增加。[48]

陆学艺、李培林、李春玲和助手们完成的对中国社会分层的研究经常遭到其他中国学者和公共知识分子的批评。批评者认为，中国中产的组成五花八门，不能笼而统之。争议围绕的问题一般分三类：中国中产的规模、它特色鲜明的混合组成，以及缺乏统一的核心价值观。

第一类批评意见围绕着中产群体的规模。许多人指出,按照西方规范,中产占国家人口的一大部分,经常是劳动力的多数,但这一条不适用于中国的所谓中产。批评者引用陆学艺的研究结果作为证据:农业工人和产业工人占了中国劳动力的很大部分(各自的百分比是44%和22.6%;见图3-2)。所以,今日中国的人口组成主要还是农民、农民工和城市贫民,而不是中产。2020年5月的全国人大记者会上,李克强总理说:"今天中国还有6亿人月收入只有1 000元。"批评者抓住这句话,认为这证实了他们对中国中产庞大人数的怀疑。[49] 他们认为,中国正成为中产国家的说法主要是有些官员和学者自吹自擂的宣传。总理承认中国人口中还有大批低收入人群也突出了中国挥之不去的经济不平等问题。[50]

第二类批评意见主要针对的说法是,当代中国新兴中产中各个亚群体在家庭背景、职业种类、教育水平和政治归属方面迥然各异。这个广泛的社会经济类别内部组成庞杂到如此地步,它也就失去了任何意义。中国人民大学社会学教授李路路说,中国中产之所以多种多样,是因为存在着个人晋身中产地位的3个截然不同的渠道。李路路和他的同事们给这3个渠道取的名字是"行政性进入""市场性进入"和"社会网络性进入"。[51]

中国的新兴中产像是复杂的马赛克,由各种群体和个人组成,彼此大不相同,在职业和社会学方面主要分为三组:

1. 经济群体,包括民营企业家、城市小业主、乡村企业家和富有的农民、中外合资企业的雇员和炒股炒房的人。
2. 政治群体，包括政府官员、办公室职员、国有部门经理和律师。
3. 文化与教育群体，包括学者和教师、媒体人和智库学者等。

批评者论称，中国中产成员价值观各不相同，导致了完全不同的公共政策倾向。例如，民营企业家希望国家减少对市场的干预，受雇于政府或国有企业的白领工人却希望维持甚至加大政府控制。[52] 另外，20世纪90年代开展的两项研究显示，上海很多企业家（一项研究中是83%，另一项研究中是44%）只受过中学教育。[53] 中产内部在职业和教育背景方面的多样性令批评者心生怀疑，认为不能把这群人看作一支统一连贯的社会经济力量。

第三类批评意见频频引用研究社会结构和中产的西方学者的观点。比如，塔尔科特·帕森斯（Talcott Parsons）认为，一个社会经济阶层的形成中，共同的核心价值观必然发挥中心作用。正常情况下，连贯的价值观体系由社会中影响力最大的阶层的成员来决定，是将中等收入人群聚拢在一起的黏合剂。[54] 然而，按照许知远等人的说法，所谓的中国中产缺乏这样的共同价值观。[55] 他们认为若是没有这样一套共同准则，"中产"一词就只剩下收入水平的含义，分析起来也就没有多大意义了。袁剑声称，"其实，现代世界每个社会都有中等收入阶层。如果这个阶层的成员不具备和世界其他国家中产阶层成员一样的主流意识和价值观，那么这个身份就毫无意义"。[56]

坚信中国存在中产的学者对这些批评大多不予接受。他们承认，就所占人口百分比而言，中国的中产与许多西方国家相比仍然较小。但他们随即指出，没有任何国家能在短短几年或几十年内使多数人口步入中产行列。应该把某个国家中存在中产和该国成为中产国家这两种情况区分开来。中国目前算不上中产国家，但不可否认，它的中产人数已经相当可观，且仍在迅速扩大。有些人指出，即使在总人口中占比这方面，中国中产所占比例也已经与日本和德国相似（见表3-1）。

学者们还说，中产这个概念本来就是灵活的，它的定义的确欠精准，但所有国家均是如此。他们注意到，西方国家中产成员在家庭背景、职业类别和教育水平方面和中国中产一样多种多样。此外，西方国家中产也分为多个亚群体。[57]有人指出，中国人的高等教育程度和社会流动的上升趋势恰似大约一个世纪前美国和法国大学的惊人增加。1977年，中国大学的入学学生只有27万。40年后，中国大学毕业生人数达到761万，增加了28倍。[58]美国和法国高等教育的迅猛发展导致了中产的出现。[59]然而在中国，仅仅一代人的时间内，中产大部分成员就达到了同样的教育基线。

认为中国存在中产的人还驳斥了中国中产缺少共同核心价值观的说法。在他们看来，把中产成员团结到一起的是对中产生活方式的欣赏，对在国内发展市场经济、在国外融入经济一体化的支持，对保护私人财产权的重视，对政策向基础教育倾斜的认可，对社会稳定的看重，以及对中国在世界舞台上崛起的自豪。[60]

值得注意的是，中文的中产一词强调了所有权或产权的意思，这层含义英文里没有。有些学者猜测，关于所有权或产权的共同概念也许起到了强力黏合剂的作用，把组成中国中产的截然不同的各个社会经济群体聚在了一起。[61] 这些亚群体也许在职业、社会化或政治立场方面各不相同，但它们的确有一些共同的观点与价值观。共同价值观之一是"公民的合法的私有财产不受侵犯"；这一条不久前刚刚被纳入国家宪法。[62]

关于中国的中产是否名副其实的激烈辩论目前也许辨不出什么明确的结果，但它表明这一新的社会层级正在积极主动地寻找自己的身份和表达自己价值观的方法。就此题目开展的广泛公共讨论表明，中产的自我意识、群体认同和共同价值观均在上升。[63] 周晓虹对中国 5 座大城市的居民做的研究发现，高达 85.5% 的受访者自认为属于中产。[64] 这个结果突出表现了民众加入中产的普遍愿望。

政治作用与社会稳定

可以说，关于中国中产最重要的辩论是围绕着其对中国政治发展和社会稳定的潜在影响展开的。中国学者在论述强大的中产与社会和政治稳定的相互关联时，经常引用西方的亚里士多德和东方的孟子这两位古代哲学家的话。2 000 多年前，亚里士多德就坚称，中间阶层是平衡和稳定的力量。社会中若是没有这样一个阶层，发生政局动荡和社会动乱的可能性就大得多。[65] 孟子也提出了类似的原则："有恒产者有恒心。"[66] 在此基础上，广东社会科学院的学者陈义平提出，中产阶层有 3 个功能性作用：塑造市场经济的领导作用、创造社会规范的开拓作用、调和政治紧张与冲突的缓冲作用。[67]

中国社科院社会学研究所研究员唐军称金字塔式的社会结构为"静态稳定"，椭圆形的结构为"动态稳定"。[68]前者看似稳定，但遇到重大危机可能会突然崩溃；后者虽然磕磕绊绊不断，却不太可能瞬间坍塌。[69]按照唐军的乐观估计，中国迅速扩张的中产会帮助建立椭圆形结构。

近年来，中产对政府政策的抱怨有所增加。中国的大学生通常出身于中产家庭，一般认为他们以后也会加入中产的行列；最近大学毕业生失业率的上升应当为中国政府敲响警钟。中产人士发起的抗议越来越多，这反映了这一群体与中国政府的复杂关系。

刘欣研究了上海和其他城市中心的社区治理后发现，中产成员对地方事务和维权活动的参与度比其他群体更高。他们更愿意通过法律途径解决争端，对治理缺失的容忍度也比其他群体低。[70]这个发现符合普遍的看法，认为中产成员既然是社会中的首要纳税人，自然希望能对自己缴纳税金的用途有影响力。在某种程度上，中国初生的中产代表着第一代具有消费者权利意识的中国公民。

为了弄懂有关中国中产的复杂政治倾向，一些中国学者发展出了适合中国国情的精密理论框架。李路路坚称，中国中产的社会功能和政治作用既非停滞不变，亦非只有一个维度。[71]他提出，从中产在中国社会层级中的动态地位中，也许能看出它貌似矛盾的政治倾向的一些线索，也能对可能触发其政治倾向改变的情势得窥一二。据他所说，经济状况、政治制度和社会秩序这3个因素也许会决定中产的社会功能是保守，还是激进，或是依经济和社会政治形势的变化而变化。

李路路把中国中产这个理论上的作用与民主制度中的中产作用做了对比，后者通常比较保守，因为他们是现行社会秩序与权力结构的受益者。对于塞缪尔·亨廷顿关于中产在发展早期革命性较强，但以后会变得越来越保守的著名论点，[72] 李路路提出了质疑。他认为，中产在发展初期要依靠现行政治制度。然而，随着经济成熟，中产的自主权增加，他们与政府发生冲突的可能性也随之增加。李路路提出了影响这个进程的3个因素：意识形态或价值观、国际环境和中产内部同一性的程度。他指出，面向全球的资本主义消费文化和经常伴之而来的跨国政治价值观会推动中国中产越来越与国际潮流趋同，而不是逆向而行。

李路路对于中国新兴中产的政治取向所做的开放式乐观评估在中国学术圈里并非异类。中国许多关于这个题目的著述都强调中产在政治上的善变，有些学者说他们"首鼠两端"。用一位中国作者的话说，"中产不会冒着损害自己重要利益的风险去推动民主变革，也不会拒绝民主制度给他们带来的好处"。[73] 同样，清华大学著名历史学家秦晖认为，世界上没有哪个阶级生来就是进步的或保守的。[74] 一个阶级的政治取向随着历史境况的变化而变化。

胡联合和胡鞍钢是中国科学院国情研究中心的研究员，他俩合写了一篇全面论述中产和中国社会政治变迁的文章。文章提出,在中国和在任何其他国家一样,中产的政治功能是多层面的、可塑的。它可以是"稳定器",也可以是"颠覆器",甚至可以是"异化器"。[75] 在他们看来,关键的问题是中产由于何种原因,在何种情况下会从一种角色转变为另一种角色。他们为中国执政者提供了一个确保中产是友非敌的行为清单。根据他们的主张,中国政府需要防止经济浮动、保护财产权、避免使中产(无论是个人还是集体)感到地位受损、允许更大的制度化政治参与,并保护中产成员不受"过分的政治注意"。

这些学术论述有的给中国官方出谋划策,有的从潜在心怀不满的中产角度评估趋势,有的提出更加客观的分析。值得注意的是,它们都认为,国家和中产之间,以及中国最富有的阶层、中产阶层和最贫穷的阶层之间互动的性质会不断变化。

全球一体化和文化多元主义:超越建构主义范式

中国的新兴中产主要是经济全球化和文化跨国主义的产物。改革时代,中国关于全球化的讨论经常将这个题目说成是"现代化工程宏大叙事的继续"。[76] 一些中国学者论称,一个国家的现代化归根结底不是经济现象,而是文化现象,更精确地说是文化现代化的跨国过程。[77] 这一观点受了西方学者类似论点的启发,特别是安东尼·吉登斯(Anthony Giddens)关于全球化实质上就是现代化的流动的论述。[78] 换言之,产品、人员、技术、里程碑、符号、思想和信息的流动跨越时空,经常会深刻改变社会流动性,也会大大增强对其他文化的观点与价值观的了解。这样的流动可以理解为跨文化交流，正是这种交流增强了世界各国的相互联系。

关于全球化和现代化的这些思想提出了两个重要的理论问题。第一，国际教育交流和文化传播，特别是西方软实力的渗透，是否会导致全球文化融合，进而重建中国这个非文化中心国家的文化身份？还是说在技术革命的时代里，全球一体化将推动文化多元主义、多样性和不同文明的共存？第二，体现在文化与教育交流中的跨国力量是否会加强国际谅解，因而防止意识形态和族裔冲突，帮助维护世界和平？

文化融合还是文化多样性？

按照著名美国外交史学家入江昭（Akira Iriye）的说法，文化国际主义"包括把不同国家与人民连在一起的各种活动，如思想和人员交流，学术合作，或推动国家间谅解"。[79] 入江昭认为，国际关系既是国家间的关系，也是文化间的关系。因此，对国际关系的研究包含3类探讨："国家层面的互动、文化间的交流和这两者之间的关系。"[80] 对入江昭来说，国际关系分析的主角不应仅限于国家和政府，也应包括思想的散播和跨国流动这些长期遭到忽视的现象。他说，在21世纪，"文化国际主义力量可能成为界定世界的一个关键因素"。[81]

与之类似，约瑟夫·奈（Joseph Nye）用"硬实力"来代表一个国家的经济和军事力量，用"软实力"来代表它的文化资源和影响力。按照奈的观点，硬实力固然对国家的经济福祉和安全更加重要，但没有软实力，国家不能长久。如果一个国家的文化体现了为其他国家所接受的普世价值，这个国家的外交政策就更有可能被视为合法，因此也就能够取得预期的结果。相比之下，"狭隘的价值观和地方性文化不太可能产生软实力"。[82]

过去20年来，入江昭的文化国际主义论和奈的软实力学说对中国学术界影响巨大。另外，赞成文化融合的中国学者经常引用大卫·哈维（David Harvey）的"时空压缩"概念和罗兰·罗伯逊（Roland Robertson）关于"同一个世界意识的增强"的论点为证，来解释世纪之交空前的文化跨国传播。[83]例如，中国国家行政学院行政管理学教授马庆钰认为，在全球化时代，人们了解各国的不同情况，也具有评价文化的强烈意识。[84]马庆钰称，强调文化相对主义会妨碍中国的政治与文化现代化。他的观点反映了中国知识界一个世纪以来的看法，认为现代化的本质就是文化重生和跨文化交流。[85]例如，20世纪初，晚清改革家梁启超提出，"言自强于今日，以开民智为第一义"。[86]的确，20世纪伊始，"清王朝以教育改革为基石，努力挽救自身及国家免于崩溃，尽管力不从心"。[87]

一些中国学者认为，全球化时代里，一国的文化资源经常是通过国际文化交流得到开发的。换言之，文化传播是任何文化发展的前提。文化跨国主义经常被视为人类社会摆脱野蛮、愚昧和混乱，变得文明、科学和聪明的唯一途径。[88]分析了中国的漫长历史后，可以看到，中国与外部世界的文化交流越活跃，国力就越强。唐代的文化兴盛常被中国的文化融合论者引以为证，那正是中国对外经济文化交流十分密切的时候。学者们说，今日中国正处于历史上国际教育交流和全球参与的又一个活跃期。一个例子是，2019年中国的国际高中超过了600所。[89]

可以说，一国最重要的文化资源是它的高等教育体系。一般来说，高等教育机构反映了国家主流文化或精英文化的准则。高等教育把文化系统化、理性化了。它通过学术与科学研究、课程发展、教室教学，以及校园内非正式的交流来促进文化。在履行其服务社会的义务时，高等教育也塑造了公众的文化喜好。

研究文化和教育全球化的著名中国学者王宁指出，大学根据其定义，不应只集中于某个特定地点，而应努力超越时空。[90]大学不仅是物理空间，也应是放眼世界、胸怀全人类的文化中心。高等教育在推动文化同化，包括促进学生交换和国际学术合作方面发挥着根本性的作用。如崔大伟观察到的，当今中国，高等教育是"中国社会最国际化的领域"之一。[91]人口流动，包括学生学者的国际交流，经常被视为重要而有效的文化传播渠道。[92]

和其他国家的批评者一样，一些中国学者认为"文化全球化"或"文化融合"的词语自相矛盾。他们认为，创建全球文化是不可能的，因为文化这个概念本身就意味着人各不同。从这个观点出发，文化永远不可能融合，也必然永远是多元的。[93]有些中国学者指出，在全球化时代，融合主要发生在经济与金融领域，不在文化与哲学领域。应当明白当今世界不同文化的互补性和多样性。非西方世界的人也许欢迎自由民主思想的传播，但他们拒绝文化统治、文化同一和文化一致的思想，也不接受"历史的终结"这种武断、停滞的观点。

中国批评者和外国同行一样，也拒绝接受融合理论的主要论点，即全球化和现代化在所有国家都是同样的直线发展过程。他们说，现代化理论经常把西方先进工业化国家描述为"开路的天之骄子"，其发展路径可以普遍适用，应当成为"传统""落后"国家的榜样。[94]研究全球化的中国学者经常提及两个概念上的分别。第一，他们说，中国参与西方领导的全球化是一回事，把中国的现代化设想为西化的进程则是完全另一回事。他们认为，中国可以接受前者，但必须拒绝后者，因为把所有好的文化影响都归于西方是有问题的。[95]如王宁所说，在文化研究中，"接触世界"不一定意味着追随西方，而是与西方开展对话。[96]第二，这些学者把文化全球主义与文化跨国主义区分开来。全球文化身份要么是为世界所有人民所共有，要么是干脆被世界所有人民所否认。但文化跨国主义是文化商品、人员和思想真正跨国界流动的过程，在当今世界已经日益普及。[97]

文化跨国主义不一定是西方文化的胜利，而是对非西方文化的韧性与适应能力的证明。上海作为国际大都会在改革时代的重新崛起证实了多重身份和文化多元主义的持久性。本书序中介绍的黄永砯那件艺术作品呈现的时间和空间揭示了上海这座中国城市超越意识形态、文化和社会政治等多重界限的惊人能力，虽然也许是无意为之。汇丰银行大楼象征着历史长河中迥然不同的各种事件——殖民遗产、共产党执政和上海重新崛起为经济与金融中心。然而，上海多层面的象征意义并未使当地居民感到无所适从。中国的西式现代化和中国式共产主义这两支中国现代史上影响最大的力量都发源于上海。对于过去一个世纪的跌宕起伏，上海比中国任何其他地方都适应得更好。

矛盾的是，过去20年中，1921年中国共产党第一次代表大会的会址附近，就是名叫"新天地"的商业区。它由一位香港大亨及合伙人投资1.5亿美元兴建，设计成上海传统的石库门样式。[98] 高雅的夜总会、咖啡馆、酒吧、艺术画廊和时髦的商铺在这里鳞次栉比，包括多家西餐厅，还有一家美国星巴克咖啡店。不出意料，这个地方成了中国中产、国内外旅游者和港台及海外侨民的聚集地。

新天地充满了浓浓的"上海怀旧"气氛。如一位中国作家所说，"这个地方对老年人是怀旧，对年轻人是时髦，外国人看到的是中国传统，中国人看到的是外国风情"。[99] 上海的国际化历史似乎比现时的上海更接近这座城市的未来。新天地有个恰当的口号，"昨天，明天，我们相会在今天"。[100]

新天地以高度象征性的方式为这座瞬息万变的城市重新界定了时间与空间。[101] 新天地的奇妙美景和它关于跨国交流明显的积极信号恰好契合安东尼·吉登斯的论点，即全球化可以理解为时空开关，或者是时空重置。[102] 新天地糅合了中国文化与西方文化，模糊了一般概念中传统与现代的分别。在某种意义上，上海产生了特色鲜明的海派文化，其中"（中西）两种文化发生交会，但谁也没有压倒对方"。[103] 用一位上海学者的话说，海派文化的伟大之处在于它在吸收外国文化精华的同时，也强化了地方特色。[104] 这些话与西方一些全球化学者的观点不谋而合,那些学者坚称,当代文化发展的特点是跨国主义和多元主义共存。罗兰·罗伯逊发明了"全球地方化"("glocalization")一词,用来描述全球化与地方化之间的动态关系。[105]

既然上海是现代中国成长壮大的标志,那么它在国际上声望日高就加强了中国人的民族自豪感。上海的地方、国家和世界身份都在不断发展,这些不同身份互相加强,又在不同的具体情境中保持着各自独立的价值。上海对外开放过程中最明显的不是文化融合,而是文化共存和文化多样性。

建构主义:文化与教育交流对世界和平有影响吗?

若想更好地了解中产上海的兴起对中国社会经济发展及亚太地区和平的影响,应该考虑这些影响在世界政治领域关于现实主义、自由主义和建构主义的更广泛思辨中起到了什么作用。[106] 主流国际关系学者长期以来一直忽视文化在外交事务中的作用。现实主义者和自由主义者各自专注于安全和经济问题,都不太注意文化和教育维度。

现实主义者承认知识在信息时代的关键作用,相信由大学和研究机构驱动的技术进步能转变为经济与军事实力。[107] 现实主义者经常把国家间的技术竞争视为零和博弈。总的来说,现实主义者更加关注在技术与人员的国际流动中保护国家利益,对探讨国家利益如何因思想、价值观和规则的跨国传播而发生改变不感兴趣。现实主义者对通过制定规则来改变国家的政治目标、态度和行为持怀疑态度，因为他们相信，国际政治本质上是无政府的。[108]

另外，当代自由主义者专注于国家间的经济相互依存。如玛莎·芬尼莫尔（Martha Finnemore）和凯瑟琳·希金克（Kathryn Sikkink）所指出的，把"新自由主义者"和"新现实主义者"称为"经济自由主义者"和"经济现实主义者"也许更加合适，因为"这两派都增加了微观经济学的新内容"。[109] 总的来说，自由主义者相信实用主义和普世主义，忽视文化的影响。他们倾向于通过宣传自由民主思想来强调和平与繁荣，而且西方自由主义者常常对发展中国家的文化关切不够敏感。

建构主义是国际关系研究中一个相对较新的学派，它试图填补现实主义和自由主义基本没有探索的知识真空。[110] 这种研究方法称为建构主义，因为"它集中于国际政治由社会构成的性质"。[111] 新自由主义者去经济学中寻求解惑，建构主义者则高度依靠社会学研究，特别是对文化制度的分析。建构主义者与现实主义者的不同之处在于，他们相信规则规范会影响一国决策者和普通大众的行为。精英的信仰、文化认同和社会规范都在国家行为的塑造中发挥着深远的作用。像塞缪尔·亨廷顿这样的现实主义者认为，文明冲突是理解后冷战世界的决定性框架，但建构主义者相信，国际规范散播范围的扩大可以导致，事实上，也经常导致文化沟通或调和，包括精英阶层在态度和行为上的改变。[112]

玛莎·芬尼莫尔论称，"规范背景因时而变，随着国际承认的规范与价值观的改变，国家利益与国家行为也同时发生转变"。[113]

她以国际红十字会和《日内瓦公约》为例,指出"各国重新定义国家利益经常不是因为遭到了外来威胁,或国内团体提出了要求,而是因为受了国际共同规范和价值观的影响"。[114] 亚历山大·温特(Alexander Wendt)进一步解释了建构主义的两条基本原则:第一,"决定人类组合结构的首要因素是共同的思想,而不是物质力量";第二,"目的性行为者的身份与利益由共同的思想构成,而不是与生俱来"。[115]

同时,建构主义者拒绝自由派提出的认为自由民主思想在全世界取得了最终胜利的"历史终结"论。[116] 在建构主义者看来,国家的侧重永远受到社会规范、由文化决定的规则和"与历史变化相关联的论说"的影响。[117] 所以,国际规范散播到世界各地并不意味着所有国家都将变为自由民主政体,因为文化的不同将造成政治行为和社会规则的不同。[118]

建构主义者强调国际事务的文化方面,但这不是说文化的影响力现在比以前增强了。事实上,纵观历史,文化一直在政治与学术中发挥着强大但隐蔽的作用。如弗兰克·宁科维奇(Frank Ninkovich)所说,重新发现文化的重要性"使人们日益相信,即使冷战这样的大国斗争也是文化和意识形态战线上的斗争,至少部分如此,甚至可能主要如此"。[119] 但更重要的是,宁科维奇说,在解释政治行为时"转向"或"回归"文化问题,这是由于受"新的'后现代'知识气候的影响,强调'论说'在世界观的形成中起到的作用"。[120]

本书在研究上海在中国发展变化中发挥的先锋作用时,从建构主义对精英的思想与行为变化的解释中获得了宝贵的启发。在一定程度上，中国在改革时代的崛起为建构主义理论提供了实证证据。上海作为"中国曼哈顿"的兴起传达的是一个生机勃勃、百花齐放、面向未来的中产国家形象。如一些中国学者所说，"上海奇迹"是通过"文明的和解"而非"文明的冲突"而实现的。[121]这些学者相信，上海这座具有多重文化身份的城市获得今天的显赫地位反映出中国中产和公共知识分子观点的深远变化。

结论

过去十来年，中国学术界就中国中产的存在和特点开展了生动活泼的讨论。对话中不乏对惊人统计数字的公开比较、大胆批评、深刻分析和理论主张。讨论如此热烈，部分是出于对发达国家中产生活方式的向往，也是为了对西方社会科学原理及方法做出评估。关于对中产及其在国内外产生的社会和政治衍生后果的研究，中国学者在概念上和实证上都丰富了世界学术著述的内容。他们把学术调查的范围扩大到这支新兴社会和经济力量的定义、规模和特点以外，还倾注了巨大的精力研究中国中产与国家领导层、其他社会和经济行为者，以及不断变化的国际环境之间的关系。

中产已经兴起为具有自己独特需求和愿望的一支核心社会力量。随着中国的增长模式从出口导向转为以国内大循环为主体、国内国际双循环相互促进的新发展格局，中产成为实现国家治理和繁荣的关键力量，远甚于任何其他社会群体。国内结构调整和国际紧张关系造成经济增长放缓，给中产带来了挑战。作为对这些关切的反映，央视英语频道的旗舰节目"对话"在2018年播出了一次嘉宾讨论，题目是"中国中产的焦虑时代"。[122] 中国领导人当然明白，公众的悲观情绪会影响执政党在民众心目中的合法性，所以努力做出改进，争取让中产满意。中国未来的政治发展轨迹恰似中国中产与中国领导层的关系，既不会停滞不前，也并非事先确定。同时，美国带头的对华脱钩发生之后，中国民族主义情绪高涨，也给中产希望美国接受中国崛起的心愿泼了一盆冷水。

外国观察者，特别是华盛顿的政策制定者，必须准确了解中国的社会分层、社会流动、文化包容性和文化多样性。要做到这一点，必须明白中国学者和知识分子如何应对他们的国家在融入世界的过程中已经发生和正在发生的深远变化。[123] 中国学术界就中国新兴中产的政治影响开展认真、直率，经常是大胆的讨论，这个事实本身就是这些重要社会动态发展的证明。

第三部分

上海

中国寻求全球实力的排头兵

第四章

海派
上海例外主义与文化跨国主义

他山之石，可以攻玉。

——中国成语

上海今天的时尚是怀旧。

——程乃珊

中产，包括称为中国新富的企业家群体，在改革时代迅速兴起，在中国社会中创造了一种新的企业家创业文化和中产文化。和世界其他地方一样，社会对市场经济的接受、对物质成功的称颂、富有企业家精神的职业道德、不同生活方式的共存、对外来思想与创新的热情欢迎、广泛的消费需求等一系列因素反映了商业主义的普及，也增强了社会中的文化多元性。在很大程度上，文化多元性体现在今天中国生活的方方面面：时尚、饮食、音乐、体育、舞蹈、美术、电影、电视、广告、社交互动、公共舆论和政治态度。

这样的社会环境与毛泽东时代，特别是"文革"时期，形成鲜明对比。那时，各种亚文化受到严格压制。著名美国剧作家阿瑟·米勒（Arthur Miller）偕身为摄影家的夫人在1978年改革前曾访问中国。他们注意到，中国人穿的衣服全部一模一样，都是灰色或深蓝色的中山装（许多西方人也常称之为毛式制服）。[1]

毛泽东时代，正如所有人都穿同样的衣服一样，不同地区的人也遵循北京的文化标准，因为北京是国家的革命中心，体现了"真正的社会主义文化"。[2]因此，中华人民共和国成立后的头40年，上海连一本记录城市历史的学术著作都没有出版过。[3]上海的口号是："上海是中国的上海"。[4]中国社会科学院的一位学者指出，改革开放前，通俗文化和外国文化都不受待见，甚至严格控制。[5]鉴于共和国不久前的历史，20世纪90年代初，所谓上海文化研究的繁荣着实令人兴奋。[6]

自20世纪90年代以来，中国的茶馆、咖啡馆、网吧、卡拉OK歌厅、迪斯科舞厅、夜总会、健身房、民营书店、民营画廊和民营剧院如雨后春笋般迅速涌现。它们先是出现在上海这样的沿海城市，然后扩展到中国内地。根据上海交通大学和南加州大学在2019年联合开展的一项研究，在咖啡馆和茶馆的数量方面，上海在全世界51个大都会中独占鳌头。[7]2019年中期，上海共有5 567家咖啡馆，比北京多1.5倍，比广州多两倍。[8]（据最新数据，2023年上海咖啡门店数量达9 553家，门店总数领跑全球）星巴克在中国实力雄厚。2019年，《福布斯》杂志报道了星巴克公司在中国迅猛扩张的程度，说它已经在中国开了3 700多家门店。[9]上海有世界上最大的星巴克,"面积 2.9 万平方英尺,雇员多达 400 名"。[10]

另外,文化多元性也反映在省级和市级身份的重兴中,并加强了这种重兴。哈佛大学政治学家裴宜理说,"对地方方言、历史、风俗和烹饪重新燃起的兴趣象征着地理差别的加大,其潜在的影响是巨大的"。[11] 中国的文化多元潮流产生了新的地方性、个性和多样性。[12]

说到特色鲜明的地方文化身份的复兴,可以说改革开放时代的中国没有一座城市比上海受其影响更大。海派文化的重生,成为一个影响深远的文化现象。海派一词出现在一个世纪之前的五四运动前后,当时上海一群深受西方文化影响的先锋派视觉与戏剧艺术家创造出了非正统的艺术作品。[13] 海派也与那个时期以"鸳鸯蝴蝶派"小说为代表的上海文学风格息息相关。[14] 整体来说,海派与流行于中国北方,尤其是北京,称为京派的文化迥然不同。海派和京派之间的分别常常被说成是一个朝气蓬勃的世界性开放文化与一个固守传统的封闭性保守文化之间的竞争。虽然五四运动发源于北京,但 20 世纪 20 年代的中国局势动荡,驱使全国各地的人才纷纷迁往上海,使这座城市成为"当代中国文学、电影、音乐、美术和城市规划的诞生地"。[15] 在某种意义上,上海既是民国时代新文化运动的产物,也是这个运动的加速器。

海派文化从诞生之日起,就体现了开放、多样、进取、外向、创新和包容的思想。上海在与西方交往和向全国文化辐射中如此重要,部分地归因于它的地理位置。上海的中文意思是"海上之洋",指这座港口城市坐落在几乎与海面平齐的滩涂上。[16] 上海人讲到这座城市鲜明的文化特征，常使用"海纳百川"来比喻。上海和许多其他港口城市一样，天生就是向外看的。它位于中国海岸线的中间点，用同济大学一位学者的话说，它"贯通中国南北，连接世界东西"。[17]

上海在中国当代史中的独特地位加强了它声称的例外主义，这一定性不是新出现的，而是在这座城市发展史上的好几个关键时期都持续了下来。过去 20 年间，随着上海在中国和世界上的地位日益突出，关于它特有的素质和它在中国的作用的问题再次浮出水面。在上海昔日与外部世界的交流和今天与西方跨国力量的接触中，该如何调和对它的一些相互矛盾的看法？上海在寻找自己在全球化世界中的位置时，它的全球性、国家性和地方性这些互相竞争的身份怎么能够建设性地相互作用而不致产生彼此抵消的不利结果？海派文化和京派文化的主要特点有何区别？这些区别对论述国内治理和国际关系两方面变化的理论和政策叙事有何意义？今天，中国面临着沿海和内地的巨大经济差距、国内的社会压力，以及中美关系紧张加剧导致公众焦虑和茫然情绪增加。在这种情况下，上海的特殊身份及其在中国的过去、现在与未来发挥的独特而重要的作用更加值得注意。

上海例外主义：历史遗产与外国影响

历史学家普遍认为，上海的历史可以回溯到 3 000 年前。唐朝时（大约公元 600—900 年），上海是个小河港。1074 年，它被正式立为镇，1159年升级为市。[18] 13世纪第一个十年末，上海又升级为县，这反映了它作为陆海商贸中心的地位的提高。[19] 13世纪，棉花这种新经济作物的生产与贸易使上海和整个长江三角洲成为全国最繁荣的地区之一。据艾伦·巴富尔（Alan Balfour）和郑时龄所说，14世纪初，仅苏州和上海两处就占了全国税收总额的10%。[20] 到了明朝（1368—1644年），上海这个"繁忙海港和东南大埠"已经名扬全国。[21]

如巴富尔和郑时龄所说，纵观历史，上海从未"承沐过皇恩雨露"，也不是"想入非非和花言巧语之城"。它从来都以商业为主导——是"依从环境和理性，没有繁文缛节的地方"。[22] 用中国著名作家鲁迅的话说，"海派是商的帮忙"，而"京派是官的帮闲"。[23] 就帝国行政功能而言，上海与西安和北京这两个北方都城大不一样，也不同于邻近的杭州、苏州和南京等城市。

上海并非西方创造。1832年阿默斯特（Amherst）勋爵乘船在黄浦江溯流而上之时，"上海已经是个繁荣的港口，海港里挤满了数百艘舢板的梯形棕色船帆"。[24] 西方人在鸦片战争后到来之前，上海已跻身中国最大的20座商埠之列，虽然它尚无力与北京、苏州、广州、武汉、杭州、成都、福州、西安和南京这些当时更出名的城市一较高下。[25]

上海社科院研究员、上海研究领域著名学者周武指出，上海的发展在全球也是独一无二的。上海不同于伦敦和巴黎；那两座城市是自己慢慢演变发展起来的，上海却是在租界时期急速突变。[26] 虽然上海和纽约一样，以移民城市起家，但这两座城市走了不同的路。纽约是在一个主权国家里发展起来的，上海的繁荣却发生在中国主权被侵犯的情况下。不过，上海也不同于加尔各答和香港等其他被英国殖民统治的城市，因为在租界时期，上海保留了它自己的中国领土主权。[27]

中国最国际化的大都会

第一次鸦片战争后的1843年，上海作为5个通商口岸之一（其余的是广州、宁波、福州和厦门）对外开放，被西方殖民列强变为中国最西化的商埠。晚清时期，朝廷被迫把通商口岸和其他地方越来越多的土地割让给列强当租界。租界受外国人治理占领，具有治外法权地位，不受当地法律的管辖。上海的英租界建立于1846年，美租界建立于1848年，法租界建立于1849年。[28]英国和美国的租界于1863年合并，改名为公共租界。这些租界位于老城区以外，主要是在荒地上建设起来的。[29]就在那段时期，上海从一个国内地区性商业城市一跃成为国际贸易大都会。

1843年上海成为通商口岸时，人口大约是25万。相比之下，杭州当时的人口接近100万，苏州、南京和宁波各有50万居民。[30]到1900年，上海的人口飙升至100万以上，取代杭州成为全国人口最多的城市。[31]1910年，上海人口继续增至130万，1915年达到200万，1930年达到300万，1936年达到380万，1947年达到约450万，1949年到了约550万——一个世纪增长了大约20倍。[32]表4-1显示了上海从1852年到1949年的人口增长。到20世纪30年

表 4-1 上海人口的增长，1852—1949

年份	人数	年增长率 (%)
1852	544 000	
1865	692 000	1.87
1876	705 000	0.17
1885	764 000	0.9
1890	825 000	1.55
1895	925 000	2.31
1900	1 087 000	3.28
1905	1 214 000	2.23
1910	1 289 000	1.21
1915	2 007 000	9.26
1920	2 255 000	2.36
1927	2 641 000	2.28
1930	3 145 000	5.99
1935	3 702 000	3.81
1942	3 920 000	0.82
1945	3.370 000	-4.91
1946	3 830 000	13.65
1947	4 494 000	17.34
1948	5 407 000	20.32
1949	5 455 000	3.55

来源：忻平，《从上海发现历史——现代化进程中的上海人及其社会生活》（上海：上海人民出版社，1996），第40—41页。

代中期，上海已经成为世界上第七大人口城市。[33] 当时的上海与一些西方大都会几无二致，被称为东方巴黎和东方纽约。卢汉超在关于20世纪早期上海的著述中，称它为外国入侵中国的"桥头堡"。[34]

在飞机和国际旅行普及之前，世界各地的人已群集上海。20世纪30年代中期，一位英国外交官出版了一本有名的书《上海，冒险家的乐园》(*Shanghai, The Paradise of Adventurers*)。他在书中描述了自己在南京路上1909年开业的皇宫酒店（现在叫斯沃琪和平饭店艺术中心）附近沿外滩散步的情景：

> 一路上各种事物令我目不暇给、兴趣盎然。我发现自己身处一个对我而言新奇而又陌生的非常古老的世界；它与我以前所知的世界迥然不同，无法比较。来自天涯海角的万花筒般的人群后面掩藏着什么？法国人、德国人、西班牙人、美国人、俄国人、日本人、土耳其人、波斯人、朝鲜人、马来人、爪哇人、印度人、越南人……全部聚集于此，有他们各自的街区、商店、俱乐部、饭店、咖啡馆和产品。[35]

皇宫酒店开业当年，就承办了国际鸦片委员会的第一次会议；蒋介石和宋美龄1927年的订婚宴也在那里举行。

据熊月之和其他上海史专家说，20世纪40年代，上海有来自58个不同国家的外国居民。[36] 上海外国居民的人数从1843年的26人增加到1865年的2 757人，1905年是12 328人，1925年到了37 808人，1935年增至69 429人，1942年以150 931人达到顶峰。[37] 最大增幅发生在第二次世界大战期间，当时很多欧洲难民逃到上海定居。1949 年共产党接管政权前夕，上海的外国人减少到 3 万左右，因为 20 世纪 40 年代末的中国内战促使很多人离开了上海。大部分外国人住在公共租界和法租界。表 4-2 显示了 1928 年上海按领土管制权区分的外国人分布情况，以及住在公共租界、法租界和华界的外国人占那里居民总数的百分比。

表 4-2 上海外国居民和中国居民的分布，1928

地区	中国人	外国人	外国人占比（%）	共计
公共租界	827 075	31 610	3.7	858 685
法租界	348 076	10 377	2.9	358 453
华界	1 497 587	9 383	0.6	1 506 970
共计	2 672 738	51 370	1.9	2 724 108

来源：熊月之、马学强和严克佳，《上海的外国人，1842—1949》（上海：上海古籍出版社，2003），第 155 页。

尽管有许多外国人住在租界里，上海也以中国的欧洲城市而闻名，但上海的外国居民从来都只占上海全部人口微不足道的一部分。1910 年，这个 130 万人口的城市只有 1.1 万外国人（0.8%）。[38] 根据 1927—1928 年开展的人口普查，上海总人口为 2 710 423，其中有 47 760 名外国人（约 1.8%）。[39] 同样，20 世纪 30 年代早期，上海 298 万居民中只有 5.8 万外国人（2%）。[40] 因此，就族裔组成而言，上海的中国人从来都占绝对的压倒多数。

1910 年前，上海的外国居民中英国人最多，下面依次是美国人、法国人、德国人、日本人和葡萄牙人。1915年后，日本人成了上海最大的外国人群体。20世纪30年代早期，上海有大约2.5万俄国人，是仅次于日本人的最大外国人群体。[41]30年代中期，在中国的全部美国人有1/3住在上海，大约3 700人。他们中间许多人供职于美国人和其他外国人拥有的电力、石油和电话公司。[42]30年代晚期，日本占领上海期间，大约9.5万日本人住在上海，比所有其他外国人加起来都多。

当然，外国居民也五花八门。有些人来上海是想在这个"冒险家乐园"一圆发财梦，有些人是传教士，有些人是作为压迫中国人的殖民统治者来到上海这个中国门户的，还有些人是为了逃离迫害、冲突和战争。在国籍、宗教、社会政治背景和经济地位等方面，他们彼此之间分别巨大，因而进一步加大了上海这座城市的多样性。

随着各色人等从外国和中国其他地方蜂拥而来，上海成为人所共知的移民城市。移民主要是来自中国其他地区的本国人。1885年到1935年间，住在外国租界的上海居民80%是移民，住在华界的居民中也有75%是移民。[43]1950年，中华人民共和国后，上海居民中来自其他地区的移民比例达到了85%。[44]

难民庇护所和宗教包容性

上海历史学家做的一项研究表明，从19世纪中期到20世纪中期，上海经历了3次国内难民潮：（1）1855年到1865年，11

万难民来到上海，逃避太平天国之乱（1850—1864）；（2）1938年到1941年，日本侵华导致外国租界人口猛增78万；（3）20世纪40年代晚期3年的时间内，国共内战造成210万难民涌入上海。[45]一些外国观察人士看到上海各色居民的大杂烩，灵机触动，给上海起名为"各种反差奇景并存的城市"。根据一本旅游畅销书的描述，1949年前的上海充斥着流浪汉、冒险家、皮条客、雏妓、骗子、赌徒、水手、花花公子、毒贩、苦力、黄包车夫、学生、罢工者、知识分子等各色人等。[46]

上海"冒险家乐园"的名头吸引了许多外国人前来，也吸引了大批寻找发财机会的国内移民。对很多这样的人来说，"这座城市是编织更好生活梦想的材料"。[47]许多"冒险家"在上海发了迹，人数超过了城中的本地显贵。根据卢汉超的一项研究，20世纪20年代早期，上海总商会86%的成员是浙江人。总商会董事会的35位董事中，只有4名上海本地人。59家当地钱庄中，只有7家的东主是上海本地人。[48]

上海历史的独特性在日本占领期间也显露无遗，当时这座城市常被称为"孤岛"。孤岛一词有多重含义，反映了安克强（Christian Henriot）和叶文心所说的"上海在中国战争经历中的独特性"。[49]1932年，日军飞机对上海狂轰滥炸，造成惨重破坏。一些研究表明，约1万平民死于轰炸和作战。[50]数十万上海居民逃入公共租界和法租界寻求保护。日本投降后首先进入上海的部队不是国民党军队，而是美军。一位著名上海籍作家写道，上海人对美军非常感激。[51]

第二次世界大战期间发生的最不寻常的一件事是上海作为"无签证犹太难民庇护所"而闻名国际。当时,上海是世界上唯一对犹太人无条件开放的地方。[52] 从1933年到1941年,据计有3万犹太难民从德国、奥地利和其他被德国占领的国家来到上海。[53] 他们中间约5 000人经由上海去了别的地方,剩下的2.5万人一直在上海待到"二战"结束。他们创办了自己的犹太会堂、报纸、咖啡馆、学校、医院和商店。1941年晚期,日本人在盟友德国的压力下,把犹太人集中到后来被称为"上海方舟"(Shanghai ghetto)的地方。[54] 值得一提的是,这并非上海历史上第一次成为外国难民的庇护所。1917年俄国十月革命爆发后,许多俄国难民,包括音乐家、舞蹈家和艺术家,也逃到了上海。[55]

各种宗教争相在上海这个大都会发挥影响力,开展传教活动,这不足为怪。明朝时,备受尊敬、官至大学士的上海人徐光启(1562—1633)遇到了意大利耶稣会教士利玛窦(Matteo Ricci)和熊三拔(Sabatino de Ursis)。徐光启不仅帮他们将包括欧几里得(Euclid)的《原本》(Elements)在内的几部西方经典著作翻译成中文,而且在实现中国历法现代化方面起了重要作用。1608年,徐光启邀请耶稣会传教士在上海开辟一个罗马天主教教区并建造几座教堂。[56] 几个世纪后的1891年,美国约6 200名大学毕业生出国传教,其中1/3去了中国。[57]

如一些西方学者注意到的,中国人对宗教的态度一般比较包容,而西方的宗教惯例排他性较强。[58] 1949年之前,上海共有2 996个宗教场所,包括2 069所佛寺、236座道观、19个清真寺、

392 所天主教堂、277 家新教教堂和 3 座东正教教堂。上海有 14 万天主教徒，包括 1 509 位神父（其中 695 名是外国人），还有 1.7 万穆斯林。[59] 有意思的是，除了小刀会（1840—1855）和太平天国（1850—1864）这两场针对外国人的暴力运动之外，上海人对宗教的欢迎态度为传教活动提供了有利环境。两位上海学者描述说："许多西方传教士来到上海之前都决心击败孔夫子，但他们后来发现'孔子是友非敌'。"[60]

上海在 1949 年前是中国的基督教中心。根据中国官方消息来源，1949 年中华人民共和国成立时，中国 26 个全国性基督教组织中，14 个总部在上海。12 个基督教机构（教会和教会学校）中的 9 个，以及所有 8 家基督教慈善组织都在上海。[61] 自 20 世纪前夕开始，西方传教士还成立了推动现代教育和文化传播的机构。到 20 世纪初，外国教会在上海开办了 61 所学校，包括 25 所中学，约占当时上海中学总数的 70%。[62] 1872 年，外国传教士在上海创办了外国留学预备学校，这是第一所帮助中国年轻学生为海外留学做准备的学校；上海因此而成为当时中国出国留学潮的中心。[63]

1843 年，英国基督教传教士在上海成立了中国第一家现代出版社——墨海书馆（London Missionary Society Mission Press）。[64] 1868 年，美国传教士创办了报纸《中国教会新闻》（News of the Chinese Churches），后改名为《万国公报》（Globe Magazine），主要用来报道新闻、传播宗教布道。这份报纸的读者大多是中国士绅阶层成员、新型知识分子和锐意改革的官员。1889 年，《万国公报》的读者人数达到 3.84 万，成为当时中国发行最广的报纸。[65]

公共租界的几个著名传教组织和一个主要的基督教教堂坐落在同一条街上，原来叫布道路或教会路，后来改名为四马路或福州路。有趣的是，这条街上也有多家持照经营的妓院。1871年，上海有大约1 500名登记在册的性工作者。[66] 市政府的数据显示，19世纪90年代，上海外国租界女性居民中12.5%是妓女。20世纪初，这条著名的街道上开了几家大书店。书店林立使这条街又得到一个绰号——"文化街"。[67] 教堂、妓院和书店——神父、妓女和知识分子——在这条拥挤的街道上和谐共存，这反映了高度的文化多样性和容忍度，这些也恰恰是上海这座城市决定性的文化规范与价值观。

新型知识与文化事业的繁育地

强大的外国存在、独特的行政地位和有利的地理位置使上海在19世纪最后几十年和20世纪开头几十年成为许多新型知识与文化事业的理想繁育地。这些努力的政治意义不可小觑。清末维新派领袖梁启超来自珠江三角洲，他相信，国家振兴需要通过文化改变来重新焕发人民的活力。[68] 上海就发生了很多这样的文化改变：

- 1850年，英国拍卖商奚安门（Henry Shearman）创办了中国第一家英文报纸《北华捷报》（*North China Herald*）。自1864年起，它开始作为日报出版，办了几乎90年，1951年才结束发行。

第四章　海派　上海例外主义与文化跨国主义　　117

- 19世纪50年代到60年代，西方传教士在上海创办了几家女子学校，在中国开了女子教育的先河。[69] 1898年到1911年，中国有76份以女性为读者的报纸杂志，其中32份（42%）是在上海出版的。[70]

- 1868年，法国传教士韩伯禄（Pierre Marie Heude）建起了中国第一家现代博物馆"徐家汇博物馆"，用来展示长江的自然历史。

- 1872年，英国商人美查（Ernest Major）创办了《申报》，当时被认为是在中国影响力最大的报纸，是"当代中国政治、社会、经济和文化的百科全书"。上海是现代中国新闻业的中心。[71] 1890年，中国全国有76家报纸，其中33家（43%）在上海发行。[72] 1936年，上海共开办了320家杂志和报纸。[73]

- 1896年，电影院初次引入中国，比世界上第一家电影院在旧金山开门只晚5年。

- 1905年，制作了中国第一部电影《定军山》。上海是中国电影业之都，20世纪20年代晚期，上海的电影摄影棚总数达到50家。[74]

- 1906年，上海成立了中国第一家中国人开办的图书馆。

- 1917年，身为上海人的黄炎培在上海创立了中国第一家现代职业学校。

- 1922年，美国记者E. G. 奥斯邦（E. G. Osborn）创立了第一家中国广播电台。节目包括著名捷克小提琴家雅罗斯拉夫·科齐安（Jaroslav Kocian）的小提琴曲，还有本地新闻、全国新闻和国际新闻。到 1937 年,中国有了 76 家广播电台,其中 40 家(53%)设在上海。[75]
- 1927 年,蔡元培和肖友梅共同创办了中国第一所现代音乐教育机构"国立音乐院"。现在它是上海音乐学院,一所享誉国际的音乐学院。

中国进入近代时期,西方文化传播表现最活跃的是西方著作的翻译出版。上海是这方面毋庸置疑的领军者。1850 年到 1899 年间,中国出版了 556 部翻译书籍,其中 473 部(85%)是在上海出版的。[76] 从 1902 年到 1919 年,中国一共翻译出版了 608 部外国小说,其中 515 部(85%)在上海出版。[77] 20 世纪初,上海的出版社总数达到 79 家。[78] 1912 年到 1940 年间,中国印刷的 5 299 部翻译书籍中大约一半在上海出版。[79]

著名的江南制造局翻译馆 1868 年由清政府在上海成立,该馆在现代科技教科书的翻译方面功不可没。它为中国提供了包括化学、光学和法医学在内的许多现代学科的知识资源。[80] 这家翻译馆先后一共聘用了 59 位专业翻译——9 名外国人和 50 名中国人。英国学者兼传教士傅兰雅(John Fryer)在翻译馆创办伊始就加入了,在那里工作了 28 年,把 66 部书翻成了中文。[81] 1876 年,傅兰雅创办了上海理工学校(格致书院),专门从事科技教育,与传教无关。这所学校位于福州路,是今天上海顶尖高中之一上海格致中学的前身。

上海另一家重要出版社是广学会(也叫同文书会),1887 年

第四章 海派 上海例外主义与文化跨国主义　　119

由英国传教士韦廉臣（Alexander Williamson）创办。出版社最初的英文名字是"在华传播基督教和通用知识会社"（Society of the Diffusion of Christian and General Knowledge among the Chinese）。1890 年到 1911 年，这个机构出版了 400 部书，共 100 万册。据报道，1898 年戊戌变法期间，光绪皇帝为了多了解西方的情况，订购了 129 部书，其中 89 部是广学会出版的。[82]

20 世纪 20 年代，上海三大商业出版社（商务印书馆、中华书局和世界书局）称霸中国出版市场。中国的教科书出版由它们三分天下，各自占有市场份额 60%、30% 和 10%。[83] 根据已故美国政治学家白鲁恂（Lucian Pye）的研究，商务印书馆一家的书籍印刷量就等于同期美国的书籍印刷总量。[84]

上海学者陈伯海的研究显示，20 世纪 20 年代期间，上海各个出版社出版的不同题材的书籍数量惊人。[85] 1927 年到 1936 年，上海出版的书籍占中国出版新书总数的 65%。[86] 上海在中国教科书出版方面的霸主地位意义重大。中国其他地区对学校应该教文言文还是白话文踌躇纠结，上海这些出版社却有能力一锤定音，因为中国中小学课本的出版掌握在它们手中。正如一些中国学者所说，"上海用商业手段为白话文的最终胜利铺平了道路"。[87]

上海也是现代中国妇女运动的诞生地。1850 年，中国第一家女子学校在上海开办。到 19 世纪末，上海已成为中国首座为女子提供全面现代教育的城市。在中国，具体来说在上海开展的女子教育激励着一些人争取更大的女性赋权。20 世纪初，曾留学外国的女性活动家秋瑾创办了提倡妇女权利的期刊《中国女报》。一些中国学者称，这个运动对中国女权意识的形成产生了持久影响。[88]

民国时期（1912—1949），中国没有一座城市在新闻自由、文化多样性和知识活力上能与上海比肩。这座城市熏陶培养了中国最著名的作家、艺术家及后来的改革者。20世纪20年代晚期和20世纪30年代，中国新文化运动的众多领军人物齐聚上海。他们来自全国各地，有些人在北京和其他地方遭受了军阀的迫害（如徐志摩、闻一多、胡适），有些人从日本留学归来（如李初梨、成仿吾），有些人刚刚参加过北伐（如郭沫若、茅盾、蒋光慈），有些人逃离了北方的日本占领区（如萧军和萧红），有些人曾在广州教书（如鲁迅和郁达夫），还有些人来自四川（如沙汀和艾芜）。[89]

上海还聚集了中国的一些著名教育家，尽管他们的教育理念和方法各不相同。他们中间有当时的知识界巨人，如蔡元培、舒新城、陶行知、晏阳初和梁漱溟。一些外国学者称这段教育与文化迅猛发展的时期为"中国的'文化觉醒'，上海就站在变革的最前线"。[90] 此外，孙中山、黄兴和蒋介石等著名政治人物的政治生涯在上海开始，中国共产党也诞生在上海的外国租界中。自晚清以来，上海在中国政治和知识运动中举足轻重，被很多人视为"北京以外新政治潮流的中心"。[91] 民国时期，上海是"南京以外的影子政治中心"。

商业与创新中心

中国左翼批评者视上海为"外国飞地"，很多人却认为，这个国际大都会是塑造中国未来的商业中心。[92] 正如在文化和教育领域中那样，上海在商业和技术方面也善于接纳创新。美国建成第一条跨大陆铁路仅仅7年后，上海就开始引进火车。另外，上海第一家纺织厂建成时，美国南方连一家纺织厂都没有。据有些估算，到1930年，上海拥有全世界最大的纺织厂。[93]

1865年，长期住在上海和香港的几个英国、美国、德国和别的外国商人一同成立了著名的汇丰银行有限公司。1897年，当代第一家中国人自办的银行"中国通商银行"在上海成立。从1897年到1911年，中国一共有17家中国人拥有的银行，其中10家在上海初创。[94]到1935年，中国的银行总数达到164家，其中58家总部设在上海。此外，上海还有182家其他的金融机构，其中有外资的，也有中资的。[95]1931年，投资上海的外国资本总额为11亿美元，占那时外国在中国投资总额的34%。1937年11月日本占领上海之前，中国的外国金融投资79%是通过上海进入中国的。[96]

中国第一家工业公司"上海发昌机器厂"1866年在上海成立。1912年到1930年间，中国共成立了1 975家工业公司，其中837家（42%）在上海。[97]1933年，中资工厂资产的40%在上海；1948年，中资工厂和工人的一半以上都在上海。[98]作为中国当代工业革命的摇篮，上海率先将煤气灯（1865年）、电报（1871年）、电话（1881年）、电灯（1882年）、自来水（1884年）、小汽车（1901年）和有轨电车（1908年）投入商业使用。[99]上海获得了中国工业化孵化器的美誉。1934年，在中国注册的9 224个商标中，上海的占7 932个（86%）；这很能说明问题。同样，截至那年在中国注册的全部5万个商标中，4万个在上海（80%）。[100]

与天津、广州、杭州和北京等其他大城市相比，上海的中国工业家和资本家人数最多。这批有商业头脑的人把上海改造成了现代中国的商业、制造业和银行业中心。他们还组建了上海总商会和上海银行家协会等各种企业家团体和商会来保护自己的权益。[101]

从 1988 年到 1994 年，邓小平连续 7 年在上海过春节，体会到了这座城市的国际化遗产和特色文化，特别是它的人才荟萃。1990 年，邓小平在上海时说："上海是我们的王牌。把上海搞起来是一条捷径……我的一个大失误就是（1980 年）搞四个经济特区时没有加上上海。"[102] 同年，中国启动了一项历史性计划，要开发浦东，进一步确立上海作为创新与经济增长中心的突出地位。邓小平对上海的承认铺平了道路，强大的上海市领导班子因此得以实施果断的政策来推动"上海起飞"，使上海变身为中国的"曼哈顿"。

上海的多重身份互相排斥吗？

现代史中的上海有三重不同的身份特点——外国租界时期面向全球的大都市形象、社会主义建设时期的一致性和民族主义、改革开放之后的本土特点和城市个性。每个身份都突出了上海发展史上不同时期的鲜明特色，也昭显了上海彼此竞争的各种力量和行为者之间的固有张力。上海多姿多彩的历史说明了上海人的自我评价为何多种多样。

进入 21 世纪后，上海及其居民的多重身份在上海 3 个自我观念的基础上不断演变，可以说是愈演愈烈。上海的大都市身份本身就是多层面的。没有一个单一的"上海身份"能借以推断上海居民的行为。上海人对自己城市的看法既是地方的，也有国家角度，又是世界性的。至于上海人在特定环境下的倾向和态度，并无定论。

多重身份对人的行为不是限制，反而是解放，因为它们给人提供了选择。在某种意义上，明确单一的身份经常是通过同时存在却各不相同的各种身份冲突而产生的。居民在应付不同状况的时候，多重身份能为其提供有用的灵活性，因为他们可以在不同形势中运用于己有利的不同态度与观念。[103]

著名新加坡学者王赓武在关于文化身份的一项重要研究中，对东南亚华人受亲情、文化、政治和经济阶层塑就的"多重身份"做了精细入微的观察。他论称，这些"不是情境身份或可以随意开关的替代性身份，（但显示了）多种身份同时存在，如族裔、国家（地方）、文化和阶级身份"。[104] 这些特点是原生的，因为不可能很快改变；是灵活的，因为个人可以在不同时候选择突出这个或那个身份；是政治的，因为做选择时有具体目的；是多重的，因为它们总是一道共存。这项研究的首要发现不是这些身份中哪个更正当，而是身份的多样自有其用途。

与东南亚华人的多重身份相似，上海人也具有互不排斥的本土、国家和世界性多重身份。这些身份之间互动活跃，有时彼此矛盾，有时也互相加强。租界时期，西方和中国文化在上海的一个有趣互动是二三层的石库门房子和弄堂这种特色鲜明的住房建筑的快速扩张。[105] 石库门房子是中国北方四合院和西式货栈的混合，弄堂则是北京胡同和西式小巷的混合；这两种建筑方式从19世纪70年代开始在上海各地如雨后春笋大量涌现。

以石库门和弄堂为代表的上海城区住房结构反映了上海商业气息浓厚的文化特色。上海以商业为中心的亚文化没有强烈的道德、宗教或等级色彩。如卢汉超所说，上海人"精明、办法多、会算计、脑筋快、能适应、随机应变（总是愿意妥协，但不到万不得已决不后退一寸）"。[106]另外，石库门建筑显示，上海在最初发展阶段也许受了西方的启发，但后来的创新几乎全部是中国人自己的。卢汉超说："海派文化虽然出现了歪曲，但在1949年后的几十年中仍继续存在。这说明了这一传统的持久性，它的根基不是中国的文化上层建筑，也不是外国人带来的外来精神，而是上海市民的平凡生活。"[107]

上海对地区、国家和国际影响力的吸纳融合当然不仅限于街区结构和城市发展。围绕着各种外来思想和意识形态开展了辩论，但真正得到接受的都是适合中国国情的思想。上海的这些发展也许能够帮助说明中国的五四运动为什么导致了中国共产党的成立，为什么是马克思主义而不是自由主义最终"在中国文化中找到了肥沃的土壤"。[108]改革时代的中国拥抱文化世界主义，然而，这并不能消除或取代中国人民（包括上海人）政治上的民族主义感情。

总的来说，上海当局鼓励与外部世界的各类文化交流。自20世纪90年代以来，一直定期举办上海国际文化节、上海国际电影节、上海国际电视节和上海艺术双年展等活动。此外，仅2004年一年，在上海登台献艺的国际知名艺术家和演员就有埃尔顿·约翰（Elton John）、惠特妮·休斯顿（Whitney Houston）、布兰妮·斯皮尔斯（Britney Spears）、玛丽亚·凯莉（Mariah Carey）和后街男孩乐团（Backstreet Boys）。过去几年，世界级音乐艺术家，如泰勒·斯威夫特（Taylor Swift）、乔恩·邦·乔维（Jon Bon Jovi）、皇后乐队（Queen）、布鲁诺·马尔斯（Bruno Mars）、爱莉安娜·格兰德（Ariana Grande）和烟鬼组合（Chainsmokers）都在上海演出过。美国全国篮球协会（NBA）的休斯敦火箭队（Houston Rockets）和萨科拉门托国王队（Sacramento Kings）2004年的赛前季在上海（职业篮球运动员姚明的出生地）打了第一场NBA中国比赛。自那以来，在中国举办了24场NBA季前赛，不仅在上海，还在北京、广州和深圳等其他大城市。

老一辈领导人陈云是上海人，所以对这座城市有偏爱。陈云特别喜欢评弹，那是一种使用苏州方言的说唱艺术形式，在上海很流行。据报道，"文化大革命"后，陈云在上海、江苏和浙江看了79场评弹表演。[109] 他组织了59场有评弹演员和节目制作人参加的圆桌会议，还写了246封信件和评语，呼吁推动评弹表演艺术和海派文化。[110]

在上海，世界性、国家性和地区性文化的共存和普及反映在日常生活的方方面面。阎云翔观察到，新近得到接受的行为规范包括"对浪漫爱情和性自由的追求、离婚率的攀升和单亲家庭的出现、消费主义和商品崇拜的盛行、工商管理硕士热和英语热、美国连锁快餐店大受欢迎和城市青年竞相比'酷'"。[111] 改革刚开始的20年，美国领导的全球化潮流并未被视为对中国的威胁，因为全球化带来的是多样性而非一致性。中国的国家与地方文化不仅能够生存下去，而且能"洋为中用，或融入新兴的全球文化，发挥自己的作用"。[112]

中国民众才不在乎文化混合是西方的还是东方的，是美国的还是中国的。中国民众，包括上海民众，认为他们重焕生机、面向全球的文化完全属于他们自己。在上海这座把中国领向世界，又把世界带到中国的城市，人们尤其强烈地认为，社会、经济和社会发展议程是他们自己确定的。

海派文化与京派文化之对比

改革开放时期，上海亚文化的重兴引发了全国范围内的激烈讨论，这说明中国社会和中国文化都不是单一的大一统。[113] 如果说文化潮流能够影响一国的社会和政治发展轨迹，那么不同的亚文化就显示这种发展并非只有一个前定的结果，而是可能存在不同的路径。长期以来众所周知，北京和上海这两座中国最大的城市在历史经历、地理特征、文化特点和在国家中发挥的政治和经济作用方面对比鲜明。20世纪60年代，城市研究"芝加哥学派"的两位人类学家罗伯特·雷德菲尔德（Robert Redfield）和米尔顿·辛格（Milton Singer）发表了给世界城市分类的经典著作。在他们的分类中，北京被列入"行政和文化城市"一类，上海被列为"大都会城市"。[114] 据雷德菲尔德和辛格所说，"行政和文化城市"由文人和当地官僚统治，在自身边界之内专注于大帝国的行政与政治功能。"大都会城市"则是由经理和企业家阶层领导,凭借其有利的城市位置和兴旺的经济活动而蒸蒸日上。从历史来看,中国80%以上的城市是各自地区的政治与行政中心——上海是个突出的例外。[115]

雷德菲尔德和辛格的分析对于改革开放时代的中国仍然适用,因为北京和上海之间的差别变得日益明显。上海借着中国对外开放的东风,地位愈加显赫,北京则在努力挣脱它800年帝都历史的束缚,力图重新确立对中央政府的权力和影响力。

上海并不总是比北京更受青睐。早在20世纪30年代,中国知识分子就因为对北京和上海的评价与态度发生了争吵。包括沈从文在内的几位著名京派作家谴责上海文学界过于功利和商业化,掀起了双方的论战。上海作家不屑地嗤笑北京同行跟不上世界的变化。

20世纪30年代的京沪骂战后来又多次上演,并远远超过了文学品位和风格的范围。京派和海派的紧张关系不仅表明两座城市间的文化区别,也显示出20世纪期间及以后,城市文化意识在中国的复兴。这反映了这段时间里中国发生的三大意识形态与政治冲突,即传统对现代、民族主义对世界主义、一致性对多样性。[116]

上海许多学者对于压制亚文化、捍卫主流文化的保守观点提出挑战。这些学者觉得,北京的"京兆心态"反映了中央王国的等级意识和文化上的傲慢。研究上海文化的著名专家余秋雨说,上海最重要的一条社会规则反映在上海人常说的一句话里:"关侬啥事体。"换言之,各人管好自己的事,别干涉他人生活。[117]上海的这句常用语显示了对社会多元化的接受和对各种各样的观点、价值观和生活方式的高度宽容。相比之下，北京人往往好管闲事，惯于本着"政治正确"侵入他人空间。此外，与北京相反，一些上海学者称"可以用一百种不同的方法来看上海"，还称"有一百种上海人"。[118]

在1992年出版的《上海：性格即命运》一书中，住在上海的作家俞天白指出，海派文化体现的上海特色既是改革时期经济脱胎换骨的原因，也是其结果，因为如该书的标题所说，"性格即命运"。[119]

批评北京"正宗主流文化"的不光有上海作家，也有其他城市的作家，包括北京自己的作家。骆爽写的《"批判"北京人？！》是中国城市文化丛书中的一本。[120] 作者特别批判北京人的"皇城情结"，说北京已经没有能力处理自己的问题了。[121] 该书对北京人心态的批评使人想到改革时期另一本在中国广为流传的书《丑陋的中国人》。那本具有争议性的书批判了中国的传统文化价值观，是20世纪70年代著名的台湾作家柏杨写的。骆爽说北京人是"政治动物"，而上海人（和广州人）是"经济动物"。[122] 北京人爱谈"主义"，关心政治、政治地位、家庭背景和其他社会政治标签。与之形成鲜明对比的是，务实的上海人和广州人只想谈生意。

关于海派和京派文化的书籍中，杨东平的《城市季风：北京和上海的文化精神》可以说在中国最有影响力。[123] 杨东平的研究表明，用来形容北京和上海的词语经常截然不同；描述北京的用语是雍容、高贵、严谨、传统、精英和官僚，而形容上海的则是平民、普通、闲适、功利、务实、商业、现代、殖民,等等。这两个亚文化的共存和碰撞具有政治上的含义。按照杨东平的描述,北京人比任何其他地方的中国人都更崇尚政治。北京人的职业首选经常是做官,因为他们在"天子脚下"。[124] 用杨东平的话说,"政治是北京人的盐。没有它,北京的生活会淡而无味"。[125]

杨东平观察到,政治对北京社会生活的影响不可避免地使北京人轻视商业和中产生活的舒适。而这些是上海人非常珍视的东西。北京人喜欢所谓的侃大山,聊一些重大话题,如国家大事和精英政治。与据说把自身利益放在首位的上海人相比,一般说北京人"心胸广阔",在人际关系中注重哥们义气。因此,据杨东平说,北京人没有上海人的"契约意识"。上海的"中产公民意识"也比中国其他地方强烈。所以,上海不仅有较高的政治与社会宽容度,而且和北京不同,并不在精英文化与通俗文化之间作出清楚的区分。这促进了杨东平所谓的上海人"在社会和政治生活中的世俗化"。[126]

北京人的特点反映在首都的男性审美之中——北京是男性统治的城市。杨东平从男女关系、婚姻、家庭、妇女的角色和女权主义角度详细讨论了北京与上海的区别。鉴于上海是中国妇女解放运动的诞生地,杨东平得出结论说,上海女性参加工作、职业发展和争取权利的历史更长。因此,上海妇女解放的"深度"超过北京。北京女性在妇女的社会与家庭作用方面比上海女性遇到的障碍更多。[127]

杨东平在书中总结了上海人的6个鲜明特征:

1. "精明",指能干、灵活、聪明;
2. "实惠",指注重具体的物质利益(估算并掂量得与失);
3. "理性",指要求一切事情尽量公平,如价格要合理;
4. "规矩",指高度重视规定、规则和秩序(反映了商业活动造成的日常生活中的"契约意识");
5. "世俗",指在商品经济的价值基础上树立衡量成就的新标准,用以取代以前控制社会的政治和意识形态权威;
6. "西化",定义为文明或启蒙的同义词。上海赋予了其居民对外来文化的宽容态度,迥异于内地许多人的态度。[128]

21世纪的第一个十年,上海最重要的舆论领袖中的周立波和韩寒二人正是这些特点的化身。周立波是很受欢迎的脱口秀主持人,被称为中国的杰·雷诺(Jay Leno)(美国著名脱口秀主持人——译者注)。韩寒是"80后"一代的代言人,曾经是世界上访问量最高的博客博主。2010年,韩寒被美国的《时代》杂志和英国的《新政治家》杂志评为世界上100个最有影响力的个人之一。

周立波和韩寒都走了极为不同寻常的职业发展道路。两人都没上完高中,两人的成功主要都是因为提倡中产生活方式和世界观。周立波最出名的是海派清口,他的脱口秀有两点独特之处。第一,他是中国第一个经常笑评中国官员的脱口秀主持人;第二,他的目标观众主要是中产,上海和全国的中产都算上。他在脱口秀中经常谈及股市和房地产市场、所得税、外国影响和中产消费这些问题。

有近 20 年的时间，韩寒这个 30 来岁的叛逆青年在中国家喻户晓。从高中辍学的韩寒是汽车拉力赛的赛手、畅销小说家、散文作家、歌手和电影导演。但真正让他出名的是他写的博客。2010 年，他的博客点击量达到 3.3 亿。周立波和韩寒都呼吁实现公民权利，号召中产参与政策讨论。不过，如一些中国学者所说，与批评官方时常常语不惊人死不休，采取说教语气的北京知识分子相比，周立波和韩寒的批评一般更加微妙婉转，更加幽默、理性、务实。[129]

最后几点思考

本章概述的杨东平和其他学者对上海和上海人特点的总结可以商榷。但无论如何，中国学者近些年来一直在强调文化和学术的多元主义。2018 年，中国两位著名国际关系学者，中国外交学院院长秦亚青和上海交通大学教授郭树勇，发表了两篇文章，对中国研究世界事务的各种角度做了比较。他们说，谈及中国对世界政治的研究时必须用复数，不能用单数（比如提到中国研究国际关系的学派时要用复数）。具体来说，他们强调了国际关系研究中北京学派和上海学派之间的分别。[130]

秦亚青和郭树勇认为，国际关系研究中，北京学派的重点是总体外交、战争与和平及国际体系中的权力过渡，上海学派则更注重中层理论、共生理论、公共外交、多边主义、国际政治经济和国际政治社会学。据他们二人所说，上海学者在学术和政策讨论中一般不太拘泥于意识形态,更注重引进并翻译西方学术著作,这是 20 世纪早期做法的延续。

杨东平所著《城市季风》中引用的一句诗是对中国这些年来各种变化的恰当艺术描述,那句诗出自 20 世纪头几十年中国最出名的诗人之一徐志摩之手:"我不知道风是在哪一个方向吹。"过去的一个世纪表明,在中国,"风的方向"发生过多次剧烈改变,每一次改变都不仅给中国,而且给全世界带来巨大的后果。回顾过去一个半世纪上海的发展,可以看到中国这个最国际化的都市的诞生与成长无疑吸取了西方的强烈影响。然而,不能因此而忽视上海的发展路径具有明显的中国特征,更具有鲜明的上海特征。[131] 第五章将阐述经济与文化的互动关系,以及这种互动如何塑就了上海在中国走向世界的征途中发挥的关键作用。

第五章

"魔都"与"龙头"
"中国曼哈顿"的诞生

> 走尽天边,好不过黄浦两边。
>
> ——上海俗语

1923年,日本小说家村松梢风(Shōfu Muramatsu)来到上海,在公共租界住了几个月。他不仅和各行各业的普通中外居民打成一片,也结识了中国的一些知名知识分子,如郁达夫、郭沫若和田汉。他根据这次旅行经验,写出了游记《魔都》(*Magic Capital*,日文是 Modu 或 Mato)。[1] 他在书中描绘了上海相互矛盾的特性和多层次对比,并列展示出这座城市明快、开放、现代、动人和文明的表面与黑暗、秘密、旧式、庸俗和粗鲁的内里。[2]

当时,村松梢风和他为上海起的绰号在日本和中国的文学圈外并未引起多大注意,后来的几十年间基本被忘却了。然而有趣的是,几乎一个世纪之后的今天,"魔都"却成为中国人谈到上海时经常使用的名字。[3] 近些年来,一些著名的中国历史学家、政治学家、社会学家和经济学家,还有老百姓,在关于上海的著述和公共讨论中都采用了这个名字。[4] 上海市领导在最近几次公开演讲中也使用了"魔都"一词。他说，"魔都"的魔字代表着想象力和创造性。他坚称，上海在城市发展中善于创新的名声应当成为上海最有辨识度的"名片"。[5] 依着同样的思路，星球研究所最近发表的一份全面研究文章声称，"找不到比'魔都'更能抓住上海精髓的词语"。[6]

当然，不同的人使用"魔都"一词时用意不同，有积极的，有消极的，也有中立的，大多基于本人在上海的经历、对上海的认知和看上海的角度。有些人用它来对应另一个新词"帝都"；帝都指北京，近年来，在中国社交媒体上频繁出现。[7] 别的人认为，"魔都"是综述上海地理和人口特点的神来之语。上海平均海拔只比海平面高出 4 米，又处于亚热带季风气候带，几乎常年雾气（和雾霾）缭绕，经常模糊缥缈，难见庐山真面目，呈现出万花筒般的景象。上海占地 6 341 平方千米，根据 2018 年的官方数据，总人口为 2 424 万，包括 1 448 万有上海户籍的人口和 976 万外来人口。[8] 这座拥挤不堪的城市里，多数上海人生活在摩天大楼阴影下的背街小巷和隐蔽的弄堂里。

"魔都"一词凸显了外国人与中国本地人、过去与未来、包容与排外、谦卑与傲慢之间的尖锐对比，也突出了这个一日千里、瞬息万变的大都会的神秘性，特别是它作为经济和文化大熔炉的特性。[9] 在一些中国人眼里，上海这座城市既魔且幻。然而，在中产诞生和成长的同时，经济不平等依然严重。过去、现在和未来塑造上海的各种力量在现实中远不如想象的那样和谐。另一些人则认为,"魔都"上海以对美好未来的甜蜜梦想使外来移民和本地居民为之陶醉。[10]

20世纪90年代初,中国政府设定了上海的"龙头"地位,象征着在21世纪中国增强国力、促进繁荣的努力中,上海将发挥带头作用。这个比喻还显示,中国在经济上追赶发达国家的过程中,上海是长三角地区乃至整个国家的领头羊。过去40年的大部分时间里,上海一直是中国社会和经济发展的排头兵。邻近地区如果与上海的发展保持"接轨",经济就会突飞猛进。[11]上海周边的城市也已成为投资者的青睐之地。江苏和浙江两省的城市(江苏有苏州、无锡、昆山和南京,浙江有嘉兴、宁波、义乌和杭州)因大上海地区外国和国内投资的飙升而大为受益。[12]

至于"龙头"精神是否会传遍全国,在内地城市,特别是西部和东北地区造成类似的巨变,此时预言也许为时尚早。然而,中国无疑已经成为全球经济强国,上海则是中国在经济发展、国际交往和文化发展领域中的标杆。2019年春,上海市委书记李强对其他上海官员说,"上海要始终坚持跳出上海看上海、立足全局看上海、在服务全国中发展上海"。[13]他号召同事们"以敢为人先的精神锐意创新",进一步开展经济改革,加大对外国公司的开放,做好城市和地区治理。他宣称,上海要打响服务、制造、购物、文化四大本土品牌。[14]

在美中贸易战紧张日增的2018年夏,发生了一个上海"奇迹"——特斯拉在上海建造了最大的海外工厂。特斯拉这个从硅谷起家的汽车制造商在上海建的工厂年产50万辆电动汽车。这家工厂作为上海迄今为止最大的外国制造项目，证明了上海把技术成就转化为商业利润的能力，也显示了中美经济合作的巨大潜力。[15] 这个投资项目从动工到完全投产仅用了 10 个月。工厂开始生产汽车的一年内，中国的特斯拉汽车注册登记增加了 14 倍。[16] 到 2020 年初，特斯拉凭借在中国汽车市场强劲的销售势头，股票市值飙升到 845 亿美元，通用汽车和福特两家加起来都望尘莫及。[17] 2020 年 7 月末，特斯拉股票市值升至 2 900 亿美元的新高，可能既是因为电动汽车的销量，也是因为特斯拉推出了电动跑车 Roadster。[18]

上海一方面从市场改革和对外接触中大为受益，另一方面也有强有力的政府支持和产业政策作依靠。官方的记录表明，2010 年以来，上海的国企、外企和民企的数目相对持平，这与广东省的深圳和广州及浙江省的杭州和宁波形成强烈对比，那些地方的民营部门投资普遍得多。[19] 深圳的民营公司占所有企业的 90%。[20]

中国政府在《中国制造 2025》计划中列举的十大战略领域在魔都得到突出代表，C919 大飞机、现代船舶制造、大规模集成电路、人工智能（AI）、新能源汽车、北斗卫星导航系统、机器人、生物工程和生命科学都有项目落地上海。[21] 2014 年 5 月，中国领导人参观中国商飞上海飞机设计院研发中心时说，"大型载客飞机的研发制造能力是一个国家航空发展的重要指标，也是综合国力的重要象征"。[22]

今天上海的发展战略看似矛盾，是企业家精神及外国投资与国家支持及产业政策的独特结合。因此，更加有必要认真研究这个魔都。本章分两部分。第一部分回顾上海"魔都风景"的变迁，特别是过去30年来这座城市的飞速崛起。第二部分探讨上海将自己打造为国家及全球的"五个中心"（经济、贸易、金融、航运和科技），以进一步扩大与外部世界经济互动的目标。本章通过探讨上海这座神奇城市的这些要素，揭示了政府产业政策和市场改革这一对促成中国经济奇迹的双重因素。

上海奇迹：努力成为"中国曼哈顿"

对上海的城市规划者来说，显示上海重返国际舞台的最有效方法莫过于它的市容市貌。建筑与城市研究领域的著名美国学者艾伦·巴富尔指出，上海自20世纪90年代中期以来的市貌变化是"城市历史上无与伦比的"。[23] 上海天际线上排列的令人目眩的摩天大楼是21世纪中国追求实力与繁荣最直观的证明。这一点表现得最显著的莫过于上海中心的沿江地区。任何访客都不禁惊叹于黄浦江两岸的壮丽景色，以及浦西外滩和浦东陆家嘴之间鲜明的历史对比。

外滩从外白渡桥（过去也叫花园桥或苏州河桥）开始，向南延伸至金陵东路，全长1.5千米。外滩曾是英租界的一部分（后来属于英国和美国殖民当局共管的公共租界），20世纪初建起了几十座西式大楼，里面有外国银行、贸易公司和俱乐部，包括本书序中提到的著名的汇丰银行大楼。

东边，468米高的东方明珠电视塔是世纪之交时上海的象征。设计者是 3 位中国建筑师。它 1994 年竣工时，高度为亚洲第一、世界第三。再后来，另外 3 座地标式摩天楼成为上海崛起更快更高的新象征：420 米高的金茂大厦（1999 年竣工）、492 米高的上海环球金融中心（2008 年竣工）和 632 米高的上海中心大厦（2015 年竣工）。这 3 座新地标建筑不仅拓展了上海的天际线，而且形成了一些建筑师口中的"世界首个超级摩天楼三剑客"（绰号"三个火枪手"）。[24]

外滩优雅的老建筑和陆家嘴未来主义风格的现代高楼对比鲜明，构成上下两个世纪意义深远的对话，既是现代上海对自己非凡历史的致敬，也是过去对现在的问候。[25] 1999 年在浦东举行的《财富》全球论坛上，时任国家主席江泽民对与会数百名全球商界领袖和政府官员致辞，"今晚我们所在的上海浦东陆家嘴地区，6 年前还是一些简陋的住宅和农田"。[26] 两年后，亚太经济合作组织 2001 年上海峰会有 20 位国家元首到场，包括美国总统乔治·W. 布什和俄罗斯总统普京，会上江泽民谈到上海的发展时说了类似的话。[27]

江泽民对上海奇迹的描述基本准确。2009 年一年，陆家嘴就有 140 幢摩天写字楼拔地而起，500 多家外资和中资银行、保险公司和其他重要金融机构落户陆家嘴。[28] 中外城市发展专家指出，"曼哈顿用了一个多世纪才形成它那震撼人心的形象；新上海却在 10 年内就闪亮登场"。[29] 2004 年，法国总统雅克·希拉克（Jacques Chirac）访问中国时，称浦东开发为"又一个长城和大运河规模的史诗级工程"。

20世纪90年代开始的上海建筑热

20世纪90年代初期,100多万建筑工人动员起来投入上海的重大工程建设。[30] 根据一项研究,短短3年(1992—1995)中,上海建设的商用高层办公楼等于香港在其40年快速城市建设中建起的商用高层办公楼的全部。[31] 1998年,上海的建筑工地多达2.1万处。[32] 世纪之交时,人们常说,只上海一地就有"世界建筑起重机总数的1/5在紧张操作"。[33]《华尔街日报》的一位记者写道,"上海和中国沿海地区正在开展的也许是自上次冰河时代结束后珊瑚虫建设大堡礁以来地球上最大的建设工程"。[34] 此言不完全是夸张。

中国的政策制定者热心力推上海"中国曼哈顿"的绰号,它代表着上海城市发展的新形象和新雄心。[35] 上海自20世纪90年代早期开始的重兴,无论是其宏大的规模,还是其闪电般的速度,都的确令人咋舌。表5-1展示了改革开放时代,特别是2000年之后的极速建设为上海增添的高层建筑的数目。1980年,上海只有3栋20层以上的建筑,此类建筑到1990年增加到了152栋,2000年达到1482栋,2003年是1930栋,2010年到了3916栋,2017年更是增至7576栋。

上海改革开放时代建筑热的一个重大成果是城市交通运输系统的惊人进步。20世纪70年代末之前,113千米长的黄浦江上一座桥也没有,过江只能靠摆渡。但到了2020年,黄浦江上架起了13

表 5-1　上海 8 层以上高楼数量的增加，1980—2017

层数	1980	1990	2000	2002	2003	2010	2015	2017
8—10	78	207	536	742	874	2 744	5 568	6 588
11—15	33	244	684	1 217	1 616	9 672	18 302	20 094
16—19	7	145	831	1 101	1 251	4 247	10 046	11 962
20—29	3	137	1 266	1 518	1 556	2 936	5 337	5 906
30 及以上	0	15	212	338	374	980	1 569	1 670
共计	121	748	3 529	4 916	5 671	20 579	40 822	46 220

来源：上海市统计局，《上海统计年鉴 2004》（北京：中国统计出版社，2004），第 170 页；上海市统计局，《上海统计年鉴 2018》（北京：中国统计出版社，2018），表 11-7。

座桥梁，其中 12 座是 1991 年以后造的，6 座位于上海中心区。这些桥梁中有南浦大桥（1991 年建成）、杨浦大桥（1993 年建成）、徐浦大桥（1997 年建成）和卢浦大桥（2003 年建成）。另外还有 14 条隧道连接浦江两岸。除了修建新桥梁和新隧道之外，上海还大大改善了公共交通基础设施。德国制造的磁悬浮列车"上海磁浮列车"（2004 年）时速可达 430 千米，造价 48 亿人民币。磁浮列车 2003 年开始运行，从浦东的龙阳路地铁站到浦东机场，30.5 千米的路程 8 分钟即达，若是开车则需要 45 分钟。上海磁浮列车建设完成后，号称是世界上最快的商用高速电气列车。1993 年，上海第一条地铁线路建成。到 2020 年，387 个地铁站在全市星罗棋布，18 条地铁线路在城市东西两部分之间交织成网，总长达 672 千米。[36] 交通运输和基础设施建设便利了浦东新区的飞速扩张。

"万国建筑博览会"的复兴

上海要当"中国曼哈顿"的锐意进取深刻改变了这座城市的建筑风貌和文化结构。上海各处的4.6万余座高层建筑无论是外部装潢还是公寓的内部格局都与纽约、巴黎、悉尼、东京、香港、台北和新加坡大同小异。来上海的外国访客若觉得上海的大楼和其他建筑物似曾相识,不必吃惊,因为许多建筑物其实就是著名外国建筑设计师设计的。

可以说,上海现代史上受中西方文化结合影响最大的就是住房设计。第四章说过,上海的住房风格各种各样,从西式高楼到上海弄堂。20世纪上半叶,英国、法国、德国、俄国、北欧、美国和日本的建筑风格,以及古典、文艺复兴、折中主义、现代和其他流派齐聚上海争奇斗艳。20世纪20年代,参与管理和开发上海纯西式建筑和弄堂的有300多家房地产商,他们对建筑形式精益求精,直到与欧美的花园公寓别无二致。[37]这一现象解释了为什么20世纪20年代到40年代的上海被称为"万国建筑博览会"。[38]

奥匈帝国建筑师邬达克（Ladislaus Hudec）（1893—1998）1918年到1949年住在上海。他设计了60所住宅、教堂、学校和医院,包括派克饭店（国际饭店）、宏恩医院（华东医院）和大光明电影院。他被视为在20世纪上半叶"改变了上海的人"。[39]从20世纪20年代晚期起,中国建筑师也开始在上海的城市发展中大显身手。他们大多在外国留过学,主要在美国。[40]根据对那个时期电话簿的研究，1927年，中国人的建筑师事务所只有一家，1928年增加到7家，1936年发展到45家，占当时全国所有建筑师事务所的49%。到20世纪30年代末，55%的建筑师事务所是中国人开的，在外国建筑师事务所工作的建筑师中，50%是中国人。[41] 20世纪40年代，中国共有大约70名在外国受过教育的建筑师，其中70%左右在上海工作。[42]

  从历史上看，上海的整座城市开发也非常独特。这座城市的主要功能是商业中心，这打破了中国传统城市的模式，因为传统城市一般首先是政治中心。[43] 自20世纪90年代的建筑热开始，上海努力成为世界上"最新的国际建筑博览会"。例如，位于88层的金茂大厦顶层的上海君悦酒店那哥特式尖塔是美国SOM建筑师事务所（Skidmore, Owings & Merrill）设计的，就是这家事务所设计了芝加哥著名的西尔斯大厦和纽约的AOL时代华纳中心。上海环球金融中心的建设在亚洲金融危机爆发后停滞了4年，2003年重新开始。负责设计这座后现代风格大厦的是总部设在纽约的KPF建筑师事务所（Kohn Pedersen Fox Associates）。这座101层的大楼成了当时中国最高的建筑物，屋顶高度为当时世界最高。目前上海最高的上海中心大厦的主要设计师是夏军，他是上海人，在中国和美国都受过教育。上海中心大厦因注重可持续性而受到赞誉。它那非对称的螺旋形侧面能帮它抵御台风。大厦还使用风力涡轮机，收集雨水，并安装了双层玻璃幕墙来达到冷却和通风的效果。[44] 这座地标式大厦因其奇特的造型在2016年获得了年度美国建筑设计奖。上海同济大学的一些学者指出，上海中心大厦建立在"垂直城市"的理念基础之上。它要以其不可替代的代表性结构突出未来主义的上海在全球的影响力。[45]

上海同济大学教授、前副校长郑时龄指出,没有哪座城市像改革开放时代的上海一样,在如此之短的时期内"举行过如此之多的国际建筑及城市设计竞赛"。[46] 20世纪90年代以来,很多国际知名的建筑师和专家,如已故的贝聿铭、菲利普·约翰逊(Phillip Johnson)、保罗·卢多尔夫(Paul Ludolf)、理查德·迈耶(Richard Meier)、约翰·波特曼(John Portman)和迈克尔·格雷夫斯(Michael Graves),都到访过上海,或是讲课,或是做项目。[47] 1991年到1996年,上海全部设计项目中大约40%接到了国际公司的投标。[48]

对中国领导人来说,上海的新老外国建筑证明了这座城市的世界性,突出了它作为东西方交汇点的重要性。因此,有关部门常常喜欢在上海的建筑项目中用外国建筑师,在国际招标中忽视中国建筑师。同济大学教授吴江注意到,"中国建筑师和外国同行竞争几乎没有一个不吃亏的"。[49] 在上海的国际竞标中中标的中国建筑师中,许多人深受西方艺术和建筑理念的影响。例如,上海著名雕塑家张海平说他的灵感来自亚历山大·考尔德(Alexander Calder)、大卫·史密斯(David Smith)、安托万·卡罗(Antonie Caro)、爱德华多·齐力达(Eduardo Chillida)和阿尔贝尔·费罗(Albert Feraud)等西方艺术家。[50] 中国美术学院前院长许江指出,20世纪90年代中期以来,上海领跑的中国城市化进程显示出明显的"趋高性"和未来主义风貌。[51] 表5-2显示了上海10幢最高的摩天楼，其中 9 幢是 2000 年后建的，6 幢在过去几年刚刚建成，或仍在建设中。

表 5-2　上海 10 幢最高的摩天楼，2020

排名	大楼名称	高度（米）	层数	建成时间	用途
1	上海中心大厦	632	128	2015	酒店/写字楼
2	上海环球金融中心	492	101	2008	酒店/写字楼
3	金茂大厦	421	88	1999	酒店/写字楼
4	徐家汇中心大厦 1 号	370	70	2016	写字楼
5	世茂国际广场	333	60	2006	酒店/写字楼/零售
6	白玉兰中心 1 号	320	65	2017	写字楼
7	真如中心	305	57	2021	写字楼
8	绿地外滩中心	300	64	2022*	酒店/写字楼
9	恒隆广场 66	288	66	2001	写字楼
10	恒基徐汇塔	285	61	2020	写字楼

来源：摩天楼中心，高层建筑和城市住宅委员会的全球最高建筑数据库。
* 预计建成时间。

　　近年来，中国建筑师共同努力在城市设计和景观营造中应用新技术。例如，2019 年，上海宝山区树起了世界最大的 3D 打印混凝土桥。[52] 然而，批评上海建筑热的人提出了一系列关切，包括城中居民的拆迁、贫富差距的加大、只顾现代化和全球化而不顾及其带来的破坏性危险，以及无休止地追求新高度和试验新技术可能造成的破坏。[53] 尽管有这些对社会、经济和技术方面潜在问题的关切，上海依然推进发展最新城建项目，如亚洲最大购物中心、亚洲最长商业街、世界首列悬浮列车和世界最高建筑。

过去 20 年，上海的沧桑巨变带来了日益加大的社会和政治矛盾及经济不平等。然而，"中国曼哈顿"的崛起也提高了中国在世界舞台上的威望，加强了公众的民族主义感情。所以，上海的文化活力和与外部世界的广泛交流是古老中华文明的新形象，也许预示着中国将进入一个新的发展时代。

2018 年 11 月，习近平主席在中国举办的首次国际进口博览会开幕式上，对在场的 172 位国家元首和地区及国际组织领导人推介上海。他对他们说："上海之所以发展得这么好，同其开放品格、开放优势、开放作为紧密相连。"[54] 意义更重大的是，自 2013 年起，连续 5 年全国人大开会期间，习近平都出席并参加上海代表团的讨论，在讨论中多次使用"排头兵"和"先行者"这两个词来形容上海在中国经济改革创新中的作用。[55]

半个世纪缓慢增长后的重生

邓小平决定把上海经济发展列为战略优先之前，上海的经济增长相对较慢。新中国成立后的头 40 年，中央政府给上海压上了沉重的财务负担。1980 年，上海在工业产出（占全国总量 1/8）、出口（1/4）和上交中央的收入（1/6）方面均居全国之首。[56] 但与此同时，从住房、道路和运输方面的国家拨款来看，上海的人均所得最低。一篇广为流传的文章《上海在国家中的 10 项最高和 5 项最低》(*Shanghai's Ten Tops and Five Bottoms in the Country*) 指出了这一反差，文章对比了上海在国家发展中的带头作用和它那糟糕得令人震惊的基础设施和生活条件。[57]

根据 20 世纪 80 年代早期开展的一项研究，从 1949 年到 1985 年，中央政府共从上海那里收到 3 500 亿元人民币，对上海市政基础设施建设却只投入了 35 亿元人民币。[58] 从 1949 年到 1988 年，上海财政收入的 83.5% 都上缴了中央政府，自己只留下 16.5% 用于城市服务与发展。[59] 1949 年前，上海是全国高层建筑最多的城市（有 38 栋 10 层或 10 层以上的建筑），包括 20 世纪 30 年代初完成、时为亚洲最高建筑的 24 层的国际饭店。[60] 之后近 50 年里，国际饭店依然是上海的最高建筑，20 世纪 80 年代的上海市容和三四十年代大致一样。1988 年，《大西洋月刊》记者詹姆斯·法洛斯（James Fallows）访问上海，写了一篇题为"上海惊奇"(*Shanghai Surprise*) 的文章。[61] 给他留下深刻印象的不是上海有什么新东西，而是惊奇地发现上海的建筑与街道半个多世纪以来一直未变。

20 世纪 80 年代的大部分时间内，中央政府的政策都是向北京、广州和新建的深圳等城市倾斜的。然而，到 80 年代晚期，上海市政府依靠在国际金融市场上融资，得以实施被称为"94 个特别工程"的重大项目。[62] 政府筹集了 32 亿美元来执行 94 个重大建筑工程，如南浦大桥、1 号地铁线、虹桥机场国际候机楼和华亭宾馆。

1990 年，国家决定开发浦东，打造中国最大的经济区；这一决定代表着国家资源分配的重大战略转移。1992年春，邓小平考察上海期间，认识到这座城市的巨大潜力，允许上海市政府把更多资金投入当地经济，并吸引外国投资。1992年到1996年间，上海完成的城市建设项目超过了之前的40年的总和。[63] 新项目包括浦东机场、上海地铁系统、高架路系统、火车站翻修、新的集装箱运输港和跨越黄浦江的3座大桥和两条隧道。

1998年，上海固定资产投资总额是1 966亿元人民币，比其他3个直辖市高得多——北京是1 124亿元人民币，天津是571亿元人民币，重庆是492亿元人民币。[64] 另外，1990年到2002年，上海从中央政府那里获得了大量拨款和贷款。结果，上海的城市基础设施建设投资从1990年的47亿元人民币飙升到2000年的451亿元人民币。同期，市政府收入中用于建筑项目的金额从14亿元人民币增长到132亿元人民币。[65]

国家拨款和贷款的涌入也刺激了外国直接投资。仅1993年一年，上海吸引的外国投资就超过了前10年的总和。[66] 世纪之交时，上海市政府发动了一场运动，要吸引200家大型多国公司把它们的亚太总部和研究中心迁到上海。[67] 2019年初，驻在上海的海外公司达到5万家左右，为中国之最。677个多国公司的地区总部落户上海，包括88个亚太地区总部和444个外国投资研发中心。[68] 它们中间有新成立的新开发银行总部——这个组织由金砖国家（巴西、俄罗斯、印度、中国和南非）联合经营，也有QVC Group（世界最大的电视购物网）、UBM Group（世界最大的会展服务商）和日本电信公司（世界最大的通信运营商）的地区总部。沃尔沃、有限品牌公司和雅马哈等《财富》500强公司的地区总部也设在上海。2019年1月,微软最大的人工智能和物联网实验室在上海建立。[69]

越来越多的多国公司把地区中心设在上海,借此东风,上海进入了全世界有史以来最大的房地产开发繁荣期。1992年到2003年,上海的GDP增长率一直保持在10%以上。2003年,大约100个国家和地区为上海约3万个项目提供了资金。[70]此外,到2000年,上海市政府通过把土地租给外国公司获得的收入超过1 000亿元人民币,这笔钱主要用在了上海的基础设施建设上面。[71]大量外国品牌酒店也涌入上海。例如,2018年,上海的五星级酒店达到72家——和那年巴黎的一样多。

外国资本的涌入和大量基础设施项目的建设改善了上海居民的生活条件。改革开放时期,上海市民人均居住面积大为增加,从1983年的4.52平方米到1991年的6.6平方米,再到2002年的13.1平方米。上海有房者的百分比也从1989年的31%增加到1991年的34%,再到2002年的87.4%。[72]经济不平等,特别是本市居民和外来移民之间不平等的加剧固然成了严重的社会问题,但很多上海家庭仍然能够在郊区购买公寓或其他类型的住房。据盖洛普公司在中国开展的一项调查,2005年,上海82%的人口自家拥有住房,22%的受访者说拥有两套住房。[73]仅仅20年前,上海还几乎没有私有住房。这个变化对于上海中产的诞生和成长是很大的助力,催生了一种新的、更加舒适的中产生活方式。

近年来,上海把关注点转向了环境可持续性和环境保护。人均绿地面积从 1992 年的 1 平方米增长到 1999 年的 3.5 平方米。1992 年城市绿化覆盖率是 10%，1999 年翻倍到 20%，2018 年又增长到 36%。[74] 市政府对这个项目投入了大量金融和政治资本；该项目当时颇具争议，不过现在普遍认为它给上海加了分。[75] 然而，应该指出，与纽约、伦敦、东京、香港和新加坡等其他国际大都市相比，上海在绿色环境的重要指标方面表现不佳（表 5-3）。所有这些城市中，上海在生态用地比例、森林覆盖率和绿色覆盖率方面都是垫底的，人均公共绿地面积倒数第二。

表 5-3　上海与全球主要城市绿色指标的比较，2012

城市	生态用地比例（%）	森林覆盖率（%）	绿色覆盖率（%）	人均公共绿地（平方米）
纽约	n.a.	24	n.a.	19.2
伦敦	63	34.8	42	24.64
东京	58	33	64.5	4.5
香港	71	70	70	23.5
新加坡	50	75	58.7	28
上海	30	13	38	12

来源：上海市人民政府发展研究中心，《建设卓越的全球城市：2017/2018 年上海发展报告》（上海：格致出版社，2018），第 65 页。
n.a.（未获信息）

连续好几十年，苏州河污染严重、恶臭冲天，经过之人无不掩鼻。[76] 20 世纪 70 年代和 80 年代，苏州河边的酒店，包括著名的上海大厦，都不得不封死窗户以免臭味进屋。为解决这个问题，上海市政府于 1988 年启动了分三期实施的苏州河河流污水治理工程。这个工程自始至终用了 24 年。到 2012 年，苏州河的臭味没有了。据报道，苏州河在鱼虾绝迹 27 年后，成了 45 种鱼类的新家。[77]

2018 年 11 月，中国领导人访问上海期间，特意去虹口区的一个社区了解垃圾分类回收系统。那次访问的一年前，中央财经领导小组开会讨论垃圾分类系统在全国的执行情况。中国领导人对上海虹口区垃圾管理系统的考察看来得到了中国民众的认可。2019 年，上海成为全国垃圾分类和回收的试点城市。[78] 鉴于中产消费和电子商务迅速增长造成的巨大环境破坏，这个新举措对上海乃至全中国都十分重要。根据 2017 年中国的一项研究，中国每周至少有 4 亿次食品递送，导致每周使用并丢弃 4 亿个包装盒和 4 亿个塑料袋。

除了与中产崛起的同时发生的环境退化之外，经济发展导致的不平等也加剧了贫富紧张关系。打造上海新的天际线需要土地，加上相应的房地产价格飙升，结果许多普通工人阶级居民被迫离开城区，搬到远郊。根据市政府发布的数据，1992 年到 1997 年间，为了给房地产开发铺路，200 万上海居民大动迁，包括 100 万居民迁移出市中心。[79] 与此同时，大量有钱人，从香港、台湾和国内其他地区，以及韩国、新加坡、美国、澳大利亚、德国、法国和加拿大来的人住进了上海中心地区。如此剧烈迁移的结果可以从下面这句当地俗语看出来：陆家嘴（上海的金融区）的人讲英语，市中心居民讲普通话，只有住在郊区的人才讲上海话。

上海在改革开放时代创造的"全国第一"

改革开放时代,特别是自1990年浦东新区开发以来,上海,尤其是浦东,实现了中华人民共和国历史上的几十个"全国第一":

- 1985年9月,第一家证券交易柜台"静安证券营业部"成立。时任纽约证券交易所主席的小约翰·J.费伦(John J. Phelan Jr.)目击了这个对中国来说具有历史意义的事件。上海飞乐音响公司成为中国第一家股份公司。5年后的1990年,上海全部16个证券交易柜台合并组成上海证券交易所(上交所),坐落在浦东。
- 1986年,上汽公司和德国大众汽车组成合资企业,成为中国第一家中外合资汽车公司。2017年,上海汽车工业总公司(上汽集团)在《财富》全球500强中名列41,汽车年产量700万辆,拥有中国国内市场23%的份额。
- 1988年8月,上海市政府批准了一份50年期的土地租赁合同,把虹桥区的一块地租给日本太阳株式会社作为商用——这是共和国第一份土地租赁合同。
- 1990年,中国第一个保税自由贸易区"外高桥自由贸易区"(自贸区)得到批准。到2008年,这个自贸区已有94个国家的10 242个项目得到批准,包括《财富》全球500强名单上的111家公司。

- 1992 年，第一家外国保险公司"美国友邦（AIA）上海公司"在上海成立。
- 1995 年，第一家外国银行"日本富士银行上海分行"在上海成立。
- 2002 年，中国和荷兰国际集团（ING）资产管理有限公司联合拥有的第一家合资管理公司"招商基金管理有限公司"在浦东成立。
- 2013 年，上海自由贸易区（上海自贸区）——官方名称是中国（上海）自由贸易试验区——在浦东外高桥自贸区建立。次年，中国政府为在浦东的外国公司发布了管理政策负面清单。这是中国第一次发布负面清单，也被认为是与国际商务规则接轨的一个重要实践。外国投资负面清单的内容从 2014 年的 190 条降到 2015 年的 122 条，再降到 2017 年的 95 条，又降到 2018 年的 45 条，然后 2019 年降到 37 条。
- 2015 年，上海自由贸易试验区成立了第一个外资独资专科医院——日本的上海永远幸妇科医院。
- 2015 年，第一家外资表演中介机构"日本万代南梦宫（上海）互动娱乐有限公司"在上海成立。
- 2016 年，第一家外资独资职业培训机构"普华永道商务技能培训有限公司"在上海自由贸易试验区注册。
- 2018 年，第一家外资独资旅行社"易信达旅（上海）国际旅行社有限公司"在上海注册。

- 2018 年，第一家外资信用调查评级机构"穆迪（中国）有限公司"被准许在中国注册。
- 2019 年 4 月，由日本野村资本控股有限公司掌握 51% 股份的第一家外资控股证券经纪公司在上海开始营业。
- 2019 年 5 月，由外国投资者控股的第一家证券公司在上海开始营业，控股方美国摩根大通集团计划投资 8 亿元人民币。
- 2019 年 5 月，上海成为中国第一座批准全面执行新通过的《外国投资法》的城市。
- 2019 年 6 月，外国公司第一次被允许通过上海—伦敦股票互联互通计划（沪伦通）在上海上市融资。[80]
- 2020 年 1 月，上海向由一个中国人（或称"自然人"）和外国投资者共同出资的企业发放了第一张营业许可证。[81]

所有这些例子都显示了上海在中国经济改革开放中发挥的重要先锋作用。然而，外国人对这些举措的反应好坏参半。中国领导层长期以来一直注重通过产业政策来提高国际竞争力。这方面一个特别明显的例子是，中国政府广泛宣传要采取举措，把上海打造成五个关键领域的国际中心。

把上海建成"五个国际中心"

1992 年中共十四大上，中国领导层决定将上海定为中国发展的"三个中心"，指经济、贸易和金融中心。2001 年，国务院给上海未来的发展目标又加上了一条"航运中心"。2017年,中国领导层进一步扩大了上海在国家发展中的作用,加上"国际科技创新中心",成为"五个中心"。作为这些中心的所在地,上海将得到中央政府给予的优惠政策、税务刺激和更多资源,使它在国际竞争中更具优势。

国际经济中心

上海一直是国家的经济中心,部分原因是它有对外接触的传统和地理优势。1949年之前,外国对华投资近50%集中在上海。[82]进入21世纪以来,上海经历了史无前例的快速经济增长,GDP从1949年的36.7亿元人民币增长到1978年的300亿元人民币,然后一路飙升,2018年达到3.27万亿元人民币。上海有户籍的居民人均GDP在2018年超过两万美元,达到了中高等收入国家的水平。[83]同年,上海一般公共预算收入达到1.76万亿元人民币,其中当地收入为7 108.1亿元人民币。全国财政总收入近1/10来自上海的贡献。

1978年,上海城市居民人均可支配收入仅为美国和日本的3%左右。2010年,这个数字超过了3万元。2017年,上海城乡居民人均可支配收入各自增长到62 596元和27 825元,各为1978年的154倍和96倍。那段时期,上海城市居民人均可支配收入年增长率为13.8%,乡村居民是12.4%。经过价格因素和不可比因素的调整后,实际增长各自为20倍和12倍,城乡居民人均可支配收入年增长率各自为7.9%和6.6%。图5-1显示了从1978年到2017年的40年间,上海城市居民人均GDP和家庭可支配收入的突飞猛进。值得注意的是，上海原来远远落后于发达国家，但开始慢慢追赶上来。现在，上海居民的人均可支配收入达到了美国的 1/4 左右和日本的 1/3 左右。[84]

图 5-1 上海城市居民人均 GDP 与家庭可支配收入的迅速攀升，1978—2017（元）

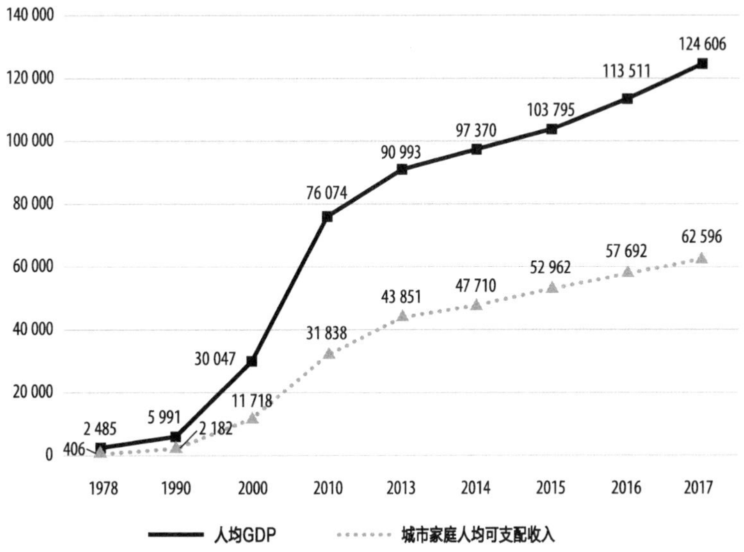

年份	人均GDP	城市家庭人均可支配收入
1978	2 485	406
1990	5 991	2 182
2000	30 047	11 718
2010	76 074	31 838
2013	90 993	43 851
2014	97 370	47 710
2015	103 795	52 962
2016	113 511	57 692
2017	124 606	62 596

来源：卢汉超、杨雄和周海旺主编，《上海社会发展报告 2019》（北京：社会科学文献出版社，2019），第 364 页。

2017 年底，上海社会消费品零售额达到惊人的 1.18 万亿元。上海超过北京，成为中国最大的消费城市，人均年消费支出为 3.98 万元。消费成为上海经济增长的主要驱动力。[85] 消费增长了，上海居民平均预期寿命也增加了。2018 年，居民平均预期寿命是 83.63 岁（男性 81.25 岁，女性 86.08 岁），比 1978 年多了 10 岁，与发达国家的预期寿命不相上下。上海的医疗卫生质量及居民生活质量和健康情况都大为改善。

这40年，上海的经济改革也造成了经济结构的巨变——各个经济部门的分布和所有制类型的组成都大异于前。上海要成为国际经济中心，关键是优先发展第三产业或服务部门。为此，20世纪90年代早期，中国政府确立了"上海经济结构调整中金融服务为主体、贸易为先导、运输通信为基础"的战略。[86]

第三产业包括信息服务、商务服务、科学研究、文化和创意产业。1978年，上海GDP中第三产业的占比是18%，20世纪90年代早期增长到30%，今天达到70%。[87]表5-4显示，从1991年到2017年，农业部门的劳动力减少了一半，服务部门的劳动力却增长了4倍。就不同所有制的雇员分布而言，表5-5显示，私营部门雇员在1991年仅占全市劳动力的0.1%，2013年猛增到34.4%，外国公司雇员从1991年占全市劳动力的0.1%增加到2013年的12.8%。同期，国企雇用的劳动力占比从79.8%降至34.7%。

表5-4 上海不同部门雇员人数的变化，1991—2017（以千人为单位）

部门	1991	1996	2001	2010	2017
农业	825.3	794.0	871.8	370.9	424.4
工业	4 648.5	4 119.8	3 099.1	4 437.4	4 305.1
服务业	2 269.5	3 015.5	3 551.7	6 099.3	8 997.7

来源：尹继佐，《2003年上海社会报告书》（上海：上海社会科学院出版社，2003），第3页；上海统计局，《2018年上海统计年鉴》（北京：中国统计出版社，2019），表3-1。

表 5-5 上海不同所有制单位雇员人数的变化，1991—2013

所有制	1991 人数	百分比 (%)	1996 人数	百分比 (%)	2001 人数	百分比 (%)	2013 人数	百分比 (%)
国有企业	4 035 000	79.8	3 125 300	71.6	2 142 400	41.2	1 625 300	34.7
集体企业	1 013 800	20.0	769 000	17.6	405 600	7.8	405 600	8.7
私营公司	3 310	0.1	471 000	10.8	1 611 300	31.0	1 611 300	34.4
控股公司	n.a.	n.a.	n.a.	n.a.	441 500	8.5	441 500	9.4
外资公司（含合港澳）	4 800	0.1	n.a.	n.a.	602 000	11.6	602 000	12.8
共计	5 056 910	100.0	4 365 300	100.0	5 202 800	100.0	4 685 700	100.0

来源：尹继佐，《2003年上海社会报告书》（上海：上海社会科学院出版社，2003），第3页；上海统计局，《2014年上海统计年鉴》（北京：中国统计出版社，2015），表3-2。

说明：n.a.（未获信息）

上海的 5 万多家外资企业形成了支撑上海经济发展的一支重要力量。它们只占上海就业人数的 1% 和企业总数的 2%，但它们在 2018 年占了上海 GDP 的 27%、税收的 1/3、外贸进出口的 2/3 和全市工业产出值的 2/3。[88]

国际贸易中心

在至少半个世纪的时间里，上海一直被视为全国的商业枢纽。新中国成立后的头几十年，上海第一百货商店、永安公司（华联商厦）、新世界百货大楼和上海第一食品商店在全国都赫赫有名。1978 年前，上海唯有这 4 家商店的店面面积超过 1 万平方米。相比之下，2018 年的上海有 255 家购物中心的商用面积远超 1 万平方米。[89] 其中，39 家面积超过 10 万平方米，5 家超过 20 万平方米。上海最大的徐家汇国贸中心商务面积为 32 万平方米。2018 年，上海社会消费品零售总额超过了 1.2 万亿元，比全国任何其他城市都多。[90] 2019 年，上海平均每 3 278 个居民就有一家便利店，而北京是每 9 620 个居民有一家。[91]

过去几十年来，上海大力推动自己作为国际贸易中心的地位。2017 年，上海海关监管部门记录的进出口总值达到 8 814.7 亿美元，1978 年以来的 40 年内增长了近 290 倍。[92] 据中国官方媒体的消息，到 2015 年，"上海港货物进出口为全国总量的 27.6%，世界总量的 3.4%，上海在世界总量中的占比超过了香港和新加坡等其他国际贸易中心"。[93] 上海 2015 年服务进出口总量接近 2 000 亿美元，占全国总量的 28%，世界贸易量的 2%。2017 年，浦东的进口就占到了上海进口的 60%，全国的 10%。[94]

上海也成为国际高端品牌和国内重要品牌在中国市场的新品首发地。根据官方统计数字，2017 年，上海举行了 1 265 个品牌的全国"首发式"，居全国之首。[95] 此外，226 家连锁品牌的旗舰店或"首发店"落户上海，占全中国店铺盛大开业的近 50%。同年，约 90% 的世界高端品牌都在上海的百货商店或专品店上架。到 2018 年，上海的外国贸易与投资项目超过 9 万个。

2013 年成立的上海自由贸易试验区许诺积极帮助外国公司开展在上海的首个投资项目。自贸区还力图加快全球资产管理中心的建设，继续促成更多外国资产管理机构落户陆家嘴金融区，并努力扩大离岸贸易和服务贸易。为实现这些目标，上海 2018 年首次举办中国国际进口博览会，到 2020 年已经办了三届。

国际金融中心

早在 1992 年，邓小平就对上海在中国金融发展中的作用做出了重要指示："中国在金融方面取得国际地位，首先要靠上海。"[96] 按照计划，上海金融部门发挥了关键作用，推动上海自 20 世纪 90 年代早期开始在全国和国际上走向辉煌。2008 年全球金融危机对中国经济伤害巨大，不仅证实了西方模式有缺陷的论点，而且促使上海更加努力增强自身应付金融领域中风险和挑战的能力。

中国政府决定把上海建成国际金融中心，因为它希望上海能够与伦敦、纽约、香港和东京这样的全球金融中心平起平坐。复旦大学发展研究院金融研究中心主任孙立坚论称，上海要奋力推动国际金融几个领域的发展,包括航运金融、海事保险、国际清算、基金管理、外汇交易和中间服务。这些服务业务的发展会帮助完成上海工业部门向高附加值产业的过渡。[97] 2010年以来的10年间,上海在商品期货、债券交易和金融租赁等领域成为主要玩家。2019年,中国决定在上海成立6个研究中心(全球资产管理中心,跨境投融资服务中心,金融科技中心,国际保险中心,全球人民币资产定价、支付和清算中心,金融风险管理与压力测试中心)来支持中国的金融事业,特别是面向全球的金融外延。[98]

上海在中国涉足国际金融的尝试中打先锋恰得其所。金融部门在上海GDP中的占比从2008年的10%增加到2017年的17%。[99] 那年,上海证交所的股票交易量位列世界第四,筹资总额是世界第三,全球市场资产化方面为世界第四。上海黄金交易所现货交易量多年来在世界上稳居首位。[100] 目前,上海是世界上第二大钻石现货交易中心。2018年底,上海证交所市场资本化总额超过27万亿元。截至2019年,上海证券市场共有1 450个上市公司发行了12 089支债券,有2.96亿个开放账户。[101]

上海有各种持许可证的金融机构,交易范围包括股票、债券、期货、货币、期票、外汇、黄金、保险和信托。上海的外资金融机构占全国所有外资金融机构的30%以上。2016年,上海金融业雇员超过36万人,分别受雇于大约1 500个持证金融机构。保险资产管理公司托管的资产总额大约6万亿元,占全国的一半。上海的证券资产管理业务总价值为16.6万亿元,占全国的1/3。

在保险领域，2017 年上海有 7 家保险资产管理公司，约占全国保险机构的 1/3。上海有 55 个公司保险代理处，占全国的 25%。此外，28 家外资保险公司坐落在上海，数量为全国之最。这些设在上海的保险公司目前管理着全国大约一半的保险资产。上海已成为世界上金融机构最密集的中心之一。

上海在金融部门的重要性反映出中国在国际舞台上竞争力的增加。例如，2020 年 7 月，世界按总资产排名前十的银行中，4 家是中国银行。这 4 家中国银行在排行榜上占据着前 4 名，中国工商银行居首（表 5-6）。20 年前，排行榜上的前十名主要是美国和欧洲银行，中国银行无一上榜，而且相距甚远。金融危机后，发达国家的许多银行损失惨重，有几家银行在市场资本化方面直落 20% 以上，但中国的银行表现相对稳定。

表 5-6　按总资产排名的世界前 10 名银行，2020

排名	银行	国家	总资产（10 亿美元）
1	中国工商银行	中国	4 322
2	中国建设银行	中国	3 822
3	中国农业银行	中国	3 698
4	中国银行	中国	3 387
5	摩根大通	美国	3 139
6	汇丰控股	英国	2 918
7	三菱日联金融集团	日本	2 893
8	美国银行	美国	2 620

续表

排名	银行	国家	总资产（10亿美元）
9	法国巴黎银行	法国	2 430
10	农业信贷银行	法国	1 984

来源："2020年世界上总资产最多的20个银行"（Top 20 Largest World Banks in 2020 by Total Assets），《福布斯》，2020年7月20日。

然而，按照其他重要的标准，上海金融部门要真正比肩世界其他金融中心，依然长路漫漫。到2018年底，纽约证券交易所（纽交所）有2 285家上市公司，其中510家是外国公司，占所有上市公司的22.3%。[102]纽交所的股票交易量是19.34万亿美元，位居全球之首，几乎是上交所同期股票交易量的3倍。另外，上交所2018年底的市场资本化总额是3.92万亿美元，仅占全球市场资本化总额的4.36%。还有，纽约和伦敦平均每日场外衍生品的流动量占全世界2.759万亿手交易的80%。

中国市场的外汇交易额只占全球总额的1.12%，低于日本的6.13%。虽然中国现有的金融机构近30%集中在上海，但市场参与度不高，2017年才首次突破10%。在国际航运金融领域，上海依然处于边缘位置。不过，尽管在这些领域进展不大，许多中国官员及其顾问仍然坚持认为，中国把上海建成国际金融中心的战略重点代表着中国进入了以金融驱动产业调整的新阶段。

香港长期以来作为国际金融交易进出中国的门户的作用有所变化，投资者们另找门路。如一位上海学者指出的，最终目标"是挑战美国的金融霸权"。[103]从中国的角度来看，目前和不远的未来,最大的关键莫过于确保金融安全,包括中国巨额外汇储备的安全。为此,上海市政府最近推出了提高上海国际金融中心的开放度和透明度的"100条举措"。[104] 上海今后几年会在实现国家金融安全目标的努力中发挥关键作用。

国际航运中心

今天,上海是世界上最大的集装箱港口。自2010年超过新加坡以后,上海连续10年稳坐全球航运的头把交椅。[105] 作为世界主要的集装箱港口,上海和200个国家(500多个港口)有海运联系,而且上海贸易的1/5与"一带一路"倡议有关。[106] 2017年,上海港停泊过512艘邮轮,游客吞吐量为300万人。上海港已成为世界上第四大邮轮船港。考虑到上海航运设施发展的历史背景,上海在国际海上货运和客运方面的突飞猛进令世界瞩目,尤其是在洋山深水港建成后。

例如,1996年,上海港货运年吞吐量为150万标箱(1标箱代表一个长度为20英尺的标准集装箱的容积)。13年后的2009年,这个数字跃升到2 800万标箱,增加了17倍。[107] 那年,上海的几个大型集装箱码头——军工路码头、张华浜码头和宝山码头——占上海港总吞吐量的35%。2008年底,上海开始在吴淞口建设一个可停靠数艘8万吨级邮轮的大型国际码头。随着洋山深水港的加入,上海港现在每年能够装卸4 200万标箱,吞吐量远超国际竞争对手。

洋山深水港建成之前,韩国政府对其潜在影响做了一项研究。

研究发现，洋山深水港的吞吐量将比名列世界十大集装箱港口，也比韩国最大的港口釜山港多3倍。因其巨大的规模和接近中国辽阔内地的地理优势，洋山深水港运营的物流成本将会比釜山港等其他大港的运营成本低40%。因此，报告称，釜山港的货物装卸量预计将减少30%。亚太地区的其他集装箱大港，包括新加坡和香港，也将受到上海航运能力增加的巨大影响。研究报告的结论是，洋山深水港的建设将造成国际航运业的"地壳变化"。当然，这项研究的预言后来证实成真。

位于距陆地27.5千米处一个小岛上的洋山港，由东海大桥与浦东相连。洋山深水港2002年开工，分4期，2017年竣工。第一期工程耗时3年多，包括建造一个人工岛、集装箱码头的第一部分和东海大桥。第二期和第三期及液化天然气码头和成品油码头分别于2006年和2008年完成并投入运营。2008年，上海已经成为世界最大货运港和第二大集装箱港口。[108] 有了洋山港这个巨无霸深水港，上海在对全球卓越地位的竞争中如虎添翼。[109] 2008年竣工的第三期工程在5.6千米长的海岸线上修建了16个集装箱船专门泊位，60台高大的红色集装箱桥吊沿人造岛上的港口一字排开。第四期是全自动码头，于2017年12月建成并投入运营。至此，13千米长的码头完全建成。全自动码头上的设备增加到26台桥吊、120台轨道吊和130台自动引导车。预计到2020年，这个全自动码头的年装卸能力将达到630万标箱。

就航运和运输而言，上海，特别是洋山深水港，大大受益于强大的经济支持和顶级的先进设施。集装箱从洋山深水港运往中国的广袤内地有四个办法：铁路、高速公路、河运和海运。上海出口的集装箱大约85%来自长三角其他城市，大部分经由高速公路运输。事实上，对高速公路运输的依赖导致了严重的交通拥堵，每天都有约5 000辆集装箱卡车经过东海大桥。

为减轻当地高速公路的压力，中央政府通过了"长江战略"，旨在增加长江沿岸城市接纳集装箱船的数量。按照这个计划，南京、武汉和重庆要扩建港口设施，各自达到停泊1 000艘、500艘和200艘集装箱船的能力。这样，长三角地区的其他城市就可以先把集装箱运到浦东的外高桥码头，然后用水上巴士运到洋山深水港。作为长江战略的一部分，长江沿岸的几座城市，包括九江和重庆，建起了新的集装箱港口。[110] 2012年到2018年，中国政府在扩建港口设施上面一共花了1万亿元。[111]

表5-7显示，中国港口在全球航运业一家独大。2018年世界最繁忙的10个集装箱港口中，7个在中国。北美和欧洲也有国际航运枢纽，如纽约、洛杉矶、鹿特丹和汉堡，但它们的港口无一上榜。值得注意的是，仅仅20年前，中国还没有一座城市挤得进最繁忙集装箱港口的前20名。显然，中国的经济崛起造成了国际航运地理分布的大洗牌。上海在这方面一骑绝尘。

表5-7 世界前10名最繁忙的集装箱港口，2018

排行	100万标箱*	港口城市
1	42.0	中国，上海
2	36.6	新加坡

续　表

排行	100 万标箱	港口城市
3	26.4	中国，宁波
4	25.7	中国，深圳
5	21.9	中国，广州
6	21.6	韩国，釜山
7	19.6	中国，香港
8	19.3	中国，青岛
9	16.0	中国，天津
10	15.0	阿联酋，迪拜，杰贝阿里

来源：香港海事处；还有丹尼尔·任，"在贸易荣景和国家投资公共工程的刺激下，中国占了世界上 10 个最繁忙集装箱港口中的 6 个"（"China Has Six of the World's 10 Busiest Container Ports, Spurred by Booming Trade and a State Coffer That Invests in Public Works"），《南华早报》2019 年 4 月 13 日。

国际科技创新中心

上海没有北京那么多国内顶尖大学和研究机构，也缺乏研发能力和机构支持。在深圳和杭州，很多民营科技公司积极参与技术及电子商务创新；相比之下，上海的民营企业家在创新领域明显落后。尽管如此，"魔都"在其他方面自有其比较优势，整个改革开放时期，上海一直被视为国家知识产业和科技发展的重要力量。

根据中国官方信息来源，2018 年，上海的研发开支相当于全市 GDP 总额的 4%。[112] 目前，上海获得的国家最高科研成就奖和国家科技奖占颁奖总数的 1/3，新药研发项目也占全国的 1/3。20

世纪90年代创立浦东新区时,浦东的张江被确定为科技研究与商业创新区。2011年,国务院批准成立张江国家自主创新示范区(张江示范区)。在那里实施了一些重大技术基础设施与研究项目,包括建了一个光子科学设施,集中研究硬X射线、超强超短激光和第二相光源。张江示范区号称有世界上最大、最多样、最强的光子科研设施。

2017年,中央政府决定把上海建成国际科技创新中心,这加速了上海在这一领域力争上游的努力。张江科学城总面积约95平方千米,是新成立的上海科技创新中心的核心功能区。上海在这里建成了具有全球影响力的科技创新中心。生物医药是中心的一个关键研究领域。据称中心做出了药品方面的6个重大创新,并开展了60多次二期和三期临床试验,"将近30种药品居于新药研发前列"。[113]

为加强上海作为中国国际科技创新中心的作用,市政府组织了若干研究工作组开展大规模集思广益活动。2015年发布了一份400页的战略报告,其中列举了上海市政府制定的2015年到2025年科技赶超与创新战略计划的五大领域和14个课题。[114]五大领域是,(1)互联网和新一代信息技术,(2)生命科学和公共卫生,(3)新能源和自动驾驶汽车,(4)航空航天,(5)人工智造。

上海领导层制定的战略计划高度重视人工智能和大数据。2013年,上海向公众宣布了2013年到2015年在上海推动大数据研发的三年行动计划。市政府的重点是建设医疗卫生、食品安全、终身教育、智慧交通、公共安全和科技服务这六大产业的大数据公共平台，并推进六类大数据行业应用的研发：金融证券、互联网、数字生活、公共设施、制造业和电力部门。[115] 在医疗卫生领域，上海已经建起了世界最大的医疗数据共享系统，还计划建立并改善涵盖3 500万患者的医疗记录电子档案，可同时支持2 000名医生线上看诊。[116]

科技发展战略计划和上海市政府发布的其他相关报告经常制定某个时间段的具体目标。例如，到2025年的短期计划、到2035年的中期计划和到2050年的长期计划。2015年的战略报告称，上海将在10年内培育50家大数据上市公司，数据服务业的产出值同期将达到1 000亿元人民币。[117] 另外，上海计划到2050年吸引《财富》500强中至少50家公司的总部、3 000家多国公司的地区总部和20家全球100强创新企业迁到上海。高科技产业的附加值要占到工业产出总值的60%。[118] 至于无人驾驶汽车，上海汽车工业集团在2020年发布了一款能上高速路的无人驾驶汽车，定于2030年大规模推广。[119]

改革开放时期，上海市领导层千方百计吸引科技人才，特别是顶尖科学家和技术专家来上海落户。根据中国的一个消息来源，在研发公司的全球及地区总部的数量方面，上海仅次于硅谷和东京。学界研究者估计，上海的高科技人员总数超过5万。[120] 到2017年，上海共聘用了6.2万名高级专业人士，包括近7 500名中国政府评出的"企业科技创新人才"。截至2020年，上海共有7.5万这样的人才。另外，上海发明专利的数量从2004年的4 689项增加到2014年的56 515项——10年增加了19倍多。[121] 2017年，上海有 13 位学者当选为中国科学院院士和中国工程院院士，占所有新当选院士的 10%。在声望卓著的两院院士中，来自上海的共有 182 人。

眼下在上海工作的外国人共 21.5 万，占所有在华外国人的 23.7%，上海因此而成为中国 31 个省级实体中外国人最多的一个。自 2017 年 4 月开始实施外国人来华工作许可制度以来，上海发放的"外国人工作许可"超过 12 万，其中两万多是发给外国高级人才的。据上海市政府消息，上海的外国人才无论是数量还是质量都居全国之首。自 2018 年开始实施"外国人才签证制度"以来，上海已批准了近 500 名外国人的"外国高端人才确认函"，使上海成为外国人才来华工作的首选地。[122]

2018 年 11 月，上海举办了首次中国国际进口博览会，中国领导人在会上宣布，中国将在上海证券交易所设立"科创板"并试点注册制。这个新股票类型专为符合国家战略的科技创新企业服务，有可能促成关键核心技术领域的突破，并得到市场的强烈认可。具体而言，科创板旨在支持新一代信息技术、高端技术设备、新材料、新能源、节能环保、生物医药发展和其他高科技产业。[123] 2019 年 7 月，122 家中国信息技术公司申请在科创板发行上市，25 家公司通过了调查流程，获批上市。[124]

近来美国和中国因为华为公司关系紧张，华盛顿也在讨论对华技术脱钩；为应对这种情况，中国计划加快自主技术创新。上海将再次成为此中的中坚力量。在"一带一路"倡议的执行中，上海也具有地理和经济优势。用上海官员的话说，上海是"一带一路"倡议的桥头堡。[125] 因其在中国的贸易、商务、金融、运输、航空航天和生物技术等领域的领头作用，上海在中国国内及中国与其他国家的互联互通中是关键的一环。例如，有些中国学者称，"一带一路"项目使用人民币进行货币结算将主要通过上海的"金融市场"操作。[126]

最后几点思考

改革时代上海天际线的非凡巨变，还有这座城市同样惊人的发展，特别是"中国曼哈顿"在浦东的崛起，都是无可争辩的奇迹。然而，一个关键的问题是，是什么使上海奇迹般飞速跃升为全球性城市？是市场改革开放，以及上海明显的西方影响和企业家亚文化？还是国家的强大作用和中国的产业政策？

回答并非二元式的非此即彼，应该说它们都是重要的促成因素。上海对重大经济举措的先行试验和充分实施都表明它正实实在在地努力实现市场改革和"开放"，那些举措中最值得注意的是，成立证券市场、开发商用土地租赁、接受中外合资企业和外资独资企业、向民营和外国金融机构开放银行业和保险业、设立外国投资贸易负面清单、允许民营公司主导电子商务。

与此同时，改革时代中国的市场转型与对外开放一直保留了中国领导人所称的"中国特色社会主义"，即使在中国融入全球经济的前沿城市上海也不例外。这样的产业政策帮助上海成为许多部门中的佼佼者，特别是在航空航天、生物技术、人工智能、信息技术、可持续能源和新能源汽车等部门。中央政府将上海打造为"五个国际中心"的宏大战略表明，这种大规模努力可能会持续多年。这些动态发展更加说明必须研究上海，研究中国领导人立志将其建成全球城市的因与果。

上海独一无二的地位也许影响了国内外与它竞争的其他城市的利益。10多年来，北京和天津一直在与上海激烈竞争国家最大金融中心的位置。随着上海继续大力推进港口建设与发展，上海以南的深圳、广州和宁波，以北的青岛、大连和天津这些重要海港城市的国际航运业务可能受损。上海还可能增加新加坡、釜山、高雄和横滨等亚太地区其他大海港城市的竞争压力。在某种意义上，上海重返中国龙头的地位造成了国内及地区内经济力量的再分配。

第四部分

全球化上海的教育与艺术

视角、观念和呼声

第六章

"海龟"
出国留学潮与归国潮

> 任何一个民族、一个国家,都需要学习别的民族、别的国家的长处,学习人家的先进科学技术。我们国家要赶上世界先进水平。派人出国留学也是一项具体措施。
>
> ——邓小平

> 他们不仅看到了"新中国"的出现,他们为其铺就了道路。
>
> ——托马斯·E.拉法尔格

邓小平和吉米·卡特在1978年启动中华人民共和国和美国之间第一个交换学生学者项目时,明确地把这种教育交流与促进"更多领域的双边合作"和推动世界和平及地区稳定的更大期冀联系在一起。[1] 长期以来,美国对华政策的一个前提是,美国为中国的年轻精英提供教育,最终将能够影响中国的未来走向。[2] 从某个角度来说,美国决策者通过开放与中国的教育交流来培养未来中国精英的目的基本达到了。

这个现象导致了汉语中的一个新词，专指中国归国留学生这个迅速扩大的群体——"海归"，或"海龟"。汉语中这两个词发音相同，所以就有了这个绰号。中美教育交流刚开始时，一些外国观察人士评论说，这个举措"在共产党世界中是史无前例的"。[3] 如一位中国学者所说，"中国整整一代今后可能在各领域担当重任的人正在资本主义国家中接受教育"。[4] 中美两国政治制度和意识形态有天壤之别，但两国之间教育交流的深度与广度令世人瞩目。然而，随着近年来美中关系的恶化，很多从美国归来的中国留学生对于美国政府的对华政策不以为然，甚至强烈抵触，这加深了华盛顿对双边教育交流效果的怀疑。

从历史上看，邓小平1978年决定派遣大批中国学生、学者赴海外留学，特别是去美国学习，这在当时的确是共产党领导的中国对外开放的第一个惊人信号，也是中国改革开放的战略"序幕"。[5] 1978年12月26日，第一批52名中国学生、学者赴美学习。[6] 他们到达美国的几天前，中共十一届三中全会刚刚结束，那场重要会议标志着中国经济改革开放的开始。他们到达美国的几天后，美国和中华人民共和国建立了外交关系。他们这些中美教育交流的先锋被视为"政治使节"或"亲善大使"，而不是学生或学者。[7]

1978年的时候，恐怕无人想象得到后来40年间发生的事情，无论是中国出国留学生的庞大数量，还是中国学生、学者留学结束后的归国大潮。仅2018年一年，就有大约66.21万中国学生在国外学习，包括 3.02 万政府公派生、3.56 万受各种机构资助的学生和 59.63 万（占总数的 90%）自费留学生。[8] 中国因此而连续 10 年名列全球各国出国留学生人数的榜首。[9] 2017—2018 学年，在美国学校入学的中国学生总数是 363 341 人，连续 9 年为在美外国留学生人数之最。[10] 那个学年，来自中华人民共和国的学生占了美国国际学生总数的 33%。

1985 年到 2005 年，在美国教育机构学习的中国国民中有 1/3 学成回国，1/3 决定在美国找工作或以其他方式定居，另 1/3 仍在学习。[11] 获得博士学位的，特别是成就卓著的学者，一般都在美国大学和研究机构就职。按照美国国家科学基金会 2017 年作的一项研究，从 2005 年到 2015 年，获得博士学位的中国学生近 90% 想学成后留在美国。[12]

根据最近的一项研究，美国常春藤联盟 8 所盟校里，大约 320 位终身教授出生在中国，他们几乎全部是在中国完成大学本科教育，然后到美国或其他西方国家读研究生的。[13] 在美国一流大学里，自然科学和工程学领域中几乎每个学科都有出生在中国的教授（社会科学和人文科学稍少一些）。这些华裔教授一般都是在中国上完大学，在西方获得博士学位。[14] 目前，美国威望显赫的国家科学院有 26 位院士出生在中国，他们大多数人有同样的教育背景——在中国拿到学士学位，在美国获得研究生学位。[15] 总算起来，美国 4 个声名卓著的学术机构（即国家科学院、国家工程院、国家医学院和美国艺术与科学院）里有 300 多名中国出生的学者。[16]

然而，预计美国目前的对华"教育脱钩"政策将导致今后几年在美留学的中国学生学者人数锐减。事实上，与2016年相比，2017年对中国学生发放的赴美签证已经减少了24%。[17]预期未来中国在美学生人数还会下降，主要原因是美国政府2018年7月采用了新规则，要求必须对科技领域的中国学生严加审查。[18]2018年，中国赴美游客也减少了6%，为15年来首降。[19]2020年5月，白宫决定暂停据信与中国的军民融合项目有关系的中国研究生和研究人员入境，致使数千名中国在美学生和研究人员受到影响。[20]

而今华盛顿对于双边教育交流的主流看法不再是希望通过学术交流来促成积极的政治变化。相反，政客们开始担心在美国高校学习的中国学者和学生会帮助中国压倒美国成为科技超级大国。2018年，联邦调查局局长克里斯多弗·雷声称，在教育和文化交流方面，"中国是全社会的威胁"。之后，"美国情报机构开始鼓励美国大学的研究部门制定规则"来监督来自中国的学生和访问学者。[21]

此外，出生在中国的科学家（甚至是出生在美国的华裔科学家）越来越成为怀疑的对象。2018年8月，在发送给1万家美国研究机构的一份备忘录中，国家卫生研究所主任弗朗西斯·柯林斯（Francis Collins）要求更加仔细地审查与中国有关系的研究人员执行的项目。[22]美中"姐妹机构"之间在公共卫生、癌症研究、环境保护和基础科学领域中的学术合作原先是受鼓励的，现在却"成了半犯罪行为，联邦调查局探员截读私人电子邮件，在机场拦阻中国科学家，还登门入户评估当事人的忠诚"。[23]彭博社记者彼得·瓦尔德曼（Peter Waldman）指出，联邦调查局的大规模调查造成了"新的红色恐慌"，使国家卫生研究所这样的美国科学机构的研究人员人人自危，令沦为"联邦调查局调查对象"的约13万在美中国研究生和研究人员不寒而栗。[24] 联邦调查局局长雷在2020年7月的另一次演讲中称，"目前联邦调查局在全国展开的近5 000件反间谍调查中，几乎一半与中国有关"。因此，"联邦调查局大约每10小时就开立一个有关中国的新反间谍案"。

最近，几个美国研究机构和美国大学校长发声反对新麦卡锡主义在美国的兴起。[25] 忧思科学家委员会（Committee of Concerned Scientists）是一个倡导学术自由的非营利组织，它最近指控美国政府发动"针对华裔科学家的恐吓运动"，呼吁政府"发表公开声明，保证把华裔科学家作为美国社会中同样宝贵的成员来对待"。[26] 中国出生的研究人员的焦虑若得不到平息，怀疑他们帮助中国窃取美国科技知识的广泛情绪若不减退，那么可以预见，越来越多的中国研究人员，包括一些世界级科学家，将别无选择，只能离开美国。即使在"新的红色恐慌"爆发之前，近年来，在美国留学的中国学生大多选择了回国。到2018年，360多万中国留学生返回中国，占在外国完成学业的留学生的85%。[27] 白宫最近终止了在中国的富布莱特项目，还提出要禁止超过9 200万的中共党员及其家属入境美国；有鉴于此，美中两国以往40年教育交流的大门很快完全关闭并非不可想象。

研究中国及中美关系的学者和华盛顿的政策制定者必须全面评价中国出国留学潮的成果及其对双边关系的影响。需要评估国际学术交流产生的影响及其限制，特别是受过西方教育的归国人员在中国带来的影响。本章分三部分。第一部分回顾了中国过去一个世纪的几次出国留学潮及其对当代中国产生的社会和政治影响，也讨论了上海作为中国出国留学潮发源地和归国人员目的地的突出地位。第二部分描述了交换学生的特点，包括他们的赞助方式、学业类型与层级、留学目的地国和学业专科的分布。第三部分讨论了中国政府过去 20 多年来对出国留学生和留学回国人员的政策走向。

出国留学潮及其对当代中国的社会和政治影响

著名学者舒新城对当代中国出国留学史做了开拓性研究；根据他的描述，执行出国留学计划之前，中国"没有留学生，就没有新文化运动"。[28] 出国留学潮从来都是中国教育改革、文化变革和社会与政治变化的催化力量。晚清政府派遣幼童赴美学习的决定开启了当代中国首波出国留学潮，说明政府承认需要向外国人学习，来"应对现代的问题"。[29]

中国的出国留学运动诞生于 1872 年，当时清政府做出了送幼童赴美留学的里程碑式的决定。在那以前，在外国学习过的中国人屈指可数，经常是自费或受西方传教士资助。[30] 比如，容闳在 1847 年受一位美国传教士的资助去美国学习。他是在美国上大学的第一个中国人（耶鲁学院，1854 年）。

历史上很长一段时期内，中国的科技水平凌驾世界各国。根据《世界自然科学大事年表》，从公元前6世纪到公元11世纪，世界上231项重大创新科学成果中，中国占了135项（58%）。接下来的11世纪到16世纪期间，中国占了67项重大科学发明中的38项（57%）。[31]那段时期，中国没有派遣学生去外国学习的动力。事实上，外国学生一直对中国趋之若鹜。中文"留学生"一词出现在唐朝，最早指在唐朝首都长安学习的大批日本学生。[32]

然而，到了19世纪，中国在鸦片战争中的惨败说明它已经失去了科技优势。自那以后，国家就经常派遣学生去海外获取先进知识，尽管有时因战争、文化矛盾、意识形态争端和国内动乱而中断。整个20世纪，许多在外国学成归国的中国人在政治、经济、教育和社会领域对祖国产生了相当大的影响。因此，回顾当代中国史上几次重大的出国留学潮，不仅有助于了解这些留学运动的走向和影响，也能凸显有关留学精英的长期问题和今天这些人的重要性。

表6-1是对1872年到2020年中国最重要的几次出国留学潮主要特征的概览。[33]1872年到1875年，清政府的幼童出洋肄业局派遣120名（10岁到16岁的）幼童去美国留学，这批幼童成为中国首批国家公派留学生。[34]这批孩子原定在美国学习15年，直到大学毕业。但1881年，他们和留美幼童计划副监督容闳一起被召回中国。[35]只有两人在回国前完成了在耶鲁大学的学业，其中一人是被誉为"中国铁路之父"的詹天佑。政府政策急转弯的部分原因是当时"美国的反华情绪"，但主要是由于清政府中的保守派担忧留美学生在文化和政治上生出异心。[36]

表 6-1　当代中国出国留学潮概览，1872—2020

时期／留学潮	年代	总人数	主要目的地国
幼童留美计划	1872—1881	120	美国
"留日热"	1896—1911	22 000	日本
庚子赔款留美	1908—1929	1 800	美国
留法勤工俭学计划	1911—1924	1 600	法国
留苏政治学习	1921—1930	800	苏联
1949 年后留学社会主义国家	1950—1965	10 000	苏联和其他社会主义国家
改革开放时期	1978—2020	590 万	美国、欧洲、日本、澳大利亚

来源：香港历史博物馆汇编，《学海无涯：现代中国留学生》（*Boundless Learning: Foreign-Educated Students of Modern China*）（香港：香港历史博物馆，2003 年）；杨晓静和苗丹国，"新中国出国留学教育政策的演变过程及对策研究"，《全国出国留学工作研究会成立十周年纪念文集》，编辑闵维方、王永达（北京：北京大学出版社，2002），第 38 页。"中国去年出国留学人数首破 60 万"，《人民日报海外版》2018 年 4 月 1 日。《出国留学五十年数据汇总》，芥末堆网，2019 年 4 月 10 日。李成汇集并列表。

这些留学生的求学生涯尽管被半途叫停，但他们回国后，在采矿、铁路、电报和教育领域对中国当时的发展做出了重大贡献。他们中间多人后来进入政府供职，包括唐绍仪（中华民国第一任总理）和梁敦彦（1911 年辛亥革命之前的外务部尚书）。19 人当了海军上将或海军高级军官，为中国现代海军的诞生出了力。辛亥革命后，孙中山的临时内阁中，留学归国人员所占全体阁员的比例达到令人震惊的 83%（18 位部长和副部长中有 15 位曾在外国留学）。[37]

第六章 "海龟" 出国留学潮与归国潮

1896 年到 1911 年，中国出现了"留日热"，约 2.2 万留学生负笈东瀛。[38] 20 世纪头两个十年，在日本求学的中国学生占同期所有中国留学生的 90%。[39] 这次出国留学潮不同寻常，因为去日本的中国学生有一半是学习政治学和法学的。[40] 有些人学习现代军事，很多人积极参与了推翻清王朝的辛亥革命。毫不夸张地说，晚清时期留学日本的大批学生直接为封建体制的消亡出了力。[41] 那段时期留学日本的著名政治领袖人物有孙中山、蒋介石、陈独秀和李大钊；他们各自创建的国民党和共产党在后来的几十年里塑就了中国政治。

另一场重要的出国留学潮发生在 1908 年到 1929 年间，由美国政府从中国政府因义和团起义惨败而被迫支付的"庚子赔款"中拿出一部分资金提供资助。从 1908 年到 1911 年，清政府甄选了 183 名青年才俊，用庚子赔款的钱供他们赴美留学。1911 年，这些资金拨给了为甄选培训赴美留学生而成立的清华学堂。清华学堂的第一任校长唐国安是早先赴美学习的 120 个幼童中的一个。到留学计划在 1929 年完成之时，清华学堂一共向美国派遣了 1 279 名学生。[42] 另有数百名没有上清华学堂的中国留美学生也得到了庚子赔款的资助。总算起来，1908 年到 1929 年，共有约 1 800 名中国学生靠庚子赔款的资助去美国留学。[43]

这些学生中很多人获得了美国著名大学的博士学位。他们主修的科目遍及各领域，有些人回国后创建了新学科。五四运动中，这些人带头大声疾呼重振中华文化。他们中间有些人担任了中国顶尖大学的校长，例如，梅贻琦是清华大学校长，胡适和马寅初当过北京大学校长（马寅初还做过浙江大学校长）。20世纪40年代，中国有17位全科大学校长是拿过庚子赔款奖学金的留美学生。[44] 总的说来，中国学生靠奖学金在美国学习后，回到中国为五四运动提供了智识方面的领导，把"科学"与"民主"有系统地介绍到了中国。[45]

从1847年容闳进入美国学校到1949年，一个多世纪的时间里大约有1.3万中国学生赴美学习，人数仅次于留学日本的总人数。[46] 在自然科学领域工作的留美归国人员在中国最著名的科学家中占了很大比例。例如，1949年中华人民共和国成立时，收入《中国科学家名人录》的877位著名科学家中，622位（71%）是从美国和其他国家留学归来的。1981年中国科学院重新建立时，400位院士中344位（86%）曾在国外留学。[47] 1995年的801位中科院院士中，233位（29%）在美国获得了研究生学位，包括179位在美国大学拿到了博士学位。[48]

20世纪上半叶，参加留法勤工俭学计划和留苏政治学习计划的中国留学生参与政治和意识形态活动多于读书。位于莫斯科的中山大学和东方劳动者共产主义大学在其短暂的存在时间内，培养了大约800名中国"革命同志"。事实上，正是在许多20世纪早期留法留苏的中国人的推动下，中国共产党才诞生并成长起来的。[49]

参加这两次出国留学潮的有几位到世纪下半叶成了中国的关键政治人物，包括周恩来、邓小平、刘少奇。他们在海外留学期间吸收了共产主义思想，学会了政治动员和运作技巧，后来用这些帮助中国共产党夺取了权力并掌管世界上人口最多的国家。正如一些学者所说,若不考虑外国教育的影响,"就无法理解现代中国"。[50]

1949年后,苏联成为中国学生出国留学的主要目的地。从1950年到1965年,中国向苏联、东欧、朝鲜、古巴和其他39个国家派遣了10 698名留学生。这些人中有8 414人(79%)去了苏联,约1 000人去了其他东欧社会主义国家。[51]那段时期,去非社会主义国家留学的中国留学生只有250人(2%),主要是学习外语。[52]去苏联阵营国家留学的学生大多主修工程学和自然科学。改革开放时期,20世纪50年代曾在苏联或东欧社会主义国家留学的技术官员占主导地位。到20世纪60年代早期,中苏大规模教育交流由于两国间的政治和意识形态争端而终止。

1966年到1969年间,中国一个公费留学生也没有派。[53]

1970年,中国重启学生交流活动,派了20名学生去法国学法语,还派了16名学生去英国学英语。1972年到1978年,中国一共向32个国家派遣了1 977名留学生,多数是为了学习外语。[54]这主要是因为中国在1972年尼克松总统访华后,又同日本、英国和法国建立或恢复了外交关系后,急需翻译人才。只有90名留学生(5%)是学习科学技术的。[55]

中国出国留学潮的历史突出了教育与政治之间、留学目的地国与中国政治方向变化之间的紧密联系。这个联系反映在个人和集体两个层面上。在个人层面,自身教育经历对若干(教育领域和政治领域中)未来领袖人物产生了持久的影响。第一个在美国上完大学的中国人容闳推动并管理了幼童出洋肄业计划,把幼童送去美国学习。幼童留洋肄业计划中的一个学生唐国安后来成了使用庚子赔款资金办留美预备班的清华学堂的校长。梅贻琦、胡适和马寅初都努力把中国大学办成他们在美国上过的大学的样子。另外，20世纪70年代末，与美国谈判重建教育交流项目的中方代表是当时的北京大学校长周培源，他从1924年到1926年作为庚子赔款留学生在芝加哥大学上过学。[56] 同样，孙中山和蒋介石等政治领导人的留洋经验也对他们的政治观点和行为产生了持久的影响。

在集体层面，中国精英在外国的学习和政治活动经历对国家的教育进步和政治身份都影响颇深。[57] 如一些中国学者观察到的，早期国民党政府"亲日"，主要是因为统治阶级中很多人是从日本回来的。后来，随着越来越多从西方，特别是从美国回来的人在国民党政府中青云直上，政府的对外政策发生了转变，变得日益亲美。

历史上基于教育背景的冲突在今天意义尤其突出，因为大批留学人员正潮水般涌回，在中国各行各业影响力日增，在国际交流的前沿城市上海尤其如此。改革开放初期，上海经常被称为中国人出国留学的"摇篮"。

中国资金雄厚的大学超乎比例地集中于几座沿海城市，留学归国人员也大多集中在那里。例如，2003年，上海和北京两地占了全国留学归国人员的58%左右。[58] 据中国官方媒体报道，2009年和2015年开展的两次量化研究显示，上海的留学归国人员占全国的1/4，超过了北京。这很了不起，因为北京的大学和研究所比上海的名气大得多。[59] 2013年到2017年，大约15万海归在上海找到了工作。[60] 放眼全国，人力资源方面的地区差距以后很可能会进一步扩大，因为家在上海和其他沿海城市的海归经常不愿意去不那么富裕的内地或西部地区工作。

上海的留学海归建起了许多俱乐部和校友会，借以彼此加强联系。上海海归中心成立于 2009 年 7 月，现有 1.8 万名注册会员。[61] 中心定期组织论坛和社交聚会，并在线上分享会员们就经济问题、教育、环境和娱乐撰写的文章。

为吸引更多的科学家和其他专业人才，上海市政府 2017 年建立了一个高级科技专家数据库，属中国首创。2018 年，据报道该数据库收集了大约 24.5 万人的专业背景资料（包括 11 万外国人、4 万海外华人、上海的 4.8 万专才和国内其他地方的 4.7 万专才），涵盖自然科学、社会科学、医学等领域的 333 个专项。[62] 在那之前的一年，在上海工作的外国人达到 21.5 万，占全中国外国人数目的 24% 左右，上海因此在外国专业人员数量方面位居中国省级行政区之首。[63] 早在 2004 年，留学回国人员就在上海创办了约 3 000 家私营企业。[64] 这个数字今天超过了 5 000。另外，2018 年，在上海学校入学的外国学生人数为 6.14 万，仅次于北京。[65] 第七章将阐述了美中教育交流对上海高等教育产生的重大影响。

中国历史上最大的出国留学潮

自改革开放初期开始的这次出国留学潮，无论在学生数量还是持续时间上，无疑都是中国历史上最大的一次（表 6-1）。从 1978 年到 2020 年，出国留学的中国国民共有 585.71 万人。这些人当中，150万仍在国外学习、做研究，430多万完成了学业。学成的人中360多万回到了中国，占在国外完成学业人数的85%。[66] 剩下的67.18万人（12%）定居在了外国。近年来，出国留学潮急剧加速。图6-1是对从1978年到2018年每年出国留学和学成回国的中国学生学者人数的概览，显示了人数的指数级增长。2000年，出国留学的中国人共有38 989人，这个数字到2018年增长到66.21万——18年间增加了17倍。

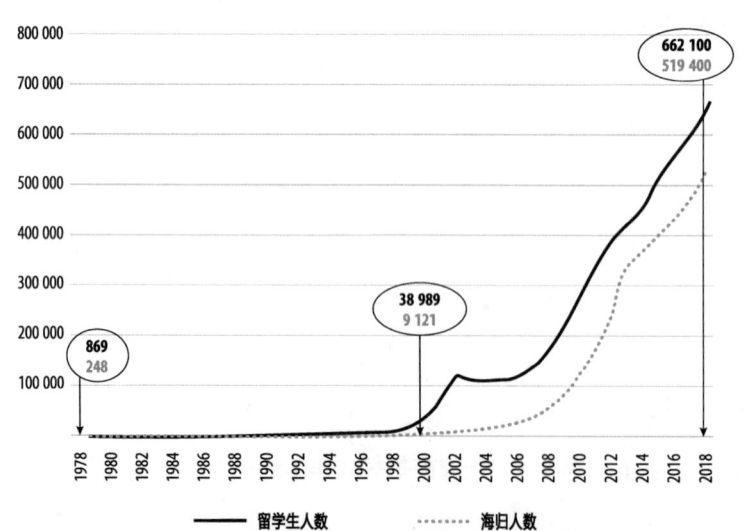

图 6-1　出国留学和归国的学生学者人数，1978—2018

来源：中华人民共和国教育部网站，《2018年度我国出国留学人员情况统计》，2019年3月27日；江波，《四十年出国留学与改革开放》，2018年在中国教育发展战略学会年会上的讲话，2018年12月3日。李成汇集。

参加此次出国留学潮的人在年龄和教育水平上差别更大，资金来源也比中国历史上前几次出国留学潮更加多样。中国政府用"留学人员"一词称呼所有出国学习或从事学术研究的中国公民。

第六章 "海龟"出国留学潮与归国潮　　189

这些人中有高中毕业，年满 18 岁去国外上大学的学生，也有 60 来岁的成名学者，[67] 还有去外国大学攻读各种学位的学生及访问学者。回顾改革开放时代这场留学潮流的不同阶段，可以看出资助形式、留学人员的类型及程度、目的地国这三个方面的重要趋势。

资助形式

就留学的资金而言，出国留学的中国学生学者分为三类：(1) 国家公派，指中央政府选送出国的人；(2) 单位公派，指地方政府和机构选送出国的人；(3) 自费，指靠自己出钱、亲友筹款或外国机构资助出国的人。过去几十年里，出国留学人员从国家或单位的公派生和自费生平分秋色，发展到自费生占绝大多数。

1978 年底，第一批出国留学的中国学者和学生完全是国家公派的。中国和美国在 1979 年建立了外交关系后，两国间重新成立了富布莱特计划，次年就开展了第一批富布莱特学者交换项目。不久后，海外华人科学家和学者李政道、杨振宁、吴瑞、丁肇中、陈省身、邹至庄和哈佛大学教授威廉·冯·埃格斯·多林（William von Eggers Doering）在中国学术机构与美国大学之间牵线，启动了教育方面的合作活动。他们成功发起了中美联合招考物理研究生项目、中美生物化学联合招生项目、中美实验物理研究生项目、中美数学研究生项目、中美经济学教育交流项目和又称多林项目的中美化学研究生项目。[68] 中美之间这些交流项目大大扩展了中国学生学者赴美学习的渠道，使许多聪明有才的中国大学生进入了美国顶级大学的研究生班。

此外，设在美国和香港的各个基金会也出资执行了一些重要的出国留学项目。这方面的例子包括包玉刚和包兆龙中国留学生奖学金。这些项目资助了数千名中国学生学者去美国深造。总的来说，中国公派留学项目通常集中于自然科学和工程学，而美国政府和非政府组织推动的留学计划通常注重人文科学和社会科学。改革开放时代出国留学潮刚开始的1984年到1988年，国家或单位公派留学人员和自费留学生旗鼓相当，各占50%。[69]

自20世纪80年代中期起，出国留学的3类资助形式中，自费增长幅度最大。自费留学生总数1983年是1 000人，1986年增加到1万人，1987年跃升至10万人——短短几年增加了100倍。[70] 从20世纪90年代中期开始，自费留学生始终占留学生总数的90%左右。[71] 2018年，出国留学的66.21万学生学者中，3万来人（4.6%）是国家公派，3.5万多（5.4%）是单位公派，超过59.6万（90%）是自费生。[72] 过去30年来，自费留学生大增是中国中产诞生和成长的直接结果，因为中产人士有钱送孩子出国留学。

留学人员的类型及程度

从改革开始的第一个十年到近些年，中国出国留学潮在两个重要领域发生了变化：原来大多是访问学者，现在主要是攻读学位；原来大多是研究生，现在主要是本科生。出国留学潮初期，"留学人员"多数是访问学者。根据中国学者苗丹国的研究，1978年到1982年，9 179名公派人员中，6 843人（75%）是访问学者，

1 496人（16%）是研究生，840人（9%）是本科生。[73]

自20世纪90年代起，出国读学位的学生人数大为增加。这可以归因于恢复高考后越来越多的学生通过高考，在中国完成了大学学业，获得了硕士学位，因此在申请进入西方和日本的研究生项目时，竞争力有所增加。中国教育部的消息称，2006年到2008年，每年大约有13万中国公民出国留学。[74]同期，国家留学基金每年给约5 000名留学生提供全额奖学金，供他们出国攻读高等学位。2009年，留学基金为1.2万学生提供了奖学金，他们中间一半人出国是为了攻读硕士或博士学位。[75]

出国攻读学位的趋势在中国留美学生中尤其明显。1988—1989学年，在国外学习的所有中国学生中，研究生比例高达93%。1996—1997学年，在美国大学攻读学位的中国留学生人数为42 503人，访问学者只有9 724人。那年在美的中国留学生中，大约77%是研究生。[76]

然而，过去10年间，赴美读大学本科的中国学生人数超过了研究生。2006—2007学年，中国在美留学生80%左右是研究生，本科生所占比例不到15%。过去10年中，留学美国的中国本科生比例增长到2013—2014学年的40%，同期，研究生的比例从71%下降到42%。[77]

一些常春藤盟校加大了吸引中国杰出学生的努力。例如，2009年，哈佛大学和宾夕法尼亚大学首次直接从中国高中学生中招了200名学生。在美国大学入学的中国本科生从2005—2006学年的9 309人增加到2012—2013学年的93 768人。[78] 2014—2015

学年，美国大学里中国本科生人数达到 124 552 人，比前一年增加了 13%。同时，在美国求学的中国研究生人数达到 120 331，比前一年增加 4%。[79] 从 2014—2015 学年开始，中国出国留学人员中本科生成为多数。根据美国国土安全部发布的数据，2018 年中国在美所有留学生中，36% 攻读学士学位，32% 攻读硕士学位，15% 攻读博士学位，剩下的 17% 在接受大学前教育。[80]

越来越多的中国青少年加入了出国留学大军。根据中国的官方统计数字，自 1999 年起，18 岁以下出国留学的人数每年增加 40%。2000 年，广东省 5 000 到 6 000 名自费留学生中 50% 是小学生或中学生。[81] 2005—2006 学年，在美国上高中的中国留学生只有 65 人。但到了 2012—2013 学年，这个数字飙升到 23 795——短短 7 年增加了 365 倍。[82] 2011 年，中国超越韩国，成为美国高中国际学生的最大来源。2013 年，在美国高中上学的中国学生超过 3 万，占美国高中外国学生总数的 46%。[83] 这个现象再次反映了中国中产的迅速扩大，尤其是中产家庭对于把孩子从小就送到国外学习的热衷。

这一波中小学生的西方留学潮值得研究。由于这些孩子的世界观和价值观仍在形成期，也许可以说，将来上海、北京、深圳和广州的年轻人将不再像他们的父辈，而是与汉城、东京、华盛顿和纽约的年轻人有更多相同之处。尽管有一定的文化差异，但这些年轻的中国学生和他们的外国同龄人有着相似的生活方式、全球视野和社会期望。这些因素可以成为促进中国深远变革的重要力量。

目的地国

近年来，中国学生在美国的国际学生中占比最大，不过，中国赴美留学生已经开始大幅减少。自改革时代的出国留学潮开始，美国就是中国学生学者的心仪之地。图 6-2 回顾了在美中国学生学者人数的惊人增加：1978 年只有 9 人，1988 年增至 25 170 人，1998 年到了 46 958 人，2008 年达到 81 127 人，最后是 2018 年的 363 341 人。根据杜克昆山大学提供的统计数字，从 1978 年到 2018 年，赴美学习的中国学生超过 160 万。[84] 数百所中国大学和美国学术机构建立了联合研究项目和各种交流计划。到 2017 年，

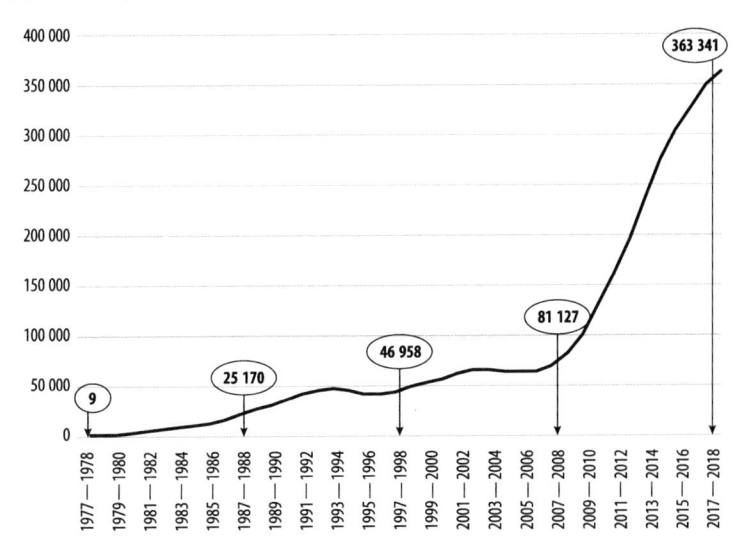

图 6-2　中华人民共和国在美留学生人数的迅速增长，1977—2018

来源：国际教育研究所，《2001 年到 2018 年应该知道的事实》（*Fast Facts from 2001 to 2018*），门户开放网；托德·M. 戴维斯（Todd M. Davis），《门户开放：国际教育交流报告》（*Open Doors: Report on International Educational Exchange*），科研之门（ResearchGate）网站，2000 年 1 月；元青和岳婷婷，《新时期中国留美教育的发展历程和趋势》，中国社会科学网，2015 年 5 月 6 日。
说明：这些数字包括中学/高中生、大学本科生和研究生。李成汇集。

80多所美国大学和中国大学建立了联合本科生项目，30多所学校设立了和中国教育机构的联合研究生项目。[85]

这40年间，中美关系经历了若干危机，如1996年台海导弹危机、1999年美国轰炸中国驻南斯拉夫使馆，还有2001年南海撞机事件。有些危机对中美教育交流产生了冲击。例如，图6-2显示，1996年台海导弹危机前后，中国留美学生人数稍有减少，2001年"9·11事件"发生后，美国减少了对国际学生发放签证的数量，中国留学生人数也随之稍减。然而总的来说，这些危机基本无碍双边教育交流。

图6-2显示，2007—2008学年后，赴美中国学生迅速增加，2009—2010学年超过10万，2012—2013学年超过20万，2014—2015学年达到30万以上。中国赴美学生的激增源于2009年11月美国总统贝拉克·奥巴马（Barack Obama）和中国国家主席胡锦涛在北京签署的《中美联合声明》。美国政府承诺接受更多中国学生赴美学习，为中国人申请签证提供便利。接下来的两年里，赴美签证的批准率超过95%。[86] 2016—2017学年，在美国的中国学生学者总数超过35万。2007年到2009年，在美中国学生年增长率约为20%，2009—2010学年后升至30%。

图6-3显示了从1995年到2018年在美中国学生学者在人数和占比方面的惊人增长。1988—1989学年，中国首次成为世界上留美学生最多的国家，并连续6年稳占鳌头。然而，从1994年到1997年，日本成为第一，中国降到第二。[87] 自2009年以来，中国再次超过印度和日本，成为在美留学生人数最多的国家。

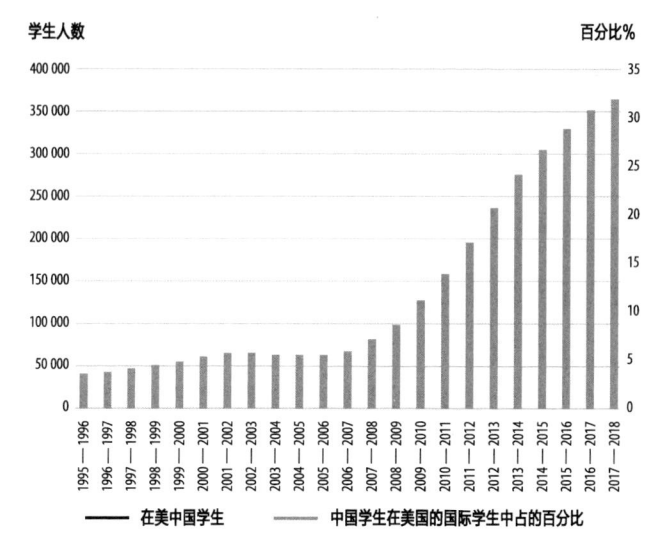

图 6-3 中国在美留学生人数与比例的增加，1995—2018

来源：国际教育研究所，《2001 年到 2018 年应该知道的事实》，开放门户网；托德·M. 戴维斯，《开放门户：国际教育交流报》，科研之门网站，2000 年 1 月。李成汇集。

图 6-4 表明，在美国学习的中国学生学者总人数自 2009 年以来一骑绝尘，远超其他国家。例如，2017 年，中国在美学生学者超过 35 万人（确切地说是 363 341 人，占美国全部国际学生的 33%），而位列第二的印度去美国的学生学者还不到 20 万（196 271 人；18%）。[88]

在美国教育机构学习的中国学生、学者人数固然大幅增加（他们在美国学校的国际学生中也占了超比例的份额），但过去 40 年间，他们在中国出国留学的学生、学者总人数中所占比例却相对出现下降。据同济大学的江波提供的信息，改革开放时期，出国留学的中国学生学者 90% 去了以下 10 个国家：美国、澳大利亚、加拿大、日本、英国、韩国、法国、德国、新西兰和新加坡。在

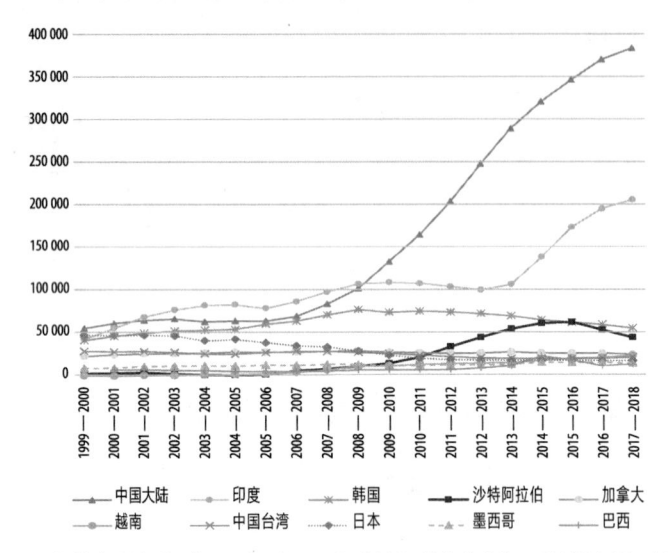

图 6-4　在美留学生人数最多的前 10 个国家和地区，1999—2018

来源：国际教育研究所，《2001 年到 2018 年应该知道的事实》，开放门户网；托德·M. 戴维斯，《开放门户：国际教育交流报告》，科研之门网站，2000 年 1 月。李成汇集。

这些学生、学者中，约 80% 去了英语国家。[89] 最近，中国政府多方努力，力促更多学生、学者去上述国家以外的国家学习。2017 年，共有 6.61 万中国公民去了"一带一路"倡议的参与国留学，包括俄罗斯，那里的中国留学生比头一年增加了 16%。[90]

1978 年到 1999 年间，40 万中国学子负笈海外，其中大约 16.5 万人（41%）奔赴美国。[91] 加上 21 世纪第一个十年的数字（即 1978 年到 2008 年），中国出国留学人数一共达到 140 万左右，其中约 37% 去了美国。[92] 2000 年，中国在美留学生人数与 1998 年相比增加了 54%。然而，同年中国在美学生所占中国出国留学生的总数只有 27%，比两年前降了近 12%。

第六章 "海龟" 出国留学潮与归国潮　　　197

图 6-5 显示了 2014 年中国学生学者按留学目的地国的分布状况。美国占的百分比最高（30%），下面依次是英国（21%）、澳大利亚（13%）和加拿大（10%）。这 4 个西方英语国家几乎接纳了那年中国出国留学的学生学者的 3/4。然而，自 20 世纪 80 年代起，在美国的中国学生学者所占全部中国海外学生学者的比例逐年下降，降幅还很大。随着美中关系的恶化，这一趋势应该会继续。

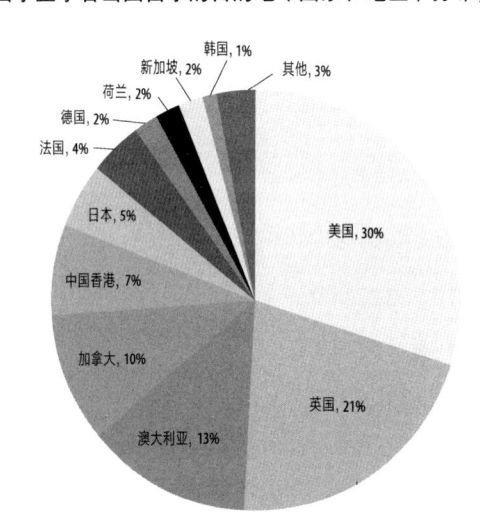

图 6-5　中国学生学者出国留学的目的地（国家和地区）分布，2014

韩国, 1%
新加坡, 2%
其他, 3%
荷兰, 2%
德国, 2%
法国, 4%
日本, 5%
中国香港, 7%
加拿大, 10%
澳大利亚, 13%
英国, 21%
美国, 30%

来源：《2014 年出国留学趋势报告》。中国教育在线，2014 年 10 月 12 日。李成汇集。

就主修学科领域而言，过去 10 年间，中国留美学生主修自然科学和工程学的人数减少了，这些学科在教育交流的前 20 年非常热门；现在专修工商管理的中国留学生增多了。例如，2013—2014 学年，中国学生在美学习的前五大主修科目是工商管理

（28%）、工程学（20%）、数学和计算机科学（12%）、物理和生命科学（9%）、社会科学（8%）。[93]

然而，不同学历的中国学生常常选修不同的科目。例如，2009年秋季，45%的中国本科生选择学商科，比研究生学商科的比例高。总算起来，71%的本科生主修的科目在科学和工程学领域以外，硕士生学工商管理的占36%，之后是学工程的占17%。不过，中国留学生的博士生中，87%学习自然科学和工程学，包括数学、物理学、农学和生物科学，只有4%学习工商管理。[94]

"海龟"归国大潮

当然，海归这个群体形形色色，在留学经历、专业知识、政治归属、世界观，以及与中国的党和国家制度的互动等各个方面很不一样。他们中间大部分人就职于教育和研究机构，或者在商业部门工作。中国对海归（即留学回国人员）的官方定义是：出生在中国，出国做留学生或访问学者一年以上，然后暂时或永久性回到中国工作的人。按照这一定义，海归不包括原来在海外生活，后来选择回中国居住的华侨，即出生在外国的华裔或中国去外国的非留学移民。

邓小平决定派学生学者去西方学习后，留学生归国率多年偏低，引起了中国政府的关切。20世纪80年代中期，国家教委副主任何东昌去华盛顿和美国的对口官员签署了一项联合声明，重申中华人民共和国的国家和单位公派生"有义务回国效力"。[95]

根据中国官方消息来源，1978 年到 1995 年，共有 13 万中国公民去了美国留学，其中回国的大约两万（15%）。[96] 那段时期在加拿大的约两万中国学生学者中，4 000 人左右回到了中国（20%）。留澳人员归国率最低——4 万人中只有 2 500 人回国（6%）。与访问学者相比，攻读学位的留学生更可能留在外国。例如，1978 年到 1991 年间，国家一共派出了 54 526 名访问学者，其中 35 552 人（65%）回国。相比之下，国家公派的 18 898 名攻读学位的留学生中，只有 2 671 人（14%）回国。[97] 自费生由于没有对第三方的义务，所以归国率比国家或单位的公派生更低。1978 年到 1989 年，2.2 万名自费生回国的不到 1 000 人（5%）。[98]

中国官方尽管担忧"人才外流"，却并未关闭出国留学的大门。他们可不能失去这个改进中国高等教育制度、在科技方面迎头赶上的重要手段。中国政府认为，人才流失是暂时现象，个人的移民决定是可以逆转的。许多中国学者拿台湾地区做例证，因为台湾经过 30 年的人才外流之后，在 20 世纪 80 年代出现了人才回流。他们说，中国大陆也有可能发生同样的人才流动逆转。[99]

在继续敞开教育交流大门的同时，邓小平在 1992 年发出了一个重要呼吁，说欢迎所有出国留学的人回国。[100] 同年，政府宣布了在邓小平关于出国留学问题的指示基础上制定的出国留学指导政策："支持留学，鼓励回国，来去自由。"次年，政府宣布了"211 工程"，确定了 100 所高校，要使它们的教育质量在 21 世纪初达到"世界标准"。[101]

过去的 20 年，中国领导人为培育人才资源多管齐下。1998

年，江泽民说"中国要建成几所世界一流大学"。[102] 2001 年，当时的国务院总理朱镕基在中国经济论坛上讲话时说，中国经济改革的重点将从吸引资本转向吸引人才和技术。[103] 2013 年 10 月，在北京举行的欧美同学会成立 100 周年的纪念会上，习近平呼吁海外的中国学生学者回国实现"中国梦"。[104] 他宣称，在技术革命时代，"人力资源的竞争已经成为综合国力竞争的核心"。[105]

过去 20 多年，中国政府设立了各种计划，如长江学者计划、春晖计划和千人计划，诚聘在海外工作或学习并有所成就的中国国民。[106] 根据中国的官方统计数字，从 1979 年到 2013 年，留学美国的海归中，289 人当选为中国科学院院士，68 人当选为中国工程院院士，21 人当选为 9 所中国顶尖大学的校长和党委书记，489 人被选为长江学者，836 人进入千人计划。[107] 另外，政府于 1999 年启动了 985 工程。该工程的目的是为国家的 9 所顶尖大学提供支持，帮它们在 30 年内成为"世界一流"大学。[108] 为了达到这个目的，这些精英大学更加积极主动地从海外招聘学者，对华人学者和外国学者一律欢迎。

最重要的是，过去 10 来年的时间里，海归大潮回流中国，仅 2018 年一年就有 51.94 万在外国留学的中国公民回国（图 6-1）。作为比较，那年出国的中国学生总人数是 66.21 万。图 6-1 显示，1978 年到 2018 年间，与海归人数增加相对应的是同期出国留学的中国公民人数的增加。在改革时代出国留学潮的早期，留学生归国率很低。例如，1979 年中国留学生的归国率只有 10%，1992 年增加到 50% 左右。[109] 2016 年，在海外留学的中国学生总数是

54.45万，回国人员的总数是43.25万（79%）。过去，一年中出国学生和回国学生在人数上差距巨大，现在这个差距正在逐渐缩小。目前仍然有许多中国国民在外国求学，所以可以预测，今后回国的人会更多。

最后几点思考

当代中国的历史也是一部中国国民和外部世界多层面互动交流的历史。留学归国人员经常在中国的政治变迁、社会和经济生活、文化和意识形态传播，以及科技发展方面发挥关键作用。

改革开放时代中国的出国留学潮意义十分重大。用中国领导人的话说，它是中国漫长历史上"规模最大、领域最多、范围最广的留学潮"。[110]这股留学潮的势头可能会继续加大，部分原因是迅速兴起的中国中产有钱送孩子出国，一部分也是中国政府正持续增加对出国研究生教育的资助；政府的目的很明确，就是到21世纪中期把中国建成全球大国。

40年前，中国和美国的决策者在计划这些深远的教育交流活动时各有盘算。邓小平的首要目的是，把"文化大革命"耽误的"那些年补回来"——"文革"十年中，中国几乎与国际学术界完全隔绝。[111]今天看来，邓小平的目的显然已经达到了。不过，中国官方也一直担忧，中国学生去西方国家接触到自由主义观点和价值观后，会发生"精神污染"和"资产阶级自由化"。中国领导层依然警惕并抵制西方的政治和意识形态渗透。

美国的学者和机构40年来帮助培育中国出类拔萃的人才，展现了美国社会的慷慨、开放和软实力。当然，美国对中国学生学者的开放门户政策部分是出于自身利益。对美国大学来说，近十来年，中国学生支付的全额学费是一大笔收入。另外，就美国对外政策而言，一些决策者一直认为与非西方国家的教育交流是绝妙的文化外交形式。[112] 用美国总统艾森豪威尔的话说，"战争发乎人心，和平亦然"。[113] 美国决策者相信，教育可以成为向外国未来的领导人灌输美国价值观和美国意识形态的重要手段。[114] 然而，他们也认识到，来自中国的留学生不仅能在美国的校园里和社会上接触到自由主义思想，也能接触到美国最先进的科学技术研究。对此问题的关切与恐惧近年来迅速增长，特别是因为中国的科技进步似乎已开始形成对美国长期霸主地位的挑战。在美国某些政策制定者和战略研究者眼中，美中教育交流所依靠的前提已全线失败。

美国现在就断言政策失败是否操之过急、目光短浅？政策制定者如何能够对教育交流在当今世界上的影响作出更加平衡透彻的评价？本章在宏观层面上的分析阐明了教育交流的大格局和大趋势。第七章和第八章则在微观层面上展开审视。这也许特别有助于从不同角度和层次思考这些关键问题，在美中双边关系当下的艰难时刻拓宽视野。

第七章

教育交流的影响
上海的海归

> 我们必须努力扩大人类智慧、同理心和视野的疆界,而要做到这一点,除了教育别无他途。
>
> ——J. 威廉·富布莱特

陈丹青、陈竺、金星、沈南鹏、徐匡迪、姚明、袁岳、张文宏和朱民这些人有何共同之处?很少。他们在年龄、性格、专业和政治观点上迥然不同。然而,他们都功成名就,在中国家喻户晓。他们也都是上海人,并且都是海归。他们或是生长在上海,或是至少成年后大部分时间在上海,在海外学习后又回到上海。

- 陈丹青毕业于中国中央美术学院,后来到纽约经历了10年艺海沉浮。他因创作《西藏组画》而名声大噪。这个系列组画体现了陈丹青对于中国油画长期受现实主义风格影响,以及当时描绘藏族人时普遍采取的居高临下角度的强烈批判。2007年,他辞去了清华大学美术学院教授的职务。之后，陈丹青落户上海，继续艺术创作和政治评论。

- 陈竺是上海人，拥有上海第二医科大学的硕士学位和法国巴黎狄德罗大学（巴黎七大）的博士学位，是世界著名的血液学专家。他在巴黎一家医院当过一段住院医师后，于1989年回到上海，成为瑞金医院的医生。他先任上海血液学研究所分子生物学实验室主任，后来成为研究所主任。陈竺不是共产党员，但做了6年卫生部部长（2007—2013）。因为他在医学研究和公共卫生方面的成就，他被好几个声望甚隆的学院授予院士头衔，包括美国国家医学院、美国国家科学院、法国科学院、英国医学科学院和发展中国家科学院。

- 金星是位变性现代舞舞者，20世纪80年代晚期和90年代早期在纽约学习现代舞蹈，也在罗马教过舞蹈。她回到上海后，不仅创办了一家现代舞蹈团，而且因主持电视节目《金星秀》而成为无人不晓的文化偶像。《金星秀》是收视率最高的深夜节目，开始时在上海播出，后来扩及全国。2021年初，金星又转战娱乐界，负责经营上海的老牌夜总会和舞厅"百乐门"。

- 沈南鹏毕业于上海交通大学和耶鲁大学，是红杉资本中国基金的创始人和合伙管理人。他以此身份创立并投资了许多成功的人工智能公司和电子商务公司，如携程旅行网、如家连锁酒店、蚂蚁金融服务集团和头条。他曾在德意志银行香港分行、化学银行、雷曼兄弟公司和花旗银行做过投资银行业务。他在中国和美国都积极参与慈善工作和教育交流，为耶鲁北京中心的创立出了力。2020年，他连续第三年蝉联《财富》杂志全球最佳风险投资人。

- 徐匡迪是工程学教授，曾在上海教了25年书，后来做过6年上海市市长（1995—2001）。他是留欧海归，在伦敦帝国理工学院做过访问教授，在瑞典的一家公司做过副总工程师。徐匡迪担任上海市领导时，在上海城市改造中发挥了重要作用。卸任市长后，他当了10年的中国工程院院长，现在是包括雄安新区建设在内的京津冀一体化工程的主要顾问。

- 姚明在上海大鲨鱼篮球俱乐部和休斯敦火箭队打过球，被公认为最出名的中国篮球球员。2011年，他在NBA的火箭队打了8个赛季后返回家乡上海。他除了担任中国篮球协会主席之外，还积极投身于许多其他事业，包括保护大象、控制烟草、宣传关于艾滋病毒/艾滋病的知识、帮助贫困儿童受教育和促进中美两国相互了解。

- 袁岳是新上海人（非土生土长的上海居民），1992年在上海创办了零点研究咨询集团。他是美国海归，2001年在哈佛大学肯尼迪政府学院获得公共行政管理硕士，2007年入选耶鲁世界学人项目（Yale World Fellows program），2013年到2015年参加了阿斯彭学者计划（Aspen Scholar program）。袁岳的零点研究咨询集团是中国第一家私有大型调查公司，业务包括市场研究、舆论调查、政策评价和内部管理调查。过去20年来，袁岳利用自己频繁接受媒体采访的机会，积极为社会问题发声呼吁，他关注的社会问题有保护并促进财产权、帮助移民工人，以及保护弱势群体和残疾人的权利。

- 张文宏是医生，在中国抗击新冠病毒斗争中成为家喻户晓的名人。他是复旦大学附属华山医院的感染科主任。新冠病毒暴发后，张医生担任了由60位医学专家组成的上海市新冠肺炎救治专家组组长。本来预计上海的感染率和死亡率会双高，但截至2020年11月，上海只有1 259例感染（包括境外输入）和7例死亡。数字如此之低，部分要归功于张医生的团队在预防和救治方面的杰出工作。在人们对新冠肺炎一无所知的时候，张文宏经常对公众坦率讲述相关信息和科学知识，在中国社交媒体上获得好评如潮。张文宏毕业于上海医科大学，在哈佛医学院和芝加哥的伊利诺伊州立大学做过访问学者和博士后。

- 朱民毕业于复旦大学、普林斯顿大学和约翰斯·霍普金斯大学，后来担任中国人民银行副行长和国际货币基金组织（货币基金）副总裁，是这个重要国际组织中第一个来自中国的高级官员。他积极推动可持续增长和金融稳定，还为加强货币基金与亚洲和新兴经济体的关系发挥了关键作用。朱民 2016 年完成在货币基金的 5 年任期后回到中国，经常在重大的全球经济论坛上演讲，是世界上讲话条理最清楚、影响力最大的经济学家之一。

这些个人体现了海归在上海各行各业的存在和日益增长的影响力。在某种意义上，正如他们许多人公开宣称的那样，无论他们是体制内的政府官员，或是体制外针砭社会的知识分子，还是两者之间的调停角色，他们都代表着公众的，特别是上海新兴中产的利益与关切。不管这些人的政治立场如何，他们作为一个整体，主要通过自己在上海的工作对中国的社会和经济生活、知识探讨和公共舆论产生了影响。

不出意料，中国受海归影响最大的领域是高等教育领域。今天，中国一流大学中占压倒性多数的教授和大部分行政管理人都有出国学习的经历，或者在国外获得了学位，或者做过访问学者。这些教育工作者与外国教育机构的紧密关系在课程设定、项目立项、科技创新、社会科学研究、政策和学术辩论等方面起到了非常重要的作用。最重要的是，他们在对中国未来精英的培养中举足轻重。在国外待过的中国人有的自费或受外国资助读了大学本科或研究生班，有的在外国长期担任教职，还有的参加过为时一年的访问学者计划；大家的经历五花八门，各不相同。

本章更加详细地分析海归在中国高等教育体系和上海顶级律师事务所中的代表。第一部分总体介绍了中国大学里海归人员的增多，通过对高校海归的生平、个人、职业和学术背景的全面审视，找出了一些重要模式，既包括他们的海外求学情况，也涵盖21世纪第一个十年中国高校高级行政管理人的明显特征。第二部分集中讨论受过西方教育的海归目前在上海高等教育机构中的主导地位。这部分谈到了今天的海归行政管理人与大约10年前的同行有何不同，以及如何从这些不同中得出中国今后教育发展和政治轨迹的宝贵信息。第三部分，也是最后的部分，探讨了海归在上海律师事务所高级合伙人中的广泛分布。

中国高等教育体系中海归人数的增加

资料来源与研究方法

本书的研究以作者自2002年开始建立的3个数据库为基础。第一个数据库载有21世纪第一个十年中在中国最好的25所高校任教的2 044名海归的生平与专业背景。这25所高校是从中国两个不同的研究团体在2002年和2003年确立的中国大学前20名排行榜中选出来的。[1] 由于两份前20名排行榜内容有重叠，所以一共有25所大学在这两个排行榜中至少一个榜上有名。[2]

"985工程"中的9所顶级大学，或称"九校联盟"的成员都包括在内。985工程由中国政府于1998年5月启动，目的是在中国建成一批"世界知名大学"。985工程的第一批学校——中国声望显赫的9所大学——于2003年选定,是北京大学、清华大学、复旦大学、上海交通大学、南京大学、浙江大学、中国科技大学、哈尔滨工业大学和西安交通大学。后来,985工程又增加了30所大学,总数达到39所。按照政府计划,后30所大学也要建成"世界知名高水平大学"。就教师队伍而言,第一批985大学,只占整个高等教育体系的1%,但相当大一部分的国家研究资金都给了它们。

2 044名海归的生平资料主要来源于大学网站。能够在25所顶级大学的网站上查到生平信息的海归人员都包括在了本书的研究里,所以把他们纳入数据库并非按照统计学客观的标准。尽管如此,他们的信息仍然是丰富的资料,可用来分析中国顶级大学中海归的特点。

第二个数据库载有134所大学里936位高级行政管理人的生平与专业信息。高级行政管理人包括校长、党委书记、副校长和党委副书记。大学内部机构和学院的院长没有包括在数据库中,除了同时在大学一级担任高级职务的人。

134所大学从中国网络大学2002年汇编的中国高校排行榜中选出。[3] 排行榜包括约1 000所中国高校,榜上前40名都纳入了本书的研究。这40所高校均属于"211工程",那是中国政府1995年(比985工程还早)为准备21世纪的到来而启动的一项工程。中国教育部在全国挑选了100来所高校,给它们增加拨款用于开展学术研究和派遣教师出国学习。从1996年到2000年,给211工程的拨款大约共22亿美元。[4] 据《人民日报》报道,到2008

年，116所高校（占全国高校的6%）被定为211工程高校。总算起来，这116所高校（包括九校联盟的9所顶级大学）培养了中国4/5的博士生和2/3的硕士生。国家关键研究项目的85%由它们负责，中国主要的研究实验室96%设在它们那里，国家科研资金的70%拨给了它们。[5]

在排名最前的40所大学的官网上，可以找到学校现任领导的信息。第二个数据库中其他94所高校是根据两个因素选出来的。第一，只选官网提供现任领导信息的高校；第二，为确保地域多样性，挑选学校时考虑了地理位置。因此，这个数据库的资料来源更加客观、系统。

当然，这些高校并非所有高级管理人都是海归。事实上，本书的研究显示，936位高级行政管理人中只有313人（33%）是海归。因为有这个变量，所以可以在海归高级管理人和国内培养的高级管理人之间做出比较。根据中国学者陈学飞2003年对高校教师情况的研究，校、系、研究所、研究中心和关键国家实验室的132名高级管理人中，102人（77%）是海归。[6] 与我这项研究相比，陈学飞的研究中有留学经历的高级管理人百分比更高。这个差别有三个可能的解释。第一，中国两所"超级"大学（清华和北大）的海归可能比其他顶级大学多，陈学飞的研究数据中这两所大学的教员比较多。第二，海归做行政管理人当时通常在系一级，而不是校一级，而我这项研究仅限于校一级。第三，许多海归行政管理人可能是助理校长，这一类经常被列为大学一级的管理人，但不包括在我的研究之中。

除了在学校官网上找到的信息,本书还利用中国和海外的线上搜索引擎获取关于中国著名高校行政管理人的更多信息。这样的网站有时会提供关于大学领导的生平信息,不过经常比较零碎,没有系统性。

本书的研究还从其他中国官方来源搜集信息,如《中国人物年鉴》提供的中国一流大学新任高级行政管理人的生平。[7] 近来出版的介绍海归成就的中文书籍特别有帮助,里面包含了关于中国教育界著名领导人物的详细信息。[8] 这些多种信息来源互相补充,可以交叉核实本书所分析的教育界精英的数据。

第三个数据库完全是关于上海的,包含两组数据。第一组数据包括上海最好的10所大学122位最高行政管理人(校长、副校长、党委书记和党委副书记)。对大学的挑选基于2019年上海大学综合实力排名榜,此外还有一项对复旦大学做的案例研究。[9] 所有数据都来自这些大学的官网,也使用在百度上查到的生平资料和作者采访作为补充。第二组数据专注于上海最好的5家律师事务所共613位合伙人的教育背景。对5家律师事务所的挑选基于2018年上海律师协会年度排行榜。[10] 这两组数据于2017年到2019年间收集,最后更新时间是2020年7月。

生平与专业信息包括年龄、性别、出生地、目前职位、学术成就、行政经验、政治背景、教育水平、获得学位的学校、访问学者或博士后经历、学术专业、学术职称、出国经验和留学时长。每个人的这些信息都输入数据库进行量化分析。为清楚起见,研究的第一个海归群体取名为"海归教授"。第二个群体是大学高级行政管理人，取名为"高级管理人"，留过学的行政管理人取名为"海归高级管理人"或"海归行政管理人"。第三个群体是复旦大学的高级行政管理人，取名为"复旦管理人"或"复旦海归管理人"，上海律师事务所合伙人那个群体取名为"上海海归律师"。

2005年数据的研究结果

中国的海归教授和高级行政管理人绝大多数是男性，各自占比为86%和93%。这一点值得注意，因为自改革开放开始以来，大学生和教师中的女性人数都增加了。比如，女大学生在全体大学生中所占百分比1978年是24%，1990年增加到34%，1998年又增到38%，2010年升至50%，2018年达到了52%。[11] 在研究生一级，女性占比从1980年的10%增加到1990年的23%，再到2010年的50%，然后到2016年的53%。[12] 2010年，中国博士生中女生占了36%，2016年增加到39%。[13]

过去20年，中国女大学生人数的显著增加是否会改变中国高校领导层的性别不平衡，目前尚未可知。对比一下21世纪第一个十年的大学高级管理人和海归高级管理人这两个群体，可以看到，出国留学的女性行政管理人更少（只有6%）。海外大学招生时通常不问性别，所以大批中国女生现在去国外读书。根据中国官方统计数字，2013年的留学回国人员中，女性占了58%。[14]

绝大多数海归教授和高级管理人（国内培养的和留学归来的都算上）是汉族。中国颁布了平权政策以促进少数民族大学生入学，并推动聘用少数民族大学教师，但是，中国一流大学的海归教授只有0.3%是少数民族,高级管理人和高级海归管理人中也只有2%不是汉族人。

海归教授的年龄分布显示,多数(52%)接近40岁或40来岁。研究表明,在许多国家,这个年龄组的人都是最能出成果的。50岁以上的海归教授占比较小(22%),其主要原因是"失去的一代"这个现象——指由于"文化大革命"的动乱,只上完小学或初中就被迫中断学业的那一代人。尽管那一代人被称为"失去的一代",其实中国的高等教育并不是真的少了整整一代合格师资。"失去的一代"中,有些人在20世纪70年代晚期恢复高考后上了大学,后来也有些人去了国外留学。事实上,大批在西方留过学的教师帮助填补了"文革"造成的空白。

所以,尽管中国"文革"前的学术界领军人物均已上了年纪,世纪之交时即将退休,但因此就担心后继无人,怕出现合格教师的严重短缺,未免有些杞人忧天。[15]改革开放时代,留学大潮产生的海归大潮带回了许多学界新人,足以胜任教职。20世纪90年代末和21世纪第一个十年初,多数高级管理人年龄是四五十岁,把海归也算上的所有高级管理人中约86%都属于这个年龄组。约76%的海归教授年龄是50来岁或者更低。未来回国的海归很可能更年轻,因为20世纪90年代出国的留学生平均年龄比20世纪80年代的留学生小10岁。[16]

看一下海归教授和海归行政管理人出生的省份,可以看到,他们中间一半以上出生在华东地区。仅江苏一地就占了本书研究范围内海归教授的16%和海归高级管理人的18%。生长在华东地区的人超乎比例，这与对改革开放时代的政治、经济和军事精英开展研究后发现的状况不谋而合。例如，高级行政管理人中有24个有留学经历的上海人（9%）。相比之下，本书研究范围内的海归高级行政管理人中没有一个出生在天津，尽管天津是4个直辖市之一。

也许意义更加重大的是，就地域分布而言，海归在中国的发展极不均衡。本书前面说过，除了上海，北京和江苏也有很多海归。[17] 相比之下，其他内地高校的海归寥寥无几。因为大部分海归都落户在了沿海地区，所以近年来中国官方努力聘请更多海归人员去内地。教育部设立了一个回国人员事务办公室，鼓励海归人员去西部找工作。西部省份也在北京派有代表，负责与留学国外的学生学者接洽。

2002年，国家派出了2 500名公派学生和学者，里面只有3人来自西北部的青海省。本书对留学归来的教授和高级行政管理人的研究再次显示，海归的地域分布存在着沿海和内地之间的不平衡。高等教育机构总的地区差距，具体到受过外国教育的师资方面的差距，突出显示了中国的一个长期问题。地区差距以后可能会进一步加大，因为家在上海、北京和其他富裕沿海城市的海归可能仍然不愿意去内地工作。

表7-1显示了海归教授和海归高级行政管理人在国外受教育的程度。2 044位海归教授中，多数（61%）是访问学者，近30%是攻读学位的学生。海归高级行政管理人的数据显示，他们中间访问学者的占比更大（74%）。这些高级管理人中，大约20%在国外获得了博士学位，只有4%获得硕士学位。

表 7-1　海归教授与海归高级管理人员在国外受教育的程度，2005

海外教育程度	海归教授 人数	百分比（%）	海归高级管理人 人数	百分比（%）
博士生	602	29.5	76	24.3
访问学者（包括博士后）	1 253	61.3	230	73.5
既拿学位又是访问学者	66	3.2		
行政工作			7	2.2
未知	123	6.0		
共计	2 044	100.0	313	100.0

来源：李成的研究。

分析一下 2005 年关于教授和高级管理人在国外学习时长的数据，可以看到他们大部分人在海外待的时间比较短。根据能够找到的关于留学归来的教授和高级管理人在国外逗留时长的信息，海归教授中的 61% 和海归高级行政管理人中的 65% 在海外学习的时间为一到两年，大部分是访问学者。只有 4% 的海归教授在海外学习工作了 10 年以上，高级行政管理人中只有当时的福州大学副校长王钦敏在英国学习并工作了 10 年以上。他在伦敦帝国理工学院获得了工程学博士学位。

中国大学招聘教师通常从本校校友中挑选。中国人把这种现象称为"近亲繁殖"，学者们经常批评它不利于学术发展。然而，从海归进入中国大学教师队伍的情况来看，这种做法似乎并未改变。本书研究使用的数据表明，大部分海归教授都回到了母校任教。事实上，

63%的海归教授是任职高校的校友,包括23%在任职高校本科毕业,18%在任职高校上过研究生,还有23%的人本科和研究生都是在任职高校上的。只有37%的海归教授不在自己毕业的高校任职。

值得注意的是,高级行政管理人回母校任职的概率也很大。数据表明,留学归来的高级行政管理人中75%和全部高级行政管理人的70%目前在自己的母校任职。这种状况可能会妨碍中国建设世界一流大学的努力,因为一流大学需要学生和教员有多种多样的学业背景,需要国际包容性,还需要对教员职位和大学行政管理职位的公开竞争。

表7-2排列了中国高校海归负笈求学的前10个国家。这批人分4个群体,在美国学习的海归在这前3个群体中位居第一:(1)教授(39%)、(2)有外国博士学位的教授(30%)、(3)高级管理人(35%)和(4)获外国博士学位的海归高级管理人(19%)。前3个群体中留学目的地国排名第二的是日本,但中国学生在美国留学的人数远远多于在日本留学的人数。然而,在拥有外国博士学位的海归高级行政管理人中,美国成了居于日本之下的第二名。这并不奇怪,因为在20世纪90年代晚期,3 000名在日本获得博士学位的中国学生回到了中国,这是个不小的数字。[18] 3个群体中,在俄罗斯学习的人所占比例极小,从2%到4%。不过看发展趋势,不久后,从俄罗斯回国的学者会有所增加,因为选择去俄罗斯学习的中国人越来越多。2003年,俄罗斯有大约1万中国留学生,大多在俄罗斯最好的大学读书。2019年,留俄中国学生的人数增长到3万。[19]

表7-3显示,73%的海归教授和71%在海外获得博士学位的

表 7-2　海归留学目的地国排名，2005

国家	海归教授（2 375人）排名	人数	%	获外国博士学位的海归教授（370人）排名	人数	%	海归高级管理人（392人）排名	人数	%	获外国博士学位的海归高级管理人（63人）排名	人数	%
美国	1	930	39.0	1	141	30.1	1	138	35.2	2	12	19.0
日本	2	341	14.3	2	118	25.2	2	61	15.6	1	14	22.2
德国	3	248	10.4	4	41	8.8	3	45	11.5	3	11	17.5
英国	4	244	10.2	3	43	9.2	4	43	11.0	5	6	9.5
加拿大	5	148	6.2	8	12	2.6	5	27	6.9	6	2	3.2
法国	6	99	4.1	5	27	5.8	6	17	4.3	4	7	11.1
澳大利亚	7	61	2.6	7	15	3.2	8	10	2.6			
俄罗斯	8	53	2.2	6	17	3.6	7	11	2.8	6	2	3.2
荷兰	9	39	1.6									
比利时	10	25	1.0	10	8	1.7	9	4	1.0			
瑞典				8	12	2.6						
奥地利										6	2	3.2
丹麦							9	4	1.0	6	2	3.2
新加坡							9	4	1.0			
韩国							9	4	1.0			
南斯拉夫										6	2	3.2

来源：李成的研究。

表 7-3　海归教授与海归高级管理人员的学术领域，2005

学术领域	海归教授 人数	%	获外国博士学位的海归教授 人数	%	高级管理人 人数	%	获外国博士学位的高级管理人 人数	%
工程与科学	1 490	72.9	429	71.1	475	64.3	55	87.3
工程学	517	25.3	163	27.0	199	26.9	25	39.7
地质学	71	3.5	23	3.8	19	2.6		
农学/林学	27	1.3	18	3.0	32	4.3	3	4.8
生物学	132	6.5	52	8.6	15	2.0	5	7.9
物理学	108	5.3	26	4.3	42	5.7	6	9.5
化学	312	15.3	71	11.8	55	7.4	6	9.5
计算机科学	105	5.1	17	2.8	16	2.2	2	3.2
数学与统计学	56	2.7	24	4.0	50	6.8	4	6.3
心理学	25	1.2	5	0.8	4	0.5		
建筑学	3	0.1	2	0.3	1	0.1		
医学	134	6.6	28	4.6	42	5.7	4	6.3
经济学与管理	255	12.5	71	11.8	77	10.4	2	3.2
经济学与金融	87	4.3	46	7.6	67	9.1	2	3.2
管理（含工商管理硕士）	168	8.2	25	4.1	10	1.4		
社会科学与法学	190	9.3	51	8.5	57	7.7	1	1.6
政治学	28	1.4	15	2.5	30	4.1		
社会学与人类学	35	1.7	14	2.3	1	0.1		

续 表

学术领域	海归教授 人数	%	获外国博士学位的海归教授 人数	%	高级管理人 人数	%	获外国博士学位的高级管理人 人数	%
考古学	2	0.1						
公共行政	24	1.2	1	0.2	1	0.1		
党史与党务	2	0.1						
新闻学与传播学	21	1.0	5	0.8				
法学	78	3.8	15	2.5	25	3.4	1	1.6
亚洲研究			1	0.2				
人文科学	109	5.3	45	7.5	130	17.6	4	6.3
艺术	1	0.0	2	0.3	4	0.5		
历史	6	0.3	6	1.0	26	3.5		
哲学	27	1.3	12	2.0	32	4.3	1	1.6
教育学	6	0.3	2	0.3	12	1.6	1	1.6
中国语言文学	11	0.5			42	5.7		
外国语言文学	58	2.8	23	3.8	14	1.9	2	3.2
未知			7	1.2			1	1.6
共计	2 044	100.0	603	100.0	739	100.0	63	100.0

来源：李成的研究。

教授主修的都是工程和科学。然而，在高级行政管理人中，在国外获得博士学位的和没有获得学位的人主修的科目差别就比较大。有外国博士学位的高级管理人中，主修工程与科学的占比（87%）高于在全部高级管理人中的占比（64%）。中国高等教育体系中从国外留学归来的教授及担任行政领导职务的大多是学工程学和自然科学的；中国著名的自然科学家和社会科学家之间的强烈对比更突出了这个现象。81%的中国科学院院士和54%的中国工程院院士是21世纪初回国的海归，但中国社会科学院研究员只有4%是留学回国人员。[20]

中国大学的进步与尚存的不足

2002年春，江泽民视察中国人民大学，视察中他要求推进社会科学和哲学领域的研究。他说："中国的社会科学家和自然科学家同样重要。"[21]但是，分析一下当时中国顶尖的大学即可看到，社会科学与人文科学领域缺乏师资，也缺少这些领域出身的校级行政管理人。

2005年有关中国一流高校中海归教授和海归高级行政管理人的数据明确无误地显示，在西方受过教育的中国学者在中国高校领导层占据了主导地位。21世纪之初，中国高校的教师队伍和行政管理班子中，留学回国的海归都大有人在。在他们的影响下，中国的高等教育体系在改革时期采纳了很多西方国家的，尤其是美国的教育标准、程序和行政管理机制。突出的例子包括三级学位制（学士/硕士/博士）、学分制、创立自然科学基金会和终身教职制度。

然而，这些改变受到几个因素的制约，例如海归教授在地域和人口分布上不均衡；自然科学与工程学专业占压倒多数，社会科学与人文科学专业少得可怜；高校倾向于招聘自己的毕业生进入教师队伍；真正国际化的诺言未能兑现。这些因素都严重制约着中国高校，使之无法完成其核心学术使命与目标。一个重要的问题是，受过西方教育的海归在中国高校的教师及管理人队伍中的人数进一步增加后，他们能否弥补中国高等教育制度中的这些不足。关于这个问题，以下最近对上海高校海归展开的研究也许能为我们提供一些宝贵线索。

上海高校的海归：趋势与影响

上海一直是中国高等教育机构集中的地方。1949年之前，上海共有44所大学，占全国高校的25%。这些高校中，好几所名满全国，甚至享誉国际，如交通、复旦、同济、暨南、大同、大夏、光华、沪江、震旦和圣约翰。[22] 新中国成立后，这些大学和全国其他地方的大学一样，进行了院系调整。那个时期，上海基本不准学生和学者去海外学习。例如，从1958年到1978年，上海只发了约5 000本私人护照。1968年整整一年，上海只发了5本私人护照。[23]

1978年改革开放以后，上海发放的私人护照（许多是自费留学生的）呈指数级增长，1986年发了1万本，1987年就增至2万本，1988 年更是涨到 6 万本。[24] 自 20 世纪 80 年代中期开始，上海市领导班子一心要"和世界接轨"。这个长期的口号反映了中国希望在经济与教育全球化的过程中被"现代世界"接受的强烈企盼。

在教育领域，上海的高等教育从专为精英服务的体系转向为大众服务。从 2011 年到 2016 年，共有 18.53 万人获得了硕士学位，2.86 万人获得了博士学位。上海适龄劳动人口平均接受了 12 年左右的教育，大约 35% 接受了高等教育。[25] 2018 年，上海共有 64 所高校，包括 19 所民办高校。大学生总数为 51.49 万，比 40 年前多将近 10 倍。[26] 上大学的机会增加了，普通高校录取率接近 90%，比 2000 年的录取率高 22%。上海有 49 所教育机构设有研究生班，2018 年入学的全职学生大约 15.85 万。

自 20 世纪 90 年代初开始，上海有几所大学与外国伙伴建立了联合大学，包括上海交通大学和欧盟的欧洲委员会 1994 年联合创办的中欧国际工商学院（中欧商学院）、上海大学和悉尼科技大学 1994 年联合创办的 SHU-UTS SILC 工商学院、同济大学和德意志学术交流中心 1998 年联合创办的中德学院、密歇根大学和上海交通大学 2006 年联合创办的联合学院，还有中国和美国联合成立的第一家国际大学——纽约大学和华东师范大学 2011 年联合创办的纽约大学上海分校。两年后的 2013 年，杜克大学和武汉大学共同创立了杜克昆山大学，这是在上海附近的昆山设立的又一家联合国际大学。目前，美国法学教授、康奈尔大学原校长杰弗里·S. 雷曼（Jeffrey S. Lehman）和美国心理学家、斯沃思莫尔学院原院长阿尔弗雷德·布鲁姆（Alfred Bloom）各自担任纽约大学上海分校和杜克昆山大学的常务副校长。

到 2020 年，共有 9 所海外和中国香港合资大学在中国办学。除了纽约大学上海分校和杜克昆山大学之外，其他 7 所合资大学是设在宁波的诺丁汉大学宁波分校（2004 年创立）、设在珠海的北京师范大学—香港浸会大学联合国际学院（2005 年创立）、设在苏州的西交—利物浦大学（2006 年创立）、设在温州的温州—肯恩大学（2011 年创立）、中国香港大学深圳校区（2014 年创立）、设在汕头的广东以色列理工学院（2016 年创立）和设在深圳的深圳北理莫斯科大学（2017 年创立）。这 9 所合资大学中，5 所位于长三角地区，4 所在珠三角地区。[27]

自 2009 年以来，中欧商学院一直被英国《金融时报》评为世界前 10 名工商学院之一和亚洲最好的工商学院。[28] 2019 年，也是这家报纸把中欧商学院的工商管理硕士班评为世界前五。[29] 第六章讨论过，上海在改革时代的出国留学潮中是领头羊。这一点有统计数字和案例研究为证。根据中国的一份官方报告，从 1978 年到 2003 年，上海有大约 8 万学生学者出国留学。他们中间 70% 左右去了发达国家，包括美国、日本、英国、德国、法国和澳大利亚，80% 拿到了博士和硕士学位。

前面说过，上海最近的趋势表明，越来越多的高中生选择不在中国，而是去外国上大学。在送青少年出国留学方面，上海可以说是开全国风气之先。自 20 世纪 90 年代中期以来，美国常春藤盟校和其他名校也派招生团队到上海的顶尖高中招生。[30]

过去 20 年中，上海市政府出台了一系列政策来吸引海归来沪工作。2003 年，上海举办了几场大规模专业招聘活动，对海外专业人员（主要是留学回国人员）发放 3 年期上海居住证，期满后还可延长。[31] 2009 年，上海成为中国第一个准许持证居住 7 年以上的人申请户口的大城市。

2018 年，选择回国的中国留学生超过 51 万，创历史新高。根据中国一家求职资源公司的调查，2018 年，36% 以上的海归把上海和北京列为首选，约 10% 选择广州和深圳。[32] 在上海，相当多的海归在大学任教。2003 年，上海 39 所高校的校长、院长、系主任和学术界领军人物中，80% 是海归。[33]

表 7-4 列出了 2019 年上海最好的 10 所大学顶层行政管理人的教育背景。122 名顶层管理人中，98 人（80%）是留学归国人员。九校联盟中的两所上海高校，复旦大学和上海交通大学的最高行政管理层中，海归占了 93%，包括这两所大学全部 17 位校长和副校长。

表 7-4　上海最好的 10 所大学最高管理人员中的海归，2019

大学	校长和副校长 海归/总数	海归占比 %	党委书记和副书记 海归/总数	海归占比 %	总数 海归/总数	海归占比 %
复旦大学	8/8	100.0	5/6	83.3	13/14	92.9
上海交通大学	9/9	100.0	4/5	80.0	13/14	92.9
同济大学	9/9	100.0	4/6	66.7	13/15	86.7
华东师范大学	7/7	100.0	4/6	66.7	11/13	84.6

续 表

大学	校长和副校长 海归/总数	校长和副校长 海归占比%	党委书记和副书记 海归/总数	党委书记和副书记 海归占比%	总数 海归/总数	总数 海归占比%
华东理工大学	6/7	85.7	4/5	80.0	10/12	83.3
上海大学	6/6	100.0	2/4	50.0	8/10	80.0
上海财经大学	4/6	66.7	2/4	50.0	6/10	60.0
东华大学	6/6	100.0	4/5	80.0	10/11	90.9
上海理工大学	4/6	66.7	2/5	40.0	6/11	54.5
上海师范大学	6/7	85.7	2/5	40.0	8/12	66.7
	65/71	91.5	33/51	65.0	98/122	80.3

来源：名次排列基于《2019年上海市大学综合实力排行榜》，研究生教育网，2019年3月26日。所有数据均基于这些大学的官网，辅以从百度上搜索到的生平信息及作者做的采访。身兼校长或副校长和党委书记或副书记的人在两类中都计算在内。

这些海归大部分是在20世纪90年代出国留学的。以上海交通大学为例，身为中国工程院院士和长江学者的校长林忠钦从1994年到1995年在悉尼大学做访问学者。党委书记杨振斌1995年到1996年是德国斯图加特大学的访问学者。常务副校长、中国科学院院士丁奎岭1993—1994学年在日本龙谷大学做博士后研究，1997年到1998年又在东京工业大学做访问学者。副校长黄震1991年到1993年在日本群马大学做博士后研究。副校长毛军发1994—1995学年并从1995年到1996年先后在香港大学和加州大学伯克利分校做博士后研究。副校长徐学敏于20世纪90年代初在伊利诺伊大学厄巴纳—香槟分校获得热物理学的博士学位。

她曾在纽约市立大学机械工程系和普渡大学生物医学工程系教书，先后长达10多年，在这两所大学都获得了终身教职。在美期间，她还当过美国机械工程学会生物技术热传导委员会的联席主席。21世纪第一个十年之初，她作为长江计划特聘教授回到上海。

2019年上海10所顶尖大学的校长和党委书中，有5人出生于20世纪50年代，8人出生于20世纪60年代早期，5人出生于20世纪60年代晚期，2人出生于20世纪70年代早期；此即这些大学领导人的年龄分布。复旦大学和华东理工大学的党委书记是女性。这些领导人中14位（70%）在上海上了大学或读了研究生，或二者皆是。然而，只有5人（25%）是从他们目前管理的大学毕业的。这个百分比远远低于本章前述的2005年对大学高级行政管理人的调查。

这些最高管理人中除了两人，其余的（90%）全部有在外国学习的经历，再次证明上海的一流大学里海归十分普遍。20人里有11人曾留学美国，没有一人在俄罗斯学习过。与21世纪第一个十年早期相似，海归行政管理人大多在外国大学做过一到两年的访问学者。4人在外国大学获得了博士学位，并在海外待了10年以上。例如，复旦大学校长许宁生1982年在中山大学获得物理学学士学位，毕业后在中山大学教了一年书后，去英国的阿斯顿大学花了3年时间攻读博士学位，在接下来的11年里做研究、教课。1996年，许宁生回到母校中山大学。他1999年加入共产党，然后在长江计划下担任中山大学物理科学和工程学院院长、光电材料与技术国家重点实验室主任、中山大学副校长，后又升至校长。

2014年,他调任复旦大学校长。

2005年对海归行政管理人的分析显示(表7-3),大多数人(87%)是学工程学和自然科学的。对比之下,2019年对海归行政管理人的研究显示,20人中有9人(45%)主修人文科学和社会科学,包括3位学哲学的和3位学经济学或工商的。华东师范大学党委书记童世骏生在上海,1982年和1984年在华东师范大学主修哲学,获得了学士学位和硕士学位。他在母校做了几年教师后,出国去挪威卑尔根大学读博士,1994年拿到哲学博士学位。他还在1998年作为客座教授访问德国马堡大学,并从2000年到2001年在哥伦比亚大学哲学系做富布莱特学者。童世骏的主要研究领域是认识论、实践哲学和社会理论,他在这些领域中用中文、英文和其他欧洲语言发表了10多本著作和100多篇论文。[34] 他因研究于尔根·哈贝马斯的公民社会思想而名扬学界,他热心推动中西方就现代性展开对话的努力也广为人知。

2020年复旦大学的学术行政管理人(即校长和副校长),大多是各自领域的成名学者。3人是中科院院士,8人中6人(75%)上的是同一所大学——复旦大学和2000年并入复旦的上海医科大学。这些海归行政管理人多数(88%)曾在美国留学。

复旦大学副校长金力的学术生涯特别出众。他1963年出生在上海,1981年到1987年在复旦大学获得学士学位和硕士学位,主修遗传学。他在复旦的老师是加州理工学院博士、曾任复旦副校长、被称为"中国现代遗传学之父"的谈家桢。金力在复旦拿到硕士学位后不久赴美留学,1994年在得克萨斯大学休斯敦卫生科学中心获得生物医学和遗传学博士。1994年到1996年,他在斯坦福大学医学院从事医学遗传学的博士后研究,1996年后在得克萨斯大学卫生科学中心和辛辛那提大学医学院的环境卫生系教授人类分子遗传学,在这两所大学都获得了终身教职。金力1999年受聘为长江计划特聘教授,开始在复旦大学任教。后来,他在千人计划下得到了更多资金。自2007年起,金力开始担任复旦大学副校长和研究生院院长。2013年,他被推选为中国科学院院士。金力的例子表明,中国政府在努力从海外招聘出生在中国的顶级科学家。海归行政管理人中,许多人在中国拿到学士学位(有些人还拿到了硕士学位),然后在美国获得博士学位(有些人还在美国做了博士后研究)。

在社会学、人类学、心理学、政治学、经济学、工商管理,以及妇女和性别研究等领域,上海各大学的海归教授经常通过引进西方理论来帮助他们所在的学校发展社会科学学科。例如,他们把许多近期西方学术书籍翻译成中文出版。上海交通大学的政治学教授林冈(他拥有宾夕法尼亚州立大学的博士学位)和复旦大学的政治哲学教授林曦(他拥有伦敦政治经济学院的博士学位)翻译了当代世界学术名著政治学系列中的好几本。这项重大翻译工程由路易斯维尔大学的华裔美国政治学家华世平发起,自2012年起由中国人民大学出版社出版。系列中的著作包括罗伯特·达尔(Robert Dahl)的《论民主》(*On Democracy*)(2012)、迈克尔·赫克特(Michael Hechter)的《遏制民族主义》(*Containing Nationalism*)(2012)、哈罗德·拉斯基(Harold Laski)的《欧洲自由主义的兴起》(*The Rise of European Liberalism*)(2012)、约瑟夫·奈的《美国注定领导世界？》(Bound to Lead)(2012)、亚当·普沃斯基(Adam Przeworski)的《资本主义与社会民主》(Capitalism and Social Democracy)(2012)、克莱德·威尔科克斯(Clyde Wilcox)的《利益集团社会》(The Interest Group Society)(2012)、伊恩·夏皮罗(Ian Shapiro)的《民主理论的现状》(The State of Democratic Theory)(2013)、塞缪尔·P.亨廷顿的《第三次浪潮：20世纪晚期的民主化》(The Third Wave: Democratization in the Late 20th Century)(2013)、罗伯特·帕特南(Robert D. Putnam)的《使民主运转起来》(Making Democracy Work)(2015)、罗伯特·达尔的《民主及其批评者》(Democracy and Its Critics)(2016)、安东尼·吉登斯的《现代性与自我认同》(Modernity and Self-Identity)(2016)、博·罗思坦(Bo Rothstein)的《正义的制度》(Just Institutions Matter)(2017)和安德鲁·赫里尔(Andrew Hurrell)的《全球秩序的崩塌与重建》(On Global Order: Power, Values and the Constitution of International Society)(2018)。[35] 这些西方名著为中国政治学家在这个对中国来说相对较新的学科教学与研究提供了知识与启发。

律师事务所中的海归

受西方教育的海归在上海高等教育机构中的压倒性作用最为显眼，其实海归分布在上海的各行各业，包括研究中心、金融机构、咨询公司、国企和民企、建筑师事务所、媒体网络、娱乐产业、酒店服务业、运动俱乐部、艺术画廊、医院、慈善基金会、教会和其他非政府组织。海归人士在法律专业领域也相当普遍。

上海顶级律师事务所中留学美国的海归

1978年后，中国在向着市场经济的过渡之中需要更多法律法规。1981年，国务院成立了经济法研究中心，责成其大规模起草经济立法。1979年到1993年，全国人民代表大会通过的130部法律中，一半以上在经济法和行政法领域内。[36] 慢慢地，改革开放时代的中国建起了法律框架。根据官方数字，中国在改革开放时期颁布了239部法律。国务院还发布了690部行政规则和细则，地方政府更是发布了约8 600部地方法律法规。这一切在很大程度上填补了当时的法律真空。[37] 许多法律构成了重要的基础，可以在它们之上逐渐建起一个更加有效的体系。

在新形势中，法律专业开始随着各种法律的颁布茁壮生长。[38] 新中国成立初期，全国只有4所政治与法律专科学院。[39] 1983年，共和国第一家独立律师事务所在深圳蛇口成立。值得注意的是，20世纪80年代早期，人口接近10亿的中国只有约3 000名律师，而且他们当时都是国家干部。[40] 然而，到2010年底，这个数字扩大了68倍，增长到20.4万持证律师。[41] 那年获得注册律师资格证的中国国民大约有4万人。2011年，中国的640个法学院和法律系培养出了大约10万法律毕业生。[42] 到2018年底，中国的注册律师总人数达到42.3万，在中国开展业务的律师事务所超过3万家。[43]

与此同时，过去20年来，中国大学的法律课程，如法理学、宪法学、行政法、刑法、民法、诉讼法和环境法，已成为确立的专业分支。1978年时几乎连法律教科书都没有，而现在，学术书店的书架上通常1/4都是有关法律的书籍。[44] 2007年，中国出版了大约400部法律书籍和7万篇法律学术论文，包括翻译过来的作品。2009年，中国的法律专业刊物超过200份。[45]

所有这些新的学术分支、法律课程和传播法治知识的努力都受到西方法律学说的深刻影响，而西方法律学说正是通过国际教育交流进入中国的。一个很好的例子是中国法律诊所的诞生与成长。1999年12月6日，在北京举办了一场关于教授法律诊所课程的座谈会。2000年，北大、清华、人大、武大、中南政法大学、华东政法大学和复旦大学开设了法律诊所课程。

根据诊所法律教育专业委员会发布的统计数字，到2003年底，中国至少有13个机构开展了法律诊所教育，参与者有76位教师、38位客座讲师和2 430名学生。作为这一计划的重要组成部分，他们在具体实践中处理了1 136个法律援助案件，提供了1万多次法律咨询。[46] 这些法律诊所处理的问题包括劳工权利保护、消费者权利保护、公益诉讼、弱势群体权利保护、妇女权利保护、公民权利保护、刑法、环境法和立法事务。

在中国的法治发展方面，就国际交流和成立法学院及律师事务所而言，上海又是全国的排头兵。根据中国司法部发布的官方数据，2018年，上海有126家外国律师事务所，占在华设有分支的全部223家外国律师事务所的57%。[47] 许多律师事务所选择扎堆上海，因为那里集中了上海培养出来的顶尖法律人才。华东政法大学、复旦大学法学院、上海交通大学凯原法学院和上海财经大学法学院属于全国最好的法学院。过去几十年间，上海许多大学，包括同济大学、华东师范大学、上海外国语大学、上海对外经贸大学、上海大学和华东理工大学，都开办了法学院。2008 年，上海创办了一家专科法学院：上海海事大学法学院。[48]

表 7-5 显示了过去 10 年上海的律所和律师数目的明显递增。10 年内，律所总数几乎翻了一番。上海的注册律师人数从 2014 年的 16 900 人增长至 2018 年的 23 664 人——5 年增加了 42%。2015 年到 2018 年，上海律师共处理了 73.94 万件各类诉讼案，包括 10.76 万件刑事诉讼案、61.77 万件民事诉讼案和 1.4 万件行政诉讼案。此外，他们还处理了 26.41 万件非诉讼案和超过 580 万件法律援助案，提供了 27.42 万次公益法律服务。[49]

表 7-5　上海律师事务所和律师的数目，2008—2018

年份	律师事务所数目	律师人数
2008	889	10 071
2009	976	11 184
2010	1 064	12 298
2011	1 117	13 761
2012	1 158	14 593
2013	1 222	16 692
2014	1 321	16 900
2015	1 409	18 360
2016	1 463	20 319

续 表

年份	律师事务所数目	律师人数
2017	1 537	21 743
2018	1 602	23 664

来源：林戈，"10 年律师人数翻倍"，《律师界》，2018 年 7 月 13 日。2018 年的数据基于《上海律师四十年》，豆瓣网。

在上海法律专业的壮大中，留学海归发挥了重要作用。表 7-6 显示了上海 5 个最佳律师事务所中海归的普遍存在。本书研究的焦点是这些律所的高级律师，包括权益合伙人、非权益合伙人和高级顾问。"锦天城律师事务所"1998 年创立，总部设在上海。表中的其他律所总部设在北京，在上海有分所。2017 年，上海的 1 537 家律所中，仅有 133 家总部设在中国其他城市和省份，在上海设有分所；这样的律所总部大多在北京（60%），其次是江苏、广东和浙江。[50] 本书的研究只关注驻在上海的高级律师。上海 5 家最佳律所的 613 位合伙人中，220 人（36%）是留学海归。

表 7-6　上海 5 家最佳律师事务所中的海归占比，2019

排名	律所名称	创办年份	律师总数	海归合伙人数	合伙人总数	海归占比 %
1	锦天城律师事务所	1998	1 069	68	215	31.6
2	大成律师事务所	2001	474	39	157	24.8
3	盈科律师事务所	2010	672	9	47	19.1
4	国浩律师事务所	1998	309	29	82	35.3

续 表

排名	律所名称	创办年份	律师总数	海归合伙人数	合伙人总数	海归占比 %
5	中伦律师事务所	1993	316	75	112	67.0
	共计			220	613	35.8

来源：5家最佳律师事务所排名基于上海律师协会2018年的年度排名。《2018上海市律师事务所排名前50名》，民商法律网，2018年1月24日。有关海归的数据来自这些律师事务所的官网。李成汇集。

中伦律师事务所的112名合伙人中，75人是在国外留过学的海归，占合伙人总数的2/3。仔细看一下海归合伙人的生平信息，特别是教育背景，会发现一些有意思的规律。男性52人（69%），女性23人（31%）；女性占比稍低于2018年上海全部注册律师的女性占比（40%）。[51] 此外，海归律所合伙人中多数（75人中有48人，或64%）是在美国获得法学博士学位的，在英国获得学位的人数居第二（19人，或25%）。[52] 只有几个在如下国家留学：澳大利亚、加拿大、德国、荷兰、日本、韩国和新加坡。

除了一个例外，其余所有74名海归合伙人（99%）都在中国完成了大学本科。那个例外是城铭志。他1978年到1982年在耶鲁大学上学，1982年到1985年在加州大学伯克利分校读法学博士。多数合伙人是在上海上的大学（51位合伙人，69%）。中伦律师事务所全部75位海归合伙人中，28人（37%）在华东政法大学上了本科，有些人研究生也是在那里念的。相当数量的合伙人是复旦大学毕业生（16位合伙人，21%）。这些发现似乎证实了一个规律，即上海不仅把大量大学毕业生送往国外，而且吸引了众多成就斐然的海归回来，尤其是上海本地人和上海的大学校友。

杰出法律专业人士中，海归女性比前面讨论的高校高级管理人中多得多。有些人年轻得令人惊讶，尤其是考虑到她们在这些著名律师事务所中是合伙人这类高级法律专业人士。总的来说，中国的律师相对年轻。根据最近对上海律师的一项研究，24%在30岁以下，36%在31岁到40岁，23%在41岁到50岁。[53]总算起来，上海83%的律师不到50岁。中国的律师可以说是一个重要的精英群体，今后几十年中，这支相对年轻的队伍也许能发挥重要作用，帮助中国在迅速变化的世界中努力改善治理。

这些留美海归都上过美国的顶尖法学院，包括哈佛大学、斯坦福大学、加州大学伯克利分校和芝加哥大学的法学院，有几人在哥伦比亚大学和纽约大学声名卓著的法学院获得了法学博士学位。他们大多通过了纽约州的律师资格考试，这样他们就可以在这个国际金融贸易重镇执业。随着经济全球化的发展，随着美国和其他西方国家不断对中国施压，要求中国达到国际规则标准，特别是保护并遵守知识产权，这些在美国受过教育的中国律师也许能起到促进跨太平洋合作与沟通的作用。

最后几点思考

在中国这个迅速崛起的大国中，国际教育交流不只是向西方国家学习科学技术，而是一个复杂的、多层面的、不断变化的过程，能导致经济改革、文化再生、教育调整和法律重建。海归人数不断增多,特别是他们遍布上海各行各业,证明了他们对上海的建设性影响,也令人对中国未来的改变充满希望。

当今世界到处是紧张、偏见、误解,甚至战争,美国的政策制定者和民众中的不少人对本国在教育领域的"开放门户政策"感到担忧。此时此刻,完全取消美中这两个截然不同的国家之间的教育和专业交流能否真正解决我们面临的问题,需要进行仔细评判。留学西方的海归持续主导中国高等教育机构;中国力争建立世界一流大学;中国和外国联合兴办的大学和教育项目在上海和中国其他城市迅速扩张;中国的法律教育和法律专业主要在西方的影响下从无到有、从小到大——这一切无不显示出改革时代中国的沧桑巨变,此中与西方的教育交流厥功至伟。

如本章开头时所说,海归这个群体五花八门,在观点、价值观和期望方面差异巨大。随着回国的海归越来越多,不难想象他们会发挥更大的社会影响力,也会争取更多的权利。在某种意义上,海归在帮助塑造国家的未来中舍我其谁的自信与中国民众对国家成为当今世界大国的期盼不谋而合。

本章开头引用的 J. 威廉·富布莱特的箴言应激励支持美中关系的人们扩大 21 世纪这对意义最为重大的双边关系的疆界。毕竟,如果教育都无法促成太平洋两岸民心相通,还有什么能行呢?

第八章

态度与价值观
对上海留学精英的纵向调查

> 改变思想,就能改变世界。
>
> ——H.G. 威尔斯

> 我恨美国霸权,我爱 NBA 球赛。
>
> ——一位中国大学生

若以出国留学人数作为一个国家国际教育交流成功与否的衡量标准,那么改革开放时代的中国无疑是最成功的,因为它的出国留学生人数多年蝉联世界第一。美国作为大部分国际学生的东道国也获益匪浅。通过为世界各国的学生提供教育,并借着交流项目散播文化影响力,美国积累了"软实力"。然而,怀疑者和批评者不认为国际教育交流能够影响外国学生作为一个集体的思想和价值观。实证研究能使人对相关问题获得深刻了解,在目前关于教育交流的思想与政策辩论中明辨是非。

教育交流及其影响的重要性无可辩驳,但无论在中国还是在外国，都鲜有学者深入研究过这个题目，特别是中国留学归国人员的态度及其变化。[1]结果是常常不经实证检验与核实，仅根据个别事例就对海归的世界观笼统而论，例如，断言他们推动自由民主价值观、赞成与西方发展建设性友好关系。对中国的学术研究，特别是对教育与文化交流的研究，并未对这个关键课题开展充分的调查。

2016年，北京的"中国与全球化"智库中一些学者对1 328名海归做了一次调查，这是少数几次对海归的问卷调查之一。调查显示了几项有趣的结果。[2]问卷上有一个问题是"海归回到祖国后最难以适应的是什么"？47%的海归受访人表示，最难以适应的是"价值观的差异"；这反映出中国与西方在文化、社会和政治环境方面的差别。另外，29%的受访者选择国人的"思维方式"作为最难适应的因素。选择"生活方式"和"中国国民心理"的分别占受访者的11%和10%。[3]这次调查结果显示，西方的文化、教育、社会和政治环境都使身在西方国家的中国学生发展出了某些观点和看法，与在国内读书的人大相径庭。主持这次调查的中国研究人员注意到，看法的改变导致了认知上的冲突，使一些海归感到苦恼，难以适应。

对涉及中国的国内发展、外交政策、后冷战时代的美国霸权、国际竞争和全球共同挑战的关键问题，海归持何种看法？海归的观点和价值观在哪些方面因其在国外留学的经历发生了改变？他们的意见和态度又在哪些方面依然如故？海归和在国内读书的人之间及海归彼此之间的分别是什么因素造成的？海归在国外留学时形成的观点与价值观会长久维持下去吗？本章将分析在两个不同年份对上海海归做的两次调查，希望借此对这些至关重要的问题获得一定了解。

方法与数据集群

两次调查都是由一家设在上海的民意调查公司"零点研究咨询集团"开展的，专门为本书研究中国留学精英而做，调查结果也是首次通过本书呈现给公众。

第一次调查的时间是 2009 年后半年（2009 年 6 月 22 日到 12 月 7 日），第二次调查于 2013 年年底进行（2013 年 11 月 6 日到 12 月 17 日，2014 年年初完成更新）。为方便起见，下文中将第一次调查称为"2009 年调查"，将第二次调查称为"2014 年调查"。2009 年调查的受访者共 200 人，其中 159 人以电子邮件作答，33 人是面对面采访，6 人靠打电话，2 人通过传真。2014 年调查的受访者有 211 人，其中 32 人以电子邮件作答，179 人使用电脑电话采访的方式回答。参与调查的人名单，包括基本的生平与专业信息，由零点研究咨询集团提供，但并未列出 2014 年调查的受访者中也参加了 2009 年调查的人员的交叉信息。

2009 年调查问了 86 个问题，2014 年调查有 76 个问题。2014 年调查问卷上的问题大约 3/4 重复了 2009 年调查问卷的问题，或者只是在文字上稍做调整。两次调查均涵盖了重要的题目，如中国对气候变化的责任、中国政府在全球金融治理中的作用、能源安全、中国国内及世界上的经济不平等、中国中产的地位及未来前景、对农民工和弱势群体的看法、对中国经济增长模式的评估、食品与产品安全、社会稳定、教育发展、腐败与政府问责、对美国及几位美国总统的看法、对不同国家的态度、对中国外交政策的评价、对海峡两岸关系的展望、对中国军事现代化的观点、对文化冲突与文化传播的看法，还有民族主义及爱国情绪的激昂程度。

本书的研究在必要时还把对上海海归的调查与对上海居民、各种其他群体，以及对全国范围的公众的各种调查相比较。用于比较的调查有的是同一个时间段做的，有的是不同时间段做的（其中有些同样是"零点研究咨询集团"做的调查）。[4] 本书通过分析不同群体的答卷，揭示了关于上海海归视角变化的重要信息。将他们的观点与其他中国公民相对比时，这样的变化就更加显著。

两次调查的受访者多数在西方（西欧国家和美国）上过学。2014年调查的受访者28%在欧洲留过学，其中英国占17%，随后是法国和西班牙（各占2%）。只有一人（不到1%）在俄罗斯留学。在美国留学的共有34名学生（16%）。留学亚洲国家的人中（29%），在日本留学的占15%，然后是新加坡（9%）。标为"其他"类别里的人主要在澳大利亚（18%）、新西兰（4%）和加拿大（2%）留学。总算起来，参加2014年调查的人77%在以下8个国家中留过学：澳大利亚、英国、美国、日本、新西兰、法国、西班牙和加拿大。上海的一些研究人员在2009年做的另一项研究也显示，上海海归留学的国家主要是6个——英国、日本、澳大利亚、美国、法国和德国；这些国家占海归留学目的地国的68%。[5]这项2009年的研究中，留美海归有37人，占受访者的19%。

图8-1根据为本书做的2009年调查和2014年调查，显示了海归在外国留学的时长和专业经历。2009年调查的受访者中，有3年或3年以上国外学习或工作经验的人大约占55%；2014年调查受访者中，这样的人占比约为75%。这与以前对海归的研究很不一样。以前调查的受访者一大部分只在国外学习过一到两年。例如，2005年对中国顶级大学留学回国的高级行政管理人和教授做的一次调查显示，这两组人中，只在海外学习过一到两年的占多数——各自为65%和62%。[6]

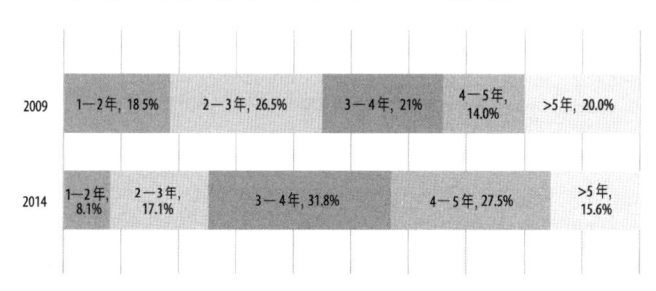

图8-1 上海海归的留学时长，2009年和2014年的调查

年份	1—2年	2—3年	3—4年	4—5年	>5年
2009	18.5%	26.5%	21%	14.0%	20.0%
2014	8.1%	17.1%	31.8%	27.5%	15.6%

表8-1是两次调查参与者的人口与个人信息的概览。两次调查的海归受访者大多是二三十岁。年龄在40岁以下的受访者在2009年调查和2014年调查中各占96%和91%。这些海归半数以上（2009年调查是53%，2014年调查是52%）有研究生学位，主要是硕士学位，3%—4%有博士学位。2014年调查显示，从美国和欧洲留学回来的人拥有高等学位的百分比较高（各自为62%

表 8-1 受访者人口与个人信息的百分比（%）(2009 年调查 N=200，2014 年调查 N=211)

		总数 2014年调查	总数 2009年调查	美国 2014年调查	美国 2009年调查	欧洲 2014年调查	欧洲 2009年调查	亚洲 2014年调查	亚洲 2009年调查	其他国家* 2014年调查	其他国家* 2009年调查
性别	男	46.0	53.1	61.1	52.9	43.2	47.5	45.0	54.8	33.3	57.6
	女	54.0	46.9	38.9	47.1	56.8	52.5	55.0	45.2	66.7	42.4
年龄	20岁及以下	0.5	0.5	0.0	0.0	0.0	1.7	1.7	0.0	0.0	0.0
	21—30岁	60.0	52.6	56.8	47.0	63.4	64.4	51.7	50.0	76.2	47.5
	31—40岁	36.0	38.4	43.2	41.2	31.7	30.5	41.7	38.7	23.8	44.1
	41—50岁	3.0	8.1	0.0	11.8	3.7	3.4	5.0	9.7	0.0	8.5
	51—60岁	0.5	0.5	0.0	0.0	1.2	0.0	0.0	1.6	0.0	0.0
教育	高中	1.0	0.0	0.0	0.0	0.0	0.0	3.3	0.0	0.0	0.0
	两年大学	6.0	0.9	10.8	0.0	2.4	0.0	8.3	3.2	4.8	0.0
	学士学位	40.0	47.4	32.4	38.2	29.3	27.1	50.0	59.7	66.7	59.3

续 表

		总数 2014年调查	总数 2009年调查	美国 2014年调查	美国 2009年调查	欧洲 2014年调查	欧洲 2009年调查	亚洲 2014年调查	亚洲 2009年调查	其他国家 2014年调查	其他国家 2009年调查
教育	硕士学位	49.5	48.3	56.8	55.9	61.0	69.5	36.7	35.5	28.6	37.3
	博士学位	3.5	3.3	0.0	5.9	7.3	3.4	1.7	1.6	0.0	3.4
婚姻状况	已婚	52.3	50.2	62.2	55.9	48.1	42.4	51.7	46.8	52.4	55.9
	未婚独居	23.1	16.6	18.9	14.7	25.9	18.6	23.3	14.5	19.0	16.9
	未婚，与伴侣或亲戚同居	24.6	32.7	18.9	29.4	25.9	39.0	25.0	38.7	28.6	25.4
家庭月收入	2 000—4 000 元	1.7	0.0	0.0	0.0	1.4	0.0	1.9	0.0	5.6	0.0
	4 000—6 000 元	3.9	5.2	2.9	0.0	1.4	8.5	5.6	6.5	11.1	3.4
	6 000—8 000 元	6.1	1.4	0.0	0.0	12.3	0.0	1.9	1.6	5.6	3.4
	8 000—10 000 元	13.9	5.7	5.7	8.8	13.7	1.7	14.8	6.5	27.8	6.8
	10 000—12 000 元	17.8	16.1	11.4	11.8	17.8	16.9	22.2	12.9	16.7	20.3

续表

		总数 2014年调查	总数 2009年调查	美国 2014年调查	美国 2009年调查	欧洲 2014年调查	欧洲 2009年调查	亚洲 2014年调查	亚洲 2009年调查	其他国家 2014年调查	其他国家 2009年调查
家庭月收入	12 000—14 000元	3.9	9.5	2.9	2.9	1.4	10.2	5.6	9.7	11.1	11.9
	14 000—16 000元	12.8	7.1	17.1	8.8	11.0	6.8	14.8	8.1	5.6	6.8
	16 000元以上	40.0	54.0	60.0	67.6	41.1	52.5	33.3	54.8	16.7	47.5
宗教	罗马天主教徒	0.6	0.5	0.0	0.0	0.0	1.7	0.0	0.0	5.0	0.0
	新教徒/基督徒	1.7	1.9	0.0	0.0	1.4	5.1	1.8	1.6	5.0	1.7
	佛教徒	18.3	9.5	21.9	5.9	11.1	10.2	23.2	12.9	25.0	6.8
	无宗教	79.4	86.7	78.1	91.2	87.5	79.7	75.0	85.5	65.0	91.5
	未回答	0.0	1.4	0.0	2.9	0.0	3.3	0.0	0.0	0.0	0.0
共计		100.0	100.0	100.0	100.0	100.0	100.0	100.0	100.0	100.0	100.0

* 其他国家主要包括澳大利亚、新西兰和加拿大。

和73%）。这个教育程度模式符合同期上海海归的总趋势。例如，2011年对上海海归做过一次大规模调查，调查结果也显示，受访者一半以上（56%）在海外获得了高等学位，主要是硕士学位。[7] 然而近年来，上海和全国的海归拥有博士学位的大大增多，特别是31—40岁年龄组的人。[8]

过去10年中，上海中产扩大了，生活水平提高了。就海归群体而言，他们的收入水平激增。2009年调查中，26%的海归家庭月收入不到1万元人民币。2014年调查中，这个百分比降了一半。与此同时，家庭月收入超过1.4万元人民币的受访者比例从2009年调查的53%增长到2014年调查的61%。这个收入群体中，留美海归比在别的国家留学的海归占比高得多（76%）。上海经济在过去10年中突飞猛进，因此家庭收入增加不足为奇。如前面讨论过的，以2019年为例，上海人均GDP超过了两万美元。[9]

然而，海归中信仰宗教的人，特别是在两次调查中表示自己皈依了罗马天主教、新教或基督教的人占的比例明显较低。两次调查中，从美国回来的海归没有一人皈依天主教、新教或基督教。这样看来，所谓对外交流计划能导致文化传播和价值观转变似乎没有那么简单容易。这两次调查关于宗教的发现与普渡大学中国宗教与社会研究中心2018年所作调查的结果截然不同。普渡大学那次调查的焦点是宗教对美国中西部一所大学1 008位中国学生的影响。[10] 调查表明，那些中国学生到达美国以后，他们中间信仰天主教和道教的人数增加了一倍，信仰新教的在同一时期内更是增加了4倍。[11] 上海海归的调查结果与普渡大学的调查结果对比如此鲜明，其原因也许从其他实证研究中可见端倪；那些研究发现，在美国信了基督教的中国学生回国后80%都不再去教堂参加宗教仪式，也不再从事宗教活动。

总的说来，对中国宗教状况的研究一般都显示，中国总人口中宗教信徒比例相对较低。例如，2013年在中国开展的"世界价值观调查"发现，对关于宗教在生活中重要性的问题，2 300名受访者中1 145人（50%）回答"完全不重要"，628人（30%）的回答是"不重要"。只有60名受访者（3%）认为宗教"非常重要"。[12]

就两次调查受访者的职业而言（表8-2），很多人在工商管理领域工作。受访者中，公司中层管理人或公司主管、企业主和销售经理在2009年调查中占42.1%，在2014年调查中占48.7%。在科研部门、技术领域和学术领域工作的（如科研工作者、工程师、医生、护士、公共卫生人员、大学教授或学校教师）在2009年调查中占18%，在2014年调查中占16%。在金融部门工作的海归，包括银行业者、保险与证券分析师、会计师、统计师和审计师的比例从2009年调查的7%增加到了2014年调查的11%。

2009年调查和2014年调查中，都只有1%左右的海归担任政府或国企领导人。政府公务员只占受访海归的3%。2016年曾做过一次对海归的全国性调查，发现有32%的海归报名（或计划报名）参加公务员考试，14%已经参加了考试。[13]此外，这项全国性调查发现，进入公务员队伍的海归（2%）比国内大学毕业生的比例略微高一点（1%）。[14]同一项调查还显示，出生于20世纪80年代和90年代的海归中，21%（27%的男性和14%的女性）对参政

表 8-2 受访者职业与专业信息的百分比（%）（2009 年调查 N=200，2014 年调查 N=211）

专业	总数 2014年调查	总数 2009年调查	美国 2014年调查	美国 2009年调查	欧洲 2014年调查	欧洲 2009年调查	亚洲 2014年调查	亚洲 2009年调查	其他国家* 2014年调查	其他国家* 2009年调查
公司中层管理人	28.6	24.6	18.9	23.5	24.7	30.5	43.3	24.2	19.0	20.3
公司主管	11.6	13.7	21.6	29.4	11.1	8.5	6.7	17.7	9.5	6.8
办公室非管理人员	10.1	12.3	5.4	14.7	11.1	13.6	8.3	12.9	19.0	8.5
科研工作者/工程师	7.0	8.1	8.1	5.9	11.1	8.5	3.3	8.1	0.0	8.5
银行、保险、证券分析师	3.0	6.2	8.1	5.9	2.5	11.9	1.7	0.0	0.0	8.5
会计师、统计师、审计师	3.5	5.2	8.1	2.9	3.7	3.4	1.7	4.8	0.0	3.4
媒体/广告专家、建筑师	2.0	3.8	0.0	5.9	3.7	1.7	5.0	4.8	0.0	5.1
其他技术专业	6.5	3.8	10.8	0.0	6.2	1.7	3.3	6.5	4.8	6.8
律师	2.0	3.3	0.0	2.9	2.5	1.7	5.0	1.6	0.0	5.1
工商和服务人员	3.0	3.3	0.0	0.0	1.2	0.0	5.0	6.5	9.5	5.1
政府公务员	3.0	2.8	2.7	0.0	2.5	5.1	5.0	3.2	0.0	1.7
企业主	3.5	2.4	5.4	0.0	3.5	1.7	1.7	3.2	9.6	3.4

续表

专业	总数 2014年调查	总数 2009年调查	美国 2014年调查	美国 2009年调查	欧洲 2014年调查	欧洲 2009年调查	亚洲 2014年调查	亚洲 2009年调查	其他国家 2014年调查	其他国家 2009年调查
医生、护士、公共卫生人员	1.5	1.9	5.4	0.0	0.0	0.0	1.7	0.0	0.0	6.8
大学教授和学校老师	3.0	1.9	0.0	2.9	7.4	3.4	0.0	1.6	0.0	0.0
销售经理	5.0	1.4	0.0	2.9	2.5	0.0	10.0	3.2	9.5	0.0
政府和国企领导人	1.0	0.9	0.0	0.0	2.5	0.0	0.0	0.0	0.0	3.4
翻译	1.0	0.9	0.0	0.0	1.2	3.4	1.7	0.0	0.0	0.0
销售员	0.0	0.9	0.0	0.0	0.0	0.0	0.0	0.0	0.0	3.4
记者/编辑	0.5	0.5	0.0	0.0	1.2	1.7	0.0	0.0	0.0	0.0
自由职业者	0.0	0.5	0.0	0.0	0.0	0.0	0.0	1.6	0.0	0.0
学生	2.5	0.5	0.0	0.0	1.2	1.7	1.7	0.0	14.3	0.0
退休人员	1.0	0.5	2.7	0.0	0.0	1.7	0.0	0.0	4.8	0.0
家居（无业）	0.5	0.5	2.7	2.9	0.0	0.0	0.0	0.0	0.0	0.0
共计	100.0	100.0	100.0	100.0	100.0	100.0	100.0	100.0	100.0	100.0

* 其他国家主要包括澳大利亚、新西兰和加拿大。

议政感兴趣。[15] 本书对上海海归的研究没有问及受访者是否中共党员，不过 2010 年上海市政府做的一项对上海海归的调查显示，大约 1/4 的海归（24%）是中共党员。[16]

主要调查结果

2009 年调查和 2014 年调查均聚焦海归对 5 个重大问题的态度。这五大问题是：（1）气候变化与环境保护，（2）经济展望，（3）社会规范与态度，（4）国际关系，（5）文化同化的影响。以下是这些领域中调查的主要发现。为便于读者比较两次调查的数据又不致改变调查的任何发现，对曲线图作了调整。由于空间有限，没有把两次调查的所有问题和回答全部展示出来。选中的问答旨在突出 2009 年和 2014 年两次调查之间的比较，还有本书对上海海归的研究与其他对上海居民（或全中国人口）及各类精英群体做的调查研究的比较。一些关键的发现用经过调整的曲线图来显示，经常是对海归和非海归群体进行比较。其他重要发现有简短的文字总结。

对气候变化与环境保护的看法

图 8-2 报告了 2009 年调查和 2014 年调查显示的上海海归对气候变化的关注程度，并将其与 2007 年、2012 年和 2017 年就"你本人对气候变化有多担忧"这一问题开展的 3 次其他调查的结果做了比较。[17] 2009 年对上海海归的调查中，83% 的受访者表示了对气候变化的关切。同样，2014 年调查显示，87% 的上海海归

担忧气候变化，其中47%表示"非常担忧"，40%表示"相当担忧"。这些百分比远远高于2007年和2012年对中国民众的调查中表示关切的受访者比例（各为69%和62%）。2017年的全国调查中，关切气候变化的民众有所增加（79%），但仍然低于之前两次对上海海归调查的百分比。这样看来，受过外国教育的海归预示了中国民众对气候变化与环境退化关切的增加。

图 8-2　对气候变化关切程度的5次调查的比较——"你本人对气候变化有多担忧？"

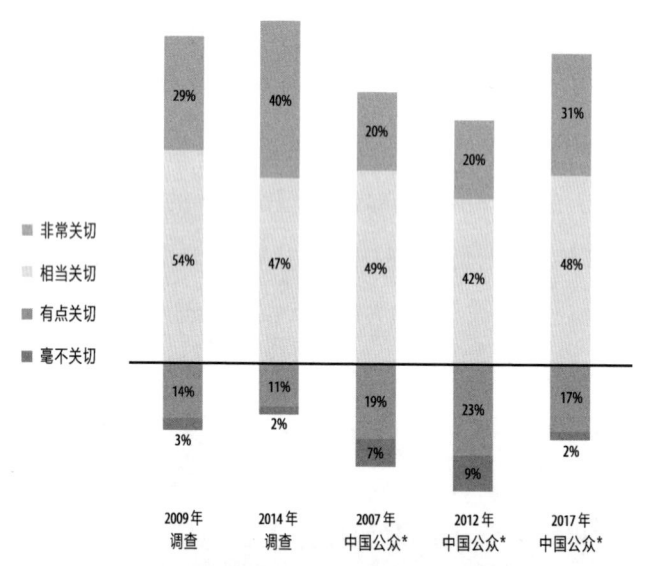

	2009年调查	2014年调查	2007年中国公众*	2012年中国公众*	2017年中国公众*
非常关切	29%	40%	20%	20%	31%
相当关切	54%	47%	49%	42%	48%
有点关切	14%	11%	19%	23%	17%
毫不关切	3%	2%	7%	9%	2%

来源："2007年中国公众"调查指百人会做的民意调查，《希望与恐惧：美国人和中国人对彼此的态度——就美中关系所涉问题同时展开的调查》（*Hope and Fear: American and Chinese Attitudes Toward Each Other— Parallel Survey on Issues Concerning U.S.-China Relations*）（纽约，百人会出版，2007年12月），第12页。"2012年中国公众"调查指百人会做的民意调查，《美—中对彼此的态度》（*US-China Attitudes toward Each Other*）（纽约：百人会出版，2012），第53页。"2017年中国公众"调查指百人会《美中公众的看法：2017年民意调查》（*US-China Public Perceptions: Opinion Survey 2017*）（纽约：百人会出版，2017），第44页。
*2007年中国公众调查、2012年中国公众调查和2017年中国公众调查都有受访者选择"不回答"，所以总计达不到100。

图 8-3 显示，受访者在国外待的时间越长，就越关注气候变化。上海海归表示对气候变化"非常担忧"的人所占比例随着他们在国外留学时间的增加而增加。2014 年调查中，在国外学习过一到两年的人有 18%"非常担忧"，而在国外学习时间超过 5 年的人 67%"非常担忧"，几乎多了 50%。2009 年调查也展现了同样的规律。这些结果表示，留学经历也许有力地影响了海归对应对气候变化重要性的看法。

图 8-3 对气候变化"深为关切"的上海海归所占比例与他们在国外逗留时长的关系，2009 年和 2014 年的调查

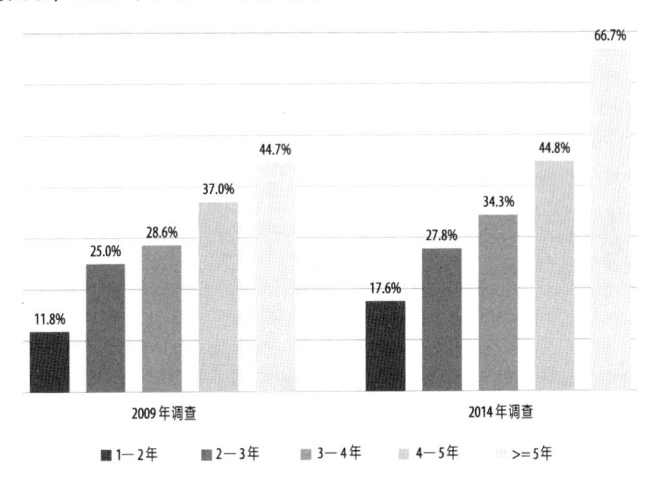

2009 年和 2014 年的调查都要求受访者说明，他们觉得应为气候变化负最大责任的是发达国家还是发展中国家。2009 年调查中 44% 的受访者和 2014 年调查中 38% 的受访者认为，发达国家应负更多责任。2009 年调查中 14% 的受访者和 2014 年调查中 22% 的受访者觉得，发展中国家应负更多责任。2009 年调查中受访者剩

下的42%和2014年调查中剩下的37%认为，发达国家和发展中国家应负平等责任。与2009年调查的结果相比，2014年调查的受访者中认为，发达国家应负更大责任的比例减少了。

图8-4呈现了各个调查中对"你如何评价中国政府处理环境问题的表现？"这一问题的回答。2014年对上海海归的调查中，64%的受访者认为，中国政府在环境治理方面表现不佳，其中48%选择了"不好"，16%选择了"非常不好"。2009年调查的

图8-4 对评价中国政府环境治理表现的5次调查的比较——"你如何评价中国政府处理环境问题的表现？"

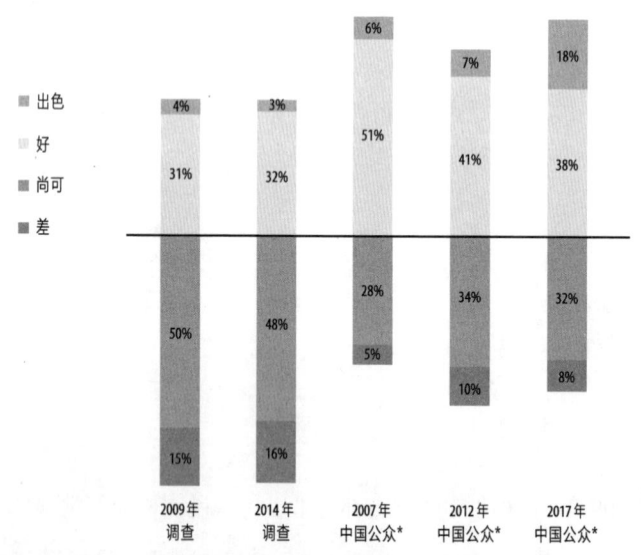

	2009年调查	2014年调查	2007年中国公众*	2012年中国公众*	2017年中国公众*
出色			6%	7%	18%
好	4%	3%	51%	41%	38%
尚可	31%	32%	28%	34%	32%
差	50%	48%	5%	10%	8%
	15%	16%			

来源："2007年中国公众"调查指百人会做的民意调查，《希望与恐惧：美国人和中国人对彼此的态度——就美中关系所涉问题同时展开的调查》（纽约，百人会出版，2007年12月），第12页。"2012年中国公众"调查指百人会做的民意调查，《美—中对彼此的态度》（纽约：百人会出版，2012），第53页。"2017年中国公众"调查指百人会《美中公众的看法：2017年民意调查》（纽约：百人会出版，2017），第44页。
*2007年中国公众调查、2012年中国公众调查和2017年中国公众调查都有受访者选择"不回答"，所以总计达不到100。

回答与 2014 年调查惊人地相似。相比之下，2007 年、2012 年和 2017 年那 3 次对中国公众的民意调查中，受访者对中国政府的环保表现远没有那么不满。

有意思的是，2009 年和 2014 年的调查中，各自仅有 4% 和 3% 的受访者认为，中国政府在应对环境挑战中表现"出色"。2007 年和 2012 年的两次全国性调查结果显示，民众的看法也非常相似（各自为 6% 和 7%）。2017 年的全国性调查中这个数据好一些（18%），这也许是因为中国政府加大了推动"绿色 GDP"的力度。

虽然中国的环境问题依然严重，但政府近来尽力关停大批污染严重的工厂、推动清洁能源汽车，成绩斐然，显著降低了中国与其他国家相比的污染水平。据《生态观察网》（EcoWatch）的统计，2018 年世界上 20 座污染最严重的城市中，15 座在印度，两座在中国。[18] 10 年前的 2008 年，世界银行和世界观察研究所（Worldwatch Institute）开展的研究都显示，世界上污染最严重的 20 座城市中 16 座是中国城市。[19]

经济展望

过去 10 年中，中国经济大起大落、脱胎换骨。2008 年全球金融危机爆发后，尽管中国经济迅速实现了令人瞩目的 V 形复苏，但危机突出表明，中国急需根本性经济结构调整。改革开放刚开始那几十年间的双位数增长荣景不再，但中国已发展成为世界第二大经济体。通过"一带一路"倡议，中国也开始改变现存国际经济格局。

2009年对上海海归展开调查时，正值全球金融危机肆虐。在那样的环境里，87%的受访者肯定中国政府应对金融危机的表现，包括70%认为政府的应对"还算好"，17%认为"非常好"。具体来看，留欧海归的24%和留美海归的23%认为中国政府的表现"非常好"。这些意见也许反映了当时欧洲和美国正在经济困境中泥足深陷的情形。此外，上海海归对中国克服金融危机的前景相当有信心（78%）。2009年做的另一次中国城市居民调查中，79%的受访者对国家成功克服金融危机的能力表示了高度信心。[20] 所以，2009年，上海海归和中国城市居民都很有信心。

2014年对上海海归的调查问到了参与者对中国经济结构调整前景的信心。总的来说，71%的受访者对中国经济结构调整有信心，其中61%表示对国家的经济前景"相当有信心"，10%表示"非常有信心"。在澳大利亚、新西兰和加拿大留过学的受访者对中国经济结构调整的信心更大，在对中国经济的未来持乐观态度的受访者中占了81%。2009年调查和2014年调查都问了受访者他们认为十年后哪个国家会是世界经济的领跑者。有趣的是，两次调查的结果大相径庭。2009年调查显示52%的受访者认为领跑者将是中国，33%的受访者认为是美国，但2014调查显示次序掉了个个儿，38%认为美国将是第一，32%认为中国会领先。

上海海归对于中国地区间经济差距和城乡发展不平衡持较强的批评态度，也更感担忧。被问到"中国目前的经济与社会发展结构是否合理，尤其在地区发展状况和城乡差别方面？"时，2014年调查中的多数受访者（58%）对中国的经济发展结构，特别是中国地区间经济不平衡和城乡差距表示了担忧（图8-5）。表示担忧的受访者中，44%认为现存经济结构"不合理"，14%觉得"完全不合理"。然而，认为中国经济结构不合理的受访者占比从2009年调查的71%降到了2014年调查的58%。这个下降也许反映了中国领导层近年来推动内地和乡村地区经济发展的努力。

图8-5 对经济发展的看法——"中国目前的经济与社会发展结构是否合理，尤其在地区发展状况和城乡差别方面？"

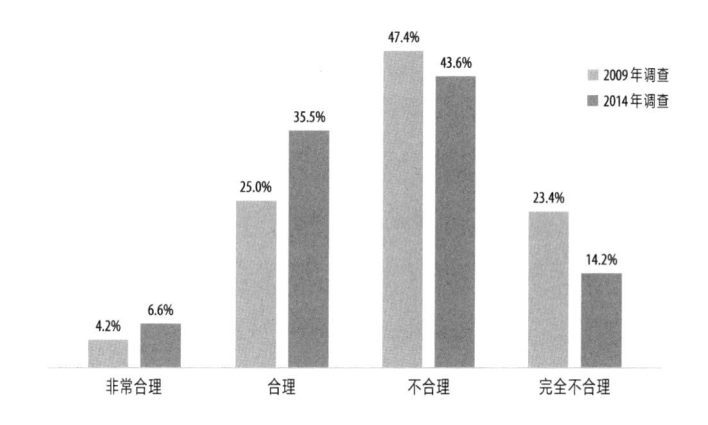

很多上海海归也对中国经济不平等的程度感到关切。2009年调查中，87%的受访者认为目前的贫富差距不合理，包括44%认为"不合理"，43%认为"非常不合理"。2014年的调查结果显示，这方面的关切略有缓解，但依然居高不下；77%的受访者认为中国的贫富差距不合理，其中40%认为"不合理"，37%认为"非常不合理"。调查中的一个问题问到"中国农民工权利得到实现或保障的程度"；2014年调查中，66%的受访者认为农民工的权利基本没有保障，包括50%认为农民工权利"没有得到充分实现或保

障",16% 认为权利保护"很差"。

许多上海海归对中国的能源安全表示忧虑。2014年调查中,多达83%的受访者对能源安全挑战表示关切,特别是因为中国的快速经济发展依赖石油和天然气供应。他们中间26%表示"严重关切",57%表示"关切"。与2009年调查的结果相比,对能源安全的关切程度增加了(图8-6)。将对能源安全的关切程度与海归的留学地联系起来看,留欧海归对中国未来能源安全最为关切,百分比高达88%,留美海归对此问题感到关切的有76%,为各个留学群体中最低。

图 8-6 对能源安全的看法——"你担心中国未来的能源安全吗?"

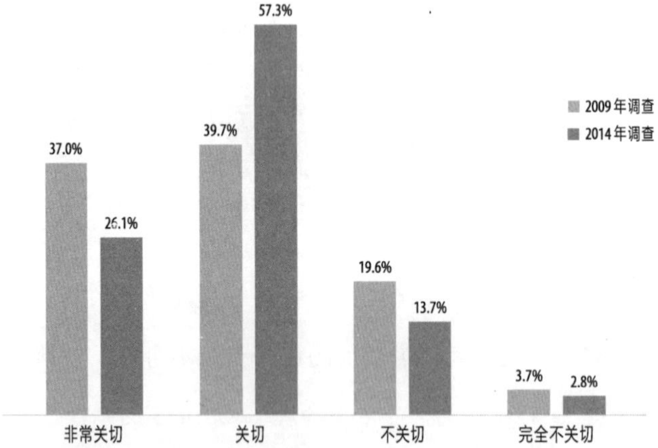

	非常关切	关切	不关切	完全不关切
2009年调查	37.0%	39.7%	19.6%	3.7%
2014年调查	26.1%	57.3%	13.7%	2.8%

社会规范与态度

对上海海归的两次调查还问到了社会规范与态度、中国的社会经济状况,以及治理方面的问题。调查问卷上的问题包括中产的作用、高等教育的状况、对食品及产品安全的关切、经济不平等、农民工权利、社会稳定、腐败与法治、媒体监督,等等。

图 8-7 把对上海海归的两次调查中关于中国中产重要性的回答与百人会 2012 年对普通公众、舆论领袖和工商界领袖这 3 个群体的调查结果做了比较。所有调查都问了如下问题:"新兴中产会成为中国社会中最有影响力的力量吗?"上海海归中给出肯定回答的占一大部分,2009 年调查和 2014 年调查都是 74%。这个百分比比其他 3 个群体都高,那 3 个群体中给出肯定回答的百分比是:普通民众 44%,舆论领袖 57%,工商界领袖 66%。上海的海归在国外留学时间越长,就越有可能认为中产在中国起着关键作用。例如,2009 年调查中,在国外留学 4 年或更长时间的人有 83% 同

图 8-7 关于中国中产重要性的 5 次调查的比较——"新兴中产会成为中国社会最有影响力的群体吗?"

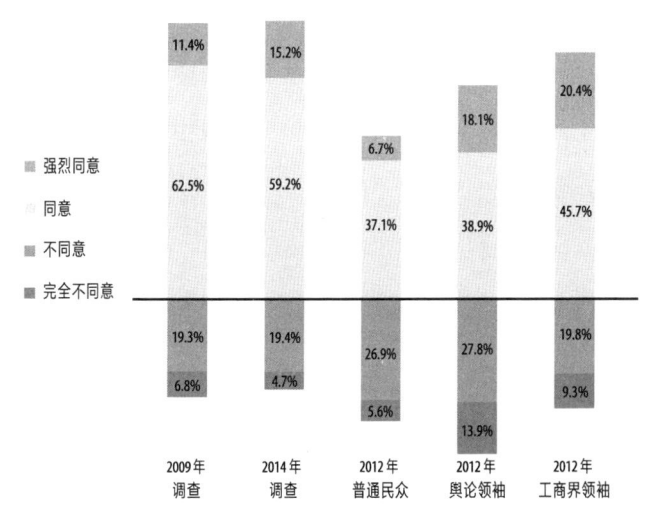

	2009年调查	2014年调查	2012年普通民众	2012年舆论领袖	2012年工商界领袖
强烈同意	11.4%	15.2%	6.7%	18.1%	20.4%
同意	62.5%	59.2%	37.1%	38.9%	45.7%
不同意	19.3%	19.4%	26.9%	27.8%	19.8%
完全不同意	6.8%	4.7%	5.6%	13.9%	9.3%

来源:"普通民众 2012"调查、"舆论领袖 2012"调查和"工商界领袖 2012"调查均基于百人会调查《美—中对彼此的态度》中对"中国新兴中产将对中国社会和政治产生巨大影响"这一说法的同意程度(纽约:百人会出版,2012),第 97 页。

意"中产将成为中国社会最有影响力的群体"这一说法。

上海海归对中国高等教育制度评价不佳。2009年调查受访者的3/4（76%）认为中国高等教育"差"或"很差"。相比之下，2010年对中国城市居民开展的一次调查发现，51%对国家高等教育制度持负面看法。[21] 然而，海归人士对中国高等教育制度的看法在2014年调查中大为改善，只有52%持负面态度。2014年调查还显示，从美国回来的海归最有可能对中国高等教育制度持负面看法（59%）。

图8-8对比了上海海归和中国公众对食品安全与产品质量问题的关切程度。2009年和2014年对上海海归的调查都显示出对中国食品与产品安全的高度担忧：2009年调查中86%的受访者表示了关切，其中46%感到"担忧"，40%"非常担忧"，2014年调查中表示关切的有82%，其中34%"担忧"，48%"非常担忧"。2009年调查中，在亚洲，主要是日本和新加坡留过学的人对食品及产品安全的关切最大（92%），2014年调查中则是留学美国的人最为关切，有88%。

中国公众与海归不同，他们对这些安全问题的担忧程度低得多（2007年和2012年的调查都是44%，2017年的调查是46%）。百人会在2017年的调查中也向3个精英群体问了同样的问题，回答"担忧"或"非常担忧"的有69%的工商界领袖、63%的政策专家和67%的记者。[22] 这些群体固然比大众更关心食品和产品安全问题，但与海归相比，关切程度还是低了不少。有趣的是，之前2007年对中国工商界领袖的调查中，对同样的问题只有38%表

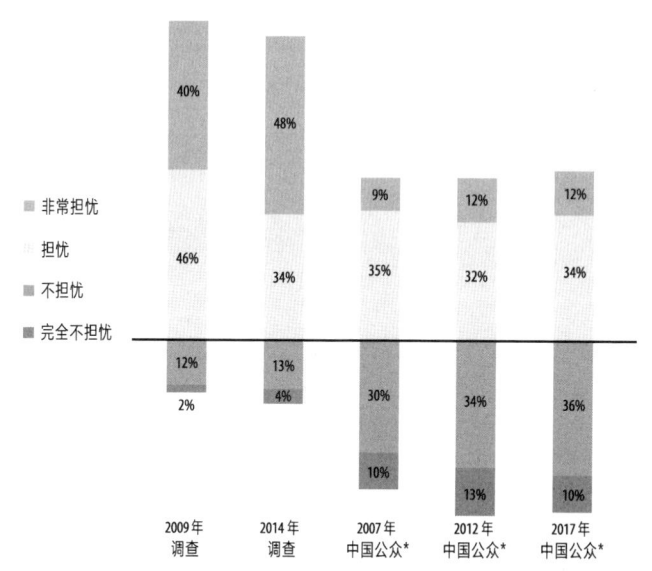

图 8-8　对中国食品和产品安全关切程度的 5 次调查的比较——"你本人对中国的食品和产品安全问题有多担忧？"

	2009年调查	2014年调查	2007年中国公众*	2012年中国公众*	2017年中国公众*
非常担忧	40%	48%	9%	12%	12%
担忧	46%	34%	35%	32%	34%
不担忧	12%	13%	30%	34%	36%
完全不担忧	2%	4%	10%	13%	10%

来源："2007 中国公众"调查指百人会做的民意调查，《希望与恐惧：美国人和中国人对彼此的态度——就美中关系所涉问题同时展开的调查》（纽约，百人会出版，2007 年 12 月），第 40 页。"2012 中国公众"调查指百人会做的民意调查，《美—中对彼此的态度》（纽约：百人会出版，2012），第 69 页。"2017 中国公众"调查指百人会《美中公众的看法：2017 年民意调查》（纽约：百人会出版，2017），第 71 页。
*2007 年中国公众调查、2012 年中国公众调查和 2017 年中国公众调查都有受访者选择"不回答"，所以总计达不到 100。百人会调查中问题的提法略有不同："中国食品污染和玩具不安全的案例是否降低了你对中国制造的产品的信心？"

示关切。[23] 根据 2009 年中国做的一次调查，中国城市居民对食品和产品安全感到放心的有 54%，这个百分比相当低，但上海海归更不放心，感到放心的只有 25%。[24]

过去几十年，部分地由于多件食品和药品安全丑闻被高调曝光，中国公众开始注意这些问题，跟上了上海海归的步伐。对中国公众的调查中，认为食品安全是很大问题的受访者从 2008 年的 12% 增加到 2013 年的 38%，又升至 2016 年的 40%。同样，根据皮尤研究中心在中国做的调查，对药品安全的关注也从2008年的9%增长到2013年的27%，再到2016年的42%。[25]

对国际关系的看法

过去20年，中国民众一直认为美国对中国的经济发展与安全非常重要。[26]调查结果也显示出中国民众对美国挥之不去的爱恨交加。一方面，多数中国公民对美国持积极看法，支持加强美国和中国之间的经济相互依存关系；另一方面，许多中国人感到，美国在企图阻挠他们的国家向着世界大国地位的迈进。

美国的皮尤研究中心2016年春开展的全球态度调查就是一个例子。调查显示，一半受访的中国公民给了美国正面评价。同时，52%的人认为美国在试图阻止中国成为与之平起平坐的大国。[27]调查还表明，大批中国人（75%）认为，与10年前相比，中国在世界事务中发挥着更重要的作用，这比欧盟（23%）和美国（21%）的受访者被问到自己国家或地区在世界上的作用时给出肯定回答的百分比高得多。[28] 2016年那次调查也发现，中国公民对自己国家在世界上地位的信心也掺杂着一定的焦虑，比较重内不重外。对调查结果的分析显示，"多数中国人（56%）希望中央政府专注于解决中国自身的问题。只有22%的人想让政府帮助其他国家"。[29]

上海海归持有类似的观点，不过，他们的看法在某些方面与普通民众和其他精英群体有所不同。图8-9给出了关于中国受访者对美国总体印象的5次调查结果。2009年调查和2014年调查中，上海海归对美国的印象（2009年和2014年各为90%和92%）都比对中国民众调查的受访者好得多（2007年是60%、2012年是59%、2017年是55%）。有意思的是，与在其他国家和地区留过学的海归相比，留学美国的海归对美国的印象最好（2009年是100%，2014年是97%）。

图8-9 关于对美国总体印象的5次调查的比较——"你如何描述你对美国的印象？"

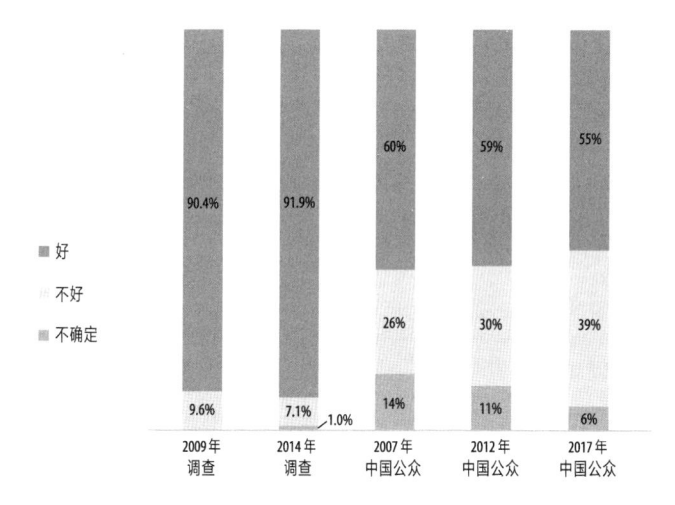

	2009年调查	2014年调查	2007年中国公众	2012年中国公众	2017年中国公众
好	90.4%	91.9%	60%	59%	55%
不好	9.6%	7.1%	26%	30%	39%
不确定		1.0%	14%	11%	6%

来源："2007中国公众"调查指百人会做的民意调查，《希望与恐惧：美国人和中国人对彼此的态度——就美中关系所涉问题同时展开的调查》（纽约，百人会出版，2007年12月），第12页。"2012中国公众"调查指百人会做的民意调查，《美—中对彼此的态度》（纽约：百人会出版，2012），第20页。"2017中国公众"调查指百人会《美中公众的看法：2017年民意调查》（纽约：百人会出版，2017），第16页。

对于"你对美国总统奥巴马看法如何？"的问题，2014年调查中77%的上海海归回答说喜欢奥巴马，其中10%"非常喜欢"，67%只是"喜欢"。2009年调查中对奥巴马总统表示正面看法的受访者更多：14%"非常喜欢"，78%"喜欢"。按照受访者留学的国家或地区来分，留美海归在2009年调查和2014年调查中对奥巴马总统持正面看法的比例最高（各为94%和88%）。

鉴于当时中日两国间的紧张关系，2014年调查还问了几个关于日本和中日关系的问题。回答对日本总体印象的问题时，上海海归中53%表示对日本总体印象良好，包括9%印象"极好"，44%印象"好"。相比之下，《2012年中国居民生活质量调查报告》显示，中国民众对日本的印象不太好，87%的受访者表示了对日本的负面看法。[30] 2014年调查中，从亚洲（绝大多数从日本）回国的海归对日本印象最好（73%）。与之相比，从澳大利亚、新西兰和加拿大回国的受访者中只有32%对日本有好印象。

图8-10介绍了2014年调查中上海海归对中国与几个国家和地区双边关系的评价。被视为最重要的双边关系是中美和中俄关系（各为87%和86%），之后是中国与欧盟的关系（86%）。中国与拉丁美洲、朝鲜和非洲的关系被认为最不重要。令人吃惊的是，大部分受访者认为中国与俄罗斯关系好（80%），然后是与非洲的

图8-10 在"重要程度"和"友好关系状况"方面对中国与几个国家和地区双边关系的评价（2014年调查）

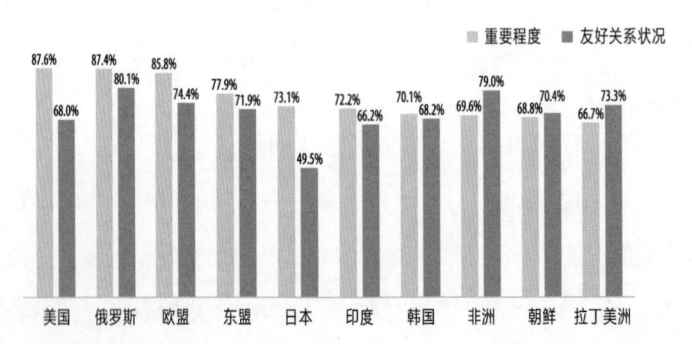

国家/地区	重要程度	友好关系状况
美国	87.6%	68.0%
俄罗斯	87.4%	80.1%
欧盟	85.8%	74.4%
东盟	77.9%	71.9%
日本	73.1%	49.5%
印度	72.2%	66.2%
韩国	70.1%	68.2%
非洲	69.6%	79.0%
朝鲜	68.8%	70.4%
拉丁美洲	66.7%	73.3%

关系（79%）和与欧盟的关系（74%）。这个结果值得注意，因为这次调查的受访者中，只有 1% 的海归是在俄罗斯留学的。中日关系（50%）、中印关系（66%）和中美关系（68%）在评价中垫底。

作为对比，2009 年对上海海归的调查结果显示，受访者认为中国与 8 个国家和地区关系的重要程度按如下次序排列：美国、俄罗斯、欧盟、日本、东盟、印度、韩国和朝鲜。至于友好关系排行榜，俄罗斯名列第一，之后是东盟、美国、朝鲜、欧盟、韩国、印度和日本。这与同年对中国民众做的一次调查的结果类似，中国民众受访者中最大的群体（64%）认为美国由于经济原因是对中国最重要的国家。至于在安全方面哪个国家是中国最亲密的盟友，最多的受访者（49%）认为俄罗斯是中国最重要的安全盟友。[31]

2009 年，对上海海归的调查还问到受访者在多大程度上同意中国在世界舞台上"和平崛起"的战略目标。93% 的受访者表示同意，其中 31%"完全同意"，62%"同意"。留学美国的海归表示同意的最多（97%）。收入超过 1.6 万元人民币的受访者中，99% 表示同意中国"和平崛起"的战略目标。受访者的收入越高，越同意中国的和平崛起战略。至于台海两岸关系的前景，68% 的海归受访者相信台湾在今后几年会维持现状，31% 相信台湾将趋向与大陆统一，只有 2% 认为台湾会走向独立。认为台湾将"维持现状"的男性达到 80%，而持此观点的女性为 57%。另外，女性更倾向于相信台海两岸"未来将趋向统一"（41%）。

相当一部分海归相信，美国使用台湾作为"不沉的航空母舰"

来遏制中国。关于美国在台湾的作用的问题要求受访者提供多个回答。2/3（68%）的受访者认为美国"真正关心的是它自身的利益"，29%认为美国是"麻烦制造者"，21%相信美国"更愿意推动台湾独立"，20%认为美国"为两岸交流融合制造障碍"。

在回答关于中国政府追求军事现代化努力的问题时，2014年调查中90%的海归认为中国政府有效地推动了军事现代化，其中17%认为政府这方面的努力"优异"，73%认为"好"。2014年调查中的积极回应稍高于2009年调查（87%）。按海归留学的国家和地区来看，留学亚洲的海归积极评价军事现代化的最多（97%）。留欧海归给予积极评价的最少（83%）。

从1998年到2015年，对北京居民共做了11次调查，对这些调查的纵向比较也显示出民众对政府推进军事现代化的强烈支持。对于"你认为在国家财政支出中，国防开支应增加，还是维持，还是减少？"的问题，所有11次调查中都有80%以上的受访者回答说中国应维持或增加军费开支在国家财政的支出。[32] 所有这些调查中，平均有65%左右的受访者相信中国应增加军费开支。有趣的是，这些年来的调查有7次（2002年到2015年间）问了如下的问题："你是否同意政府应减少国防开支以改善社会福利？"除2009年的调查之外，多数受访者都给出了肯定的回答。例如，2015年的调查中，约3/4的受访者表示同意。[33]

文化同化的影响

绝大多数的上海海归觉得，他们在海外度过的岁月对他们的个人发展影响巨大。2009年调查中，对于"你在外国的经历对你个人的成长有多大影响？"这个问题，94%的受访者做出了肯定的回答，其中39%的受访者说影响"巨大"，55%说影响"重大"（图8-11）。2014年调查所显示的留学造成的文化影响比2009年调查更大，96%的受访者说自己的海外经历对自己有大影响，其中46%说影响"巨大"，50%说影响"重大"。

图8-11 出国留学对个人发展的影响——"你的留学经历对你的个人成长有多大影响？"

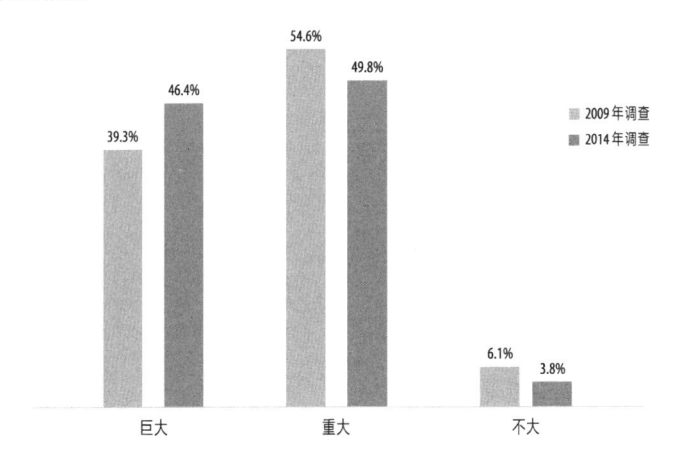

	巨大	重大	不大
2009年调查	39.3%	54.6%	6.1%
2014年调查	46.4%	49.8%	3.8%

2009年调查和2014年调查都包含一个关于上海海归的爱国主义和民族主义感情的问题。[34] 图8-12显示了2014年调查结果表现的爱国程度与留学时长的关系。几乎所有受访者，不管在国外学习了多长时间，都非常爱国（平均85%），不过在国外学习了两到三年的海归爱国主义情感最强（87%）。有意思的是，2009年调查得出了同样的结果，也是在国外学习了两到三年的海归表现的爱国心最强。

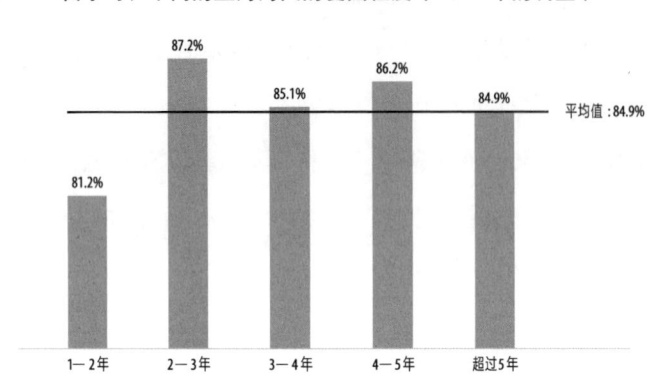

图 8-12　留学时长不同的上海海归的爱国程度（2014 年的调查）

1—2 年　81.2%
2—3 年　87.2%
3—4 年　85.1%
4—5 年　86.2%
超过 5 年　84.9%
平均值：84.9%

看了 2009 年和 2014 年对上海海归的爱国主义和民族主义感情的调查结果，使我们对于高等教育在意识形态形成中的作用，以及通过国际教育交流来传播价值观所产生的影响获得了宝贵的了解。斯坦福大学的潘婕和加州大学伯克利分校的徐轶青对于政治价值和观点在中国的形成与改变做了一项全面研究，他们各自对从 2012 年 1 月到 2014 年 12 月做的线上民调收集的大批中国网民（460 532 人）的数据进行了分析。那次线上民调包括 50 个问题，分七类：（1）政治机构，（2）个人自由，（3）市场经济，（4）资本和劳工，（5）经济主权与全球化，（6）民族主义，（7）传统主义。他们利用这些问题来寻找组成"中国意识形态光谱"的断面。[35] 这两位学者根据自己的分析提出，自由、亲市场、非传统和"非民族主义"的价值取向与较高水平的教育、收入、经济开放度和西方影响相关联，而这些价值观在比较发达的富裕地区和北上广深这样的世界级大都市的居民中比较常见。[36] 至于民族主义，他们把受访人分为两组：一组是支持爱国主义，强烈主张捍卫中国领土完整，同时对西方怀有敌意的人（他们把这些倾向称为"民族主义"）；另一组人反对这种对抗性的"民族主义"情绪（他们称之为"非民族主义"倾向）。[37]

这两位研究者根据他们所做的量化分析得出结论说，"民族主义者"在几个方面与"非民族主义者"迥然不同。与后者相比，前者更有可能支持国家的强力领导，认为应该允许国家更多地干预市场和私人领域，相信中国的经济改革造成了经济不平等和社会脱序等负面影响，认可社会等级制和反同性恋等传统价值观，并赞成民族主义的对外政策和经济保护主义。[38]

本书对上海海归开展的调查规模小得多，结果却与潘婕和徐轶青的调查结果显著不同。2009年和2014年对上海海归的调查中，受访者都表现出强烈的爱国主义和民族主义感情，他们民族主义感情的强烈程度绝不低于中国公众和其他精英群体。虽然上海海归的"爱国"情绪高涨，但如前所述，他们对于环境、经济、社会和对外政策问题的意见和他们对中国政府的看法并不能简单地归入潘徐二人的研究显示的二元式分类。所以，强烈的民族身份认同和爱国情感并不表示一定具有意识形态上一致的社会价值观或外交政策理念。如康奈尔大学的政治学家白洁曦（Jessica Chen Weiss）最近观察到的，这一点在对其他中国民意调查结果的研究中也得到了证实。[39] 关于对中国的普通民众、网民和精英的5次民调，白洁曦评论称：

> 身份在倾向的形成过程中的确发挥了作用，但民族认同的

感情与外交政策的理念与态度不同。以身份来衡量的民族主义并不总能反映政府推行对外政策时受到的压力。倾向会随着国内外环境的演变而转移，即使身份维持不变，或改变的速度比较缓慢。也许可以假设，注重民族主义中身份因素的人在外交政策上通常有鹰派倾向。在一些情况中，民族主义者可能遵从政府的意思，支持自由的国际政策。其他自封的爱国者也许希望政府把注意力集中在国内的优先事项上，避免推行强硬的外交政策。[40]

2009年调查和2014年调查的结果都与白洁曦的论点相一致——中国受访者的"鹰派"或"鸽派"政策倾向更有可能是因为中国外交政策遭遇的外部因素被中国公民记在心上，在调查中表现了出来，而不是出于中国人的爱国情绪和民族身份观。[41] 2009年和2014年两次调查获取的数据都不多，自然难以据之达成普遍推论，不过仍可从中推断出一些线索。总的来说，上海海归的国外留学经历在文化同化、国际眼界和某些普世价值方面对他们影响颇大，但留学经历不一定直接影响到他们的爱国心和民族身份观。

结论

要分析国际教育交流的影响，必须通过实证来审视留学生在国外学习期间发展起来的想法与价值观。本章介绍了对上海留学回国的海归做的两次原始民意调查的结果；在上海迅速崛起的新兴中产中，海归是一个特色鲜明的亚群体。民意调查结果揭示了海归对国内外各种问题的态度与看法。通过分析对调查问卷的回答，以及参与者的人口组成和政治和经济因素，可以得出4点关键的观察结论。

第一，中国面临着环境退化、全球气候变化、经济不平等、城乡差距、农民工权利受到忽视、能源安全、食品药品安全、法治和治理等各种挑战；调查结果表明，留学的经验在很大程度上影响了海归关于是否要紧急应对这些挑战的看法。最近开展的其他调查也显示，海归明显地比中国民众，甚至比中国的一些精英群体对所有上述问题更加关切，也持较强的批评态度。海归受访者在国外住的时间越长，对这些问题的关切就越明显。另外，对于大部分上述问题，2014年调查与2009年调查相比，有更多受访者表示了更强烈的关切。在对中国面临的各种挑战发表批评意见和关切方面，上海海归与中国公众相比是超前的。鉴于过去10年间公众对这些问题的意识的增强，可以合理地认为，曾留学国外的海归预示了一种新趋势的到来，即公众对这些问题的关切将日益增加，要求政府在这些领域中推行政策改革的压力也会随之加大。

第二，上海海归深知自己的中产身份及留学经验对自己的影响，对中国的教育制度意见强烈。在国外逗留的时间越长，就越有可能认为中产在中国发挥着关键作用。绝大多数上海海归感到，在国外留学的经验对自己的个人发展，包括专业成长和文化同化，影响巨大。上海海归也比中国城市居民对中国高等教育制度意见大得多。留美海归比在其他地方留学的海归更有可能对中国高等教育制度不以为然。

第三，本书研究的一个重大发现是，海归更有可能对自己留学的国家持有积极看法。从美国留学归来的人与在其他国家和地区留学的人相比，对美国的印象最好。同样，留学亚洲（本书的研究中绝大多数是留学日本）的海归对日本的好感最大。海归对自己留学国的好感度会随着祖国和留学国社会和政治环境的变化，以及双边关系的变化而改变。例如，根据2018年开展的一次对在美中国学生的研究，约16%的受访者表示自己来美后对美国的好感增加了，而42%的受访者表示来美之后对美国的看法变差了。同时，约46%的受访者表示自从来到美国，自己对中国的看法改善了，13%的受访者则表示对中国的看法变得更差。对于留学国的负面看法也许可以归因于近年来中美关系的恶化，以及美国政府发起的新一波指控，说在美中国留学生普遍从事间谍活动。[42]

第四，对于将社会政治价值观或对外政策理念分为保守对自由、民族主义对非民族主义的泾渭分明的两个阵营，以此界定意识形态光谱的二元论，本书的研究结果提出了质疑。上海海归怀有高度的爱国主义和民族主义感情，这是他们的特点，但他们在某些重要问题上也是具有全球观的世界主义者。他们对美国有好感，但这并不意味着他们对美国的对外政策全盘接受，特别是美国遏制中国崛起的做法。最近对在美国学习的几百名中国大学本科生做了一次调查，调查结果表明，种族歧视使得他们对民主价值观心生抵制。在美国学习的中国学生尽管本来比他们在中国的同龄人更赞成自由民主，但是他们在美国遭受的反华歧视大大增强了他们对中国政府的支持。

海归和中国公众一样,对美国的态度有些矛盾;他们赞赏两国在各方面的双边合作,但担忧台湾问题或其他问题可能引发军事冲突。在这方面,多数海归认为中国政府推动军事现代化是对的。为了同样的原因,上海海归不仅将俄罗斯列为与中国关系最好的国家,也视俄罗斯为安全战线上中国最亲密的盟友。

在很大程度上,上海海归及整个中国中产的观点和价值观是保守的,因为他们支持中国领导层集中精力推进军事现代化、维持社会稳定;同时也是进步的,因为他们要求为公民提供更好的法律保护、限制大型国有企业的垄断、让公众更多参与社会—经济政策的制定。上海海归和中国中产有许多共性,也有自己的特性;他们的意见、价值观和信念今后将如何演变并不清楚。所以,用本书研究的结果一概而论,断定海归将给中国带来何种政治影响、作出何种贡献,殊为不智。正如一位外国观察家敏锐地指出的,就中产的政治关切而言,多变的国内外环境使得"得与失的平衡不断变化"。[43]

第九章

西方影响与幻觉
上海当代艺术的繁荣

> 一件艺术杰作必定有多重解释。
>
> ——杨卫

> 如果一个城市有梦,那就是等待艺术家前来。如果一个艺术家有梦,那就是去有很多艺术家的城市工作生活。
>
> ——薛松

经验丰富的瑞士艺术收藏家乌利·西格(Uli Sigg)最近发表了一篇文章,题为"为什么西方人会误解现代中国艺术"(*Why Westerners Misinterpret Modern Chinese Art*)。他在文章中指出,"西方策展人通常会按照自己对中国先入为主的观念来选择展品"。[1] 同一篇文章引述了中国前卫艺术家何翔宇(1986年生)关于自己的作品被西方错误解读的评论。

何翔宇认为中国前卫艺术家作品往往有多层次含义。但西方学者的片面理解反映了海外中国研究中固有的一些关键问题,包括艺术与政治之间耐人寻味的联系、知识分子与政府之间复杂多变的关系，以及前卫艺术与社会中意识形态变化的关联。对于艺术和政治齐头并进的简单化假设，许多研究中国的学者都心存怀疑。然而，大家普遍同意，文化潮流与包括政治在内的其他生活领域中的变化有所关联。

按照定义，前卫艺术家必然站在变化的前列。中文中"前卫艺术家"和"先锋派"的含义是他们走在了时代的前面。前卫艺术家的关注经常包括他们所处时代的一些最敏感、最具前瞻性的问题。在很大程度上，中国前卫艺术家目前借以生发的思想土壤反映了中国中产的迅速兴起。如前所述，一些研究城市中产文化的中国学者声称，如果说经济增长是改变的动能，那么文化就决定了改变的方向。[2] 从某种意义上说，前卫艺术家是中国中产崛起的副产品，而他们反过来又塑就了中产的焦虑、抱负和矛盾心理。

中国当代艺术家坚称，文化现代化是中国现代化的一部分。研究上海的著名学者余秋雨属于提倡文化现代化概念的先驱。[3]

若想对改革时代的中国中产进行全面研究，就必须探讨艺术家群体的政治追求，特别是前卫艺术家的活跃作用。过去20年间，中国艺术家通过自己的作品表达的思想、观点、价值观和风格反映了文化精英内部在国家飞速变化之时的重要思想对话。社会和经济转型塑就了一代更有创造力、更具批判思维、更复杂精微、更不拘教条的艺术家。这段时期，前卫艺术作品结束了20世纪90年代大部分时间中的地下生存状态，在21世纪头两个十年中进入了艺术主流。[4] 前卫艺术家的艺术经常具有政治性和全球性,目的与含义均远比一些西方评论家的典型解读宽广得多,要传达的信息经常是"多层次的"。艺术必定有多层面的含义才能算作艺术。中国艺术批评家张晓凌说过,他难以想象,一个对于现今经济、社会和政治挑战缺乏主见、对世界上人口与技术变化没有想法的人能够成为真正的艺术家。[5] 因此,若能明白中国当代艺术家的作品表达的实验性思想,就能更好地理解中国知识分子和其他中产成员对于政治和全球事务的新思维。

本章第一部分探讨中国当代艺术如何能帮助我们理解改革时代中国社会、经济和文化转型过程中的发展和矛盾,也谈到一些前卫艺术作品受到了外国评论家怎样的误解。然后,第二部分详细介绍了前卫艺术家在上海的惊人崛起和这座城市活力充沛的艺术生活,特别是它国际闻名的双年展。上海的艺术现状值得注意,因为它反映了并经常预示着中国在全球化时代的一些重要发展趋势。本章第三部分讲述了历史上上海作为中国当代艺术摇篮的作用,也回顾了自20世纪90年代以来前卫艺术家群体日渐增长的作用。第四部分,也是本章的最后部分,描述了西方影响、消费主义、政府打造国际文化中心的目标、民营企业家和慈善家的大量投资、中产热切希望开发新的公共空间来开展公民和思想讨论等种种因素如何造就了上海艺术画廊的蓬勃发展。

对中国前卫艺术家的理解与误解

中国前卫艺术家普遍的想法,认为西方评论家看中国前卫艺术的角度普遍过于政治化，总是视其为艺术与政府的冲突。[6] 例如，郭适（Ralph Croizier）在对苏联和改革开放时代中国前卫艺术运动的比较研究中，把中国前卫艺术定性为反建制、受西方启发、反文化。对中国前卫艺术家这类不可靠的笼统定性在西方评论非常普遍。然而，本书介绍的上海前卫艺术家的作品可以证明，这三点定性至少失之片面、眼界狭隘。

第一，今天中国的前卫艺术家对中国领导层的看法未必完全一致，亦非一成不变。对于政府的政策，他们根据具体问题与环境，会部分支持，也会部分反对。然而，经济全球化的发展，特别是改革开放过程中专注于追求 GDP 增长，造成了某些收入的巨大不平等、社会脱序和环境退化现象，一些艺术家因此而对中国向着市场经济，或是有些人所谓的"市场原教旨主义"的过渡日益不满。

第二，许多中国前卫艺术家的确受到了西方思想、价值观和艺术风格的启发。不过，自 20 世纪 90 年代晚期以来，他们也对西方的后殖民主义和文化沙文主义产生了怀疑和愤懑。在许多中国人眼中的一波"西方政客反华言论"和"以美国为首的遏制中国崛起"的操作之后，特别是从评判塞缪尔·亨廷顿的文明冲突理论角度来看，一些前卫艺术家开始重新思考西方政客的意图和他们在中国推动"民主""人权"的目的。

第三，主流文化和反文化之间，或者说艺术表达的常规方式和特异方式之间的界线近几年来越来越模糊。其他本来清晰的概念界线，如传统与现代之间，甚至是中国与外国之间的界线也不再清晰。如一位上海本地艺术家所说，"在全球化时代，中国知识分子'崇洋媚外'已经是过去时,已经没有意义了"。[7]

2000年,研究中国文化的著名澳大利亚专家白杰明(Geremie Barme)指出,中国前卫艺术家引人注意,主要是因为他们身处阴暗背景之中。[8] 重庆艺术家、女性主义团体"塞壬艺术工作室"(Siren Studio)的共同创始人奉家丽感到,对中国艺术的这种评论是一种冒犯。她写道,有些西方艺术评论家"很可能会把绚烂的彩虹误认为白雾"。[9] 在一些中国学者看来,这些西方评论家表现出来的"思想狭隘"和他们以欧洲为中心或以美国为中心的偏见使他们看不到当今中国的文化生活、知识讨论和艺术实验的丰富多彩。一些中国学者和艺术家相信,西方评论家的二元式思维导致他们对中国社会和政治现实的认识过于简单。国际知名电影导演张艺谋说,"西方长期以来一直将中国电影政治化,如果中国电影不是反政府,就被认为是亲政府的宣传"。[10]

中国很多著名艺术策展人和前卫艺术家的意见与张艺谋一致。例如,高名潞慨叹,自20世纪90年代早期以来,国际上几乎所有展示中国当代艺术的展览都"把政治波普和玩世主义说成是重要的非官方先锋派运动,对它们进行意识形态解读"。[11] 因具有争议的人体艺术和行为艺术而出名的张洹和马六明都对中外记者说过,不应把他们的作品解读为反政府。张洹说:"中国的问题非常复杂,人们想从不同的角度寻求答案。"[12] 马六明说,他那些引起争议的行为艺术作品不是要表达政治观点,而是要显示"性暧昧在精神上的普遍性"。[13] 就一些中国前卫艺术家而言,他们异见的矛头所向是全球性文化霸权。

当然，郭适、白杰明或桑晔的观点不能代表所有的海外艺评家，不过公平而论，他们的意见也不能说全无道理。此外，随着观察中国的学者对中国前卫艺术领域近来的发展更加熟悉，他们的评价也可能改变。即使一些西方批评家非常了解中国前卫艺术作品反映出来的活力和多样性，上海的艺术家仍然发现，要把自己的见解传达给西方公众，包括传达给生活在外国的同行，可说是难上加难。过去10年中大部分时间住在中国的卡伦·史密斯（Karen Smith）是中国前卫艺术的专家，她尖锐地发问："如果我们说（我们主要欣赏的是）现在中国产生的艺术作品质量上乘、多姿多彩，（西方）有多少人会相信？"[14]

前卫艺术家的成熟壮大：上海双年展

自1996年起，中国和国外的艺术家开始联合组织上海双年展，旨在与国外艺术界及中国观众建立更多的专业联系。一些研究当代中国艺术的专家相信，上海双年展的创办预示着现代中国艺术最具活力的地点正在发生南向转移，从北京转到上海和其他东南沿海地区。[15]自双年展开办以来，上海各方协同努力在公共领域把当代艺术，特别是前卫艺术，推上新台阶。上海艺术批评家冀少峰注意到，举办双年展时，美术馆、艺术画廊、策展人、艺术家、艺评家、基金会、拍卖行、艺术院校、媒体、观众和网站自觉不自觉地共同建造起了一套促进当代艺术的知识生产与传播体系。[16]

国内外批评家都认为，2000—2001年举办的第3届上海双年展是中国当代艺术重返这块当代艺术热土的标志性场合。特别是与前两次双年展相比,第三次双年展精湛高质的艺术作品繁星闪耀,各类国际艺术家群贤毕至。[17] 来自18个国家的67位艺术家参加了正式展览,双年展上展出的作品遍及前卫艺术的各个门类,包括行为艺术、装置艺术、概念艺术、环境艺术、政治波普、立体主义、印象主义、抽象主义、超现实主义、玩世现实主义、现代主义和后现代主义。这些展览尽显上海艺坛百花齐放的繁荣景象。[18] 芝加哥大学艺术历史学家巫鸿写道,上海双年展和同期举办的其他上海艺术展一起,代表着中国当代艺术的突破。他说,双年展使实验艺术正常化,为争议性的艺术形式和挑战社会政治规范的作品创造了合法的展览空间。[19]

2018—2019年的第12届上海双年展是双年展历史上首次当代拉丁美洲艺术的大型展览。这次双年展以其巧妙而发人深省的中英文主题而著称。英文主题是"Proregress",这个词是美国诗人E. E. 卡明斯(E. E. Cummings)1931年把"进步"(progress)和"退步"(regress)两个字压缩在一起创造出来的。[20] 它反映了弥漫于20世纪头几个十年间那种亟须改变,却又因停滞而阻碍重重的深切矛盾与焦虑。这个词本已淡出了人们的记忆,但第12届上海双年展又将其呈现在众人的眼前。双年展的一位策展人夸特莫克·梅迪纳(Cuauhtémoc Medina)(墨西哥籍艺术史与哲学教授,曾任泰特现代艺术博物馆拉丁美洲艺术收藏的副馆长)解释说,这个词用于今天的世界恰如其分,因为我们所处的全球环境变幻莫测。我们无法确定人类社会是在前进还是在后退,我们也不明白我们的思想能如何影响世界。[21]

第12届上海双年展的另一位策展人王薇薇发出了同样的呼声，呼吁重新思考现代性、欧洲中心主义和非人类中心说。她呼应"Proregress"和政治不确定性的主题，着重指出了我们时代一些相互矛盾的趋势："一方面，社会把女权主义、同性恋和社会少数群体等重要问题提上了议程；另一方面，社会冲突和族裔冲突，以及民族主义和种族主义在世界各地都呈现出上升态势。"[22]

有趣的是，双年展的中文主题是"禹步"这个罕见词，它指中国古代道士做法事时的步法，看似向前，但同时又似向后，或看似向后同时又似向前。这种步法有些像迈克尔·杰克逊（Michael Jackson）那著名的太空步。双年展的中文主题反映在一件特别显眼的展品中。那件艺术品名叫"围地"，灵感来自中国古代兵法家孙子的名著《孙子兵法》。作品用废纸壳排列出字句"进一退二；进二退一"。这件艺术作品表达了中国和全球背景中的多层次政治象征主义。所以，2018—2019上海双年展的中英文主题以具有高度想象力的方式交相呼应，挑战简单化的二元论，大声疾呼在当今时代的模糊暧昧中跳出窠臼，发展新思维。上海双年展获得的机构支持和它国际声望的上升代表着中国前卫艺术家及其作品在世界舞台上的成长。

当代上海艺术：历史背景

上海在历史上是中国当代艺术的摇篮。1912年，著名艺术家乌始光、张聿光和刘海粟在上海创立了中国第一所现代艺术学校（上海美专）。五四运动爆发时，上海大概有10所艺术学校。[23] 20世纪头几十年，上海美术界开始挑战传统国画的统治地位，开启了国画与西画并存的时代。同时，上海艺术家群体促成了中国艺术界的两大变化：他们实现了艺术的商业化，并开始使用西方理论和绘画技巧。[24] 在某种意义上，上海当代艺术家抱着与外部世界建立联系的强烈意愿，站到了中国走向世界的前列。

据上海著名策展人朱其说，上海作为中国现代主义的诞生地，是20世纪中现代主义在中国唯一未曾中断的城市。[25] 20世纪上半叶，黄宾虹、潘天寿、张大千、林风眠、刘海粟和张乐平等一众上海艺术家在同代人中鹤立鸡群，当时不仅在中国，而且在全世界他们都是最杰出的艺术家。[26] 林风眠、吴大羽、关良和颜文梁在新中国成立后定居上海，与他们的弟子们一起继续创作现代派画作。

20世纪60年代和70年代，人数寥寥的"地下现代主义"群体在上海继续坚持着。[27] 虽然20世纪上半叶的上海是中国绘画最重要的中心，远超其他城市，[28] 但在反常的年代，上海艺术家和他们在中国其他地方的同行一样，与他们各自专业的国际潮流完全隔绝。[29]

朱其策划的《前卫·上海：上海当代艺术30年文献展（1979—2010）》从2017年到2018年在上海明圆美术馆展出，那是一家民营的美术馆。展览展示了改革时代上海前卫艺术运动的3个阶段：第一阶段"重启现代主义"（1979—1985）、第二阶段"前卫主义新潮"（1985—1992）、第三阶段"重构当代"（1992—2010）。展览全面回顾了前卫艺术在上海这个中国最国际化、最面向未来的城市中的重生和迅速发展，共展出了五代人约 200 位艺术家的作品。

到了第二阶段，20 世纪 90 年代早期，上海艺术家才从苏立文（Michael Sullivan）所谓的"沉睡"中醒来，开始了艺术创作的实验。[30] 上海艺术界的苏醒证明这个世界性城市正在重新努力寻求自己的身份特征，寻求上海有别于其他中国城市及地区、甚至有别于整体中国的身份特征。若要研究政治文化和政治实验，上海是个特别合适的案例，因为自 20 世纪 90 年代以来，评论上海内在特征和外在形象的文章著作浩如烟海，可以说国内外没有任何一个城市中心能与之相比。第五章已经讨论过，中国领导层想把上海打造成中国重返世界舞台的展示窗和中国社会、经济及文化发展的实验室。

上海艺术界活力四射的一个原因是这座城市长期受西方文化的影响。这不光是由于租界时期的遗产或大批外国访客的影响，也与大批上海学生出国留学有关。20 世纪 80 年代，第一批出国留学的中国学生中就有上海艺术家的身影。他们中间（并不都是前卫艺术家）有陈丹青、陈逸飞、陈一鸣、谷文达、胡冰、徐建国和张建军；这些人都在 20 世纪 80 年代期间去了美国。其他的著名艺术家，如陈真、徐芒耀和严培明去了巴黎学习现代艺术。

自 20 世纪 90 年代早期开始，这些现已蜚声国际的艺术家陆续回到上海，或频繁回访这座故乡城市。像陈逸飞、陈真和谷文达这样的艺术家虽然日程上排满了各种国际展览，但21世纪第一个十年早期，他们在上海待的时间比在任何其他地方都多。在国外的经历和上海近来的变化促使这些出生在上海的艺术家踏上寻根之旅。有些人还发挥了社会学的想象力。他们不肯遁世归隐，而是努力让自己的艺术反映国民面临的问题。

与此同时，来自中国其他省份和城市的艺术家也纷纷定居上海。作为一个基本由远近各省移民组成的大都会，上海从来以其多样性和开放而著称。如第四章所述，第二次世界大战期间，上海是世界上唯一一座允许犹太移民无需签证即可入境的城市。有人自豪地声称，"辛德勒救了大约1 000名犹太人，但我们上海人救了3万"。[31] 改革开放时期，上海吸纳了来自其他地区的数百万外地人。20世纪90年代，上海每5个人中就有一个外来人。[32] 上海和其他移民城市一样，对各种生活方式、艺术追求和社会价值观来者不拒。今天，移民艺术家是上海活跃的文化生活中的生力军。

上海艺术画廊的竞相绽放

世纪之交，艺术画廊在上海如雨后春笋般迅速涌现。新中国成立初期至改革开放之前，上海只有几家艺术品商店（包括南京路上大名鼎鼎的朵云轩艺术中心）。中国当代艺术，更确切地说是中国前卫艺术，不是诞生在上海，而是于1979年诞生在北京。当时，一小群艺术家在中国国家美术馆对面的公园栏杆上办了一次非正式的画展。那次前卫艺术展览仅仅办了两天就被叫停，但中国的前卫艺术运动继续在首都成长壮大,最终于 21 世纪第一个十年早期落户于北京东北部的 798 艺术区。[33]

从旧仓库到西外滩

即将进入新世纪,中国的前卫艺术运动正在北京蓬勃发展之时,上海一群艺术家和策展人建起了有些分析家口中的"艺术集群"或"艺术殖民地"。[34] 他们占用了原来一座纺织厂的废弃仓库,还有莫干山路上及附近地区的工厂厂房。来自宝岛台湾的建筑师邓昆艳在 1998 年底首先发现了这个废弃的工业仓储区,搬了进来。[35] 两年后,出生在澳大利亚的华裔艺术家李梁把他在复兴西路的东廊艺术画廊(Eastlink Gallery)迁入了这个地区的一所仓库,丁乙也把画室建在了这里。

2000 年,薛松率先在现已相当出名的莫干山路 50 号大楼(又称 M50 创意园)里建起了画室。这个地方遂成为众多艺术家群集之地,不仅有上海艺术家,如周铁海、张恩利和浦捷,也有外国艺术家,如艺海(Artsea)的以色列老板迪文·巴加尔(Dvir Bar-Gal)、创建了比翼艺术中心(Bizart)的意大利人达维德·夸德里奥(Davide Quadrio),还有外国组织,如由英国总领事馆的文化随员西蒙·科尔比(Simon Kirby)主管的上海英国艺术中心(British Art Center in Shanghai)。[36] M50 创意园为中外前卫艺术家提供了难得的共享空间。截至 2020 年,这里仍有前卫艺术家的 100 多个画室和展出。

上海声誉最隆的前卫艺术画廊香格纳画廊(Shangh ART)的

瑞士创始人何浦林（Lorenz Helbling）是这个"艺术殖民地"的早期住户。他向一位《纽约时报》记者描述了"20世纪90年代中期那些过去的日子"："上海没有几家美术馆。没有人来上海是为了艺术。"[37] 何浦林20世纪80年代晚期在复旦大学学习历史，1996年在南京路上的波特曼酒店创办了艺术画廊，然后安顿在复兴花园，后来又搬到莫干山路。莫干山艺术区的建立为上海的艺术社群注入了新的活力，而香格纳画廊通过展出整个长江三角洲地区艺术家的作品，在此中厥功至伟。可以毫不夸张地说，是何浦林把以上海为大本营的一些前卫艺术家推到了国际聚光灯下。

改革开放后的几十年间，中国最国际化的都市中艺术画廊寥寥无几的局面逐渐有所改善。局面改善的部分原因是民营部门和中产的迅速崛起，但主要是官方筹备2010年上海世博会的结果。世纪之交时，上海当地一家英文杂志在全市只找出了47家略有名声的画廊。[38] 然而，到2019年，根据世界城市文化论坛（World Cities Culture Forum，它由伦敦市长倡议建立，是专注于城市文化方面全球领导作用的一个国际线上媒体集团）的排名，上海在艺术画廊总数上排名世界第三（770家），仅次于纽约（1 475家）和巴黎（1 142家），领先东京（618家）、伦敦（478家）、罗马（355家）、布鲁塞尔（313家）、洛杉矶（279家）、新加坡（225家）、伊斯坦布尔（199家）、阿姆斯特丹（196家）和悉尼（170家）。[39]

浦东的艺博画廊（Yibo Gallery）主要展出住在上海的艺术家的作品。这家画廊经常围绕一个主题组织展览。上海许多其他画廊也是这样。例如，史丹尼画廊（Stanney Gallery）自 1998 年春创办后，4 年中举办了 10 多次展览，涵盖的题目包括消费社会中的个性、代沟和女权主义。上海的画廊展出的作品风格多样，其中前卫艺术家的作品最为突出。除了展出和销售艺术品之外，有些画廊还提供每周一次或每月一次介绍现代艺术的公共讲座。对 2016 年到 2017 年上海艺术展观众的研究显示，20—39 岁的人占了观众的 62%，50 岁或 50 岁以上的人占 12%。相比之下，柏林艺术展览的观众中这两个年龄组分别占 33% 和 43%。上海艺术展的观众年轻得多，所以这个世界级城市中心对艺术的热情将会比柏林或其他人口组成相似的城市持续时间更长。[40]

21 世纪第一个十年早期，几家分散在上海各地的画廊宣布，计划将部分或全部业务迁到上海市中心的两条商业街——绍兴路和泰康路。这两条艺术街尚在建立中，就已经有了绰号："中国蒙马特"（Montmartre of China）和"上海苏荷区"（Soho of Shanghai）。[41] 同时，原有其他用途的著名的老地方——泰康路的田子坊和虹口区的 1933 老场坊（也叫 Old Millfun，20 世纪 30 年代曾是上海最大的屠宰场）——变成了新艺术画廊和其他文化活动的集中地。[42] 毫不奇怪，上海多数艺术画廊的艺术品都以海外买家作主要客户，所以，大部分在线上有网站的画廊官网只有英文。据吴亮（上海阁楼画廊 Attic Gallery 老板）和张海腾（史丹尼画廊老板）所说，21 世纪第一个十年早期，他们的客户大约 95% 来自海外。[43]

2001 年，当时的上海戏剧学院院长、上海市政府顾问余秋雨提出，亚洲虽然有东京、香港和新加坡等金融和经济中心，却缺少巴黎或纽约那样的国际文化中心。他认为，上海应该填补这个空白，特别是在当代艺术、舞蹈、音乐和戏剧方面。[44] 余秋雨的主张似乎在上海市政府官员中获得了强烈支持。2010年世博会之前的几年里，对西外滩（后来中文名字叫西岸）投入了数十亿美元，把这个曾经灰扑扑的工业区和造船区改造成为黄浦江畔的时尚艺术走廊。[45]

2012年10月，全国第一家国有当代艺术博物馆Power Station of Art（PSA）在上海西岸开业，后来上海双年展就在这里开办。当代艺术博物馆和伦敦的泰特现代艺术博物馆一样，由原来的一个发电站改造而成，这也是它名字的由来（Power Station是发电站的意思——译者注）。最近，上海市政府把这所博物馆定为地标性建筑，把它所在的黄浦江畔13.5千米的一块土地设定为上海的一个优先功能区——"亚洲最大的艺术走廊"。西岸是上海市中心的高级公共空间，是上海的国际技术与文化走廊。所以，大型多国公司无不把办公室设在这里，比如，华为技术公司就把5G展览中心设在了西岸。

西岸6千米长的龙腾路聚集了数十家美术馆和专业艺术画廊，其中包括西岸艺术中心（West Bund Art Center）、龙美术馆西岸馆（Long Museum West Bund）、上海摄影艺术中心（SCoP，专门展览摄影艺术的一流博物馆级场所）等大型美术馆，还有一些比较小型的艺术画廊，如东画廊（Don Gallery）、香格纳画廊的分支、上海阿拉里奥画廊（Arario Gallery Shanghai）、徐震工作室（Xu Zhen

Studio）和附近的当代艺术博物馆。这些美术馆、艺术中心和画廊不仅展出上海和中国其他地区的艺术家的作品，还时常展出海外当代艺术家的作品。

例如，2019年9月，龙美术馆西岸馆办了一场题为"洛杉矶"（Los Angeles）的画展，展出了洛杉矶艺术家马克·布拉德福德（Mark Bradford）创作的关于"社会抽象"（social abstraction）的多幅大型画作。上海摄影艺术中心为住在纽约的德国摄影师马丁·舍勒（Martin Schoeller）举办了一场肖像摄影展《知人识面》（Close）。阿拉里奥画廊也举办了3场展览，分别是韩国雕塑艺术家金炳昊（Kim Byoungho）的《生命轨迹》（Seventy Two Silent Propagations）；出生在河北，在纽约普瑞特艺术学院学习过的温一沛的前卫艺术展《置景》（Staging）；和江苏艺术家徐跛骋的互动性艺术展《永生之岛》（Island of Immorality）。同月，上海当代艺术博物馆举办了数场展览，包括让·鲍德里亚（Jean Baudrillard）的摄影作品、日本建筑师石上纯也（Junya Ishigami）的《自由建筑》（Freeing Architecture）和中外艺术家的前卫艺术作品集展《客人的到来》（The Return of Guests）。这些例子展示了为上海兴旺的艺术景象添薪加火的各项活动，而这些活动对于上海新兴的公民讨论影响深远。如一位中国批评家所说：中国不缺艺术家，缺的是"能接受那些艺术家的人"。[46]

大型民营美术馆的兴起

西岸许多新建的美术馆和艺术设施是私人出资的。例如，余德耀美术馆（Yuz Museum）由印尼华裔企业家、慈善家和艺术收藏家余德耀（Budi Tek）于 2014 年创建。余德耀是印尼富商，旗下公司 PT Sierad Produce Tbk 专营禽类分销和餐饮经营。2004 年，他开始收藏艺术品，藏品多达 1 500 多件，包括莫瑞吉奥·卡特兰（Maurizio Cattelan）、弗雷德·桑德贝克（Fred Sandback）和阿德尔·阿德贝斯麦德（Adel Adbessemed）等西方当代艺术家的作品，也有一些中国"超大型艺术"作品，如徐冰国际闻名的《烟草计划》。2011 年，余德耀在《艺术与拍卖》杂志评出的艺术世界十大最具影响力人物中名列第八。2017 年，他因推动法中文化交流与合作被法国政府颁以"荣誉军团勋章"。

余德耀美术馆是日本建筑师藤本壮介（Sou Fujimoto）设计的，建在原来龙华机场的一个机库和原上海飞机制造厂的旧址上。美术馆面积共有 9 000 平方米，是中国当代艺术展览空间一个新的地标性建筑。余德耀美术馆号称有 3 个目标："将世界的注意力吸引到上海，推动中国当代艺术的发展，促进东西方文化对话。"[47]

也是在 2014 年，亿万富翁夫妇刘益谦和王薇创立了龙美术馆西岸馆，而仅仅两年前，他们刚于 2012 年建立了龙美术馆浦东馆。龙美术馆西岸馆开馆时，是中国最大的私人美术馆。美术馆由大舍建筑师事务所（Atelier Deshaus）的中国建筑师柳亦春设计，占地 3.3 万平方米，展出用地 1.6 万平方米。馆址是黄浦江边原来的一个运煤码头。来参观的观众仍可从 20 世纪 50 年代时建造的一堵隔断墙（约 110 米长、10 米宽、8 米高）上看到煤漏斗卸载桥。

刘益谦和王薇都于 1963 年出生在上海。刘益谦是总部设在上海的投资公司新理益集团（Sunline Group）的董事长。他们夫妇通过投资股票市场、房地产和制药发了财。2015年，刘益谦以1.7亿美元买下了意大利画家阿梅代奥·莫迪利亚尼（Amedeo Modigliani）创作的世界名画《仰卧的裸女》（Nu couché），这是当时世界上艺术品拍卖的第二高价。刘益谦还买过中国南宋王朝和明朝的昂贵古董。

刘益谦的妻子王薇是龙美术馆的馆长，她对中国当代艺术更感兴趣，收藏了李铁夫、张大千、齐白石、颜文梁、刘海粟、林风眠和吴大羽等著名艺术家的作品。王薇收藏的艺术品种类多样，从民国时期的油画和水彩画到革命时期的油画（称为中国现实主义），再到前卫艺术作品。王薇似乎对反映中国的飞速经济增长对中国人民多层面深远影响的艺术作品情有独钟。[48] 2014年龙美术馆的收藏展《1199个人》展出了她收藏的大批中国当代艺术作品。作品中有现实主义艺术家罗中立的杰作，有已故画家陈逸飞的肖像系列如《穿蓝裙的女孩》《长笛手》《弹吉他的女子》和《吹单簧管的女子》，有陈丹青的《西藏组画》，也有王广义、方力钧、岳敏君、张晓刚、张恩利、于红、曾梵志和周铁海等艺术家创作的世界闻名的油画，以及余友涵和薛松的多媒介前卫艺术作品。[49]

王薇说，龙美术馆把重点放在"东西古今艺术的对比展出与研究"上面，同时更深地扎根于上海当地文化之中。[50] 龙美术馆放眼全球，展出多种多样的视觉艺术作品，既有中国当代艺术家的著名作品，也有世界各地的当代艺术与文化。有人也许会说，刘益谦和王薇建成了"中国的古根海姆博物馆"。[51] 龙美术馆西岸馆在 2018 年举办了一场题为"转折点——中国当代艺术四十年"的展览，展示了它惊人的艺术品收藏。展览展出了美术馆收藏的众多改革时代的代表性作品，按时间顺序排列，共有 99 位著名中国艺术家的作品。[52]

如王薇所说，这场展览展示了 20 世纪 80 年代以来中国艺术领域的演变：在 80 年代，"艺术家满脑子新思想和理想主义"；到 90 年代，"艺术似乎成了社会学的一个分支"；再到 21 世纪第一个十年，"艺术家在寻求文化身份与自我定位"，以图在快速全球化的世界中找到生存空间；最后是 21 世纪 10 年代，中国艺术家的追求越来越"在概念和技巧上与世界同步"。展出的艺术家无论属于哪个十年，都通过自己的创作出色地反映了在国家社会、经济和技术发展一日千里之时自己周围的景象。[53] 所以，王薇自豪地声称，改革开放时代中国当代艺术的所有重大发展都能在龙美术馆西岸馆的馆藏中看到。值得注意的是，展览展出的 99 位艺术家中，29 人在国外学习工作过，主要在欧洲、美国和日本。

为储存艺术品建造的保税仓库"自由港"（Le Freeport）在西岸落了户。3 个相对较小但国际知名的艺术画廊——没顶画廊（MadeIn Gallery）、艾可画廊（Aike Dellarco）和香格纳画廊——也都从上海原来的艺术中心 M50 创意园迁到了西外滩。何浦林最近把西岸称为"全上海，甚至可以说是全中国最令人兴奋的新兴艺术区"，说他的画廊搬到这里是为了"到热闹带劲的地方来"。[54] 不久前，蓬皮杜中心（Center Pompidou）宣布计划于 2020 年在大卫·奇普菲尔德（David Chipperfield）设计的西岸美术馆（West Bund Art Museum）开办中国分馆。这个名为蓬皮杜中心上海分馆的新空间开启了法中两国延续到 2025 年的一项长期文化合作计划。[55]

2010 年世博会开幕时，中央政府宣布中国将在 5 年内在全国新建 3 500 座博物馆。这个雄心勃勃的计划包括对地方政府和开发商给予税务优惠。英国《经济学人》杂志指出，中国政府这个计划其实已经在 2012 年提前 3 年超额完成。[56] 毫无疑问，西外滩大大受惠于这项政策。上海通过视觉艺术的发展，再一次走到了全国前面。上海有些博物馆将成为城市的文化地标，其实有的已经成了地标。用艺术家周铁海的话说，人们想到纽约、巴黎和伦敦这些全球大都会的时候，首先想到的可能是大都会博物馆（Metropolitan Museum）和现代艺术博物馆（MoMA）、卢浮宫（Louvre）和蓬皮杜中心、大英博物馆（British Museum）和泰特现代艺术中心，而不会想到某个餐馆或购物中心。在周铁海看来，上海新建的美术馆将起到同样的作用。他说："艺术空间可以代表并塑造一座城市的灵魂。"[57]

2017 年，上海共有 124 家博物馆，包括 82 家高端艺术画廊和美术馆，其中只有 18 家是国有的，[58] 80% 以上为私人所有。新建的私人艺术画廊包括当代艺术馆（Museum of Contemporary Art）、Hao 艺术画廊（Hao Art Gallery）、宝龙美术馆（Baolong Art Museum）、苏宁艺术馆（Suning Art Museum）、美博美术馆（Mei Bo Art Museum）、喜马拉雅美术馆（Himalaya Museum）、相润艺术空间（Yoon Arte）、先锋画廊（Vanguard Gallery）、上海宣传画艺术中心（Shanghai Propaganda Poster Art Center）、上海多伦现代美术馆（Shanghai Duolun Museum of Modern Art）、上海明圆美术馆（Shanghai Mingyuan Art Museum）、明珠美术馆（Pearl Art Museum）和艺仓美术馆（Yicang Art Museum）。相比之下，2012年的上海只有34家高端艺术画廊和美术馆，也就是说，艺术展览场地的数量5年间增加了130%。预计今后几年还会开设更多的艺术画廊和美术馆。

2017年，共有617万人参观了上海的艺术画廊和美术馆，其中396万参观了国有美术馆，221万参观了民营美术馆。[59] 民营美术馆和艺术画廊，特别是像余德耀美术馆和龙美术馆西岸馆这种财力雄厚的大美术馆，对前卫艺术的发展起到了重要作用，为营造上海浓郁的艺术气氛作出了贡献。参观美术馆不再只是为了娱乐，而且也是"一种教育、一种生活方式"。[60] 在中国，看展览已经成为日益普及的活动。一项最近的研究显示，过去10年间，上海平均每年举办300场国际展览。[61]

最后几点思考

根据定义，前卫艺术走在时代的前面，因此经常不会立即获得公众的接受或理解。用巫鸿的话说，"代表新思想的艺术作品刚出现的时候……经常遭到艺术主流的拒绝与排斥，被鄙视为不入流。只有大胆的私人收藏家才能挣脱大众品位的枷锁和故步自封的机构的束缚"。[62] 巫鸿和余德耀都认为，上海"是中国唯一开始出现博物馆文化的城市"。[63]

上海的前卫艺术家和策展人积极为上海争取作为新兴的多样性文化都会的世界地位。现在，上海已成为"中国当代艺术界有影响力的标签"，与北京的798艺术区和宋庄艺术家社区分庭抗礼，甚至后来居上。余德耀最近说过，"如果你真想看到新的、迷人的、达到国际标准的东西，就必须来上海"。[64]

在很大程度上，艺术画廊在上海的蓬勃发展反映了这座城市不断壮大的中产对文化体验的渴望。如艺术批评家姜俊所说，

> 中国新兴中产全心全意地接受活力充沛、持续发展的经济后，不再对争取多元化政治权利感兴趣，也不想"闹革命"争取承认。他们想要的是他们在西方和日本的同类享受的那种文化生活的融合。他们在寻求一种多重审美的综合消费选择，当代艺术正好满足了这种日益紧迫的需求。[65]

鉴于上海一些艺术家和艺评人将当代艺术用于商业目的所引起的关切，姜俊如此一概而论也许言过其实。尽管如此，与新中国成立后的头半个世纪相比，上海的中产和上层阶级越来越不满足于千篇一律的产品和服务，想要多种文化，追求差异化。前卫艺术满足了这些要求，也成为时尚、精英主义、个人主义和世界主义的象征。[66]

上海的前卫艺术家是当地文化、社会和政治环境的产物，反

映了中产成员的观点与价值观。不仅如此,他们还是中产的代言人,为这个群体发声,表达这个群体对未来的向往。第十章将审视这些前卫艺术家试图通过自己的艺术作品传达的重要主张和超前思想。

第十章

与西方对话
上海前卫艺术家对全球化的批判

> 我们不能以为靠挑战某些社会禁忌,就足以使艺术获得自由……要实现真正的自由,首先必须能独立思考。不能把艺术简单地视作一种权力或意识形态斗争。
>
> ——侯瀚如

> 中国当代艺术的价值在中国,不在艺术。
>
> ——周铁海

上海当代艺术领域一个贯穿性主题是:中国知识分子要求平等对话,不单在国家与社会之间,也要求中国与西方之间的平等对话,在这个全球化时代尤其如此。平等对话的呼声绝非中国所独有。许多发展中国家的民族主义知识分子都以终结他们眼中趾高气扬的后殖民主义为己任。向消费社会的过渡引起了文化身份的问题,在许多国家造成了民族主义情绪的上升,有些中国批评家指出,西方评论家经常不理解这种过渡中出现的困难。重重挑战之中，全球化孕育出一波新的城市化浪潮，重新激起了智识和观念方面的求索。数字时代的到来，加之通俗文化与社交媒体的兴起，更推动了当代艺术的发展，使前卫艺术作品与社会、政治、经济和生态建起了千丝万缕的联系。

在广义上，前卫艺术和一切其他事物的广泛联系引起了更多耐人寻味的问题。当今中国的文化常常被视为一成不变、墨守成规、单调统一、以国家为中心；在这样的社会文化中，多元活跃的前卫艺术如此高调登台是怎么做到的呢？为什么前卫艺术家能蓬勃生长，甚至在政府赞助的艺术展上大量展出他们的作品，特别是在上海？上海前卫艺术画廊的兴旺发达最重要的驱动力是什么？是庞大的中产形成的艺术品消费市场？是政府要把上海建成世界一流的国际都市而采取的刺激措施？抑或是富人和商业大公司希望寻找另一个资产分配的路子？还是这三者的结合？从西方获得灵感的中国前卫艺术家从文化跨国主义中获益匪浅，对西方普遍的世界观及全球化的批评态度却日益强烈——这两种看似矛盾的现象该如何解释？要回答这些问题，了解上海前卫艺术家过去20年来政治和思想上的心路历程会大有启发。

本章聚焦于5位上海前卫艺术家的作品：薛松（1965年出生）、施勇（1963年出生）、浦捷（1959年出生）、周铁海（1966年出生）和丁乙（1962年出生）。作为对比参照，也会讨论其他艺术家及其作品。[1] 这5位上海艺术家都属于"60"后或准"60"后，对他们的成长影响最深的事件都发生在1978年改革开放之后。薛松生在安徽，在上海戏剧学院学习美术。其他4人都生在上海，各自在上海轻工业学院、上海工艺美术学院（后来并入上海大学）和上海师范大学的美术系上学。5人均毕业于20世纪80年代晚期，目前在上海居住工作。

当然，艺术家的风格与专攻不受地域的限制或决定。电信和数字革命进一步模糊了艺术家的国家及地区身份特征。然而，上海前卫艺术家有一些明显的共同特征。本书的研究当然无法囊括上海所有的著名前卫艺术家。其他一些前卫艺术家也对上海当代艺术做出了重要贡献，如陈强、谷文达、胡介鸣、李山、孙良、杨福东、余友涵和张恩利。尽管如此，本章重点讨论的5位前卫艺术家代表了一些重要的艺术手法与主题表现方式，从中可见改革开放时期上海前卫艺术家的显著特征。

自20世纪90年代以来，这5位艺术家都名扬艺术圈，经常在国内外开办画展。周铁海和丁乙还获得过著名国际艺术奖。目前，他们5位属于上海最活跃的前卫艺术家。每个人都有自己鲜明独特的艺术风格，但他们基本关注同样的社会问题，有类似的政治意见，代表着他们这一代前卫艺术家的新观点。本书的研究表明，以这几位著名艺术家为代表的上海前卫艺术经常挑战西方关于中国前卫艺术家的政治立场与世界观的基本看法。总的来说，这些艺术家并不符合西方对中国知识分子思想倾向的大部分描述，而是更加反西方、反全球化，却不那么反对国家。

具体来看上海艺术家的态度和意见，自20世纪90年代中期以来，上海的前卫艺术大多并不批评中国政府，但许多艺术作品对经济全球化的负面效果表示谴责。美国的经贸权势、政治霸权、在世人眼中的伪善、道德优越感、对中国的无知与傲慢，以及对世界的经济不平等视若无睹——这些都是上海前卫艺术家抨击的对象。自20世纪90年代中期开始，中国非艺术圈的知识分子和大学生也明确表达了类似的关切。[2]中国知识分子和学生中的民族主义情绪和反美情绪有所增强。外国学界分析家对最近这一趋势的解读或有不同，但决不能忽视这个重要变化。

"性格即命运"：上海前卫艺术家

斯坦福大学研究中国艺术的学者林似竹（Britta Erickson）汇编了大约1 000名华人当代艺术家的生平数据，包括住在台湾、香港地区及海外的艺术家；这个汇编涵盖了所有对国家或国际艺术界作出突出贡献的人。[3]出生在中国大陆的艺术家中，找得到出生地信息的有531人（表10-1）。这组数据中，出生在上海的人（66人）占的比例超高，占总数的12%，比上海占全国人口的比例高10倍。这个数据库中，上海艺术家的人数仅次于北京（14%）。这一点特别惊人，因为上海艺术院校的数目远比不上北京。其他两个直辖市，天津和重庆，在艺术家出生地的数据里各自只占1.7%和2.3%。值得注意的是，如果加上出生在江苏（8%）和浙江（6%）两省的艺术家，长三角地区就在这组数据中的中国著名艺术家中占了27%。

表 10-1　中国著名当代艺术家出生地按省份的分布，2001

省/直辖市/自治区	人数	百分比（%）	人口（%）
华北			
北京	72	13.6	1.0
天津	9	1.7	0.7
河北	17	3.3	5.3
山西	6	1.1	2.6
内蒙古	15	2.8	1.9
小计	119	22.4	11.5
东北			
辽宁	23	4.3	3.4
吉林	8	1.5	2.2
黑龙江	26	4.9	3.1
小计	57	10.7	8.7
华东			
上海	66	12.4	1.2
江苏	44	8.3	5.9
山东	32	6.0	7.2
浙江	31	5.8	3.6
安徽	4	0.8	5.0
福建	15	2.8	2.7
江西	3	0.6	3.4
小计	195	36.7	29

续 表

省/直辖市/自治区	人数	百分比（%）	人口（%）
华中			
河南	5	0.9	7.5
湖北	30	5.7	4.8
湖南	17	3.3	5.3
小计	52	9.9	17.6
华南			
广东	37	7.0	5.7
广西	0	0	3.8
海南	0	0	0.6
小计	37	7.0	10.1
西南			
重庆	12	2.3	2.5
四川	27	5.1	6.9
贵州	6	1.1	2.9
云南	8	1.5	3.3
西藏	1	0.2	0.2
小计	54	10.2	15.8
西北			
陕西	9	1.7	2.9
甘肃	6	1.1	2.0
青海	1	0.2	0.4
宁夏	0	0	0.4
新疆	1	0.2	1.4

续　表

省/直辖市/自治区	人数	百分比（%）	人口（%）
小计	17	3.3	7.1
总计	531	100.0	99.8

来源：人口数据根据《中国统计年鉴，1996》计算而来，国家统计局汇编（北京：中国统计出版社，1996），第42—32、73页；《中国统计年鉴，1999》，国家统计局汇编（北京：国家统计出版社，1999）。因四舍五入，所以百分比不是100%。这些人口数据由李成收集并列表。

上海前卫艺术与北京和其他城市"震撼艺术"的比较

上海的前卫艺术家与他们在北京和武汉的许多同行不一样，后者以通过令观众震惊来传达强烈信息的"震撼艺术"而闻名。"震撼艺术"的内容常常是反建制的，造成的震惊程度是衡量作品成功与否的标准。[4] 在人的裸体上、动物身上和肉上绘画来表达激进的情感成为一些震撼艺术家的惯用手法。

上海的前卫艺术中，震撼艺术行为不常见。一些上海前卫艺术家声称，"震撼艺术"只能"震撼"，却可能会"杀死"艺术。[5]

20世纪90年代早期，北京冒出了几个"艺术家村"。例如，圆明园画家村成为政治波普和玩世现实主义艺术的中心。几年后，一群行为艺术家在北京朝阳区组成了所谓的"东村"，此地随即成为实验性行为艺术的中心。20世纪90年代晚期，来自中国各地的200多名艺术家落脚通州郊区。[6] 住在北京的著名艺术批评家杨卫描述了当时北京41位突出的艺术家和策展人的特点，特别是他们在宋庄和通州艺术家村的日子。[7] 这些艺术家村中走出了蜚声国际的前卫艺术才俊。宋庄艺术家社群一度号称有3 000多名在册艺术家。[8] 他们的有些作品的确让人耳目一新，但用一些西方艺评家的话说，这些艺术家村的很多人"并无多少特色"。[9] 除了几个出名的例外，聚集在这些社区的艺术家们通常彼此模仿，表达的观念也是些老生常谈。[10]

北京的前卫艺术家聚集成村，他们的上海同行却大多在自己的画室里各干各的，单独与艺术画廊洽谈自己作品的展览事宜。虽然有些画廊和展览位于"艺术群落"中，但上海艺术家彼此之间无论是住所还是社交都比其他地方的同行疏远得多。如薛松指出的，"上海的文化更加注重独立。独立需要距离，而距离产生特色"。[11]

1979 年举办了两场前卫艺术展览，第一场在北京（《星星画展》），第二场在上海（《12 人画展》）；据前面提到的北京艺术批评家杨卫说，这两场画展预示着对政治观点与价值观两种泾渭分明的态度与侧重。[12] 北京的画展意识形态色彩很强，参展的作品大多表达了强烈的政治观点。与之形成对比的是，上海画展的参展画家来自上海的知识分子或普通市民家庭。他们的作品高度强调艺术自我表达。杨卫指出，这两场画展代表着"中国当代艺术的两个求索方向"——北京注重艺术的社会和政治批判功能，而上海倾向于在抽象艺术中冲淡意识形态色彩。[13] 于是，上海变成了中国的"抽象之都"。2001 年、2002 年、2003 年和 2005 年，上海美术馆以"形而上"为主题连续举办了 4 场大型抽象艺术展览。[14]

研究中国艺术的专家安雅兰（Julia Andrews）提出，追求艺术表达自由的有些方法需要"在体制内努力"。毕竟，艺术家很少能"免于社会、政治与经济环境的压力"。[15]因此,20世纪90年代期间,上海开始出现独立策展人,专门负责组织艺术展。他们策办的有小型艺术展,也有上海双年展这样的大型艺术展;这些艺术展既不完全由官方主导,也不反对政府。另外,许多实验性艺术展览找到了办法,"在画廊、俱乐部、咖啡馆和酒吧这类私营空间办展,以此绕过官方渠道"。[16]政府一般都配合上海市的艺术家团体,在官方媒体上公告独立艺术画廊的活动。[17]然而,这并不意味着前卫艺术家们丧失了社会与文化独立性,而是表明,在今天的中国,艺术与国家的关系比西方观察人士普遍以为的更加复杂。

不过,对于前述上海前卫艺术近来的发展,并非所有中国艺术批评家都持赞许态度。例如,马艳在对上海前卫艺术生态的研究中指出,上海的当代前卫艺术存在着问题与不足,包括艺术家、艺评家和策展人数量不多(尤其是在年轻一代中),没有专业学术期刊,专用于传播当代艺术的大众媒体渠道不够,以及"艺术画廊强但艺术院校弱"。[18]马艳指出,上海的艺术生态表象给人造成的活跃酷炫的印象是虚假的,仔细看一看上海前卫艺术社群的内部运作,即可发现"缺氧"和"生态不平衡"的情况。在她看来,上海的艺术机构欣欣向荣,但上海艺术家的"生产机制"却单薄脆弱。上海这座城市中,内在的悖论、矛盾、冲突、肤浅和理性总是在不断上演。[19]

马艳的尖锐批评给关于前卫艺术在上海的地位与特点的学术辩论增添了新内容。近几十年来,中国城市的文化日趋多样化,尤其是上海和北京这两个当代艺术中心既共存又竞争，这个现象也许更加重要。

对抗商业文化：既是受益者又是批评者的艺术家

商业的兴起可能是中国改革开放时代最显著的文化变化。一个矛盾的现象是，前卫艺术家既受益于物质主义和市场经济，又对其大加批评。中国艺术家与市场经济这种看似矛盾的关系可以理解，因为改革之前的几十年里，他们身处一个极为压抑的环境中。中国向市场经济的过渡给艺术家们带来了仅仅几年前还想象不到的文化空间、经济繁荣和（相对来说的）知识自由。所以，这些中国艺术家与西方审美现代主义者不同，后者中有人始终表示对物质主义的厌恶，前者却对物质主义欲拒还迎。一位中国批评家斥责西方前卫艺术家对资本主义和物质主义全盘拒绝的态度，说他们企图通过在象牙塔里贵族式的自我放逐来创造一个纯美学的乌托邦。[20]

这并非说中国前卫艺术家是狡猾的一群人，浸淫在商业文化中，不具备谴责霸权体制的能力。[21] 恰恰相反，他们经常对霸权，也对彼此发出挑战。他们深知自己身为艺术家在一个迅速商业化的国家里的尴尬处境。

上海的前卫艺术家尤其如此。改革开放时代的许多重要发展，包括商业社会的重新兴起、股票市场、外国投资、建筑热、农村人口向城市的大规模迁徙和市场经济各种新形式，都是在上海开始的，或者表现得特别突出。这些深远的社会和经济变化并非发生在文化真空里。事实上，过去 20 年来，现存的价值观和互相冲突的意识形态，现代主义还是后现代主义，儒家新威权主义还是西方后殖民主义，民族主义还是全球主义，多文化主义还是普世主义，都在上海受到了带有批判眼光的审视。上海前卫艺术家的作品反映了这场仍在进行的活跃的政治讨论，也显示出艺术家自身的尴尬定位。早在 1996 年，上海前卫艺术家施勇、丁乙、周铁海和其他人一道在上海组织了题为"我们谈谈钱"的画展，传达了"一种关于中国艺术界发展方向的警告"。[22] 他们认为，市场变成了新的"规范艺术制度的力量，大大改变了艺术领域的焦点与内部动态"。[23]

薛松特色鲜明的绘画方法与技巧同他的主题思想明显吻合。20 多年来，他把各种材料融入自己的艺术创作之中。具体地说，他使用火焰、灰烬、烧焦的图片和印刷品残片作为媒介，然后用烘焙、粘贴和上色等手法来处理散落在画布各处的图像，创造了自己独有的视觉风格。[24] 有些艺评家注意到，"火在薛松的作品中起着中心作用。它是一种哀悼的形式"。薛松认为，灰烬是关于命运的提醒，也是重生的象征。用他的话说，"火是我的创作手段"。[25] 从破坏到重生，他的作品经历了一段"再生"过程，其间挣脱了原来的意义，被赋予新的含义。薛松在画作中把历史记忆与当前现实、传统文化与现代观点、滑稽模仿与严肃批评相结合，将创造的碰撞呈现在观众眼前。在某个意义上，他从毁灭性的破坏和损耗中创建了拼贴画的新语汇。

薛松关于上海浦东金融区的作品使用了他的"标志性"材料——大量被焚烧过的外滩老建筑照片和残破图片（附录插图2）。画作里，一些显示上海在1978年以前，甚至是1949年以前风貌的图片，包括殖民时代外滩代表性建筑的图片，全被剪成碎片，粘贴在浦东崭新的摩天大楼上，像是浦江两岸的镜像。蓝天白云中满是日期和数字。它们提醒着人们过去几个世纪中一波波的动荡不安，还有困扰着这个国际交往中心的挥之不去的股市和房地产泡沫。画作的下部是黄浦江模糊的水下暗流，与"光彩夺目"的上部形成强烈对比。薛松使用挪移、操纵和颠覆的手法来传达历史记忆的丧失和宿命循环的讽刺等信息。

上海艺术家使用当代方式来批判现代性。他们对于当前全球变化的矛盾态度说明艺术的作用发生了改变。从前"反文化"和"主流文化"之间的泾渭分明现在日益模糊，因为反文化已经完全融入了占支配地位的物质主义主流文化。艺术家对市场转型从来态度暧昧。他们与消费文化关系密切，但身处其中又踟蹰忐忑。中国著名现代艺术批评家侯瀚如观察到，前卫艺术家尽管因突破社会与道德禁忌而构成"挑战"，但他们大部分人"其实是与社会现实一致的——他们艺术的本质是名声、金钱、消费和欲望"。[26]

施勇在20世纪90年代的装置艺术作品表现的就是这种自相矛盾的现象和对这种现象的社会批判。施勇从未出国学习过，但自20世纪90年代早期开始，他的作品在全球多座城市展出过，包括阿姆斯特丹、柏林、波尔多、汉堡、赫尔辛基、伊斯坦布尔、伦敦、马德里、墨西哥城、纽约、鹿特丹、釜山、圣保罗、旧金山、首尔、多伦多、温哥华、维也纳、威尼斯，还有其他城市。施勇采用多种媒介来创作表现艺术、装置艺术、视频和线上互动艺术。他不直接发表政治观点，而是通过"在创意泉涌、勤于实验之时采用各种不同媒介"来寻求更个性化的表达方式。[27] 从20世纪90年代到21世纪第一个十年早期，施勇几乎所有的作品都是对上海在日益全球化的商业世界中公共形象的批评。

他在那个时期的许多作品都使用了互动媒介，观众需要参与其中才能充分领悟作品的含义。他的作品《第一次约会》的背景是上海浦东，包括当时中国对外资开放的象征——著名的东方明珠塔（附录插图3）。作品中站着一个男女不辨的人，如作品题目所示，手中拿着一支红玫瑰，等待着他或她的第一次约会。在《上海今日新形象》系列中，观者选择电脑屏幕上的照片，开始和照片中的人物"交流"，然后软件显示照片中的人是一个男人（其实是施勇的照片）。交流包括六部分，每个部分要求观者从多个选择中挑一个答案。电脑屏幕上的人像随着观者每次挑中的选项而变化。如果观者不喜欢电脑提供的任何现成选择，可以自创新答案。这个互动艺术作品的重点当然不是简单的约会或恋爱。它喻意着先进工业化国家与发展中国家的关系、全球化时代西方文化与非西方文化的关系，以及这些规则范围之内的各种选项。施勇要表达的意思是，上海的公共形象由西方的理想来决定。在一份线上杂志中，施勇写道，所谓的多文化主义其实是由西方国家界定的。他这些话反映在作品中，显示电脑屏幕上的非西方人物指导着"公共形象"顺从事先确定的后殖民时代标准。

《上海今日新形象》系列中的一些作品对上海打造形象的相关问题做出的批判更加复杂、更多层次（附录插图4）。那些作品通常有两部分。第一部分是行为艺术，第二部分是互动性多媒体艺术。在行为艺术部分，施勇从身上揭开一个布斗篷，将自己显露出来，恰似在百货商店盛大开业仪式上揭去一座雕像或一块匾额上的罩布。揭开斗篷的行为用英文标着"上海新形象"，揭开之前，观者可以看到蒙着斗篷的人站的台子上"中国制造"的字样。施勇的意思是，虽然"上海形象"揭开斗篷后对观者来说是新的，但这不会改变观者已有的观念。

在互动部分，施勇请观众（世界各地的网民）参与设计一个更加理想的形象，一个"最适合上海高速现代化的形象"。观众通过线上电脑程序可以"专门设计"发型和衣服，然后要他们对各种样式投票，由电脑程序来计票。乍看起来，观众也许以为，这位艺术家是在讴歌个性、多样性和上海的公民参与。其实，施勇的《上海今日新形象》要表达的更重要信息是，"社会把什么算是好的、美的和时尚的思想投射给个人"，[28]这才是他真正的主题。所以，施勇提出的论点是，中国的市场改革中，塑就"中国精神"形象的是西方顾客，而不是整个社会。在他看来，塑就形象的过程与处理西方顾客的一份订单别无二致。如他所说，"我接了订单，用'中国制造'的方式加工后，就生产出了顾客需要的东西。"[29]换言之，施勇被迫接受"强加"到他形象上的西方对中国的观念。

施勇的作品是对于上海在成为新的国际都市过程中所发生变

化的回应。20世纪90年代的中国当代艺术可以称为出口型当代艺术，用施勇的话说是"咬钩型"或"迎合西方型"，也就是按照西方艺术体系希望在中国当代艺术中看到的东西来创作艺术。[30] 施勇认为，"按需生产在商业世界中是正常的，但在艺术世界中不可思议"。[31] 他的一幅摄影作品题为《你不可以克隆，但你可以买》，里面他自己的形象重复了许多次；这件作品是对当今世界商业艺术过量生产的视觉呈现。施勇的作品通过直面这些压力和矛盾，对于公共形象的形成和解读提出了尖锐质疑。他以富于想象和深思熟虑的方式提出，一座城市的风格或任何一个地方的身份特征都有其背景，是多重的、灵活的，经常受到经济与政治力量的操纵。

施勇作品的另一层意思是，在一个面向消费者的社会中，艺术家的地位不能一件杰作定乾坤。1980年，才华横溢的四川艺术家罗中立以震撼人心的画作《父亲》蜚声全国，那幅人物肖像画的是一个饱经风霜的中国农民。他靠着这幅画成为中国当代艺术界的明星。然而，在一个完全商业化和全球化的世界中，艺术家不可能只靠一幅画就地位稳固（或发财）。必须创作出大量相似的作品来占据艺术市场的一席之地。这是一个原因，说明为什么已故画家陈逸飞的画作常常是组画（比如江南组画或西藏组画）；陈逸飞生前是上海最著名的非前卫艺术家，但以"前卫企业家精神"闻名。组画中每一幅新作的价钱都创新高，因为之前的画已经在市场上扬了名。陈逸飞在西藏和苏州照下照片，然后运用他此前作为社会现实主义画家的技巧，在画布上画出照片的效果。他使用这种"现代方法"画出了大批描绘西藏人民、高原风光和江南小桥流水景致的油画，赚得盆盈钵满。事实上，本书重点介绍的5位上海前卫艺术家都创作过许多系列作品。

从21世纪第一个十年早期开始，施勇创作《上海新形象》系列作品的激情开始消退。他对"当代上海"的兴趣从个人维度发展到城市维度。近些年来，他创作了更多抽象装置作品，如《幻觉现实》系列和《规则之下》系列，借以探索技术监视、信息流动、数字控制，以及全球化背景下的隐私权和私密性问题。[32] 2013年爱德华·斯诺登（Edward Snowden）"棱镜门"泄密这类重大事件对包括中国在内的世界各地知识界与艺术界产生了强烈冲击。上海很多前卫艺术家越来越担忧公共安全问题，特别是在数字技术日新月异的今天。

从施勇的角度来看，个人最应该关切的是，隐私和尊严的丧失、机器对人类的控制力和当前数字革命产生的其他破坏性效果。他写过一篇关于自己作品的文章《秘密的真相》，在里面写道："在潜意识里，人总有一种偷窥的欲望，在自身安全得到保证的前提下以窥见事态突变为乐。正因为这种心态的普遍性，'秘密'在现实中就最易构成颠覆性能量，常常成为控制他人的致命武器。"[33] 施勇2018年创作的装置艺术作品《在另一个句子里忽隐忽现——消息不胫而走》表明了信息传播在当今世界造成的焦虑、好奇、恐惧和破坏性后果（附录插图5）。这个装置用各种材料做成，有木头、颜料、不锈钢板、硫酸纸、一个电子喇叭、一个扩音器，还有一个音频播放器。作品中还包括一些看似隐蔽的摄像头和监视器的装置。围成圆形的电线似乎可以围住作品题目中的"消息",但电线本身也可以隐喻消息不胫而走。作品中有一片显眼的阴影,重申了施勇那耐人寻味的论点:"真正能操纵我们的不是眼中看到的粉饰过的表面,而是看不到却又无所不在的隐形事实。"[34]

互联网和其他社交媒体平台使信息得以迅速传播,因而放大了上述有别于反现代的后现代主题。浦捷是这方面的讽刺大师。他的许多作品都使用数字符号来强调互联网造成的社会混乱。早在 20 年前,浦捷在作品《互联网时代 11 号》中,把在线交友与 2000 年毁掉了全球数千台电脑的"我爱你"电脑病毒结合起来。在这幅用亚克力颜料绘成的画中,一群女人向一个男人伸着手,那男人没有头,但穿着一身高级西装。背景满是以电脑程序字体写成的数字、网络链接和"我爱你"病毒的模样(附录插图 6)。

浦捷和薛松及施勇一样,常用上海这座城市当作品的背景,批评上海对全球化盲目而专注的全盘接受。

浦捷常常在作品中使用"双视角"手法,以反映他这一代中国艺术家生活经历中的"重叠现象"。他和薛松一样,经常并列排放两层形象、两个相互对比的文化、两个相互冲突的思想、两个艺术流派或两个不同时代,在作品中将它们一起以单一的美学方式表达出来。浦捷的画作《头是她》描绘了两个对立的时代。作品中,一个城里女人的头象征着消费文化,她身穿柠檬黄的衣服,黑色描出的轮廓十分清晰,强调了她的活力,但也表现了匆忙、空虚和不安。作为对照,那女人身后是一位传统女性的肖像,从容不迫、朴素无华,但更加程式化,也更加尊贵(附录插图 7)。

看过这件作品的一些观众发表了中肯的洞见，"浦捷把看似相反的叙事和记忆并列对比，企图显示生活那支离破碎、变化莫测，因此而毫不连贯的性质"。对浦捷来说，只有这样的形象对比，才能使观者理解时光变迁和时代撕裂带来的锥心痛苦。从广义上说，浦捷通过展示两支对立力量彼此间对抗、溶解和消化的效力，试图在当代中国生活中的吸收与排斥之间达成平衡。[35]

消费文化固然给许多前卫艺术家带来了自由与金钱，但艺术家对伴随经济改革而来的文化变迁引起的诸多问题仍然揭露不误。市场经济刺激了中国当代艺术的繁荣，但也可能成为艺术的敌人。艺术批评家张晓凌说，"艺术获得了自由，却也付出了沉重的代价"。[36]浦捷、施勇和薛松那一代人的生活经历了大起大落、天翻地覆，所以他们并不幼稚地以为这世上真的存在某些西方批评家经常挂在嘴边的纯粹的艺术与知识自由。按照薛松的说法，他那一代人是幸运的，也是悲惨的。他们从鄙视中国传统发展为盲目崇拜西方，再到缓慢地、有意识地发展自己的叙事。薛松说："我们不相信绝对自由。"[37]

商业社会的异化、做作和荒诞是世界各地前卫艺术的重要主题。讽刺和自嘲是最常用的表达方式。上海前卫艺术家的许多作品都展现了一种自我批评精神。可以说，没人比周铁海更愿意拿自己做讽刺对象的了。在一件名为《新上市证券周铁海，在到达合理价格前继续上涨》的作品中，周铁海把自己当作一件在股市上标价的商品。《新上市》开展时有这么一句说明："7月12日刚在上海证交所上市时，周铁海似乎估价过低，前几个小时的交易中仅稍有提高。"许多社会理论家都说过,人一进入市场,道德问题随即出现;周铁海以尖锐的幽默感突出了这些问题。[38] 如周铁海的作品所指,许多中国当代艺术家自己变成了商品,而"任何商品只有在被价格证明后才有价值"。[39]

全球化时代,西方无论是在经济、道德、媒体还是在艺术领域都占据优势地位,周铁海因对此种现象表示强烈不满而著称。20世纪80年代,主修绘画与设计的周铁海刚从上海美术学院毕业时,认为艺术意味着"像梵高那样作画"。[40] 但这个幻觉很快被打得粉碎。在经历了几乎与薛松一模一样的体悟后,周铁海认识到,"艺术家其实从来都不自由"。[41] 如同在任何后殖民时代的讨论中一样,艺术家必须为自由而斗争,同时却又要迎合艺术世界里的统治力量。

周铁海还是个年轻艺术家时,与西方人打的两次交道给了他很大触动。第一次是美国著名作家、国家图书奖获奖者安德鲁·所罗门(Andrew Solomon)1993年来到中国,要为《纽约时报杂志》写一篇关于中国当代艺术的特稿。他对周铁海做了长时间的访谈,文章的终稿却对周铁海只字未提。周铁海因此大怒,决定要"回归艺术",以自己的方式讲自己的故事。[42] 第二次也是在20世纪90年代早期,周铁海看到了一位著名西方策展人开列的中国最佳当代艺术家名单。他发现自己和其他著名艺术家都榜上无名,遂决定直接对其提出质疑。[43] 他尖锐地问道:"一个西方策展人能够决定这样的名单吗?家财万贯的收藏家能够用钱投票来决定艺术家的排名吗?还是说艺术家能够通过自己的作品来决定自己的名声和地位？"按照这个思路，周铁海制作了各种世界著名杂志的假封面，有《时代》《新闻周刊》《纽约时报》《艺术新闻》和《Facts》，假封面上赫然是他自己的照片，头条标题是"周铁海"，以这种方式对公众注意和艺术之间的关系提出质疑。一些艺评家指出，周铁海通过制作这些自我推销的形象，帮助"颠覆了关于艺术家形象和行为的确定观念"。正如周铁海认识到的，一个中国前卫艺术家的成功完全取决于他能否获得西方的承认和接受。[44]

按照周铁海的说法，今天中国艺术家在艺术界的核心问题是"话语权"。他将艺术追求视为争取"话语权"的努力。为获得话语权，周铁海认为他需要发展"一种策略，其中心是艺术家、画廊和美术馆之间的三角关系，或者说是画家、中间商、和策展人或艺评人之间的关系"。[45]一些中国批评家说，周铁海变成了"一个以自己富有想象力的策略吸引了广泛注意的艺术家"。广义上，周铁海似乎是在暗示，中国与西方的战略竞争不仅存在于军事实力和经济实力领域，也存在于文化与意识形态影响力方面，艺术在后者具有重大价值。[46]

在全球化时代呼吁平等对话

过去20年来，中国前卫艺术家突出表达了对市场经济的保留和对西方的批判，这与20世纪80年代和90年代早期中国的主流思想形成了鲜明对比。改革开放刚开始的20年中，很多前卫艺术家对市场经济非常热情,深受西方政治思想的激励。他们中间有些人去了美国或其他西方国家留学。今天,许多中国知识分子和艺术家批评说,市场改革并未给整个国家带来繁荣,而是导致了经济不平等、社会失序、官员腐败和高失业率。进入 20 世纪 90 年代后,发生了很多大事,包括俄罗斯的经济休克、1997 年亚洲金融危机和 2008 年全球金融危机。这些事件使许多中国知识分子开始怀疑自由市场经济是否失灵了。

在国际方面,中国知识分子和大学生对西方的道德优越性日益嗤之以鼻,对他们眼中西方的傲慢日益愤懑不满,对中国能否采用西方的经济和政治制度日益心存疑虑。后来发生的一系列事件给中国知识分子和前卫艺术家的民族主义情绪火上浇油,包括西方带头阻挠中国申办奥运会、西方媒体对中国的妖魔化、1999 年北约轰炸中国驻贝尔格莱德大使馆事件、2001 年 EP-3 侦察机事件、美国将导弹防御系统瞄准中国、正在开展的中美脱钩、关于西方对 2019—2020 年香港黑暴事件的双标指控,以及目前针对华为和抖音的技术制裁。

一些艺术家出于亲身经历对自己眼中美国的傲慢感到愤恨。例如,改革开放初期,艺术家奉家丽接到 Art Omi 的邀请,请她去美国做访问学者。她写道:"接待单位的主管几次打电话给美国大使馆,向他们保证我的确是专业艺术家,但我仍然遭到拒签。理由是我'无业',而且是女人。"[47]尽管如此,许多其他近来批评西方的中国艺术家仍然选择住在西方。已故的陈逸飞经常被视为"美国梦"的范例,但他在生命最后几年对记者宣称,"我是个中国民族主义者"。[48] 出生在浙江、过去30多年一直在上海工作的孙良甚至直截了当地声称,"当代艺术最初是西方的一个骗局"。[49] 他呼吁他的中国艺术家同行"挑战西方统治的艺术界规则"。

然而,大部分批评的矛头所指是美国对外政策和人们眼中美国在经济和文化领域中的霸权。在一幅题为"记者招待会Ⅱ"的照片(1997)中,周铁海在世界各国的国旗前发表了这样的言论:"艺术世界中的关系和后冷战时代国与国的关系一样。"周铁海这幅作品呼应了许多前卫艺术家的共同主题——西方和中国之间的经济与文化交流是不平等的。周铁海认为,当代艺术没有真正的自由,因为它在全球各地都处于西方集体权力的控制下;包括薛松在内的其他艺术家也持相似的观点。

在他的前卫组画《安慰药》中,周铁海把一个资本主义"雅痞"画成一头骆驼,很像中国进口的美国骆驼牌香烟上的标志骆驼乔(附录插图8)。周铁海认为,"安慰药"最恰当地反映了东西方文化交流的讽刺。"一方面,东方对西方文化的成就五体投地,试图用西方的药来治东方的病;另一方面又知道这药有严重的副作用。"[50] 换言之,药不一定能治病,使用不当还会变成毒品。[51]

在一份周铁海画作的目录中,艺评家哈拉德·泽曼(Harald Szeemann)把周铁海的酷骆驼解释为教父般的人物,要想得到安全就必须寻求他的保护。如同天神朱庇特控制着闪电,骆驼教父掌握着股票市场价格的指数。[52] 在一些画中,骆驼穿着神父的袍子,发出教谕,劝诫他人该如何行事。在别的画中,周铁海挑选了各个历史时期的名画,包括文艺复兴时期(达·芬奇)、启蒙运动时期（戈雅）和当代各个时期的画作（毕加索、安迪·沃霍尔、杰夫·昆斯和理查德·普林斯），把画中人物的头换成了骆驼头。

周铁海还画了一幅水彩国画来突出中美两种世界观的对比。骆驼乔想统治世界，中国的隐士却对促进人与自然的和谐更感兴趣。世贸中心遭到"9·11"恐怖袭击后，周铁海对纽约市长朱利安尼（Giuliani）的描绘（附录插图9）嘲讽了美国的英雄崇拜，是对后"9·11"时代美国人情绪的质疑。

不久前，周铁海和一位法国作家合作创作了题为"甜品"的新系列作品。那位法国作家写过关于法国甜品起源与发展的故事，周铁海则创作艺术作品，利用这些甜品的含义嘲笑西方精英群体，如外交官、法官和部长。那位法国作家和周铁海把从互联网上收集到的文章改造成图像，用图像反映"文章中提到的人物、隐喻和食材"。例如，画作《法官》（附录插图10）用158个大小不一的甜品形象作为背景，中间是一大块甜点，底部是饼干，上覆巧克力慕斯，最上面是一层加仑子酱。法文俚语中，"饼干"是"贿赂"的意思。加仑子酱也暗含同样的意思，因为在过去，贵族和资产者打赢官司后会把昂贵的加仑子酱作为礼物赠给法官。

当然，这些愤懑之情是否有道理，甚至是否代表所有的中国前卫艺术家，仍有待商榷，但这种感情的源起是可以理解的。它反映了中国和当今世界之间耐人寻味的关系；这种关系在跨文化交流中导致了文化矛盾的空前加剧，也以前所未有的方式促进了文化发展。文化交流对全球经济结构和地缘政治的调整产生了复杂而不可预测的影响。[53]中国当代艺术家看到，中国艺术界在仅仅一代人的时间内完成了西方艺术 150 年的演变，从 19 世纪的现实主义到政治波普、超现实主义和今天的许多其他表现形式。[54] 这些剧变搅乱了文化记忆，以及这些记忆之间的互动和关系。

新加坡学者王爱华（Ong Aihwa）1999 年写了一本书《具有伸缩性的公民身份：跨国性的文化逻辑》(*Flexible Citizenship: The Cultural Logic of Transnationality*)，在书中指出，全球化导致了本国与跨国形式的民族主义，不仅拒绝西方霸权，而且在泛宗教的文明讨论中寻求推动东方的崛起。[55] 其结果就是中国前卫艺术家与他们在世界各地的同行开始了国际对话。有些中国艺术家利用这场对话来批评西方，其他人则更希望找到路径跨越东方与西方之间、传统与现代之间的旧边界。艺术以这种方式对世界上到底有没有纯粹的文化提出怀疑。在这些艺术家看来，传统和现代，正如东方和西方，只要不发生冲突，对中国就不是什么大事。

上海前卫艺术家之间的争议：文化兼容还是文化冲突？

出生于重庆、现居纽约和北京两地的艺术家徐冰在 1999 年获得了麦克阿瑟基金会的"天才奖"。他感兴趣的是跨国创造性，而不是对政治立场的表达。他的一个著名艺术手法是创造伪汉字，看上去庄严精致，却没有任何意思。他在闻名国际的画作《天书》中首次展示的这些"伪汉字"完全没有沟通交流的功能。[56] 徐冰认为，浸淫于文化之中的艺术家在没有文化的虚无主义或反文化运动的冲击面前无力招架。所以，必须结合历史重新思考知识的性质。他在一次访谈中说:"我的思想由 4 个因素形成:我成长过程中学习的马克思主义意识形态和我今天生活其中的资本主义现实;我本身极端的中国性和我作为世界公民的存在。生活在两个制度下、两个文化中的经历使我受益。我希望能把全球的不同文化融为一体。"[57]

艺术家谷文达生在上海,住在纽约,十多年来,一直致力于通过艺术作品超越旧疆界。他说他想超越东方—西方的范式,找到新方法来描述全人类面临的普遍问题。[58]谷文达和徐冰一样,有扎实的中国山水画和书法功底。他承认,影响他的除了中国隐士文化和佛教禅宗,还有尼采、弗洛伊德和维特根斯坦等西方思想家。然而,谷文达的作品不触碰这些思想可能涉及的任何具体的政治、宗教或性问题。"他探索的是人类的永恒真理和普遍状况。"[59]根据自己的个人与职业经历,谷文达也认为,艺术家要依靠自己的文化记忆和自身经验,同时要避免落入极端民族主义或后殖民主义的陷阱。

谷文达的《联合国》系列是个持续 10 年的大工程,要在进入 21 世纪时在 25 个国家创作装置艺术。[60]他使用从世界各地 300 多个理发店收集来的人发,用多个种族的人的头发混合编成各种形状的帘幕。他的人发幕墙中编织入 4 种语言的"字":英语、汉语、印地语和阿拉伯语。但是,所有这 4 种语言的字都是伪造的,没有任何意义,虽然不懂这些语言的人(4 种语言都懂的人寥寥无几)也许无法完全领会其中的讽刺意味。

谷文达的装置艺术和徐冰的作品一样,反映了不同文化间沟通（误会）方面的难题，提出了身份、多样性和现代同化等问题。谷文达还就知识的形成发出提问，揭示出我们试图理解自己身处的世界时所受的限制。人类在生活中也许过分依赖语言。谷文达认为，我们懂的不像我们自以为的那么多。《联合国》是当代艺术的一块里程碑，既展示了文化的分别，也表现了人类的共同纽带。这个作品清楚地显示，谷文达相信，或者说希望，当今世界能实现文化兼容，而不是文化冲突。

抱着推动国际对话的同样目标，薛松 2005 年的作品《与马蒂斯对话》（附录插图 11）是对大师亨利·马蒂斯（Henri Matisse）的画作《舞蹈》的致敬。薛松在画布上使用了他自己特色明显的混合媒介。他用马蒂斯的原作当蓝本，通过燃烧的方法予以"消解"，造成碎片、灰烬和糨糊。这样创作出来的作品展示了奇怪的视觉效果，也强调了各种文化和宗教之间的多重冲突和转变。如同马蒂斯的原作那样，画中的 5 个人形可以理解为地球的五大洲。但与原作不同的是，薛松使用自己的媒介表达对当今世界上一个潮流的最大关切：不同宗教变成了冲突与战争的起因。薛松黏在一起的碎片是不同的宗教材料。5 个人形拉着手的图景表示世界面临着共同的命运——和平或战争。[61]

本书研究的 5 位上海艺术家的作品表明，全球现代化的问题不止中国才有。比如，薛松 2002 年在香格纳画廊举办的个人画展取名为"不搭介"，这个短语在上海方言中的意思是"完全没关系"。这次展览的宣传画是一个饿得奄奄一息的马里孩子［以巴西摄影师塞巴斯蒂昂·萨尔加多（Sebastião Salgado）的一张著名照

第十章　与西方对话　上海前卫艺术家对全球化的批判　　321

片为基础〕和一株枯树（附录插图 12）。然而，宣传画的金色背景中隐约可见现代奢侈生活的象征——高级汽车、游艇、别墅、宠物、太阳镜，还有富人的面孔。他们生活在与那个挨饿的孩子完全不同的世界中。这件艺术品表示，全球化的过程中，持续存在着人与人之间的隔离和经济不平等这些道德之灾。

中国的一些前卫艺术家，包括前述 4 位上海艺术家，试图通过强烈的对照、矛盾的并列、政治上的讽刺、发人深思的嘲讽，甚至是显而易见的愤怒来吸引观众的注意。丁乙却另辟蹊径，使用不同的方式来引发哲理沉思、内心平静和自我发现。丁乙 1962 年出生于上海，在一家印刷厂工作了两年后上了上海工艺美术学校，从 1981 年到 1983 年专修装饰设计。后来，他上了上海大学的美术学院。1988 年，还在上大学的丁乙开始创作实验性系列组画《十示》，他使用"＋和 ×"的形状作为不断出现的符号，意在把绘画和设计合并为同一个表达形式。他的艺术在某种意义上与中国的格子布相似。丁乙的设计被奢侈时尚品牌爱马仕采纳，做出了 12 款丝巾。因此，丁乙的标志性《十示》可以视为传统与现代、东方与西方、抽象与实用的艺术融合。

用丁乙自己的话说，他寻求自己专有的艺术风格之时，正值"中国当代艺术受到西方文化强烈影响，中国艺术家对传统文化开展批判性反思……但我想回归艺术的本源，回归绘画形式的本质"。[62] 丁乙以富有想象力的形式，要"画出不像画的画"。他解释说，"＋和 ×"的形象没有意义，不过是印刷业的技术词汇和符号。然而，"＋和 ×"密集整齐的排列是以理性的方式对画中浅层空间关系的探索。

时至今日，丁乙的《十示》系列已经画了30多年，他始终只创作用小十字形组成的抽象画（附录插图13）。他的多数作品都是不同颜色的"+和×"以不同次序的层层重叠。乍看之下，丁乙的《十示》组画给人以简单而又单调的假象。不过，细细审视之下，可以看出画作丰富的多样性，以及丁乙艺术追求的深刻转变。他自己承认，在创作《十示》系列之初，他使用的方法多多少少"带有某种逃避现实的纯抽象手法"。[63] 慢慢地，十字变成了绘画风格，甚至是一种哲学视角和世界观。研究中国当代艺术的学者冯博一注意到，对丁乙来说，他的独特风格"不仅是一种形式，而且是一种具体而又微妙的亲身体验和内心情感，也是对于艺术的一种坚持而偏执的态度"。[64] 对丁乙来说，"艺术的本质不是表现画作中的图像，而是通过在描绘图像时使用的笔触来创造时代的精神力量"。[65]

从更广的视角来看，丁乙的作品不是机械的艺术符号，而是代表着两种高度融合的文化与知识求索。第一种是要发展出在当今世界能代表中国艺术家的一种特别的视觉语言，类似周铁海所说的通过艺术创作来争取"话语权"。第二种是为国家，特别是为上海培养精神守则。

关于第一种求索，丁乙在一次访谈中说，"把大量十字用网格方式排列，用众多的十字表现出现代工业文明的标准化、复制和重复的性质"，这象征着生产线、商业产品和大众媒体广告的无缝衔接。这些都是我们这个时代高度标准化进程的产物。[66] 丁乙和周铁海一样，也认为中国前卫艺术家需要找出聪明合理的办法来，在一度被西方统治的艺术世界中赢得自己的地位。丁乙对通常会强调中国人面孔或中国景色的中国常规绘画语言弃之不用，努力创造一种由"＋和×"形组成的独特抽象语言来争取在国际艺术圈的一席之地。他的作品如同"＋和×"组成的磁力线，表达出纯化的语言和视觉秩序的简洁，使他得以用自己的方法"夺取话语权"。[67] 丁乙认为，中国艺术家必须先使用别人能懂的语言与世界对话，然后才能更好地与人沟通。通过这种方法，中国艺术家"可以逐渐从被动变为主动"。[68]

关于第二种求索，丁乙的新抽象语言同时也可以为中国，特别是为上海提供他所谓的"成就名片"。[69] 在这方面，丁乙的《十示》系列似乎与中国的快速城市化契合得天衣无缝。以上海为代表的中国城市中大规模拆除和建设造成的失序、混乱和迷茫给所有经历过这一过程的人留下了一种强烈的历史感。丁乙觉得，人们从他作品中看似单调机械的"＋和×"的形象中，很容易辨认出这段紧张激烈的时间维度。

据丁乙所说，新的城市扩张必然与当今时代的新艺术形式有联系。一个艺术家的存在如何在城市历史上留下时代的印记？艺术家如何能够从宏观和中立的视角记录下当前城市生活的向往、混乱和时髦，同时又显示城中的霓虹灯、人潮、车流、广告牌、摩天楼、股票显示屏和成千上万让人眼花缭乱的景象？丁乙向其他艺术家和前来观看他作品的观众提出了这些问题。他用画笔把这些要素反映在《十示》之中，似乎在暗示，他的抽象作品体现的美学提供了答案。[70]

在 2018 年 6 月的一次访谈中，丁乙说："我模模糊糊地觉得我在寻找一种新的社会精神，主要是因为社会发生的巨大变化提供了看世界的更高视角……中国文化仍然很弱，仍缺乏文化自信和能够催生新文化的真正全球价值观。"[71] 如一些艺评家所说，丁乙的风格是多层面的，立场看似无关政治，这与上海特有的文化表达方式非常一致。他的《十示》系列实质上成为显示上海特征的具有代表性的典型前卫艺术作品。"它在平静之中表达着一种文化激情。"[72]

丁乙过去 30 年几乎所有的作品中，十字都必不可少，不过他也试着运用新材料和新媒介，包括荧光颜料、铅笔画和喷涂颜料。除了画格子之外，他还在绘图纸、宣纸、瓦楞纸、亚麻布、木头和其他材料上展示十字，来重新调整对主体的认知框架，并"不断遭遇异质体——这是不同于各种前定的和想象的符号秩序的新经验"。[73]

自 20 世纪 90 年代晚期开始，丁乙试图把他独有的《十示》系列画作扩展到三维媒介，如装置、雕塑、建筑、照明等。这些新艺术形式拓宽了丁乙的表现手段，使他得以更加充分地表达他对跨文化对话的看法，以及他对中国在全球化世界中对外接触的批判性思考。他的公共雕塑《十示—如意》的灵感来自中国的传统表意符号"如意"。如意最初是中国古代祭神用具，是一种搔背抓。如意在战争中也能用来自卫。如今，如意被广泛认为有吉祥的寓意，无论是普通民居还是深宅大院都用它作装饰。有人若要出外旅行，亲友们会赠送如意表达祝福。丁乙的如意雕塑系列意在显示，中国的传统表意符号与图形经过放大、改动和再创造后，就有了新的解读，可能会阻断历史经验与证据。2011年，丁乙的如意系列在华盛顿特区的约翰·F. 肯尼迪表演艺术中心外面展出（附录插图14）。正如丁乙尖锐地指出的那样，这些小小的如意扩大许多倍之后，它们的文化记忆和符号取向就往往使人感觉具有挑战性。[74]

本着同样的思路，丁乙2012年创作的雕塑系列《太极》显示两个人在打太极拳（附录插图15）。按照中国的观念，太极拳的特点是温和、婉转、缓慢和放松，反映了道家阴阳平衡的世界观。然而，丁乙的《太极》雕塑却把打太极拳的人形抽象化，将他们与他的经典《十示》符号混合起来。被丁乙改变了位置和形状的两个打拳人的姿势显得非常僵硬、激烈和敌对。在某个意义上，丁乙是在拒绝对太极拳的常规解释，因为他相信，当环境已经发生了深远的改变时，太极拳的原有概念也必然会相应变化。

所以，值此中国在世界舞台上历史性崛起之际，跨文化沟通和国际对话愈发重要。丁乙似乎想要向全世界传达一个信息。他认为，西方当然需要对中国目前的转变作出新的、更加平衡的评估。但同样重要的是，中国也必须更清楚自己地位的改变会如何影响外部世界，特别是对美国而言（并给它们留下何种观感）。中美关系可能缓和也可能紧张，有时两国也许犹如阴阳两极，但文化和教育交流对确保总的平衡至为重要。如果在政治和经济针锋相对的情况下，跨文化的误解抬头并打破这种平衡，那么两国关系的崩溃将无可避免。

最后几点思考

上海前卫艺术家在政治范畴中的思想往往远超国家范围。[75] 他们经常发表关于文化身份、个性和多样性，以及经济全球化和地缘政治大国关系的见解，但表现手法微妙婉转，本章研究的5位艺术家的作品即是明证。上海前卫艺术界最显著的现象是艺术家们在思想智识上作出努力，希望超越旧疆界、寻求新路径，来应付国内外的文化变革。这5位艺术家克服了最初抛弃自身文化遗产、采用外国做法的倾向，走出了自己的路，在国内外文化之间灵活腾挪并从中撷取自己想要的东西。中国前卫艺术家要求与西方平等对话的呐喊洪亮而清晰。因此，在很大程度上，本章介绍的上海前卫艺术家的作品是证据，似乎象征了整个中国中产政治意识的新趋势。这些前卫艺术作品不仅是在当今时代重振中国价值观的努力，也是艺术家发出的呼吁，要求在世界舞台上就艺术与政治、民族主义与国际主义、和平与正义展开进一步对话。

这场对话是政治性的，但它涉及的不只是中国这个政体。它是一场浸淫着微妙的愤怒与幽默的争论。它呼吁中国人和外国人都要发展新思想、新观念。东方与西方、社会主义与资本主义、传统与现代这些以往的二元式区分在上海前卫艺术家的作品中变得模糊起来。这些上海艺术家在他们生活的不同阶段都曾受过"文化大革命"、西方知识思想和市场消费主义的影响。真正的问题不是这些影响在他们身上留下了多大的印记，而是他们经历了所有这些强大的影响后，是否还有自己的观点和声音，当他们的国家和世界在前途未卜的十字路口相遇之时，他们是否还能敞开胸怀向前看。

这场讨论表明，面向消费者的中产文化和全球化并未带来艺术的同质化或"死亡"。恰恰相反，上海在改革开放时代的国际接触给这座城市艺术家中的先锋队注入了活力。用一位上海艺术家的话说，"可幸的是，体现生活中的愿望与冒险的艺术依然存在，没有湮没在千篇一律中，也不能通过大规模生产来制作"。[76]

第五部分

结论与建议

第十一章

一个生机勃勃、多姿多彩社会的前景
对中国和美国的几点启示

> 人类历史越来越成为教育与灾难的赛跑。
>
> ——H.G. 威尔斯

> 美国中产阶级的福祉应当是驱动我们对外政策的引擎。
>
> ——威廉·J. 伯恩斯

2020年1月26日,科比·布莱恩特(Kobe Bryant)不幸身亡。世界各地的球迷,包括太平洋彼岸千百万刚刚醒来就得知这一噩耗的人们为之震惊心碎。中国球迷的悲痛,以及他们对这位传奇篮球巨星由衷的热爱和崇拜特别值得注意,因为中国当时正处在可怕的新冠肺炎疫情危机中。1月27日,中国社交媒体平台微博上对科比的名字和直升机坠毁事件的搜寻超过10亿次,比搜寻量第二多的新冠病毒多了一倍以上。[1]

科比在中国的巨大影响来自他长期以来对中国人民的善意。他认为自己不光是运动员,因为他在世上做的事情远不止打篮球。

他在 2009 年第四次赢得 NBA 冠军后,与中国最大的慈善机构之一"宋庆龄基金会"合伙成立了科比·布莱恩特中国基金。[2] 这个基金的第一笔捐款 500 万元人民币用于重建 2008 年四川地震灾区和促进儿童体育活动。自那以后,科比十几次访问中国;他不仅表现出对这个日新月异的国家的由衷兴趣,而且使中国青年,无论是出身中产和条件较差家庭的青年有机会以他为榜样立志努力。他的女儿吉安娜(Gianna)经常和他一起去中国,她还能说、能读、能写中文。即使退役后,科比也定期更新自己的微博和网站,向关注他的 1 000 万中国网友播出个人视频和信息。[3]

中国球迷对科比的崇拜,以及他不幸去世后全国各地的哀悼提醒我们,美中关系不只是国与国的关系,也是人与人的关系。科比在个人层面上与中国人的互动突出了体育在公共外交中的重要作用,即使在双边关系急剧恶化之时依然如此。进一步说,科比和中国人的关系和他对中国人的影响再次确认了本书的主题——两个意识形态与政治制度截然相反的国家之间开展文化与教育交流,可以促进相互理解和善意、传播全球规则,因而降低军事冲突的可能性。

在"脱钩"成为华盛顿对华政策讨论的主流之时,这一启示既及时又重要。现在,在美国,关于双边教育与文化交流的普遍观点不再是希望通过接触来促成积极变化,而是害怕在美国教育和科研机构学习的中国学者和学生是中国"武器",会加速促进中国崛起为科技超级大国,把美国甩在后面。新冠肺炎疫情大流行期间,中美之间的相互怀疑和敌意有增无减;在此背景下,美国

第十一章　一个生机勃勃、多姿多彩社会的前景　对中国和美国的几点启示　　333

偶像科比和中国人之间的善意和共鸣让我们看到了一线希望。

　　这一线相互理解的希望应激励美国和中国的决策者寻找办法，摆脱今天双边关系中有史以来最严峻的局面。在某种程度上，新冠肺炎疫情非但没有促成急需的合作，反而不幸加速了美中关系的脱钩与恶化。终止对华接触的极端政治举措也许是出于美国国内政治的原因，但双边关系中紧张和竞争的根本原因要深远得多。双边关系的螺旋形下滑把美中两国推上了一条迎头相撞之路，若不小心管理，会导致灾难性的后果。

　　即使在世界抗疫成功，摆脱新冠肺炎疫情之后，美国仍须重新评价它对华脱钩的做法和它对中国新兴中产的了解，因为这两者都将影响后新冠时期的世界秩序。更紧迫的是，对于美国未来在与中国竞争和接触中的能力及限度，拜登政府要有一个清醒的认识，在此基础上制定全面对华战略。

　　中国也必须重新审视自己的视角与行为，在修补对美关系和推动亚太地区和平与繁荣方面担负起自己的责任。中美两国的外交政策和国际交往都越来越受两国国内因素的影响。鉴于中国不断发展变化的国家—社会关系的巨大重要性和中国中产影响力的增加，世界各地的中国观察人士，特别是美国的政策制定者，必须对这些新发展动态作出准确平衡的评估。

新冠病毒：美中关系中焦虑与敌意的加速剂

　　新冠肺炎疫情暴发前，美国和中国彼此间的不信任和不满已经大为提高。新冠肺炎疫情大流行对美国造成了灾难性打击。10个月的时间内（从2020年2月下旬到年底），超过2 000万人确诊，死亡人数达35万以上。这在美国政客和民众中激发了抱怨中国政府的情绪，这也为力主对华脱钩的人提供了弹药。

像许多其他国家一样，新冠肺炎疫情对美国的打击在多方面是空前的。美国历史上第一次，所有50个州都宣布了紧急状态，95%的人口被命令不得离家。[4] 从2020年3月下旬到4月下旬，2 700万人（美国全国劳动力的17%左右）失去了工作。[5] 疫情危机期间，连续数周甚至数月，全国各地普遍存在测试盒、口罩、氧气面罩、呼吸机和其他个人防护设备的短缺，纽约、洛杉矶、迈阿密和芝加哥等疫情严重的城市尤其如此。美国只顾应对国内大流行，放弃了一个大国的国际责任。到2020年5月下旬，中国政府向近150个国家提供了紧急援助，包括向疫情严重的国家空运医疗物资，并向24个国家派遣了26支医学专家队。[6] 然而，西方国家对于中国这些举动的反应在称扬和赞赏中夹杂着不同程度的怀疑和忧虑，特别是美国。

新冠肺炎疫情大流行期间，美国媒体充斥着对中国的批评和忧惧，因为这场危机暴露出了美中关系的一些重要方面，如美国在药品上对中国的依赖。美国97%的抗生素、95%的布洛芬、90%的维生素C和大部分称为活性药物成分的药品基本成分都来自海外包括中国和印度。不出意料，随着疫情大流行期间对药品供应的关切浮出水面，美国国会山的政策制定者们，民主党人和共和党人全算在内，都开始要求认真审视美国对从中国制造商那

第十一章 一个生机勃勃、多姿多彩社会的前景 对中国和美国的几点启示

里进口的药品和原料药的依赖。[7]时任美国国家经济委员会主任和特朗普总统首席经济顾问的拉里·库德洛（Larry Kudlow）敦促美国在华公司考虑迁回美国。[8]

美国和中国的官员开始互相指责对方制造了新冠病毒作为武器来打击己方时，双边关系恶化的水平和恐惧愤怒的程度达到新高。[9]美国一些参议员和众议员及舆论领袖要求中国政府赔偿美国和其他国家因疫情而遭受的损失。[10]中国外交部发言人耿爽回应称，如果美国政客提出这种要求，那么中国和国际社会也可以要求美国"为最先发生在美国，后来传播到214个国家和地区，造成近20万人死亡的2009年H1N1流感作出赔偿"。[11]耿爽还提出要美国为20世纪80年代最早在美国报告发生的艾滋病作出额外赔偿。

美国和中国官员言论的火药味越来越浓，两国的民族主义情绪也开始失控，特别是在美国2020年大选之前的几个月。中美两国媒体很快就上演了激烈的"骂战"。紧张和相互敌意不仅限于一些中国分析人士所说的"骂战"，[12]而是很快升级为互相驱逐记者、关闭休斯敦和成都领事馆，以及对双方的高级政府官员实施制裁。

当然，在美中双边关系这个困难时刻，仍然有冷静、明智和建设性的声音。早在新冠肺炎疫情暴发之前的2019年秋，前国务卿亨利·基辛格就警告说，美中关系处于"冷战的山麓"。[13]他认为，若任由双边关系中的麻烦发展下去，其结果将要比第一次世界大战之前的局势还要严重。新冠肺炎疫情暴发为全球大流行之际，基辛格重申双方必须力行克制，并坚称这两个大国必须在管

理危机中维护它们的共同利益。用他的话说,"失败会使世界陷入火海"。[14] 基辛格呼吁,在这个划时代的时刻,要有"全球协作的远见和计划"。

同样,芝加哥全球事务委员会主席、前美国驻北约大使伊沃·达尔德(Ivo Daalder)论称,对美国的政策制定者来说,正途是寻求更多国际合作,而不是减少国际合作。他说:"全球化不仅是政策偏好,而且是当今世界的现实。"[15] 在世界面对新冠病毒这个共同挑战之时,"单凭一国之力克服不了这场大流行,只有全球共同努力才有可能"。[16] 2020 年 2 月初,美国着手遏制新冠肺炎疫情的一个月前,曾任《时代》周刊编辑的老牌中国专家乔舒亚·雷默警告美国的"脱钩论者"说:"拔掉插头、建起高墙、与其他国家'脱钩'或重弹种族主义老调也许很诱人,但这些恰恰是我们决不能做的事情。"[17]

在 2020 年 3 月发表在《大西洋月刊》上的一篇文章中,纽约市立大学新闻学教授彼得·贝纳特(Peter Beinart)说,特朗普政府过去几年的对华脱钩政策很可能加剧了新冠肺炎疫情的可怕蔓延。在贝纳特看来,如果美国疾控中心和国立卫生研究院与中国同行保持密切联络,而不是不公平地、过分地指控中国医学研究人员在美国实验室搞所谓的偷窃和间谍活动,"那些非正式的渠道本可使美国在病毒暴发早期多了解很多信息"。[18] 那样的话,美国公共卫生官员和专家就可以更快行动起来,联手阻断病毒的传播,就像 2003 年"非典"期间那样。

2015 年,特朗普当选之前,比尔·盖茨深刻指出了美国政府资源分配与管理不当的问题。他说,当今世界发生全球性大灾难的最大风险很可能是传染性极强的病毒,而不是核攻击。[19] 盖茨说:"我们对核威慑投入巨资。但我们对流行病防疫体系的投资却少之又少。"[20]

全面脱钩的代价与风险

要应付好当前岌岌可危的复杂局面,美国需要超越关于新冠病毒的争端和政党政治,确立基础牢固的长期对华战略。美国的政策制定者要对中国和美国做出审慎、全面、高瞻远瞩的评估,这个评估也要包括美国及其盟友若最终决定实行对华全面脱钩,将为自己带来何种代价与风险。可以理解,新冠肺炎疫情后,每个国家都会对自己过去拥抱经济全球化的政策和新的大国关系格局重新作出考虑。美国当然会决心维护自己的全球力量和影响力。所以,对华政策将成为今后美国对外政策的关键组成部分。美国对中国这个新兴大国的政策应当是具体的、可定义的、有针对性的、灵活的。这样的政策不应"不可避免地"使美国有意或自动进入与中国的根本性对抗或敌对关系,那将导致一场没有赢家的灾难性战争。

脱钩鼓吹者那些危言耸听的言论来自对中国能力与意图的偏颇宿命的评估。特朗普政府全面对华脱钩态度的驱动力是3个错误的(也是相关联的)观念或战略主张:(1)认为理查德·尼克松和亨利·基辛格开启的长达数十年的接触政策失败了,(2)主张与中国打一场新冷战符合美国利益,(3)明确把推翻中国共产党领导,实现中国政权更迭作为目标。华盛顿在致力于推动全面脱钩计划之前,必须对这3项假设进行批判性分析。脱钩论者关于中国对国际秩序的(真实的或潜在的)冲击表达关切固然有其合理之处,但必须弄清历史事实,避免对美国最重要的竞争者产生误判和误会。

华盛顿对中国崛起的合理关切与批评

在某种程度上,脱钩论者对中国的经济竞争感到愤懑并不太令人吃惊——中国改革开放时期实现的经济奇迹相对影响了美国在世界上的经济地位。正如联邦调查局局长克里斯多弗·雷所描述的,全球经济格局发生了有利于中国的变化,"可以算得上人类历史上一次最大的财富转移"。在这方面,美国前司法部部长威廉·巴尔也说得很对:"谁都不应低估中国人民的聪明和勤劳。同时,谁都不应怀疑是美国在中国彗星般的崛起中发挥的作用。"[21]

本书记录的中国中产的迅速兴起与扩大显示了这场令人瞩目的"财富转移"。美国中产阶级在逐渐萎缩,从"二战"后占全国人口的70%到20世纪70年代的61%,再到2000年的55%,到今天是50%左右。[22] 根据世界不平等数据库(World Inequality Database)提供的统计数字,1980年到2014年间,各个收入阶层的中国公民都从经济全球化中大为受益,收入增长了200%到1 500%。[23] 相比之下,美国只有最高收入阶层(顶层20%)的收入增加了100%到200%,而所有其他收入群体的收入要么增幅很小,要么没有增长。[24] 在金融与经济全球化和技术革命带来的经济不平等中,美国的中产阶级和工人阶级现在是社会和经济光谱中最受伤害、最愤怒、最不满的群体。

脱钩论者耸人听闻地声称,对于世界和平,"中国崛起是生死存亡的威胁",美国还极力渲染要"不惜一切手段遏制中国";这些都是反应过度、判断错误。具体来说,脱钩论者坚称,中国"企图通过秘而不宣的犯罪或胁迫性活动搞颠覆",要改变美国的生活方式,对"自由世界"发起挑战,还说中国政府的终极野心是"劫掠美国";[25] 这些多为夸大其词。

哥伦比亚大学教授、脱钩论的主要批评者杰弗里·萨克斯指出,国务卿迈克尔·蓬佩奥声称中国政府怀有"几十年的全球霸权愿望"实在很讽刺。[26] 事实是,只有美国花了那么久寻求霸权,而中国领导人已公开声明"中国决不走大国称霸的老路"。[27] 萨克斯解释道,美国在海外有大约 800 个军事基地,而中国只有一个。美国在中国周边有多个军事基地,而中国在北美附近没有任何军事基地。美国有 5 800 枚核弹头,而中国只有大约 320 枚。美国海军有 11 艘航空母舰,而中国海军只有两艘。[28]

美国是如何从接触政策中受益的

虽然美国的中国观察人士并不一致认为美国不应再与中国保持接触,但华盛顿的普遍观点是,需要一项新战略来取代过时了的接触政策。蓬佩奥国务卿宣布了一条"不容辩驳的事实",即"过去与中国盲目接触的范式根本不管用。我们决不能继续这样做，决不能回到老路上去"。蓬佩奥和其他脱钩论者认为，本来以为对华接触会使中国变得更自由、更民主、更与美国合作，但这个希望没有实现，而且永远不会实现。

但是，许多美国学者指称，蓬佩奥的"盲目接触"观念和他眼中的接触失败是"对历史的巨大歪曲"。[29] 他们相信，美国对中国的开放既非盲目接触，也未失败。接触政策最初的首要目标不是从内部改变中国，而是"用中国作为对苏联的抗衡，并塑造中国的对外政策"，外交关系委员会会长理查德·哈斯（Richard Haass）如是说。[30] 尼克松—基辛格的对华开放不仅帮助结束了中美之间长达20年的相互敌对，而且使华盛顿获得了巩固反苏战略联盟的杠杆，帮助加强了世界和平与稳定的前景，最终导致了冷战的结束。用哈斯的话说，这些战略努力"基本都成功了"。[31]

对华接触政策也产生了其他符合美国利益的重要成就。如前国家安全委员会亚洲事务高级主管杰弗里·A.贝德所说，"自20世纪70年代以来，东亚从未发生重大军事冲突。鉴于在那之前的40年间，美国打了3场起源于东亚的战争，损失了25万生命，这个成就非同小可"。[32] 这个成就主要归功于美国的对华接触。再来看中国，它"自1979年与越南的边境冲突以来没有打过一次仗。重要的是，中国没有对台湾使用武力"。[33]

脱钩论者经常从零和博弈的视角，把中国的经济崛起视为美国的损失。然而，这个假设没有考虑到一个事实，那就是包括美国在内的外国也在邓小平开启的经济改革开放中通过外贸、投资和其他经济接触赚得盆盈钵满。另外，美国对外政策并非纯属由自身利益驱动。改革开放时代的中国取得了异乎寻常的人道主义成就，使大约8亿人摆脱了贫困。这不仅是中国人的骄傲，也应该是整个国际社会的骄傲。如特朗普的白宫所说，"美国人民对中国发展的慷慨贡献于史有据，正如中国人民在改革开放时代的惊人成就无可否认"。[34] 不仅如此，对华经济接触还使美国和国际社会增强了对中国的影响力，得以推动中国建设性地参与全球公益，特别是应对气候变化。

本书表明，对华接触政策，特别是其文化外交和教育交流部分，也达到了预期效果。美国成功地参与培养了几代中国精英，这些精英在中国社会所有领域都发挥了关键作用，包括担任了各个领域的领导人。本书的研究提供了多层面的证据，说明文化与教育交流如何导致了中国社会的变化。这些变化当然使中国受益，但文化与教育交流不是单行道，美国也是获益方。因此，美国在这方面并未失败，只不过脱钩论者对这些成就视而不见。

除了参与培训几代中国精英以外，美国还获得了许多决定留在美国工作的才华横溢的中国移民。根据最近的一次研究，美国的中国移民中有硕士或硕士以上学位的占27%，而从其他国家来的移民中的相应比率只有13%，土生土长的美国人更是只有12%达到类似学历。[35] 本书第六章对教育交流在中美两国产生的惊人影响做了详细的记录。例如，从2005年到2015年，在美获得博士学位的中国学生近90%打算结束学业后留在美国。[36] 进入美国研究生班的很多来自清华、北大和复旦等中国顶尖大学的本科生也想留在美国。这些生在中国的学者和学生对美国大学的学术研究做出了贡献。一个最近的例子是由约翰斯·霍普金斯大学制作、在实时追踪新冠肺炎疫情大流行中顶大梁的新冠病毒数据板，管理数据板的是一位美国教授和她的几个来自中国的学生。[37]

栽入新冷战的危险

当前美国和中国在军事和意识形态领域的紧张关系自然增加了公众关于新冷战山雨欲来的猜测。然而，这种假设是危险的，令人不辨真相。脱钩论者承认，过去的苏联和现在的中国有所不同。苏联不是全球经济的一部分，今天的中国却是全球经济中的重要角色。前国务卿蓬佩奥指出，"苏联与自由世界隔绝。中国已经进入了我们的国界"。脱钩论者试图拉拢其他国家，特别是欧洲和亚洲的国家，让它们和美国一起遏制中国；这种行为更加剧了与中国的敌对。如一位美国学者所指出的，从脱钩论者的角度来看，"与中国竞争的冷战不应避免，而应充满信心地打赢"。[38]

值得注意的是，蓬佩奥明确谈到了苏联和今天中国之间的相似之处："中国政府正在重复苏联犯下的一些错误——疏远潜在的盟友、在国内外破坏信任、拒不承认财产权和确定的法治。"中国当然在国内外面临诸多挑战，但对蓬佩奥的所有上述假设都需要认真细究。至少，中国在国内威望和国际宣传中都显现出了比苏联更大的适应性。蓬佩奥说中国拒绝承认财产权完全不是事实。中国民营经济和中产的兴起恰恰是改革开放时代中国领导层推动财产权的直接结果。

有意思的是，许多中国学者对他们称为"过时的冷战思维"

不以为然,尽管他们在中国的少数同事可能也有与美国脱钩论者相同的冷战思维。在一次对100位研究中美关系的中国专家做的意见调查中,绝大多数人认为,"资本主义和社会主义之间意识形态大对抗的全球环境已不复存在"。[39] 光是中美过去几十年来的文化与教育交流这一条就凸显了冷战时期的情况与当今形势的根本区别。中美两国国内都没有形成一致的、彼此敌对的意识形态,就连两国目前的领导圈子内部也是如此,而且两国的社会都是多元的。

苏联为发展军事一掷千金,中国却把提高在世界上的经济竞争力作为头等大事。尽管东亚和东南亚的许多国家都对中国的重商主义做法不以为然,但与中国交往仍然符合它们的最佳利益。地缘经济格局发生的有利于整个地区的变化给它们带来了好处。过去30年,世界经济中心开始东移,逐渐从欧洲北美移到亚洲。1980年,亚洲GDP占世界总量的20%,2019年,这个数字达到了36%。据计到2030年,亚洲GDP将占到世界经济的40%。[40]

对华经济脱钩可能需要美国牵头对整个东亚地区的产业供应链进行重组。此举耗资巨大。[41] 根据中国美国商会2019年底做的一项调查,只有9%的美国企业计划将制造或外包活动迁出中国。[42] 同样,中国欧盟商会2020年2月做的调查显示,只有11%的受访者在考虑把现有的或计划中的投资从中国转到其他市场,这个百分比低于一年前。[43]

在与中国的竞争中,美国无法命令盟友该如何做;政治本身也不能决定市场经济行为。截至2020年初,据计仍有7万家美国公司在中国做生意。[44] 这些逐利的美国公司或多国公司和他们在其他地方的商业竞争对手一样，为了商业原因决不肯抛弃中国市场。根据麦肯锡咨询公司 2019 年 12 月发布的《中国消费者报告》，到 2030 年，中国的消费市场价值可能会达到约 6 万亿美元，等于美国和西欧加起来的消费总和，或者是印度和所有东盟成员国加起来的两倍。[45] 中国的贸易出口在 2007 年占本国 GDP 的 19%，2020 年降到了 5%。[46] 中国的制造业门类比许多其他国家都齐全，所以与别国相比，中国调整供应链的代价相对较小。

任何可行的宏大战略都必须有金融与经济能力作后盾。脱钩论者尚未公布和中国打大仗的供资计划。即使在新冠肺炎疫情暴发之前，美国的预算赤字就已十分严重。据耶鲁大学经济学家斯蒂芬·罗奇所说，美国公共债务对 GDP 的比例在 2019 年达到了 79%，几乎肯定会打破第二次世界大战结束时 106% 的记录。[47] 罗奇相信，"2020 年的联邦预算赤字可能会飙升到占国内生产总值 18% 这个和平时代的最高纪录"。[48] 准备打新冷战无疑耗费巨大。军工复合体可能大赚一笔，但沉重的负担要由美国人民来背，正如阿富汗战争和伊拉克战争。

最重要的是，由于中国对美国构成的挑战与苏联的挑战大不相同，美国决策者若以为新冷战仍会达成同样的结果，那就大错特错。新加坡总理李显龙最近在《外交事务》杂志上发表文章称，"这两个大国之间的（任何）对抗不可能像冷战那样，以一个国家的和平崩溃而告终"。[49] 技术革命及其为非对称战争提供的可能性使得军事竞争进一步复杂化，预防热战也因此而更加困难。

美国因为追求中国政权更迭而丧失了影响力

2020年美国大选之前，脱钩论者在官方演讲和立法中经常把中国政权描绘成邪恶的怪物。他们把中国共产党和中国区分开来，虽未明言，其实是在鼓动中国人民推翻中国共产党的领导。脱钩论者把中国共产党与中国强行分开的做法很成问题。理查德·哈斯深刻地指出，"蓬佩奥国务卿不说中国，只说中国共产党，好像有一个与中国共产党脱离的中国。这是有意造成敌对，使外交不可能推进"。[50] 如果美国继续推行全面脱钩，使用意识形态色彩浓厚的言辞来鼓动政权更迭，那么美国能够对中国各界人民施加的任何影响都可能付诸东流。

站不住脚的脱钩理论有几个形成因素。第一，一些美国政客把新冠病毒在美传播的责任归咎于中国和中国人，言论中西方文化优越感和虚伪显露无遗，越来越尖锐刺耳。他们动员了其他国家，特别是西方国家，一起要求赔款。这些言辞行动在中国激起了强烈的民族主义感情。中国媒体不停地提及历史上中国遭受的屈辱和"庚子赔款"对中国的伤害，以及"意图围堵中国的新八国联军"。[51] 这将中国的亲美自由派学者置于极为艰难的境地，也激发了中国公众对美国的愤怒。[52] 如丹尼尔·拉塞尔（Daniel Russel）所说，在这种情况下，把中国共产党与中国人民分隔开来的做法是"粗陋而无效的"，还会造成不利的副作用，使中国领导层不得不作出强硬的反应。[53]

第二，脱钩论者的政权更迭计划依靠的假设是，中国人民不满意中国共产党领导。毫无疑问，中国社会内部存在对政府的不满、批评。然而，如本书所示，在当今中国，党与社会的关系，包括中产对政府的看法，并非一成不变，而是会随着国内国际情势的变化而改变。近来由美国学者在中国做的几次民意调查都显示，中国民众对政府的满意度很高。哈佛大学肯尼迪学院的学者开展的纵向调查发现，中国公民对（镇、县、省和中央）政府的满意度全面提升。[54] 由于政府在经济福利、反腐、减贫、环保和公共卫生领域中采取的政策措施，中国公民认为政府的能力与效力比以往任何时候都高。这一点在公众对中央政府一贯较高的满意度中表现得尤为明显：2003年的满意度是86%，2005年是81%，2007年是92%，2009年是96%，2011年是92%，2015年是93%。[55] 加州大学圣地亚哥分校的学者最近做的另一次民意调查显示了相似的结果。[56] 著名中国问题专家黎安友在2020年初做的一份全面的跨国比较报告也证实了这一点。[57]

第三，特朗普政府提出的禁止中共党员及其家属赴美旅行的建议引发了许多讨论，也激起了中国内外的很多批评。[58] 这个禁令如果通过，将影响到9 200万中共党员和他们的两亿多家属。鉴于中国人口的巨大体量，这样的禁令几乎是不可能执行的，因为没有办法确定中国游客及其家属是否党员，也弄不清他们的政治背景。讽刺的是，脱钩论者推动政权更迭本以为能赢得中国广大民众的支持，可提出的这个办法等于把3亿中国人民定成了"敌人"。这条建议也许显示了华盛顿一些反华鹰派的真实意图：要反击他们眼中来自中国的"全社会"威胁。这样的政策必将导致对所有中国公民及一些美籍华人的种族定性。甚至可以说，它有可能成为臭名昭著的1882年《排华法案》的21世纪版本。

此外，司法部自美国有史以来首次专门针对一个国家（和族裔群体）确立了一项行动计划，名为"中国行动计划"。同时，联邦调查局与中国有关的调查从2020年2月的1 000件增加到6月的2 000件，再到7月的2 500件，占了联邦调查局目前处理的全部案件的50%。一些与中国有关的案子被安了个奇怪的新名词"学术间谍"。[59]西东大学的法学教授陆梅吉（Maggie Lewis）认为，这种做法将导致华裔美国人被调查的概率大增。她认为，"中国行动计划"与美国价值观不一致，也不符合美国学术界的规矩。[60]

2018年，美国国立卫生研究院和联邦调查局联合发起了对生物医药领域的研究人员涉华关系的调查。嫌疑人名单上共有399人，其中251人被列为有问题，72人仍在审查中。被定为嫌疑人的大部分都是华裔。[61]不难料到，对新型麦卡锡主义抬头的关切日益增加。这些案子中有些据说采用了种族定性，让人不禁想起第二次世界大战期间日裔美国人的遭遇和冷战期间苏联科学家受到的待遇。

美国固然应该大力保护国家安全和知识产权，但对出生在中国的科学家或华裔美国研究人员进行种族定性会伤害美国利益。保尔森研究所2020年的一次研究显示，在人工智能领域，全世界顶尖研究人员的60%在美国，比名列第二的中国的10.6%多5倍。但是，在美国工作的这60%中，生长在美国的研究人员占31%，出生在中国的研究人员占到了27%。[62]《纽约时报》记者说："如果美国不再欢迎这些顶尖研究人员，中国会张开臂膀欢迎他们回去。"[63]

美国对华脱钩很可能无望阻止中国成为科技超级大国。美国在科技创新方面的霸主地位当然不会轻易被超越，但中国在研发投资、人力资源和创新等领域也发展出了自己的优势。中国的研发开支占世界的总量从 2000 年的 3.4% 增长到 2018 年的 17.7%。[64] 作为比较，美国的研发投资在 2018 年占全球的 18.6%。从 2000 年到 2018 年，中国研发开支的年均增长率（按 2011 年国际美元的购买力平价计算）是 14.8%，比美国的增长率（2.3%）快得多。本书前面的章节说过，目前世界上 STEM（科学、技术、工程学和数学）领域的工作人员 1/4 在中国。

给美国的建议

如果对华全面脱钩会给美国带来更多的伤害和风险，那么美国该如何应对与中国的全面竞争呢？美国有什么其他可能的办法来改变当前对华敌对关系，促进自身安全与繁荣呢？美国的政策制定者在软实力领域能指望达到什么战略目标？采取什么政策措施？过去几年美中关系的急剧恶化基本是双方一轮又一轮的行动——反行动螺旋式进展造成的；因此，客观地讲，中国也应该认真纠正自己可能的失误，积极改善双边关系。以下是至关重要的战略与政策调整——对美国的五条建议。

美国的优先事项

1. **通过美国国内复兴来推进美国的软实力**。美国的力量在于它的民主、多样和开放。美国的全球领导地位不仅有军事和经济实力作为基础，也依靠软实力影响。然而，特朗普总统破坏了美国民主，因为他多次把美国媒体称作"人民公敌"、不尊重司法独立、动用联邦军队与抗议者对抗，还频繁发表种族主义言论来煽动美国不同族裔之间的紧张和敌对情绪。[65]

对外政策要有效，首先美国国内要有坚韧的民主、强大的经济、包容的社会和健康的生活环境。[66]美国应以身作则——要想对外说教，首先必须在国内身体力行。也就是孔子说的"近者悦，远者来"。特朗普的鹰派团队使用的所谓"无底线压制中国"的手法损坏了美国的形象。[67]在国际竞争中，包括在与中国的竞争中，美国不能靠比谁更恶劣来取胜。

希望能与特朗普政府的做法不同，安东尼·布林肯（Antony Blinken）说，美国需要和中国"比好，而不是比烂"。[68]拜登政府给美国带来了重振美国价值观的机会。新总统把处理种族不平等作为他的4个最高优先之一，开了个好头。国家安全当然要大力保护，但这样做的时候既不能削弱美国的价值观，也不能侵蚀向中国人民投射软实力的努力。乔·拜登在胜选讲话中强调，美国在领导的时候应"不仅以我们的力量为榜样，而且以我们的榜样为力量"。[69]

2. 扶持美国中产阶级。 美国要想和中国开展有效竞争，就必须扭转过去几十年来美国中产阶级萎缩的趋势。美国经济不平等的加大反映了资本与社会之间固有的结构与分配问题，也引起了关于美国社会流动性的疑问。这个问题不能全怪特朗普政府，虽然该政府对新冠肺炎疫情的处理可能加剧了经济不平等。特朗普就任总统之前，美国中产阶级已经在以每年大约 1% 的速度缩减。[70]

全面对华脱钩会延迟而不是加速美国中产阶级的重兴，原因很简单：在全球化经济中，美国实现对华全面脱钩的能力有限。相反，美国应该优先在国内缩小收入差距并推动包容性经济增长，将扩大中产阶级作为关键目标。在经济方面，决策者应推动美国制造业部门的发展，还要加强电商基础设施建设，包括互联网、线上支付和快递服务这些原本发源于美国的业务。另外，应通过联邦政府开支和大公司投资，运用更多资金来实现基础设施的现代化、推进基础研究、更快实现科技突破的商业化、改革公共卫生体系，并从世界各地吸引人才。美国各座城市的领导人也许能从上海过去 30 年重新振兴的经验中取经学习。

3. 不要逼得中国中产反对美国。对华脱钩在两个重要方面伤害中国的中产。第一，美中贸易战直接影响中国小企业的经济福祉；第二，特朗普政府对在美学习或计划来美学习的中国学生实施的限制，特别是关于对 3 亿中国公民实行的旅行禁令或限制的建议，只会令他们疏远美国，促使他们拥抱反美情绪和更激烈的民族主义。

一些美国政客针对中国人民，特别是针对在美国的年轻中国留学生的种族主义和麦卡锡主义既不利于美国利益，也不符合美国价值。不幸的是，美国这些极端政策大大损害了数十年文化与教育交流产生的所有积极成果。华盛顿的政策制定者不应如此轻易地把对华文化与教育接触弃如敝屣，而应进一步推动这样的接触，因为这是提高美国软实力的唯一有效方法。

4. **"知己知彼"**。脱钩论者的极端措施之所以无效，一个原因是他们对双方的力量估计错误。这句出自《孙子兵法》的格言应该对华盛顿的政策制定者及其战略顾问有所帮助。脱钩论者容易走两个极端——要么高估美国的能力，因此而过于傲慢自大，要么忽视美国的力量与优势，因此而过于戒备心虚。对于中国在全世界经济、科技、意识形态和政治影响力领域中的地位，脱钩论者近乎歇斯底里的态度反映出他们缺乏自信。他们忽略了一个事实：美国仍然是世界最大的经济体，有"最强的军队、最广的盟友体系和最大的软实力"作后盾。[71]

当然，今后几十年中，中国也许在一些领域，甚至所有以上提到的领域中都追赶上来。中国在改革开放时代主要通过向西方学习，从经济全球化及文化与教育交流中大为获益。但是，与此形成对照的是，几乎听不到哪个美国政治领导人或重要媒体说美国人应该向中国人学习。特朗普政府最近关闭了休斯敦的中国总领馆、撤销了在中国的和平队和富布莱特项目、驱逐了中国记者并引发了中方对美国记者的报复，还限制与中国的学术交流；这些举措都将大幅减少美国接触中国的机会，使美国无法深入了解这个复杂的国家。在美国紧迫需要多了解中国之际，决策者不应切断接触与了解的渠道。

5. **通过改善美国与盟国的关系来影响中国的选择**。美国若是更注意建立国际联盟，在与中国的竞争中就会有效得多。特朗普总统的"美国优先"政策引起了包括美国盟国在内世界各国的反感，因此常常最后变成"美国光杆"。新冠肺炎疫情大流行期间，几乎没有一个国家愿意追随一个只顾"美国优先"的"全球领袖"。[72] 在 5G 问题上，美国自己没有 5G 技术来同中国竞争，因此也就无法从根本上劝说许多盟国禁用华为设备。[73] 至于那些加入了美国领导的弃用华为行动的国家，它们大多并不一定支持对华全面经济脱钩。总的来说，其他国家，包括美国的一些盟国，不想被迫在美国和中国之间选边站队。

多数美国盟国希望通过应对气候变化、改善全球卫生安全、推进大规模杀伤性武器不扩散和保护国际难民的人权来促进和保护国际公共利益。但不幸的是，近年来特朗普政府不断退群，撤出了《跨太平洋伙伴关系协定》、联合国教科文组织、《全球移民协议》、联合国人权理事会、《伊朗核协议》《中导条约》《巴黎气候协定》和世界卫生组织。美国应扭转这一孤立主义和单边主义趋势。美国与盟国及国际社会加强合作来推动全球公共利益，不仅会促使中国参与这些国际领域中的努力，而且能影响中国的选择。

中国中产：重塑长期未来

加州大学圣地亚哥分校的著名社会学家理查德·马德森（Richard Madsen）在世纪之交时发表了一篇见解深刻的文章《美国想象中的中国》（*China in the American Imagination*）。文章指出，美国关于中国的讨论"一直不仅是关于中国的，也是关于我们自己的"。[74] 美国分析人士在评价中国时，太多地依靠自己先入为主的概念或关于中国的普遍观点,却不注意研究中国人的思想、中国人关心的问题和中国的现实。

过去20年来,美国经常对中国新兴的中产生出各种想象。由来已久的"和平演变"论点就是寄希望于中国的新兴中产,特别是受过西方教育的新一代精英,期望他们在西方民主的启发下变得越来越"和我们一样"。

目前关于美国政策一个更有影响力、可能更加伤害美国利益的提议是通过把中国当作"全社会的威胁"来遏制中国崛起。这个提议现已成为全方位脱钩论者的意识形态基础。这种新的脱离接触论点对中国中产的评价非常负面,认为中国中产的多数成员是民族主义者,持反美态度。但是,对中国中产和中国未来发展走向的评估不应受一厢情愿和意识形态教条主义的影响,而应牢牢扎根于事实,扎根于对中国的国家—社会关系的多变性质的充分而平衡的了解。

过去20年,尤其是近几年来,中国的知识分子这个在中产中有影响力的舆论领袖群体的确对美国发表了强烈的批评意见。改革头几十年,他们深受西方思想文化和(对前卫艺术家来说)艺术风格的影响。然而,他们通常拒绝接受文化霸权、文化同质和文化一致性的思想,也不接受"历史终结"这种教条、停滞的观点。他们对西方的后殖民主义和沙文主义越来越嗤之以鼻、愤恨不满。许多中国学者,包括前卫艺术家,力求在智识上超越旧疆界,寻求应对国内外文化及社会和政治变化的新路径。长期以来,上海以其对不同文明的融合展现了这种对旧疆界的超越。无论在近代还是在现代,是上海把世界引入了中国,也是上海把中国推向了世界。因此,这些中国知识分子要求既与中国政府,也与西方文化强权在平等的基础上开展对话。

本书的质化分析和调查研究都表明,在美国受过教育的中国精英对美国的看法比较正面。总的来说,一个人在哪个国家留学,对哪个国家的印象就比较好。不过,留美海归不一定同意美国的对外政策,特别是特朗普政府的对华政策。留学归国人员怀有强烈的爱国主义和民族主义感情,然而在各种中产关注的重要议题上,他们的看法与全球性观点一致。

鉴于近年来世界各地发生的剧变,中国知识界也重新思考起有关国家治理和政治制度的问题。他们认为,如果民主会导致社会的不稳定、政治精英之间的权力恶斗、国家与地方政府的步调不一,甚至造成中国的解体,那么中国人民,包括中国的新兴中产,就根本不想追求这样的民主。如一些中国学者所称,归根结底,社会和政治稳定与民主应该相辅相成,不应相互矛盾。[75] 可以合理地假设,如果发生上述乱象,美国的舆论领袖和中产阶级成员也会有相似的关切和批评,新冠肺炎危机期间的情况就是明证。

不应单从一个角度看中国,也不应以为中国的中产是个千人一面的社会群体。本书对中产上海研究的中心论点是,中国社会和中国文化均非千篇一律。如果说文化潮流能够帮助形成一个国家的社会和政治发展轨道,那么亚文化的相互竞争,如海派文化与京派文化之间或沿海与内地之间的竞争,也许能显示还存在其他选项,并非只有一个预定的结果。如本书前面的章节所阐述的,

第十一章 一个生机勃勃、多姿多彩社会的前景 对中国和美国的几点启示

中国过去20年的文化多元趋势导致了地方性、个性和多样性的重兴。

具体地说，海派代表着开放、多样、企业家精神、世界主义、创新和包容，它对于其他地区表现出来的民族主义情绪起到了抵消中和的作用。本书审视的问题包括广泛的对外教育交流、曾留学西方的海归在上海各行各业的渐露头角、法律专业和法律教育的发展、文化外交导致的国际规范的传播和民间友谊，还有社会价值观的日益多元化；这些是中国发展进步的明证。

研究上海的学者可能会继续就是否存在"上海例外主义"辩论不休，以及就这座城市的现在能在多大程度上预示中国的未来而争执不下。然而，有一点是没有争议的，那就是中国已经成为一个强大的全球经济体，上海是它光彩照人的范例，代表着中产的发展、文化的活力和国际交往。中国经济实力强了，军事实力自然会增强。人民解放军在亚太地区加紧海军活动和其他军事演习，加之中国领导层在网络、外空、人工智能、生物技术和其他研发领域的宏伟计划，共同构成了对美国的真正挑战。美国的政策制定者当然决不会让美国失去威慑敌对行动的军事优势，但他们也应该继续利用美国软实力（和巧实力）的优势。

如果美国在经济与金融稳定、公共卫生合作、环境保护、能源安全和文化与教育交流等领域对华脱钩，那么对中国中产这支社会中最为活力充沛的力量，美国就失去了任何影响能力。采取这种战略的本意是要孤立中国，结果只是让自己陷入孤立；美国不应落入这个陷阱。

最重要的是,在这个充满不确定性的时期,特别是暴发了"新冠肺炎疫情大流行"之后,世界上两个最大的国家需要找到办法重塑它们的长期接触交往。美国和中国应努力为两国的共同未来作出设想,对两国的自身力量培育信心,给两国的信念注入谦卑与人性。

注释

前言

1. 汇丰银行大楼是当时世界上第二大银行大楼。江似虹（Tess Johnston）和尔东强（Deke Erh）合著《最后一瞥——老上海的西式建筑》（*A Last Look Western Architecture in Old Shanghai*）（Hong Kong: Old China Hand Press，1993），第 53 页。

2. 卢大千、韩君天、范云兴和孙雷，《上海：国际旅游城市》（北京：中国旅游出版社，2003），第 52 页有所提及。大楼设计与建筑的详情见娄承浩和薛顺生所著《老上海经典建筑》（上海：同济大学出版社，2000），第 20—23 页。

3. 1955 年，汇丰银行为赔偿累年拖欠的税金，将大楼交给了上海市政府。1995 年 7 月 1 日，上海市政府和市委迁入了人民广场的新办公楼。"文化大革命"开头几年，这座大楼被造反派及其革委会占领。

4. 《世界日报》，2020 年 3 月 30 日，A5 版。

5. 《教育：从中断到恢复》（*Education: From Disruption to Recovery*）联合国教科文组织（UNESCO）（网站）。

6. 亨利·A. 基辛格所著《新冠病毒大流行将永远改变世界秩序》（*The Coronavirus Pandemic Will Forever Alter the World Order*），《华尔街日报》（*Wall Street Journal*），2020 年 4 月 3 日。

7. 皮道坚和鲁虹，《艺术新视界——26 位著名批评家谈中国当代美术的走势》（长沙：湖南美术出版社，2003），第 89 页。

8. 对经济与文化全球化在包括上海在内的东亚城市造成的破坏，最近的批评见黄宗仪（Tsung-Yi Michelle Huang）所著《行走于贫民窟与摩天楼之间：香港、东京和上海开放空间的幻象》(Walking between Slums and Skyscrapers: Illusions of Open Space in Hong Kong, Tokyo and Shanghai)（Hong Kong: Hong Kong University Press, 2004）。
9. 侯瀚如，《裸城：2000年上海双年展策展笔记》(A Naked City: Curatorial Notes around the 2000 Shanghai Biennale)，《亚太艺术》(Art Asia Pacific)，No.31（2001），第62页。
10. 屠伟明，《文化中国：作为中心的边缘》(Cultural China: The Periphery as the Center)，《Daedalus》120，No.2（1991），第25页。
11. 这呼应了许多社会科学家对全球化历史决定论的批评。Manfred B. Steger, *Globalism: The New Market Ideology*, Lanham, MD: Rowman & Littlefield, 2002，第54页。Chalmers Johnson 在 *The Sorrows of Empire: Militarism, Secrecy, and the End of the Republic*, New York: Henry Holt and Company, Metropolitan Books, 2004，第260页作了引用。
12. 中国政府和外国多国公司的统计数据见牛绮思《中国中等收入群体》，《中国经济周刊》2018年4月17日。
13. 中国人民银行调查统计司城镇居民家庭资产负债调查课题组，《城镇居民家庭资产负债调查》，《中国金融》，第9期（2020）。
14. 小查斯·W.弗里曼（Chas W. Freeman Jr.），《贸易战后，要真正和中国开战吗？》(After the Trade War, a Real War with China?)，2019年2月12日在佛罗里达州圣彼得斯堡举行的圣彼得斯堡世界事务大会上的讲话。
15. 法里德·扎卡利亚（Fareed Zakaria），《新的中国恐慌：为什么美国不应因它最新的挑战者而惊慌》(The New China Scare: Why America Shouldn't Panic about Its Latest Challenger)，《外交事务》(Foreign Affairs)，99，No.1（2020年1—2月），第52—69页。

第一章

1. 迈克尔·克兰兹（Michal Kranz），《联邦调查局局长说整个中国社会都是对美国的威胁——并说美国人必须起而自卫》(The Director of the FBI Says the Whole of Chinese Society Is a Threat to the US—and That Americans

Must Step Up to Defend Themselves),《商业内幕》(Business Insider), 2018年2月13日。

2. 梅里特·肯尼迪(Merrit Kennedy),《开市客在上海开业,因人潮汹涌提早关门》(Costco Opens in Shanghai, Shuts Early Owing to Massive Crowds),国家公共电台(NPR),2019年8月28日。

3.《中国青年报》2010年2月11日刊所引。也见钱曦的《中产阶层的比例不是由专家算出来的》,华夏经纬网,2010年2月12日。

4. 金原投资集团,《2018年中国新中产圈层白皮书》(2018 China New Middle Class Report),上海,2018。

5. 同上。

6. 拉克沙·阿罗拉(Raksha Arora),《中国房屋拥有率飙升:93%的居民拥有自己的住房》(Homeownership Soars in China: Ninety-three Percent Own Their Homes),盖洛普,2005年3月1日。

7. 中国人民银行调查统计司居民家庭资产负债调查课题组,《城镇居民家庭资产负债调查》,《中国金融》,第9期(2020)。

8. 鲁哲,《在沪归国留学人员总量达7.5万约占全国的1/4》,《新民晚报》,2009年1月28日。

9. 同上。

10.《东方早报》,2009年2月26日。

11. 杨东平,《城市季风:北京和上海的文化精神》(北京:东方出版社,1994)。

12. 关于金星和她的脱口秀的更多讨论,见艾丽斯·严(Alice Yan),《变性舞蹈者金星如何征服了中国电视》(How Transgender Dancer Jin Xing Conquered Chinese TV),《南华早报》(South China Morning Post),2017年4月15日;马特·希恩(Matt Sheehan),《请看想成为中国最有影响力的女人的泼辣变性脱口秀主持人》(Meet the Badass Transgender Talk Show Host Who Wants to Be China's Most Influential Woman),《赫芬顿邮报》(Huffington Post),2017年12月6日;斐觉世(Seth Faison),《云之南:探索中国的隐秘王国》(South of the Clouds: Exploring the Hidden Realms of China)(New York: St. Martin's Press, 2004),第14章,第199—216页。

13. 引自艾伦·巴富尔（Alan Balfour）和郑时龄合著《世界城市：上海》（*World Cities: Shanghai*）(West Sussex, England: Wiley-Academy, 2002), 第1页。

14. 叶文心主编, *In the Shadow of the Rising Sun: Shanghai under Japanese Occupation* (Cambridge: Cambridge University Press, 2004)。

15. 斯黛拉·董（Stella Dong）, *Shanghai: The Rise and Fall of a Decadent City, 1842-1949*, New York: Perennial, 2001, 第22页。

16. Nicholas R. Clifford, *Spoilt Children of Empire: Westerners in Shanghai and the Chinese Revolution of the 1920s*, Hanover: Middlebury College Press, 1991, 第283页。

17. Mayfair Mei-hui Yang, *Mass Media and Transnational Subjectivity in Shanghai: Notes on (Re)cosmopolitanism in a Chinese metropolis*, 载于王爱华和唐纳德·M. 诺尼尼（Donald M. Nonini）主编, *Ungrounded Empires: The Cultural Politics of Modern Chinese Transnationalism*, London: Routledge, 1997, 第289页。

18. 克利福德（Nicholas R. Clifford），《帝国被宠坏的孩子》（*Spoilt Children of Empire: Westerners in Shanghai and the Chinese Revolution of the 1920s*）(Hanover: Middlebury College Press, 1991), 第xi页。

19. Harriet Sergeant, *Shanghai: Collision Point of Cultures, 1918-1939*, New York: Crown, 1990, 第14页。

20. 白吉尔（Marie-Claire Bergére），《"另一个中国"：1919年到1949年的上海》（*"The Other China": Shanghai from 1919 to 1949*），载于克里斯多弗·豪（Christopher Howe）主编,《上海，一个亚洲大都会的革命与发展》（*Shanghai, Revolution and Development in an Asian Metropolis*）(Cambridge: Cambridge University Press, 1981); 琳达·C. 约翰逊（Linda C. Johnson），《上海：从市镇到通商口岸，1074—1858》（*Shanghai: From Market Town to Treaty Port, 1074-1858*）(Stanford, CA: Stanford University Press, 1995), 第11页。

21. 白吉尔,《"另一个中国"》, 第2—3页。

22. 卡丽·瓦拉,《发明、工业、艺术：民国艺术杂志中文化的商业化》（*Invention, Industry, Art: The Commercialization of Culture in Republican Art*

Magazines），载于舍曼·科克伦（Sherman Cochran）主编，《发明南京路：上海商业文化，1900—1945》（*Inventing Nanjing Road: Commercial Culture in Shanghai, 1900-1945*）（Ithaca, NY: Cornell University Press，1999），第 87 页。

23. 上海正大研究所，《新上海人》（北京：东方出版社，2002），第 11 页。
24. 阎云翔，《管理的全球化：中国的国家权力与文化过渡》（*Managed Globalization: State Power and Cultural Transition in China*），载于塞缪尔·P. 亨廷顿主编，《多种全球化：当代世界的文化多样性》（*Many Globalizations: Cultural Diversity in the Contemporary World*，New York: Oxford University Press，2002），第 34 页。
25. 格雷丝·C. L. 马（Grace C. L. Mak）和莱斯利·N. K. 罗（Leslie N. K. Lo），《教育》（Education），载于杨汝万（Yeung Yue-man）和宋恩荣（Sung Yun-wing）主编，《上海：中国开放门户政策下的转型与现代化》（*Shanghai: Transformation and Modernization under China's Open Door Policy*）（Hong Kong: Chinese University of Hong Kong Press，1996），第 378 页。
26. Rhoads Murphey，*Shanghai, Key to Modern China*，Cambridge, MA: Harvard University Press，1953.
27. Betty Peh-T'I Wei，*Shanghai: Crucible of Modern China*，New York: Oxford: Oxford University Press，1987，第 9 页。
28. 周武，《上海兴起对现代中国与世界的意义》，《澎湃新闻》，2018 年 2 月 10 日。
29. 熊月之和周武，《海纳百川：上海城市精神研究》（上海：上海人民出版社，2003），第 22 页。
30. 李伦新和丁锡满，《上海老外》（上海：文汇出版社，2003），第 40 页。
31. 引自魏白蒂的《上海》，第 122 页。
32. 卢汉超，*Beyond the Neon Lights: Everyday Shanghai in the Early Twentieth Century*，Berkeley: University of California Press，1999，第 17—18 页。
33. 马浩戈，《习近平主持政治局会议审议长三角一体化发展规划纲要》，新京报网，2019 年 5 月 13 日。
34. 鲍达民、陈友钢和艾米·金（Amy Jin），《中国中产的分布》（*Mapping China's Middle Class*），《麦肯锡季刊》（*McKinsey Quarterly*），2013 年

6月。
35. 同上。
36. 罗伯特·霍马茨在一场圆桌讨论中说了这番话，圆桌讨论的题目是"美中关系的远景：经济、政治和历史方面"（*The Long-Term Future of U.S.-Chinese Relations: Economic, Political, and Historical Aspects*），伍德罗·威尔逊国际学者中心的基辛格中美问题研究所，2010年8月2日。
37. 张传杰调查结果的总结见2010年8月2日。
38. 上海百年文化史编纂委员会，《上海百年文化史》，第3卷（上海：上海科学技术文献出版社，2002），第1828页。关于"后现代"价值观的概念和对拉丁美洲多元文化价值观的出色论述，见罗纳德·F. 英格尔哈特（Ronald F. Inglehart）和 M. 卡瓦略（M. Carballo），《拉丁美洲存在吗？对跨文化区别的全球分析》（*Does Latin America exist? A Global Analysis of Cross-Cultural Differences*），《拉丁美洲概况》（*Perfiles Latinoamericanos*）16，No.31（2008），第13—18页。
39. 鲍宗豪，《全球化与当代社会》（上海：上海三联书店，2002），第179页。
40. 作者感谢普林斯顿大学荣誉教授林恩·怀特引导我见识到克利福德·格尔茨（Clifford Geertz）关于文化多样性的开创性著作，并就此给了我知识上的启发。克利福德·格尔茨主编，《解读文化：克利福德·格尔茨文选》（*The Interpretation of Culture: Selected Essays by Clifford Geertz*）（London: Basic Books, 1973）中的《深入探讨解读性文化理论》（*Thick Toward an Interpretative Theory of Culture*），第3—30页。
41. 曼弗雷德·B. 斯蒂格和保罗·詹姆斯（Paul James），《全球化的意识形态》（*Ideologies of Globalism*），载于保罗·詹姆斯和曼弗雷德·B. 斯蒂格主编，《全球化与文化：第4卷，全球化的意识形态》（*Globalization and Culture: Vol. 4, Ideologies of Globalism*）（London: Sage, 2010）；乔纳森·哈维尔·因达（Jonathan Xavier Inda）和雷纳托·罗萨尔多（Renato Rosaldo）主编的《全球化的人类学》（*The Anthropology of Globalization*）（Hoboken, NJ: Wiley-Blackwell, 2002）中乔纳森·哈维尔·因达和雷纳托·罗萨尔多合著《导言：运动中的世界》（*Introduction: A World in Motion*），第1—34页。

第二章

1. 夏琳和张艺驰,《美国签证政策遭诟病》,新华社,2020 年 1 月 2 日。

2. 德米特里·谢瓦斯托普洛(Demetri Sevastopulo)和汤姆·米切尔(Tom Mitchell),《美国考虑禁止对中国国民发放学生签证》(*US Considered Ban on Student Visas for Chinese Nationals*),《金融时报》(*Financial Times*),2018 年 10 月 2 日。

3. 何伟(Peter Hessler),《和平军切断了与中国的关系》(*The Peace Corps Breaks Ties with China*),《纽约客》(*New Yorker*)杂志,2020 年 3 月 16 日。

4. 伊丽莎白·雷登(Elizabeth Redden),《特朗普瞄准中国、香港的富布莱特计划》(*Trump Targets Fulbright in China, Hong Kong*),《*Inside Higher Ed*》,2020 年 7 月 16 日。

5. 白宫,《暂停中华人民共和国某些学生和研究人员非移民入境的公告》(*Proclamation on the Suspension of Entry as Nonimmigrants of Certain Students and Researchers from the People's Republic of China*),2020 年 5 月 29 日。

6. 保罗·莫苏尔(Paul Mozur)和爱德华·黄(Edward Wong),《美国考虑对中国共产党党员实行全面旅行禁止》(*U.S. Weighs Sweeping Travel Ban on Chinese Communist Party Members*),《纽约时报》(*New York Times*),2020 年 7 月 16 日。

7. 小查斯·W. 弗里曼《论与中国的敌对共存》(*On Hostile Coexistence with China*)。对斯坦福大学弗里曼-斯波格利国际问题研究所中国项目的讲话,2019 年 5 月 3 日。

8. 玛丽·布朗·布洛克,《重新审视美国与中国的交流》(*American Exchanges with China, Revisited*),载于乔伊斯·K. 谢尔格伦(Joyce K. Kallgren)和丹尼斯·弗雷德·西蒙(Denis Fred Simon)主编,《教育交流:关于中美交流经验的论文》(*Educational Exchanges: Essays on the Sino-American Experience*)(Berkeley, CA: Institute of East Asian Studies,1987),第 26 页。

9. 民主和平理论认为,自由民主政体不愿意与其他民主政体发生战争,原因有政府问责、外交机构的作用、中产的利益和同类认同。两个自由民主政体之间通常不存在敌对的意识形态。见迈克尔·多伊尔(Michael Doyle),《康德、自由遗产,与外交事务》(*Kant, Liberal Legacies, and Foreign Affairs*),《哲学与公共事务》(*Philosophy and Public Affairs*)12,

No. 4（1983 年夏）

10. 菲利普·库姆斯（Philip Coombs），《外交政策的第四维度：教育与文化事务》(*The Fourth Dimension of Foreign Policy: Educational and Cultural Affairs*)（New York: Harper and Row，1964），第 6—7、17 页。

11. 同上，第 17 页。

12. 德怀特·D.艾森豪威尔，《在史密斯-蒙特法通过 10 周年纪念仪式上的讲话》(*Remarks at Ceremony Marking the Tenth Anniversary of the Smith-Mundt Act*)，1958 年 1 月 27 日，美国总统数据库网站（American Presidency Project website），2020 年 10 月 31 日查找。

13. 卜利平，*Making the World Like US: Education, Cultural Expansion, and the American Century*，Westport, CT: Praeger，2003，第 7 页。

14. 张宏杰，《寄托的一代——清华人和北大人留美口述故事》（沈阳：春风文艺出版社，1999），第 3 页。

15. 史景迁，*To Change China: Western Advisers in China, 1620-1960*，Boston: Little, Brown，1969，第 292 页。

16. 卜利平，《使世界和美国一样》，第 86 页。

17. 伯纳德·格韦茨曼（Bernard Gwertzman），《美国和中国签署协定；卡特看到了"不可逆转"的潮流》(*U.S. and China Sign Agreements: Carter Sees an "Irreversible" Trend*)，《纽约时报》(*New York Times*)，1979 年 2 月 1 日；也见吉米·卡特政府，《总统文献》(*Presidential Documents*)，华盛顿特区，1979 年 2 月，第 201 页。

18. 格韦茨曼，《美国和中国签署协定》，A16 版。

19. 中华人民共和国教育部网站，《2018 年度我国出国留学人员情况统计》，2019 年 3 月 27 日；《中国去年出国留学人数首破 60 万》，《人民日报（海外版）》，2018 年 4 月 1 日。

20. 中华人民共和国教育部网站，《2019 年度我国出国留学人员情况统计》。

21. 《中国赴美留学生人数调查报告》，续航教育网站（ForwardPathway website），2019 年 7 月 28 日。原始来源见开放门户网站（Open Doors website）；2020 年 11 月 2 日获得。前一年的信息见 U.S.-China Press，2018 年 12 月 28 日。

22. 教育部，《2018 年来华留学生统计》，中国教育部网站，2019 年 4 月 12 日。

23. U.S.-China Press，2018 年 12 月 28 日。
24. 共有 432.32 万学生拿到了学位或完成了计划。中华人民共和国教育部网站，《2018 年度我国出国留学人员情况统计》。
25. 《中国去年留学人数首破 60 万》。
26. 具体来说，小约翰·D. 洛克菲勒（John D. Rockefeller Jr.）和他的下属同意这个观点，此观点在卜利平的《使世界和美国一样》第 85 页引用。
27. 基于南京大学负责国际事务的副校长王振林在 2019 年杜克国际论坛上的讲话，《中美高等教育合作的新时代》（A New Age of Sino-US Higher Education Cooperation），论坛于 2019 年 12 月 16—18 日在中国昆山举行。
28. 李成主编，《中产中国：超越经济转型的新兴中国中产》（China's Emerging Middle Class: Beyond Economic Transformation）（Washington, DC: Brookings Institution，2010）。
29. 崔大伟、陈昌贵和骆思典合著 China's Brain Drain to the United States: Views of Overseas Chinese Students and Scholars in the 1990s，Berkeley, CA: Institute of East Asian Studies，1995，第 7 页。
30. 王奉贤，《跨文化交流的交汇点：一个中国人的观点》（Meeting Points of Transcultural Exchange: A Chinese View），载于许美德（Ruth Hayhoe）和潘乃容（Julian Pan）主编，《跨越文化的知识：对文明对话的贡献》（Knowledge across Cultures: A Contribution to Dialogue among Civilizations）（Hong Kong: Comparative Education Research Centre, University of Hong Kong，2001），第 299 页。
31. 1979 年到 1989 年的排名来自钟文辉的《中国学者和世界社会》（Chinese Scholars and the World Community），载于迈克尔·阿杰拉斯托（Michael Agelasto）和鲍勃·亚当森（Bob Adamson）主编的《后毛泽东时代中国的高等教育》（Higher Education in Post-Mao China）（Hong Kong: Hong Kong University Press，1998），第 61 页；2003 年的排名来自中国科技部部长许冠华的讲话，2004 年 2 月 23 日，新华网；2017 年的排名来自科学网，2017 年 10 月 11 日。
32. 俞荣荫（Yu Wingyin），China's Drive to Attract the Return of Its Expatriate Talents，《EAI Background Brief》，No.76（2000 年 11 月 27 日），第 ii 页。
33. 宋新宁，《创立中国特色国际关系理论》（Building International Relations

Theory with Chinese Characteristics)，《当代中国》(*Journal of Contemporary China*) 10，No.26（2001 年 2 月），第 62 页。

34. Bob Woodward，*Bush at War*，New York: Simon & Schuster，2002；Richard A. Clarke，*Against All Enemies: Inside America's War on Terror*，New York: Free Press，2004。

35. 杜勒斯在 1958 年和 1959 年的 3 次演讲中阐述了他推动共产主义世界和平演变的思想。

36. 布洛克，《重新审视美国与中国的交流》，第 26 页。

37. 共产党老一辈领导人、前政治局委员薄一波在回忆录中详细讲述了毛泽东"对约翰·福斯特·杜勒斯对华政策的看法与反应"。薄一波，《若干重大决策与事件的回顾》，共两册（北京：中共中央党校出版社，1991，1993）。关于英译文和对回忆录中谈到毛泽东对和平演变担忧的段落的出色评论，见翟强的《毛泽东和杜勒斯的"和平演变"战略：薄一波回忆录中的披露》(*Mao Zedong and Dulles's "Peaceful Evolution" Strategy: Revelations from Bo Yibo's Memoirs*)，2004 年 10 月 4 日。

38. 邓小平的话引自丁刚的《国有化与国际化：20 世纪中国教育的两个转折点》(*Nationalization and Internationalization: Two Turning Points in China's Education in the Twentieth Century*)，载于格伦·彼德森（Glen Peterson）、许美德和卢永龄主编的《20 世纪中国的教育、文化和身份》(*Education, Culture, and Identity in Twentieth Century China*)（Ann Arbor: University of Michigan Press，2001），第 174 页。

39. 杜瑞清，*Chinese Higher Education*，New York: St. Martin's Press，1992，第 108 页。

40. 这个词最先出现于 20 世纪 80 年代，90 年代早期风靡全国。关于它的来源与意义的深刻洞见，见李陀、包亚明、王宏图和朱生坚的《上海酒吧——空间、消费与想象》（南京：江苏人民出版社，2001），第 149 页。

41. 李陀、包亚明、王宏图、朱生坚，《上海酒吧》，第 149 页。

42. 尹继佐，《经济全球化与上海文化发展——2001 年上海文化发展蓝皮书》（上海：上海社会科学出版社，2001），第 108、139 页。

43. 关于中国人的"中国和平崛起"思想，见郑必坚的《中国的和平崛起》(*China's Peaceful Rise*)（Washington, DC: Brookings Institution，2005）。

44. 库尔特·米尔斯（Curt Milles），《史蒂夫·班农对中国宣战》（*Steve Bannon Declares War on China*），《美国保守派》（*American Conservative*）杂志，2019年4月12日。

45.《美国国家安全战略》（*National Security Strategy of the United States of America*），2017年12月。

46. 托尔斯滕·本纳（Thorsten Benner）、扬·加斯珀斯（Jan Gaspers）、马雷克·奥尔伯格（Mareike Ohlberg）、卢克雷齐亚·波杰蒂（Lucrezia Poggetti）和克里斯廷·施-库普费尔（Kristin Shi-Kupfer），《威权进逼：回应中国在欧洲壮大的政治影响》（*Authoritarian Advance: Responding to China's Growing Political Influence in Europe*）全球公共政策研究所（*Global Public Policy Institute*），2018年2月5日。

47. 弗雷德·卢卡斯（Fred Lucas），《约翰·博尔顿：美国必须遏制中俄在非洲的影响》（*John Bolton: US Must Curb Chinese, Russian Influence in Africa,*），《Daily Signal*》，2018年12月13日。

48.《中国的军事崛起：龙的新牙齿》（*China's Military Rise: The Dragon's New Teeth*），《经济学人》（*The Economist*）杂志，2012年4月7日，斯德哥尔摩和平研究院和国际货币基金组织的估计。见布莱恩·王（Brian Wang），《中国防务开支增加10.7%，30年后将赶上美国》（*China increases defense spending by 10.7% and is 30 years from catching up the USA*），《下一个大未来》（*Next Big Future*），2013年4月3日。

49. 肯尼思·拉波萨（Kenneth Rapoza），《卢比奥参议员：美国没有产业政策来对抗中国制造2025》（*Senator Rubio: The U.S. Has No Industrial Policy to Counter China Made In 2025*），《福布斯杂志》（*Forbes*），2019年2月12日。

50. CNN文稿，2018年2月13日。

51. 张瀚，《中国学生在美国借以得知新闻的"后真相"出版物》（*The "Post-Truth" Publication Where Chinese Students in America Get Their News*），《纽约客》（*New Yorker*），2019年8月19日。

52. 同上。

53. 肯尼思·拉波萨，《库德洛：为离开中国的美国公司"付运费"》（*Kudlow: 'Pay the Moving Costs' of American Companies Leaving China*），《福布斯》，

2020 年 4 月 10 日。

54. 唐纳德·J. 特朗普,《美国国家安全战略》(华盛顿特区:白宫,2017)。

55. 同上。

56. 国家安全战略报告声明,"我们将考虑限制来自特定国家的外国 STEM 学生,以确保知识产权不致落入我们的竞争者手中"。

57.《美国的"子弹"飞向了华为》,《第一财经》,2019 年 5 月 17 日。

58. 德米特里·谢瓦斯托普洛和汤姆·米切尔,《美国考虑禁止对中国国民发放学生签证》,《金融时报》(Financial Times),2018 年 10 月 2 日。

59. 同上。

60. 雷切尔·彼德森(Rachelle Peterson),《外包给了中国》(Outsourced to China),全国学者联盟(National Association of Scholars),2017 年 7 月 12 日。

61. 约翰·海沃德(John Hayward),《国防法案要求大学在五角大楼计划和中国的孔子学院之间做选择》(Defense Bill Makes Universities Choose Between Pentagon Programs and China's Confucius Institute),Breitbart,2018 年 8 月 15 日。

62.《美国有多少孔子学院?》(How Many Confucius Institutes Are in the United States?)全国学者联盟网站(National Association of Scholars website),2020 年 7 月 1 日。

63. 拉里·戴蒙德(Larry Diamond)和奥维尔·谢尔(Orville Schell)主编,《中国影响力和美国利益:提高建设性的警惕》(China's Influence and American Interests: Promoting Constructive Vigilance),胡佛研究所(Hoover Institution),2018 年 11 月 29 日,斯坦福大学。

64. 美国国会参议院,《外国影响力透明度法》参字 2583,115 届国会,2018 年 3 月 21 日介绍。

65. 亚当·泰勒(Adam Taylor),《特朗普与中国作战的最弱借口?"文明冲突"》(The Worst Justification for Trump's Battle With China? The 'Clash of Civilizations'),《华盛顿邮报》(Washington Post),2019 年 5 月 2 日。

66. 同上。

67.《董云裳谈美中关系危机》(Susan Thornton on a Crisis in U.S.-China Relations),《中参馆》(ChinaFile),2019 年 4 月 15 日。

68. 卜睿哲和何瑞恩，《中国辩论会长期存在》(The China Debate Is Here to Stay)，《从混乱中求秩序》(Order from Chaos)（博客），布鲁金斯学会（ Brookings Institution ），2019 年 3 月 4 日。
69. 芬巴尔·伯明翰（ Finbarr Bermingham ），《你遏制不了中国：前美国首席贸易代表罗伯特·佐利克警告特朗普》(You Can't Contain China: Former US Trade Chief Robert Zoellick Warns Donald Trump)，《南华早报》(South China Morning Post)，2019 年 1 月 14 日。
70. 同上。
71. 蒂莫西·R. 希思，《中国军队没有作战经验：这重要吗？》(China's Military Has No Combat Experience: Does It Matter?)，《兰德博客》(The Rand Blog)，2018 年 11 月 27 日。
72. 同上。
73. 杰弗里·贝德，《正在改变的中国政策：我们在寻找敌人吗？》(Changing China Policy: Are We in Search of Enemies?)，布鲁金斯约翰·L. 桑顿中国中心战略论文系列，第 1 卷，2015 年 6 月。
74. 贾纳·戈特利布（ Jhana Gottlieb ），《北京共识：我们自己制造的威胁》(The Beijing Consensus: A Threat of Our Own Creation)，2017 年 4 月 22 日，国际海事安全中心（ Center for International Maritime Security ）。
75. 斯蒂芬·罗奇，《美中贸易谁是赢家》(Who Wins in the U.S.-China Trade War)，《 Yale Insights 》杂志，2018 年 12 月 6 日。
76. 同上。
77. 小弗里曼，《论与中国的敌对共存》。
78. 彼得·多克里尔（ Peter Dockrill ），《中国刚刚首次在科学产出上超过美国》(China Just Overtook the US in Scientific Output for the First Time)，《 Science Alert 》，2018 年 1 月 23 日。
79. 小弗里曼，《论与中国的敌对共存》。
80. 同上。
81. 拉斐尔·赖夫，在麻省理工学院中国峰会上的演讲，中国北京，2018 年 11 月 13 日。
82. 何大一，在 SupChina 的"下一个中国大会"上的主旨发言，纽约，2019 年 11 月 21 日。

83. 拉里·萨默斯,《有什么能阻挡中国经济吗?》(*Can Anything Hold Back China's Economy?*),2018 年 12 月 5 日。

84. 李开复,《人工智能超级大国:中国、硅谷和世界新秩序》(*AI Superpowers: China, Silicon Valley, and the New World Order*)(New York: Houghton Mifflin Harcourt, 2018)

85. 雷姆科·兹韦斯鲁特(Remco Zwetsloot)、海伦·托纳(Helen Toner)和杰弗里·丁(Jeffrey Ding),《人工智能军备竞赛之外:美国、中国与零和思维的危险》(*Beyond the AI Arms Race: America, China, and the Dangers of Zero-Sum Thinking*),《外交事务》(*Foreign Affairs*),2018 年 11 月 16 日。

86. 卡罗尔·克赖斯特,《重申我们对伯克利国际社群的支持》(*Reaffirming Our Support for Berkeley's International Community*),《伯克利新闻》(*Berkeley News*),2019 年 2 月 21 日。

87. 明妮·陈(Minnie Chan),《耶鲁大学校长在中美学术签证风波中支持国际学生》(*Yale University Chief Stakes Support for International Students Amid China-US Academic Visa Turmoil*),《南华早报》(*South China Morning Post*),2019 年 5 月 25 日。

88. 同上。

89. 彼德森,《外包给了中国》。

90. 史蒂文·沃德(Steven Ward),《因为中国不是"高加索人",所以美国在计划"文明冲突"。那将很危险》(*Because China Isn't "Caucasian," the U.S. Is Planning for a "Clash of Civilizations." That Could Be Dangerous*),《华盛顿邮报》(*Washington Post*),2019 年 5 月 4 日。

91. 塞缪尔·P. 亨廷顿,《文明的冲突?》(*The Clash of Civilizations?*),《外交事务》(*Foreign Affairs*)杂志,1993 年夏。

92. 《国会发言录》,"APA Justice"网站。

93. 《"我们时代的关键问题":就中美关系与亨利·基辛格对话》(*"The Key Problem of Our Time": A Conversation with Henry Kissinger on Sino-U.S. Relations*),威尔逊中心(Wilson Center),2018 年 9 月 20 日。

94. 李成,《中国中产如何看待贸易战》(*How China's Middle Class Views the Trade War*),《外交事务》(*Foreign Affairs*),2018 年 9 月 10 日。

第三章

1. 世纪之交时的金字塔式结构在陆学艺 2004 年的研究中得到了最生动的呈现。见陆学艺的《当代中国社会流动》(北京：社会科学文献出版社，2004)，第 14 页。

2. 费正清，*The United States and China*，Cambridge, MA: Harvard University Press，1983，第 51 页。

3. 关于中国资产阶级或中产阶层的早期发展，见白吉尔的 *The Golden Age of the Chinese Bourgeoisie, 1911–1937*，Cambridge: Cambridge University Press，1989。

4. 《中国新闻分析》(*China News Analysis*)，No.1501，1994 年 1 月 1 日，第 2 页。

5. 明永昌，《中产阶层正在实现"中国梦"》，《联合早报》，2008 年 10 月 1 日，第 2 版。

6. 张宛丽，《中国社会阶级阶层研究二十年》，《社会学研究》，No.1（2000），第 24—39 页；李成，《"文凭主义"对"实干主义"：改革时代技术官僚与企业家的互动与紧张》(*"Credentialism" versus "Entrepreneurism": The Interplay and Tensions between Technocrats and Entrepreneurs in the Reform Era*)，载于陈国贲主编，《中国工商网络：国家、经济与文化》(*Chinese Business Networks: State, Economy and Culture*)（New York: Prentice Hall，1999），第 86—111 页。

7. 李成主编，《中产中国：超越经济转型的新兴中国中产阶层》中李成所著《导言：中央王国中产阶层的兴起》(*Introduction: The Rise of the Middle Class in the Middle Kingdom*)（Washington, DC: Brookings Institution Press，2010），第 8 页。

8. 《中国发行银行卡总量达到 78.3 亿》(*China Issues 7.83 Billion Bank Cards in Total*)，新华社，2019 年 6 月 23 日。

9. 同上，以及《2020 年中国信用卡的使用将达到全新高度》。

10. 产出与销售的年增长率各为 48% 和 46%。引自张雪，《国内汽车部门经历结构调整》(*Domestic Auto Sector Undergoes Structural Adjustments*)，《经济日报》(*Economic Daily*)，2010 年 2 月 9 日。

11. 王茜，《我国机动车保有量达 3.25 亿辆》，新华网，2018 年 12 月 1 日。
12. 同上。
13. 《2018 年上海市国民经济和社会发展统计公报》，《上海统计》，2019 年 3 月 1 日。
14. 林静，《我国私家车保有辆首次突破 2 亿辆》，《北京日报》，2020 年 1 月 8 日。
15. 同上。
16. 瑞士信贷研究所，《全球财富报告》，香港 2015，引自孙扬，《一个阶层的沉浮——重新认识大陆中产》，《凤凰周刊》，No.561（2015 年 11 月 17 日）。
17. 鲍达民、陈友钢和艾米·金，《中国中产阶层的分布》，麦肯锡咨询公司（McKinsey & Company），2013 年 6 月。
18. 李春玲，《中国中产阶层研究的动力与趋向》，载于方向新主编的《和谐社会与社会建设》（北京：社会科学文献出版社，2008）。
19. 《南方日报》，2000 年 2 月 26 日。关于江泽民提出"三个代表"这一意识形态的创新的背景的更多讨论，见李成，《2000 年的中国：战略再思考的一年》（China in 2000: A Year of Strategic Rethinking），《亚洲概览》（Asian Survey）41，No.1（2001），第 71—90 页。
20. 陈新年，《中等收入者论》（北京：中国计划出版社，2005），第 1 页。
21. 刘旭虹，《"四个全面"重大战略布局》，《中国日报》，2015 年 2 月 26 日。
22. 习近平，《继续朝着中华民族伟大复兴目标奋勇前进》。中国中央人民政府网站，2012 年 11 月 29 日。
23. 同上。
24. 牛绮思，《中国中等收入群体超 3 亿人，2050 年有望达 9 亿人以上》，《中国经济周刊》，2018 年 4 月 17 日。
25. 同上。也见赵建华，《贸易战没有赢家》。中国新闻网，2018 年 3 月 24 日。
26. 牛绮思，《中国中等收入》。
27. 同上。
28. 李成，《导言：中央王国中产阶层的兴起》，第 3—30 页。

29. 重要的例外包括江忆恩,《中国中产阶层对国际事务的态度：初生的自由化？》(Chinese Middle Class Attitudes towards International Affairs: Nascent Liberalization?),《中国季刊》(China Quarterly) 179 (2004年9月),第603—628页；就连这些学者中也有人对使用"中产阶层"一词有一定保留,如戴维·古德曼。

30. 例如,戴维·古德曼认为,说中国"新贵""和我们一样"的说法"很诱人",但这个说法模糊了一个事实,即他们只代表在经济改革中大发横财的极少数精英。见罗恩·卡利克(Rowan Callick),《中国新兴中产阶层的神话》(Myth of China's New Middle Class),《澳大利亚人报》(Australian), 2008年1月14日, 第2版。

31. 小巴林顿·摩尔, The Social Origins of Dictatorship and Democracy: Lord and Peasant in the Making of the Modern World, Boston: Beacon Press, 1966, 第418、430页。

32. 西摩·马丁·李普塞特,《民主的若干社会要求：经济发展和政治合法性》(Some Social Requisites of Democracy: Economic Development and Political Legitimacy),《美国政治学评论》(American Political Science Review) 53, No.1 (1959), 第69—105页；西摩·马丁·李普塞特, Political Man: The Social Bases of Politics, Garden City, NJ: Anchor Books, 1963。

33. Margaret M. Pearson, China's New Business Elite: The Political Consequences of Economic Reform, University of California Press, 1997；魏昂德(Andrew G. Walder),《中国经济过渡的社会学方面：组织、分层和社会流动性》(Sociological Dimensions of China's Economic Transition: Organization, Stratification, and Social Mobility), 肖伦斯坦亚太研究中心(Shorenstein Asia/Pacific Research Center), 2003年4月；边燕杰,《中国社会分层与社会流动》(Chinese Social Stratification and Social Mobility),《社会学年鉴》(Annual Review of Sociology) 28, No.1 (2002), 第91—116页；裴宜理,《新的权利意识？》(A New Rights Consciousness?),《民主杂志》(Journal of Democracy) 20, No.3 (2009), 第17—20页。

34. 李春玲,《中国中产阶层研究的理论趋向及关注点的变化》, 载于李春玲主编,《比较视野下的中产阶层形成：过程、影响以及社会经济后果》

（北京：社会科学文献出版社，2009），第47—48页。

35. 加里·伯特莱斯，《美国不平等的增长：原因和补救方法》(*Growing American Inequality: Sources and Remedies*)，《布鲁金斯评论》(*Brookings Review*)（1999年冬），第31—35页。
36. 霍米·哈拉斯和杰弗里·格茨，《新全球中产阶层：从西方来到东方》(*The New Global Middle Class: A Crossover from West to East*)，载于李成主编，《中产中国：超越经济转型的新兴中国中产阶层》，第32—51页。
37. 江忆恩，《中国中产阶层对国际事务的态度》，第607页。
38. C.赖特·米尔斯，《白领：美国中产阶级》（Oxford, UK: Oxford University Press），1951。
39. 王建英和戴慧思，《中国的新上层中产阶层：职业分解的重要性》(*China's New Upper Middle Classes: The Importance of Occupational Disaggregation*)，载于李成编《中产中国：超越经济转型的新兴中国中产阶层》，第157页。
40. 见李培林和张翼，《中国中产阶层的规模、认同和社会态度》，载于唐晋主编，《大国策：通向中国之路的中国民主：增量式民主》（北京：人民日报出版社，2009），第188—190页。
41. 陆学艺，《当代中国社会结构》（北京：社会科学文献出版社，2010），第402—406页。
42. 陆学艺，《现在是中国中产阶层发展的黄金时期》，《中国青年报》，2010年2月11日，第10版。
43. 《中国新闻周刊》，2010年1月22日。
44. 牛绮思，《中国中等收入》。
45. 《中国新闻周刊》。
46. 陆学艺，《当代中国社会阶层研究报告——中国社会阶层研究报告》（北京：社会科学文献出版社，2002），第9页。
47. 这个金字塔式结构在陆学艺2004年的研究中得到了最生动的呈现。见陆学艺，《当代中国社会流动》（北京：社会科学文献出版社，2004），第14页。
48. 陆学艺，《当代中国社会阶层研究报告》，第44页。
49. 吴伟，《总理说的，6亿人月收入仅1000元》，《新京报》，2020年5月28日。

50. 刘欣,《中国转型中的经济结构与收入不平等》(Class Structure and Income Inequality in Transitional China),《中国社会学杂志》(Journal of Chinese Sociology) 7,No.4（2020）,第 1—24 页。
51. 李路路和李升,《殊途异类——当代中国城镇中产阶层的类型化分析》,《社会学研究》22,No.6（2007）,第 15—37 页。
52.《南都周刊》,2006 年 7 月 14 日。
53. 陈宝荣,《九十年代上海个体私营经济发展研究》(上海社会科学院工作文件,1994);朱光磊,《当代中国社会各阶层分析》(天津：天津人民出版社,1998),第 376 页。
54. 原始论点见塔尔科特·帕森斯, The Social System, New York: Free Press, 1951。
55. 关于许知远的评论,见魏城,《所谓中产》(广州：南方日报出版社,2007),第 208 页。
56. 袁剑,《中国：奇迹的黄昏》,线上书,2008,第 116 页。
57. 陈义平,《分化与组合：中国中产阶层研究》(广州：广东人民出版社,2005),第 52—53 页。
58.《2017 年全国教育事业发展统计公报》。中国教育部网站,2018 年 7 月 19 日。
59. 周晓虹,《全球中产阶层报告》(北京：社会科学文献出版社,2005),第 64 页、118—119 页。
60. 关于更多关于当今中国核心价值观的讨论,特别是新兴中产阶层之间的讨论,见潘维和玛雅的《聚焦当代中国价值观》(北京：生活·读书·新知三联书店,2008)和许荣的《中国中间阶层文化品位与地位恐慌》(北京：中国百科全书出版社,2007)。
61. 魏城《所谓中产》。
62. 王建平,《中产阶层——社会和谐的积极力量》,《天津社会科学》,No.4（2008）,第 62—65 页。
63. 陈新年,《中等收入者论》(北京：中国计划出版社,2005)。
64. 周晓虹等人,《中国中产阶层调查》(北京：社会科学文献出版社,2005),第 47—48 页;魏城《所谓中产》,第 3 页。
65. 周晓虹,《全球中产阶层报告》,第 227 页。

66. 江山的《中产路线图》(武汉：长江出版社，2005) 第 32 页引用了"有恒产者有恒心"这句话。
67. 陈义平，《分化与组合》，第 23 页。
68. 唐军的观点见《中国新闻周刊》，2010 年 1 月 22 日。
69. 魏城，《所谓中产》，第 109—110 页。
70. 刘欣，《中国城市的中产阶层与社区治理》，为在长春召开的中国社会中产阶层研究大会准备的论文，2008 年 7 月 22 日；刘欣，《中国过渡期的阶级结构和收入不平等》(*Class Structure and Income Inequality in Transitional China*)，《中国社会学杂志》(*Journal of Chinese Sociology*) 7, No.4 (2020)，第 1—24 页。
71. 李路路《中间阶层的社会功能：新的问题取向和多维分析框架》，《人民大学学报》4 (2008 年 4 月)。也见李路路和王宇的《当代中国中间阶层的社会存在：阶层认知与政治意识》，《社会科学战线》10 (2008)，第 202—215 页。
72. 塞缪尔·P. 亨廷顿，《社会变化中的政治秩序》(*Political Order of Changing Societies*) (New Haven, CT: Yale University Press, 1969)。
73. 冯婷，《别给中产阶层贴太多金》，《人民论坛》，No.10 (2010 年 4 月)。
74. 秦晖，《中产阶层并非民主必要条件》，《绿叶》，No.12 (2009)。
75. 胡联合和胡鞍钢，《中产阶层：稳定器还是相反或其他》，《政治学研究》，No.2 (2008 年 5 月)。
76. 这是阎云翔说的。他认为，这与"把全球化视作一种后工业化、后现代现象"的大多数西方讨论相反。阎云翔，《管理的全球化：中国的国家权力与文化过渡》，载于亨廷顿主编，《多种全球化：当代世界的文化多样性》(New York: Oxford University Press, 2002)，第 36 页。
77. 一个例子见李其庆和刘元琪的《全球化与新自由主义》(桂林：广西师范大学出版社，2003)。
78. 安东尼·吉登斯，《超越左与右：激进政治的未来》(*Beyond Left and Right: The Future of Radical Politics*) (Palo Alto, CA: Stanford University Press, 1994)；入江昭，《文化国际主义与世界秩序》(*Cultural Internationalism and World Order*) (Baltimore: Johns Hopkins University Press, 1997)。
79. 入江昭，《文化国际主义与世界秩序》，第 3 页。

80. 入江昭，*Power and Culture*，Cambridge, MA: Harvard University Press，1982，第 vii 页。

81. 入江昭，《文化国际主义与世界秩序》，第 v 页。

82. 约瑟夫·S. 奈，*Soft Power: The Means to Success in World Politics*，New York, NY: Public Affairs, 2004，第 11 页。

83. 李陀、包亚明、王宏图和朱生坚，《上海酒吧——空间、消费与想象》（南京：江苏人民出版社，2001），第 86 页。

84. 马庆钰，《全球化和对文化相对主义的批评》，《当代中国研究》，No.2（2003）。

85. 叶伟力，*Seeking Modernity in China's Name: Chinese Students in the United States, 1900-1927*，Stanford, CA: Stanford University Press，2001，第 7 页。

86. 上海百年文化史编纂委员会，《上海百年文化史》第 1 卷（上海：上海科学技术文献出版社，2002），第 15 页。

87. 格伦·彼德森、许美德和卢永龄主编，《20 世纪中国的教育、文化和身份》（Ann Arbor: University of Michigan Press, 2001）中格伦·彼德森和许美德合写的《导言》，第 1 页。

88. 安宇和周棉，《留学生与中外文化交流》（南京：南京大学出版社，2000），第 1 页。

89. 基于王辉耀在 2019 年 12 月 16—18 日在中国昆山举行的主题为"中美高等教育合作的新时代"的杜克国际论坛上的介绍发言。

90. 王宁，《全球化与文化：西方与中国》（北京：北京大学出版社，2002），第 226—227 页。

91. 崔大伟，*Internationalizing China: Domestic Interests and Global Linkages*，Ithaca: NY: Cornell University Press，2002，第 161 页；崔大伟，《领导人、官僚和机构文化：召回中国顶尖海外人才的努力》(*Leaders, Bureaucrats, and Institutional Culture: The Struggle to Bring Back China's Top Overseas Talent*)，载于戴杰（Jacques deLisle）和金骏远（Avery Goldstein）主编的《中国的全球交往：21 世纪的合作、竞争与影响力》(*China's Global Engagement: Cooperation, Competition, and Influence in the 21st Century*)（Washington, DC: Brookings Institution Press，2017），第 325—358 页。

92. 李晓东，《全球化与文化整合》（长沙：湖南人民出版社，2003），第 35 页。
93. 王宁，《全球化与文化：西方与中国》（北京：北京大学出版社，2002），第 11 页。
94. 关于对这种观点的批判，见曼弗雷德·B. 斯蒂格，*Globalism: The New Market Ideology*，Lanham, MD: Rowman & Littlefield，2002，第 12—13 页。
95. 李惠斌，《全球化：中国道路》（北京：社会科学文献出版社，2003），第 267 页。
96. 王宁，《全球化与文化》，第 8 页。
97. 王逸舟，《全球化时代的国际安全》（上海：上海人民出版社，1999），第 17 页。关于"第三文化"的最初概念，见迈克·费瑟斯通（Mike Featherstone）主编的《全球文化：民族主义、全球化和现代性》(*Global Culture: Nationalism, Globalization and Modernity*)（London: Sage，1990），第 6 页。
98. 新天地的投资者中包括香港著名影星成龙。裘正义，《上海时尚地图》（上海：汉语大词典出版社，2002），第 123 页。
99. 裘正义，《上海时尚地图》，第 126—127 页。
100. 此口号用大字展示在新天地的显眼位置。
101. 李陀、包亚明、王宏图和朱生坚，《上海酒吧》，第 11 页。
102. 吉登斯，《超越左与右》，第 4 页。在杨伯溆《全球化：起源、发展和影响》（北京：人民出版社，2002）的第 36 页得到引用。
103. 哈丽雅特·萨金特，《上海：文化的碰撞点，1918—1939》（New York: Crown Publishers，1990），第 2 页；引自罗兹·墨菲，《上海：现代中国的钥匙》（Cambridge, MA: Harvard University Press，1953）。
104. 上海百年文化史编纂委员会，《上海百年文化史》第 3 卷（上海：上海科学技术文献出版社，2002），第 1698 页。
105. 王宁，《全球化与文化》，第 3 页。
106. 关于对国际关系这些学派的评论，见 Henry R. Niu，*Perspectives on International Relations: Power, Institutions, and Ideas*，New York: CQ Press，2014。
107. 要了解关于这个问题的现实主义观点的全貌，见 Robert Gilpin，*The*

Political Economy of International Relations，Princeton, NJ: Princeton University Press，1987。

108. 关于对建构主义范式和中国在美国领导下的世界秩序中和平崛起主题的批判，见 John J. Mearsheimer，*The Tragedy of Great Power Politics*，New York: W. W. Norton，2014。

109. 玛莎·芬尼莫尔和凯瑟琳·希金克，《国际规范动态与政治变化》(*International Norm Dynamics and Political Change*)，《国际组织》(*International Organization*) 期刊52，No.4（1998年秋），第888页。

110. 关于对建构主义者更加全面的看法，见亚历山大·温特的 *Social Theory of International Politics*，Cambridge: Cambridge University Press，1999；Ted Hopf, *Social Origins of International Politics: Identities and Construction of Foreign Policies at Home*，Ithaca, NY: Cornell University Press，2002；芬尼莫尔和希金克，《国际规范动态和政治变化》，第887—917页。

111. 玛莎·芬尼莫尔，*National Interest in International Society*，Ithaca, NY: Cornell University Press，1996，第15页。

112. 塞缪尔·亨廷顿，《文明的冲突？》，《外交事务》(*Foreign Affairs*) 杂志72，No.3（1993），第49页。

113. 芬尼莫尔，《国际社会中的国家利益》，第2页。据芬尼莫尔所说，冷战期间及以后的外交政策辩论显示，"利益不只是'在那里'等着被发现的，而是通过社会互动而创建的"。

114. 芬尼莫尔，《国际社会中的国家利益》，第3页。

115. 温特，《国际政治的社会理论》，第1页。

116. 例如，芬尼莫尔认为，"国际生活中规范性原则之间的紧张和矛盾意味着没有一套各国都向往的理想的政治与经济安排。没有稳定的平衡，也没有历史的终结"。芬尼莫尔，《国际社会中的国家利益》，第135页。福山，《历史的终结》(*The End of History*)，第3—18页。

117. 芬尼莫尔，《国际社会中的国家利益》，第15页。

118. 同上。

119. 弗兰克·A.宁科维奇和卜利平合编，《文化角度：美国外交关系史上的文章》(*The Cultural Turn: Essays in the History of U.S. Foreign Relations*)

中宁科维奇写的《导言》(Chicago: Imprint Publications, 2001), 第1页。

120. 宁科维奇,《导言》, 第2页。

121. 上海正大研究所,《文化上海——2010:把一个什么样的生活带给中国和世界》(北京:人民出版社, 2003), 第5页。

122. 《中国中产阶层的焦虑时代》(*Age of anxiety for the Chinese middle class*), 中国国际电视台 (CGTN), 2018年1月2日。

123. 吉恩·路易斯·罗卡 (Jean Louis Rocca),《政治交叉,社会表征与学术干预:中产阶层在中国的形成》, 载于李春玲主编,《比较视野下的中产阶层形成》, 第59—83页。

第四章

1. 阿瑟·米勒,《在中国》(*In China*),《大西洋月刊》(*Atlantic Monthly*), 1979年3月, 第90页。

2. 《零散碎片:向着21世纪的中国文化》(*Fragmented Fractals: Towards Chinese Culture in the 21st Century*),《中国新闻分析》(*China News Analysis*) No.1462, 1992年6月15日, 第2页;《文化问题》(*Cultural Issues*),《中国新闻分析》(*China News Analysis*) No.1310, 1986年5月15日, 第1页。

3. 杨东平,《城市季风:北京和社会的文化精神》(北京:东方出版社, 1994), 第12页。

4. 熊月之和周武,《海纳百川:社会城市精神研究》(上海:上海人民出版社, 2003), 第22页。

5. 《北京周报》(*Beijing Review*), 1991年11月25日—12月1日, 第34页。

6. 《北京周报》(*Beijing Review*), 1990年3月19—25日, 第46页。

7. 徐剑和G.托马斯·古德奈特 (G. Thomas Goodnight),《国际文化大都市评价报告》, 中国城市治理研究院 (上海) (China Institute for Urban Governance, Shanghai), 2019年3月14日。

8. 星球研究所 (Planet Institute) 汇编,《为什么上海被称为"魔都"?》, 2019年6月27日。

9. 帕诺斯·穆尔多科塔斯 (Panos Mourdoukoutas),《新咖啡店解决不了星巴克在中国的问题》(*New Cafes Won't Solve Starbucks China Problem*),

《福布斯》（Forbes）杂志，2019年2月18日。

10. 艾琳·唐（Aylin Tang），《世界最大的星巴克在上海开业。它是这个样子》（The World's Biggest Starbucks Opens in Shanghai. Here's What It Looks Like），《纽约时报》（New York Times），2017年12月6日。

11. 裴宜理，《五十岁的伙伴：美国的中国研究和中华人民共和国》（Partners at Fifty: American China Studies and the PRC），为关于中国观察的趋势的大会准备的一份未发表的论文。华盛顿特区：乔治·华盛顿大学，1999年10月8—9日，第1页。

12. 相似评论见《远东经济评论》（Far Eastern Economic Review），1998年11月26日，第50页；阿里夫·迪尔利克（Arif Dirlik）和张旭东，《后现代主义和中国》（Postmodernism and China），《Boundary》2，No.24（1997年秋），第8页。

13. 于建华，《中国绘画史》第2卷（上海：商务印书馆，1937），第196页。

14. 卢汉超，《霓虹灯外：20世纪初日常生活中的上海》（Berkeley, CA: University of California Press，1999），第59页。

15. 郑时龄，《1949年前的建筑》（Architecture before 1949），载于艾伦·巴富尔和郑时龄合著《世界城市：上海》（West Sussex, England: Wiley-Academy，2002），第92页。

16. 魏白蒂，《上海：现代中国的熔炉》（Oxford: Oxford University Press，1987），第45页；斯黛拉·董，《上海：一个堕落城市的沉浮，1842—1949》（New York: Perennial，2001），第2页。

17. 郑时龄，《1949年前的建筑》，第89页。

18. 巴富尔和郑时龄，《世界城市》，第29页。

19. 魏白蒂，《上海》，第5页。

20. 巴富尔和郑时龄，《世界城市》，第32页。

21. 卢大千、韩君天、范云兴和孙雷，《上海：国际旅游城市》（北京：中国旅游出版社，2003），第6页。

22. 巴富尔和郑时龄，《世界城市》，第34页。

23. 卢汉超，《"七十二家房客"：上海石库门房子里的居住与商业活动，1872—1951》（"The Seventy-two Tenants": Residence and Commerce in Shanghai's Shikumen Houses, 1872-1951），载于舍曼·科克伦编，《发明南

京路：上海商业文化，1900—1945》(*Inventing Nanjing Road: Commercial Culture in Shanghai, 1900-1945*)（Ithaca, NY: Cornell University Press, 1999），第 182 页。

24. J. 布鲁斯·雅各布斯（Bruce Jacobs J.），《上海：另一个中心？》(*Shanghai: An Alternative Centre?*)，载于戴维·S. G. 古德曼主编，《改革中的中国各省：阶级、社群和政治文化》(*China's Provinces in Reform: Class, Community and Political Culture*)（London: Routledge, 1997），第 164 页。

25. 熊月之和他人，《上海通史》第 14 卷（上海：上海人民出版社，1999），第 2 页。

26. 周武，《上海兴起对现代中国与世界的意义》，《澎湃新闻》，2018 年 2 月 10 日。

27. 同上。

28. 熊月之、马学强和严克佳，《上海的外国人，1942—1949》（上海：上海古籍出版社，2003），第 1 页。

29. 上海百年文化史编纂委员会，《上海百年文化史》第 3 卷（上海：上海科学技术文献出版社，2002），第 1665 页。

30. 同上，第 1661 页。

31. 熊月之和周武，《海纳百川》，第 90 页。

32. 同上，第 79、88 页。

33. 巴富尔和郑时龄，《世界城市》，第 89 页。

34. 卢汉超，《霓虹灯外》，第 322 页。

35. G. E. 米勒（Miller, G. E.）（假名），《上海，冒险家的乐园》（New York: Orsay Publishing House, 1937），第 17 页。

36. 熊月之、马学强、严克佳，《上海的外国人》，第 2 页。

37. 这些数字来自熊月之、马学强和严克佳的《上海的外国人》，有些数据来自唐振常和沈恒春的《上海史》（上海：上海人民出版社，1989），第 148 页；唐继无和于醒民的《飞地》（上海：上海远东出版社，2003），第 80 页；杰罗姆·陈（Jerome Chen）的《中国与西方：社会与文化 1815—1937》(*China and the West: Society and Culture 1815-1937*)（London: Hutchinson, 1979），第 207 页。

38. 巴富尔和郑时龄，《世界城市》，第 69 页。

39. 熊月之、马学强和严克佳,《上海的外国人》,第 155 页。
40. 蔡哲人和沈荣华,《走向人才国际化——上海人才发展研究报告》(上海:上海社会科学院出版社, 2002),第 195—196 页。
41. 哈丽雅特·萨金特,《上海:文化的碰撞点,1918—1939》(New York: Crown Publishers, 1990),第 31 页。
42. 熊月之、马学强和严克佳,《上海的外国人》,第 87 页。此前,住在上海的美国人从 1865 年的 378 人增长到 1930 年的 1 608 人,最大幅度的增长发生在 1900 年到 1905 年间,从 562 人增加到 911 人。魏白蒂,《上海》,第 105 页。
43. 熊月之和周武,《海纳百川》,第 54 页。
44. 同上。
45. 上海百年文化史编纂委员会,《上海百年文化史》,第 1666、1831 页。
46. 迈克尔·巴克利(Michael Buckley)等人,《中国》(China)第 4 版(Sydney: Lonely Planet Publications, 1994),第 453 页。
47. 卢汉超,《霓虹灯外》,第 55 页。
48. 同上,第 57—58 页。
49. 多重含义包括(1)"孤立、抛弃、孤儿",(2)"在暴力之地提供保护的绿洲",(3)"孤军奋战的抵抗者"。
50. 巴富尔和郑时龄,《世界城市》,第 99 页。
51. 程乃珊,《上海探戈》(上海:学林出版社, 2002),第 58 页。
52. 《国家档案开放战后上海签证记录》(National Archives opens postwar Shanghai visa records),《以色列时报》(Times of Israel), 2014 年 11 月 23 日。
53. 熊月之、马学强和严克佳,《上海的外国人》,第 3 页。
54. 盖布·弗里德曼(Gabe Friedman)和于伊·威纳(Juie Wiener),《档案资料:"上海方舟"的生活》(From the Archive: Life in the 'Shanghai Ghetto'),犹太电讯社网站(Jewish Telegraphic Agency website), 2015 年 2 月 8 日; James R. Ross, *Escape to Shanghai: A Jewish Community in China*, New York: Free Press, 1994。
55. 熊月之、马学强和严克佳,《上海的外国人》,第 3 页。
56. 魏白蒂,《上海》,第 15—16 页。

57. 唐继无和于醒民,《飞地》(上海:上海远东出版社,2003),第271页。
58. 引用琳达·库克·约翰逊的话,巴富尔和郑时龄,《世界城市》,第67页。
59. 熊月之,《上海通史》第14卷(上海:上海人民出版社,1999),第343页。另一项研究显示,1949年,上海有427所教堂。陈伯海,《上海文化通史》,第303页。
60. 唐继无和于醒民,《飞地》,第293页。
61. 熊月之,《上海通史》,第346页。
62. 陈伯海,《上海文化通史》,第851页。
63. 同上,第854—855页。
64. 同上,第450页。
65. 同上,第453页。
66. 同上,第312页。
67. 裘正义,《上海时尚地图》(上海:汉语大词典出版社,2002),第16页。
68. 上海百年文化史编纂委员会,《上海百年文化史》,第15页。
69. 上海教育研究所,《沪风美雨百年潮:上海与美国地方教育交流》(上海:上海人民出版社,2019)。
70. 李康化,《漫话老上海知识阶层》(上海:上海人民出版社,2003),第36—37页。
71. 1911年,上海有110家报纸。作为对比,广州有99家,香港30家,北京20家。上海百年文化史编纂委员会,《上海百年文化史》,第1833页。
72. 陈伯海,《上海文化通史》,第453页。
73. 忻平,《从上海发现历史——现代化进程中的上海人及其社会生活》(上海:上海人民出版社,1996),第211页。
74. 陈伯海,《上海文化通史》,第2144页。
75. 忻平,《从上海发现历史》,第213页。
76. 唐振常和沈恒春,《上海史》,第11页。
77. 陈伯海,《上海文化通史》,第1251—1252页。
78. 上海百年文化史编纂委员会,《上海百年文化史》,第1833页。
79. 同上,第457页。
80. 上海百年文化史编纂委员会,《上海百年文化史》,第1847页。
81. 同上,第1838页。另一项研究报告说傅兰雅共把129部书翻译成了中文,但这个数字也许包括了他参与的所有翻译工作。唐振常和沈恒春,《上海史》,第 303—304 页。

82. 唐振常和沈恒春,《上海史》,第 296 页。
83. 上海百年文化史编纂委员会,《上海百年文化史》,第 1862 页。
84. 在周武的《上海兴起对现代中国与世界的意义》中引用。
85. 陈伯海,《上海文化通史》第 1 卷和第 2 卷(上海:上海文艺出版社,2001)。
86. 忻平,《从上海发现历史》,第 212—213 页。
87. 江堤和陈孔国,《余秋雨——寻找文化的尊严》(长沙:湖南大学出版社,2001),第 32 页。
88. 孟燕堃,《新上海女人》(上海:上海人民出版社,2003),第 26 页。
89. 陈伯海,《上海文化通史》,第 1303 页。
90. 格蕾丝·C. L. 马和莱斯利·N. K. 罗,《教育》,载于杨汝万和宋恩荣主编,《上海:中国开放门户政策下的转型与现代化》(Hong Kong: Chinese University of Hong Kong Press, 1996),第 377 页。
91. 周武,《上海兴起对现代中国与世界的意义》。
92. 唐继无和于醒民的《飞地》,萨金特的《上海》,第 24 页。
93. 白鲁恂为克里斯多弗·豪编的《上海,一个亚洲大都会的革命与发展》撰写的《前言》(Cambridge: Cambridge University Press, 1981),第 xv 页。
94. 唐继常和沈恒春,《上海史》,第 372—373 页。
95. 上海百年文化史编纂委员会,《上海百年文化史》,第 1901 页。
96. 熊月之和周武,《海纳百川》,第 52 页。
97. 陈伯海,《上海文化史》,第 1970 页。
98. 熊月之,《上海通史》,第 3 页。
99. 周武,《上海兴起对现代中国与世界的意义》。
100. 同上。
101. Parks M. Coble, *The Shanghai Capitalists and the Nationalist Government, 1927–1937*, Cambridge, MA: Harvard University Press, 1980,第 1—2 页。
102. 赵晓刚和刘杰,《邓小平晚年遗憾:后悔搞经济特区没加上海》,新华网,2014 年 3 月 24 日。
103. 克利福德·格尔茨,《深入探讨解读性文化理论》,载于他编的《解读文化：克利福德·格尔茨文选》（London: Basic Books，1973），第 30 页。

104. 王赓武，《对东南亚华人身份的研究》（The Study of Chinese Identities in Southeast Asia），载于珍妮弗·库什曼（Jennifer Cushman）和王赓武合编的《东南亚华人变化的身份》（The Changing Identities of Chinese in Southeast Asia）（Hong Kong: Hong Kong University Press，1988），第 17 页。

105. 卢大千、韩君天、范云兴和孙雷，《上海：国际旅游城市》，第 56 页。

106. 卢汉超，《"七十二家房客"》，第 181 页。

107. 同上，第 183 页。

108. 冈德尔桑纳斯·马里奥（Gandelsonas Mario）、阿克巴尔·阿巴斯（Ackbar Abbas）、M. 克里斯蒂娜·博耶（M. Christine Boyer）、M. A. 阿巴斯（M. A. Abbas）合编，《上海映像：建筑、城市主义以及对另一种现代性的寻求》（Shanghai Reflections: Architecture, Urbanism, and the Search for an Alternative Modernity）（Princeton, NJ: Princeton Architectural Press，2002），第 21 页。

109. 马季芬，《陈云在海派文化（评弹）发展与研究中的历史贡献》，载于李伦新、方明伦、李友梅和丁希曼合编的《海派文化与城市创新》（上海：文汇出版社，2010），第 15 页。

110. 同上。

111. 阎云翔，《管理的全球化：中国的国家权力与文化过渡》，载于塞缪尔·P. 亨廷顿主编，《多种全球化：当代世界的文化多样性》（New York: Oxford University Press，2002），第 33 页。

112. 同上，第 34 页。

113. 李成，《重新发现城市亚文化：上海与北京之对比》（Rediscovering Urban Subcultures: Contrast between Shanghai and Beijing），《中国研究》（The China Journal），No.36（1996 年 7 月），第 139—153 页。

114. 罗伯特·雷德菲尔德和米尔顿·辛格，《城市的文化作用》（The Cultural Role of Cities），载于理查德·森尼特（Richard Sennett）主编，《关于城市文化的经典好文》（Classic Essays on the Culture of Cities）（New York: Meredith Corporation，1969），第 210—211 页。

115. 周武，《上海兴起对当代中国与世界的意义》。

116. 李成,《重新发现城市亚文化》,第 145 页。

117. 余秋雨,《文化苦旅》(上海:知识出版社,1992),第 261 页。

118. 俞天白,《上海:性格即命运》(上海:文艺出版社,1992),第 235 页。

119. 俞天白,《上海》。

120. 骆爽与他人合编,《"批判"北京人?!》(北京:中国社会出版社,1994)。

121. 同上,第 27、33 页。

122. 同上,第 291 页。

123. 杨东平,《城市季风》。

124. 同上。第 483 页。

125. 同上。

126. 同上。第 349 页。

127. 同上。第 510 页。

128. 同上。第 457—481 页。有意思的是,20 世纪 60 年代中期,一位西方学者对中国的地区文化类型做的评论和杨东平为上海列的单子很相似。见沃尔弗拉姆·埃伯哈德(Wolfram Eberhard),《中国地区类型》(Chinese Regional Stereotypes),《亚洲概览》(Asian Survey),5,No.12(1965 年 12 月),第 596—608 页。

129. 刘明明,《简析海派文化中的周立波与韩寒现象》,载于李伦新、方明伦、李友梅和丁希曼合编的《海派文化与城市创新》,第 293—296 页。

130. 秦亚青和郭树勇,《北京学派 VS 上海学派:全球视野下的中国学派》,搜狐网,2018 年 2 月 11 日。

131. 巴富尔和郑时龄,《世界城市》,第 116 页。

第五章

1. 村松稍风(村松义一),《魔都》,最初于 1924 年以日文发表,题为《Mato》(也译为魔鬼城)。译者徐静波(上海:上海人民出版社,2018)。

2. 正义·利佩特(Seiji Lippet),《日本现代主义的地形》(Topographies of Japanese Modernism)(New York: Columbia University Press, 2002);徐静波写在村松稍风的《魔都》译本中的《译者前篇》。

3. 同上。

4. 例如，葛剑雄，《上海极简史》（上海：上海人民出版社，2019）和罗军主编的《魔都漫步》（上海：上海人民出版社，2018）。

5. 颜维琦、徐丹鹿、尚杰、曹继军，《一座城市的时代坐标——推动高质量发展的上海路径》，《光明日报》，2019 年 4 月 21 日。

6. 星球研究所汇编，《为什么上海被称为"魔都"？》，2019 年 6 月 27 日。

7. 周武，《新文化运动是京沪共谋的结果》，上海市文学艺术界联合会，2019 年 5 月 6 日。

8. 丁骏、詹继伟、范子恒和杨梦，《人口回流上海》，《21 世纪财经》，2019 年 3 月 2 日。

9. 威尔·哈里斯（Will Harris），《"魔都"：上海令人着迷的绰号》（*"Magic City": Shanghai's Spellbinding Nickname*），《文化之旅》（*Cultural Trip*），2019 年 3 月 19 日。

10. 同上，第 13 页。

11. 钱江晚报新民生，《长三角——下一个淘金地》（杭州：浙江人民出版社，2003），第 67 页。

12. 岳钦韬，《以上海为中心：沪宁、沪杭甬铁路与近代长江三角洲地区社会变迁》（北京：中国社会科学出版社，2016）。

13. 颜维琦等人，《一座城市的时代坐标》。

14. 贾远琨和周琳，《打响上海"金字招牌"》，《瞭望新闻周刊》，2018 年 8 月 7 日。

15. 谭彦和孟群舒，《李强会见马斯克对特斯拉纯电动车项目正式签约表示祝贺》，《解放日报》，2018 年 7 月 11 日，第 1 版。

16. 《埃隆·马斯克前往上海交付第一批中国制造特斯拉》（*Elon Musk Heads to Shanghai to Deliver His First Made-in-China Teslas*），彭博社（Bloomberg），2020 年 1 月 6 日。

17. 《特斯拉市值使通用和福特加起来都黯然失色》（*Tesla's market value eclipses GM and Ford combined*），路透社（Reuters），2020 年 1 月 8 日。

18. 拉斯·米切尔（Russ Mitchell），《特斯拉疯狂的股票价格在一个疯狂的市场里倒也说得通》（*Tesla's Insane Stock Price Makes Sense in a Market Gone Mad*），《洛杉矶时报》（*Los Angeles Times*），2020 年 7 月 22 日。

19. 王战、翁史烈、杨胜利和王振，《转型升级的新战略与新对策》（上海：

上海社会科学院出版社，2015），第 4 页。

20. 荣跃明和郑崇选，《上海文化发展报告 2017》（北京：社会科学院出版社，2017），第 39 页。
21. 同上，第 179 页。
22. 谢黎萍主编，《上海改革开放史话》（上海：上海人民出版社，2018），第 184 页。
23. 艾伦·巴尔富给艾伦·巴尔富和郑时龄合编的《世界城市：上海》写的《导言》（West Sussex, England: Wiley-Academy，2002），第 9 页。
24. 星球研究所，《为什么上海被称为"魔都"？》。
25. 吕书平，《上海鸟瞰》（上海：上海人民出版社，2017），第 67 页。
26. 黄宗仪，《行走于贫民窟与摩天楼之间：香港、东京和上海开放空间的幻象》（Hong Kong: Hong Kong University Press，2004），第 103 页。
27. "2001 中国 APEC 峰会"，中国互联网新闻中心（China Internet Information Center），2001 年 10 月 21 日。
28. 这些数字基于《解放日报》，2009 年 3 月 26 日。
29. 巴富尔和郑时龄，《世界城市》，第 110 页。
30. 黄宗仪，《行走于贫民窟与摩天楼之间》，第 7 页。
31. 星球研究所，《为什么上海被称为"魔都"？》
32. Pamela Yatsko，*New Shanghai: The Rocky Rebirth of China's Legendary City*，New York: John Wiley & Sons，2000，第 26 页。
33. 黄宗仪，《行走于贫民窟与摩天楼之间》，第 7 页。也见 Joe Gamble，*Shanghai in Transition: Changing Perspectives and Social Contours of a Chinese Metropolis*，London: Routledge Curzon，2003，第 x 页。
34. 詹姆斯·P. 斯特巴（James P. Sterba），《向哪里的大跃进？》（*A Great Leap Where?*），《华尔街日报》（*Wall Street Journal*），1993 年 12 月 10 日，R9 版。
35. 黄菊与他人合编，《迈向 21 世纪的上海》（上海：上海人民出版社，1995）；甘布尔，《上海过渡》，第 xi 页。
36. 谢黎萍，《上海改革开放史话》，第 110 页。
37. 巴尔富和郑时龄，《世界城市》，第 66 页。
38. 娄承浩和薛顺生，《老上海经典建筑》（上海：同济大学出版社，2000），第 1 页。根据 20 世纪 90 年代早期的一项研究,"上海是世界上装饰艺术风格大楼最多的城市,"江似虹和尔东强,《最后一瞥:老上海的西式建筑》(Hong Kong: Old China Hand Press, 1993),第 70 页。

39. 程乃珊,《上海探戈》(上海:学林出版社,2002),第 201 页。
40. 张伟,《沪渎旧影》(上海:上海辞书出版社,2002),第 299 页。
41. 同上,第 301 页。
42. 同上。
43. 也见熊月之和周武的《海纳百川:上海城市精神研究》(上海:上海人民出版社,2003),第 51 页。
44. 《上海扩张:中国超级城市最好的建筑和设计》(Shanghai Sprawling: The Chinese Mega-city's Best Architecture and Design),Wallpapers online,2018 年 3 月 22 日。
45. 任力之、陈继良和刘琦,《上海中心大厦的城市性实践》,《建筑学报》606,No.3(2019),第 35—40 页。
46. 郑时龄,《挑战和潜力》(Challenge and Potential),载于艾伦·巴富尔和郑时龄合编的《世界城市:上海》,第 135 页。
47. 对上海大楼的国际投标清单见郑时龄的《当代建筑和城市主义》(Contemporary Architecture and Urbanism),此文载于艾伦·巴富尔和郑时龄合编的《世界城市:上海》(West Sussex, England: Wiley-Academy, 2002),第 121 页。
48. 郑时龄,《当代建筑和城市主义》,第 120 页。
49. 《上海美术馆杂志》(Shanghai Art Museum Magazine),No.1(2003),第 15 页。
50. 《上海艺术家》,No.4-5(2003),第 159 页。
51. 《上海美术馆杂志》(Shanghai Art Museum Magazine),No.1(2003),第 9 页。
52. 埃米莉·迪克森(Emily Dixon),《上海开通世界最长 3D 打印混凝土桥》(Shanghai Opens World's Longest 3D-printed Concrete Bridge),CNN,2019 年 1 月 24 日。
53. 上海师范大学的一位博士生尹洛碧写道,"最近上海建造的宏伟的摩天楼象征着人类征服高度的梦想。但是,对世界贸易中心发动的 9·11 恐怖袭击揭示了摩天楼的悖论：它强大到能克服地球引力，但它崩塌时也威力巨大"。《上海艺术家》No.5-6（2002），第126页。

54. 尚杰、颜维琦和徐丹鹿，《一座城市的开放品格——推动高质量发展的上海路径》，光明网，2019年4月22日。

55. 张元，《连续5年！习近平在上海团都要讲这6个字》，央视网（CCTV Network），2017年3月6日。

56. 杨东平，《城市季风：北京和上海的文化精神》（北京：东方出版社，1994），第313—314页。

57. 杨祖昆和曾桦，《缤纷上海》（上海：复旦大学出版社，2003），第72页。

58. 石磊、七格和袁敏，《向上海学习》（上海：世界知识出版社，2003），第6页。

59. J. 布鲁斯·雅各布斯，《上海：另一个中心？》，载于戴维·S.G. 古德曼编的《改革中的中国各省：阶级、社群和政治文化》（London: Routledge, 1997），第169页。

60. 陈伯海，《上海文化通史》第1卷（上海：上海文艺出版社，2001），第63页；郑时龄，《1949年前的建筑》，载于巴尔富和郑时龄主编，《世界城市》，第95页。

61. 詹姆斯·法洛斯，《上海惊奇》，《大西洋月刊》（Atlantic Monthly），1988年7月，第76页。

62. 谢黎萍，《上海改革开放史话》，第34页。

63. 李成，《重新发现中国：改革的动态与困境》（Rediscovering China: Dynamics and Dilemmas of Reform）（Lanham, MD: Rowman & Littlefield Publishers, 1997），第19页。

64. 中华人民共和国国家统计局汇编，《中国统计年鉴，1999》（北京：中国统计出版社，1999），第186页。

65. 康燕，《解读上海》（上海：上海人民出版社，2001），第387页。

66. 李成，《重新发现中国》，第19页。

67. 根据最近的一次调查，约78家公司，包括UPS和霍尼韦尔国际公司，已经在上海设立了地区或中国总部。迈克尔·S. 蔡斯（Michael S. Chase）、凯文·L. 波尔皮特（Kevin L. Pollpeter）和詹姆斯·C. 马尔维农（James C. Mulvenon），《被胁迫了？信息技术与投资跨台湾海峡流动的经济与政治影响》（*Shanghaied? The Economic and Political Implications of the Flow of Information Technology and Investment across the Taiwan Strait*）（Arlington, VA: The Rand National Defense Research Institute，2004），第 79 页。

68. 上海市统计局国家统计局，上海调查总队，《2018 年上海市国民经济和社会发展统计公报》；何伟，《上海为吸引投资设定优先》（*Shanghai sets priorities for attracting investment*），《中国日报》（*China Daily*），2019 年 4 月 22 日。

69. 刘园园、王春和谈琳，《创新，熔铸高质量发展不竭动力》，中国知识产权网站（China IPR, website），2019 年 6 月 5 日。

70. 上海市政府办公室，《上海，中国》（*Shanghai: City Government Publication*，2004），第 1 页。

71. 石磊、七格和袁敏，《向上海学习》，第 13 页。

72. 谢黎萍，《上海改革开放史话》，第 103—104、116 页。

73. 拉克沙·阿罗拉，《中国拥房率飙升》（*Homeownership Soars in China*），2005 年 3 月 1 日，盖洛普调查。

74. 谢黎萍，《上海改革开放史话》，第 120 页。

75. 吕书平，《上海鸟瞰》，第 97 页。

76. 罗军，《魔都漫步》（上海：上海人民出版社，2018），第 196 页。

77. 谢黎萍，《上海改革开放史话》，第 116—119 页。

78. 张敏燕，《这项"新时尚"工作，习近平非常看重》，新华社网（Xinhua News Agency Net），2019 年 6 月 6 日。

79. 陈雅妮，《上海 15 年》（北京：新华出版社，2003），第 168 页。

80. 丹尼尔·任（Daniel Ren），《伦敦—上海股市互通开始，外国公司的股票首次能够在中国大陆上市》（*London-Shanghai Stock Connect Goes Live, Allowing Foreign Firms to List Their Shares in Mainland China for the First Time*），《南华早报》（*South China Morning Post*），2019 年 6 月 17 日。

81. 胡敏，《新外国投资法生效》（*New foreign investment law takes effect*），Shine 网站，2020 年 1 月 1 日。

82. 帕梅拉·亚茨科，《新上海：中国传奇城市的艰难重生》（New York: John Wiley & Sons, 2000），第 213 页。

83. 刘园园、谈琳和王春，《高质量发展》，《科技日报》，2019年4月10日。
84. 《每日头条》，2018年9月25日。
85. 高谦和吴野白，《上海高质量发展战略路径研究》，上海市政府发展研究中心网站，2019年4月15日。
86. 谢黎萍，《上海改革开放史话》，第77页。
87. 刘园园、谈琳和王春，《高质量发展》。
88. 尚杰、颜维琦和徐丹鹿，《一座城市的开放品格》。
89. 每日经济新闻网，2019年7月19日。
90. 星球研究所，《为什么上海被称为"魔都"？》。
91. 同上。
92. 徐晓青、潘清和周蕊，《"开放100条"：勾勒未来路线图》，《瞭望新闻周刊》，2018年8月7日。
93. 王弘义，《上海将发展为国际贸易中心》(Shanghai to Develop as an International Trade Center)，《中国日报》(China Daily)，2016年11月11日。
94. 谢黎萍，《上海改革开放史话》，第66—67页。
95. 尚杰、颜维琦和徐丹鹿，《一座城市的开放品格》。
96. 谢黎萍，《上海改革开放史话》，第77页。
97. 《东方早报》，2009年3月26日。
98. 段思宇，《对标纽约伦敦——上海国际金融中心建设进入冲刺阶段》，《第一财经》，2019年3月15日。
99. 李成，《重夺"龙头"称号：上海作为中国的国际金融与航运中心》(Reclaiming the "Head of the Dragon": Shanghai as China's Center for International Finance and Shipping)，《中国领导层观察》(China Leadership Monitor) 28 (2009年春)，第8页；段思宇，《对标纽约伦敦》。
100. 谢黎萍，《上海改革开放史话》，第82页。
101. 上海证券交易所网站。
102. 段思宇，《对标纽约伦敦》。
103. 季硕鸣和刘颖，《中国挑战美元霸权》，《亚洲周刊》，2009年4月2日。
104. 轩召强，《上海：出台"扩大开放100条"打造全面开放新高地》，人民网，2018年7月12日。

105. 丹尼尔·任,《在贸易繁荣和国家投资公共工程的刺激下,中国拥有世界上 10 个最繁忙集装箱港口中的 6 个》,《南华早报》(South China Morning Post),2019 年 4 月 13 日。
106. 星球研究所,《为什么上海被称为"魔都"?》。
107. 《东方早报》,2009 年 3 月 26 日。
108. 同上。
109. 2008 年,世界 10 个最繁忙的集装箱港口是新加坡、上海、香港、深圳、釜山、迪拜、广州、宁波、舟山和青岛。
110. 轩召强,《上海洋山港带动区域腾飞》。江苏网,2006 年 7 月 11 日。
111. 丹尼尔·任,《中国拥有世界上 10 个最繁忙集装箱港口中的 6 个》。
112. 刘园园、王春和谈琳,《创新,熔铸高质量发展不竭动力》。
113. 同上。
114. 王战、翁史烈、杨胜利和王振,《转型升级的新战略与新对策》(上海:上海社会科学院出版社,2015),第 26—27 页。
115. 同上,第 154 页。
116. 同上。
117. 同上,第 156 页。
118. 同上,第 12 页。
119. 同上,第 29 页。
120. 高谦和吴野白,《上海高质量战略发展路径研究》。
121. 王战、翁史烈、杨胜利和王振,《转型升级的新战略宇新对策》,第 1 页。
122. 王春、谈琳和刘园园,《人才,激活高质量发展第一资源》,《科技日报》,2019 年 4 月 23 日。
123. 陆东,《科创板正式开板!中国资本市场迎来历史新时刻》,《观察者》,2019 年 6 月 13 日。
124. 林泽弘,《只花 22 天上海科创板开板》,《世界日报》,2019 年 6 月 14 日。
125. 王振和李开盛合编,《探寻国际合作新机遇:首届"一带一路"上海论坛论集》(上海:上海社会科学院出版社,2018),第 133—164 页。
126. 同上,第 159 页。

第六章

1. 伯纳德·格韦茨曼,《美国和中国签署协定;卡特看到了"不可逆转"的潮流》,《纽约时报》(*New York Times*),1979年2月1日,A16版。
2. 史景迁,《改变中国:在中国的西方顾问,1620—1960》(*To Change China: Western Advisers in China, 1620-1960*)(Boston, MA: Little, Brown Publishers,1969),第292页。
3.《北京周报》(*Beijing Review*)42,No.5(1999年2月1—7日),第17页。
4. 杜瑞清,《中国高等教育》(*Chinese Higher Education*)(New York: St. Martin's Press,1992),第101页。
5. 如邰培德(Patrick Tyler)写的《长城:六位美国总统与中国》(*A Great Wall: Six Presidents and China*)(New York: Public Affairs,2000);戴维·M.兰普顿、乔伊斯·A.马丹西(Joyce A. Madancy)和克里斯滕·M.威廉姆斯(Kristen M. Williams)合著的 *A Relationship Restored: Trends in U.S.-China Educational Exchanges, 1978-1984*,Washington, DC: National Academy Press,1986。
6. 这52位学生和学者都是中年人,最大的49岁,最小的36岁。他们在"文化大革命"前完成了大学本科教育。他们来自中国各地的22个教育和研究机构。在美国,他们先在华盛顿特区的美国大学和乔治敦大学学了几个月的英语口语,然后分散到加州大学伯克利分校、麻省理工学院、哥伦比亚大学、威斯康辛大学、普林斯顿大学和其他高校去完成自然科学和工程学领域的研究生学业或做研究。见卡尔·李(Karl Li)和理查德·埃尔韦尔(Richard Elwell)的《和中国人聊天》(*Chatting with the Chinese*),《美国教育》(*American Education*)(1979年5月),第17—19页;《北京周报》(*Beijing Review*)42,No.5(1999年2月1—7日),第17页。
7.《北京周报》(*Beijing Review*)32,No.5(1989年1月30日),第39页。
8. 中华人民共和国教育部网站,《2018年度我国出国留学人员情况统计》。
9. 同上。
10.《所有的来源地》(*All Places of Origin*),开放门户网站(Open Doors

website）。

11. 李成主编，《连接太平洋两岸的桥梁：美中教育交流 1978—2003》（*Bridging Minds across the Pacific: U.S.-China Educational Exchanges 1978–2003*）（Lanham, MD: Lexington Books，2005），第 1—24、69—109 页。

12. 亚历山德拉·尹-亨德里克斯（Alexandra Yoon-Hendricks），《对中国学生的签证限制令学界惊心》（*Visa Restrictions for Chinese Students Alarm Academia*），《纽约时报》（*New York Times*），2018 年 7 月 27 日。

13. 德先生，《550 万华人在美人才现状》，"知乎"，2020 年 6 月 16 日。

14. 李成的数据库。还有李成的《连接太平洋两岸的桥梁》，第 69—109 页。

15. 黄亚生，《知识与国家安全，美国华人学者的生存危机》，"中美印象"网站，2019 年 5 月 29 日。

16. 德先生，《550 万华人在美人才现状》。

17. 《美国给中国学生的签证骤减》，新浪网，2018 年 5 月 7 日。

18. 冯哲芸（Emily Feng），《联邦调查局敦促大学监督某些在美中国学生学者》（*FBI Urges Universities to Monitor Some Chinese Students and Scholars in the U.S.*），国家公共电台 NPR，2019 年 6 月 28 日。

19. 杨鸣，《中国赴美游客人数 15 年来首次下降》，美国之音（*Voice of America*），2019 年 5 月 28 日。

20. 《暂停中华人民共和国某些学生和研究人员非移民入境的公告》（*Proclamation on the Suspension of Entry as Nonimmigrants of Certain Students and Researchers from the People's Republic of China*），白宫，2020 年 5 月 29 日。

21. CNN 文稿，2018 年 2 月 13 日；冯哲芸，《联邦调查局敦促大学》。

22. 冯哲芸，《联邦调查局敦促大学》。

23. 彼得·瓦德曼，《美国在从顶尖机构中清洗中国癌症研究者》（*The U.S. Is Purging Chinese Cancer Researchers from Top Institutions*），《彭博商业周刊》（*Bloomberg Businessweek*），2019 年 6 月 13 日。

24. 同上。

25. 例如，L. 拉斐尔·赖夫，《给麻省理工学院全体人员的信：移民是一种氧气》（*Letter to the MIT Community: Immigration Is a Kind of Oxygen*），《MIT 新闻》（*MIT News*），2019 年 6 月 25 日。

26. 蒂莫西·普科（Timothy Puko）和凯特·奥基夫（Kate O'Keeffe），《美国打击中国和其他国家招募政府科学家的努力》（*U.S. Targets Efforts by China, Others to Recruit Government Scientists*），《华尔街日报》（*Wall Street Journal*），2019 年 6 月 10 日。

27. 共有 432.32 万学生拿到了学位或完成了学习计划。中华人民共和国教育部网站，《2018 年度我国出国留学人员情况统计》。

28. 舒新城，《近代中国留学史》（上海：上海文化出版社，1989），第 1 页。第一版印刷于 1927 年。

29. 邓嗣禹和费正清，*China's Response to the West: A Documentary Survey*，Cambridge, MA: Harvard University Press，1954，第 276 页。

30. 王奇生，《中国留学生》（*Foreign-Educated Chinese*），载于香港历史博物馆汇编的《学海无涯：现代中国留学生》（Hong Kong: The Hong Kong Museum of History，2003），第 14 页。

31. 引自安宇和周棉，《留学生与中外文化交流》（南京：南京大学出版社，2000），第 4 页。

32. 香港历史博物馆，《学海无涯》，第 17 页。

33. 关于区分中国出国留学潮不同时期的各种办法，见张宁的《中国留学研究问题及思考》，载于闵维方和王永达主编，《全国出国留学工作研究会成立十周年纪念文集》（北京：北京大学出版社，2002），第 104 页；汪一驹，《中国知识分子与西方：1872—1949》（*Chinese Intellectuals and the West: 1872-1949*）（Chapel Hill: University of North Carolina Press，1966），第 42 页。

34. 王奇生，《中国留学生》，第 10 页。

35. 然而，两名学生拒绝回国。他们是谭耀勋和容闳的侄子容揆。后来他们二人都从耶鲁毕业，到中国使馆工作。2004 年 4 月 23 日。然而，那段时期，不受政府赞助的中国人仍然能够在美国学习。

36. Thomas E. LaFargue，*China's First Hundred: Educational Mission Students in the United States, 1872-1881*，Seattle, WA: Washington State University Press，1987，第 53—66 页。

37.《南方周末》，2005 年 4 月 15 日。

38. 安宇和周棉，《留学生与中外文化交流》，第 47 页。

39. 王奇生，《中国留学生》，第 13 页。
40. 李喜所和刘集林，《近代中国的留美教育》（天津：天津古籍出版社，2000），第 366 页。
41. 黄福庆，《清末留日学生》，由凯瑟琳·P. K. 惠特克（Katherine P. K. Whitaker）译成英文（Tokyo: The Centre for East Asian Cultural Studies, 1982）。
42. 中国科学院出国留学工作研究会，《中国近现代留学教育史述》，载于闵维方和王永达主编的《全国出国留学工作研究会成立十周年纪念文集》（北京：北京大学出版社，2001），第 447 页。
43. 香港历史博物馆，《学海无涯》，第 111 页。
44. 张玉法，《归国留美学生和中国领导层，1846—1949》（Returned Chinese Students from America and the Chinese Leadership, 1846-1949），《中国历史研究》（Chinese Studies in History）35, No.3（2002 年春），第 53 页。
45. 李喜所和刘集林，《近代中国的留美教育》，第 64—114 页。
46. 同上，第 1 页。
47. 汤全起和王慧兰，《21 世纪中国留学教育趋向分析》，《出国留学工作研究》，No.3（1998），第 4 页。
48. 曹丛，《通过教育精英实现科学现代化》（Modernizing Science through Educating the Elite），载于迈克尔·阿杰拉斯托和鲍勃·亚当森主编的《后毛泽东时代中国的高等教育》（Hong Kong: Hong Kong University Press, 1998），第 107 页。
49. 张宁，《中国留学研究问题及思考》，第 101—106 页。
50. 韦慕庭（C. Martin Wilbur）为《中国知识分子与西方：1872—1949》写的《前言》，第 v 页。
51. 杨晓静和苗丹国，《新中国出国留学教育政策的演变过程及对策研究》，《新教育时代》，2015 年 10 月，第 2—3 页。
52. 魏能涛，《新时期出国留学教育鸟瞰》，载于闵维方和王永达主编的《全国出国留学工作研究会成立十周年纪念文集》，第 435 页。从 1956 年到 1957 年，中国派遣了 50 名学生去资本主义国家学习语言。从 1957 年到 1965 年，中国向意大利、比利时、瑞士、瑞典、挪威、丹麦和其他国家派了约 200 名学生。大部分都是学语言的；只有 21 人学习自然科学。中国科学院出国留学工作研究会,《中国近现代留学教育史述》,载于闵维方和王永达主编的《全国出国留学工作研究会成立十周年纪念文集》,第449页。

53. 中国科学院出国留学工作研究会,《中国近现代留学教育史述》,第450页。
54. 同上。
55. 同上。
56. 关于周培源在重建美中教育交流和"美国对华文化与科学长期政策的成功"方面的作用,更多的讨论见玛丽·布朗·布洛克的《美国科学与中国民族主义:对周培源生涯的思考》(*American Science and Chinese Nationalism: Reflections on the Career of Zhou Peiyuan*),载于贺萧(Gail Hershatter)等人主编的《重画中国地图:历史地形上的裂痕》(*Remapping China: Fissures in Historical Terrain*)(Stanford, CA: Stanford University Press,1999),第210页。
57. 汪一驹指出,自1906年开始,在日本学习过的人开始影响中国的教育政策,他们"引进了一系列模仿日本做法的改变"。但是,随着更多留美人员回国后影响力增强,"1922年对教育制度进行了大改"。汪一驹,《中国知识分子与西方:1872—1949》,第362页。
58. 《北京青年报》,2003年12月12日,第1版。
59. 《上海"海归"人数全国居首占总数四分之一》,《新民晚报》,2009年1月31日。
60. 韩春力,《最新最全上海落户办法》,《劳动报》,2018年5月20日。
61. 《欢迎加入上海海归中心会员俱乐部》,上海海归中心网站(Shanghai Returnee Center website),2019年3月31日。
62. 韩春力,《最新最全上海落户办法》。
63. 同上。
64. 《解放日报》,2005年1月1日,第1版。
65. 《2018年来华留学统计》,中国教育部网站,2019年4月12日。
66. 《出国留学五十年数据汇总》,每日头条,2019年4月10日。
67. 18岁以下出国上高中的学生称为"小留学生"。根据中国教育部的标准,这些"小留学生"不算留学人员。《出国留学工作情况发布会》,中国教育部网站，2004 年 2 月 16 日。
68. 张增益，《CUSBEA 计划：二十年后》(*The CUSBEA Program: Twenty Years After*)，《*IUBMB Life*》61, No.6（2009 年 6 月），第 555—565 页；元青和岳婷婷，《新时期中国留美教育的发展历程和趋势》，中国社会科学网，2015 年 5 月 6 日。
69. 李成，《连接太平洋两岸的桥梁》，第 77 页。
70. 《出国留学五十年数据汇总》。
71. 同上。
72. 同上。
73. 苗丹国，《出国留学六十年》(北京：中央文献出版社，2010)。
74. 中国教育部，《各类留学人员情况统计结果》，中国教育部网站。
75. 同上。
76. 魏能涛，《新时期出国留学教育鸟瞰》，第 442 页。
77. 元青和岳婷婷，《新时期中国留学教育的发展历程和趋势》。
78. 陈铸，《2014 年出国留学趋势报告》，《中国青年报》，2014 年 3 月 24 日。
79. 《出国留学五十年数据汇总》。
80. 周友友，《中国学生在美国的影响，趋势与分布》(*The Impact of Chinese Students in the US, Charted and Mapped*)，Quartz，2018 年 10 月 2 日。
81. 同上。
82. 王石，《2014 中国出国留学人员再增》；《世界日报》，2014 年 3 月 25 日，A12 版。
83. 元青和岳婷婷，《新时期中国留美教育的发展历程和趋势》。
84. 《中美高等教育合作的新时代》，2019 年 12 月 16—18 日在中国昆山的杜克昆山大学举行的 2019 杜克国际论坛。
85. 同上。
86. 元青和岳婷婷，《新时期中国留美教育的发展历程和趋势》。
87. 同上。
88. 《出国留学五十年数据汇总》。
89. 江波，《四十年出国留学与改革开放》，在中国教育发展战略学会 2018 年学术年会上的发言，2018 年 12 月 3 日。
90. 张烁，《张烁：中国去年出国留学人员数破 60 万》，《人民日报》网站，

2018 年 4 月 1 日。

91. 教育部国际司出国留学工作处、上海市教育科学研究院智力开发研究所,《留学人员回国创业现状及政策研究》,《出国留学工作研究》, No.2（2000）, 第 1 页。

92.《中国留学人员概况》, 新华网, 2009 年 1 月 3 日。在美学习的中国学生学者总数基于中国驻美大使周文重 2005 年 6 月 1 日在西雅图的一次讲演。

93. 同上。

94. 同上。

95. 罗伯特·L. 雅各布森（Robert L. Jacobson）,《中国和美国对交流学生归国问题表示关切》（China and U.S. Express Concerns over Return of Exchange Students）,《高等教育纪事报》（The Chronicle of Higher Education）, 1987 年 6 月 17 日, 第 32 页。

96. 魏能涛,《新时期出国留学教育鸟瞰》, 第 314 页。

97. 汤全起和王慧兰,《21 世纪中国留学教育趋向分析》, 第 4 页。

98. 魏能涛,《新时期出国留学教育鸟瞰》, 第 438 页。

99. 杜瑞清,《中国高等教育》, 第 103 页。

100. 忻福良,《上海吸引海外华人智力的基本思路》（The Basic Line of Thinking in Shanghai's Efforts to Attract Overseas Chinese Intellect）,《中国教育与社会》（Chinese Education and Society）34, No.3（2001 年 5/6 月）, 第 65—77 页。

101. 程开明,《高等教育管理与供资的改革》（Reforms in the Administration and Financing of Higher Education）, 载于阿杰拉斯托和亚当森主编的《后毛泽东时代中国的高等教育》, 第 23 页。

102. 引自裴兆宏,《瞄准世界一流, 构筑人才高地》,《神州学人》, No.1（2003）, 第 34 页。江泽民在 1998 年 5 月北大建校百年纪念会上说了这番话。《新闻周刊》, No.26（2003 年 7 月）。

103.《神州学人》, 2003 年 7 月。

104. 习近平,《在欧美同学会成立 100 周年庆祝大会上的讲话》, 人民网, 2015 年 10 月 21 日。

105. 同上。

106. 长江学者计划的资金来自李嘉诚和他设在香港的长江集团有限公司。长江计划的第一阶段投资总额为 6 000 万港元，其间教育部设立了 300—500 个长江特聘教授职位，任期从 1998 年开始。到 2003 年，445 位长江学者中，410 位（92%）是海归。"春晖计划"为拥有博士学位的中国国民提供在海外教育机构短期工作（6—12 个月）的资助，在短期工作期间为他们提供薪金、免费住房、往返机票和保险。根据中国教育部的消息，自"春晖计划"于 1996 年设立以来，大约 7 000 名学者接受了计划的资助，2003 年 8 月 17 日。
107. 元青和岳婷婷，《新时期中国留学教育的发展历程和趋势》。
108. 《联合早报》，2003 年 4 月 11 日。这九所顶尖精英学校是：北京大学、清华大学、复旦大学、上海交通大学、南京大学、浙江大学、西安交通大学、中国科技大学和哈尔滨工业大学。
109. 《出国留学五十年数据汇总》。
110. 习近平，《在欧美同学会成立 100 周年庆祝大会上的讲话》。
111. 崔大伟、陈昌贵和骆思典，《中国向美国的人才外流：20 世纪 90 年代海外中国学生和学者的观点》，《中国研究专题》（*China Research Monograph*），No.47（Berkeley, CA: Institute of East Asian Studies, University of California, 1995），第 7 页。
112. 菲利普·库姆斯，《外交政策的第四维度：教育与文化事务》（New York: Harper and Row, 1964），第 6—7、17 页。
113. 德怀特·D. 艾森豪威尔，《在史密斯-蒙特法通过 10 周年纪念仪式上的讲话》（讲话，华盛顿特区，1958 年 1 月 27 日）。
114. 卜利平，《使世界和美国一样：教育、文化扩张和美国世纪》（Westport, CT: Praeger, 2003），第 7 页。

第七章

1. 这些是（1）2002 年广东管理科学研究所选出的中国最好的 100 所大学排名，（2）2003 年中国互联网大学做的中国大学排名。
2. 这 25 所顶级大学是（按英文字母顺序）：北京航空航天大学、北京师范大学、华中科技大学、重庆大学、大连科技学院、复旦大学、哈尔滨工业大学、吉林大学、南京大学、南开大学、北京大学、人民大学、山东大学、上海交通大学、四川大学、华南理工大学、东南大学、中山大学、同济大学、清华大学、中国科技大学、武汉大学、西安交通大学、浙江大学和中南大学。

3. 《中国高校排名榜》，人民网。
4. 李利煦，《中国的高等教育改革 1998—2003：总结》(*China's Higher Education Reform 1998-2003: A Summary*)，《亚太教育评论》(*Asia Pacific Education Review*) 5, No.1 (2004)，第 14—22 页。
5. 《对"211 计划"将投资超 100 亿元》，《人民日报》网上版，2008 年 3 月 26 日。
6. 陈学飞，《人才流动与留学之评说》，《神州学人》，2003 年 7 月。
7. 中国文学艺术界联合会，《中国人物年鉴》(北京：中国人物年鉴社，2001 和 2002)。
8. 例如，见王大珩和叶笃正主编的《我的事业在中国——留学与奉献》(上海：上海教育出版社，1999)。
9. 《2019 年上海市大学综合实力排行榜》，研究生教育网 (Graduate Education website)，2019 年 3 月 26 日。
10. 《2018 上海市律师事务所排名前 50 名》，民商法律网，2018 年 1 月 24 日。
11. 许美德，《中国大学 1895—1995：一个文化冲突的世纪》，许洁英翻译 (北京：教育科学出版社，2000)，第 165 页；国家统计局汇编《中国统计年鉴，1999》(北京：中国统计出版社，1999)，第 651 页；《中国高校女生比例不断上升》，科学网，2012 年 10 月 25 日；《2018 届大学生性别报告》，搜狐网，2018 年 4 月 5 日。
12. 《中国研究生男女比例女性逆袭》，新华社，2014 年 3 月 26 日；房琳琳，《中国科学界：女性撑起半边天任重道远》，新华网，2018 年 5 月 8 日。
13. 《中国高校女生比例不断上升》，科学网，2012 年 10 月 25 日；房琳琳，《中国科学界：女性撑起半边天任重道远》。
14. 《世界日报》，2013 年 8 月 3 日，A12 版。
15. 例如，根据张燕东 20 世纪 90 年代晚期在美国雪城大学进行的研究，中国大学的 3 700 个系主任只有 5% 在 50 岁以下。
16. 对出国学习的年轻学生最近的一次调查显示，他们中间多数人 (2/3) 完成学业后计划回国。希望子女回国的父母比例小于想回国的学生比例。易松国,《为什么大学生和中学生想出国?》(Why do College and Middle School Students Want to Go Abroad?),《中国教育与社会》(Chinese Education and Society) 34, No.3(2001年5/6月),第48—56页。

17. 江苏省政府计划到2010年将全省GDP的6%用于教育开支。大部分资金将用于人力资源开发(2003年7月27日)。

18. 李成主编,《连接太平洋两岸的桥梁——美中教育交流1978—2003》。(Lanham, Maryland: Lexington Books, 2005),第96页。

19. 吴燕,《俄罗斯官员:中俄交换学生达8.5万人》(Russian official: Exchange students between China and Russia reach 85,000),中国国际电视台网站(CGTN Website),2019年6月4日。

20. 中国社科院原国际合作局局长黄平说,差距如此之大也许是因为对回国人员定义的不一致。然而,他承认,统计数字显示了在推动自然科学家和社会科学家出国留学方面的巨大不平衡。

21. 雷石山和廖和平,《试论江泽民知识分子思想的发展轨迹》中国社会科学网,2009年9月3日。

22. 熊月之,《上海通史》,第14卷(上海:上海人民出版社,1999),第1—2页。

23. 陈强主编,《海上潮涌:纪念上海改革开放40周年》(上海:上海大学出版社,2018),第264、271页。

24. 同上。

25. 同上。

26. 上海市统计局和国家统计局,上海调查总队,《2018年上海市国民经济和社会发展统计报告》,上海统计网,2019年11月15日。

27. 丹尼斯·西蒙,《在中国从零开始建新大学:杜克昆山大学的案例》(Starting a New University from Scratch in China: The Case of Duke Kunshan University),在2019年12月16—17日于中国昆山举行的2019杜克国际论坛上的发言,论坛主题为"中美高等教育合作的新时代"。

28.《中欧国际工商学院》,凤凰网,2012年10月9日。

29.《2019年金融时报全球MBA排行榜出炉》,《每日经济新闻》,2019年1月28日。

30. 耶鲁、杜克、芝加哥大学和达特茅斯学院联合组成招生队前往上海,从上海的高中生里招生。这 4 个学校已经连续 10 年以上在海外联合招生。

31. 《中国海归的城市居住情况》(City residence for Chinese returnees)，上海市政府网站，2011 年 1 月 6 日。
32. 《51 万多海外学生归国》(More than 510,000 overseas students returned)，《亚洲时报》(Asia Times)，2019 年 4 月 11 日。
33. 李成，《连接太平洋两岸的桥梁》，第 96 页。
34. 例如，童世骏的《论规则》第 2 版（上海：上海人民出版社，2019）和童世骏的《当代中国的精神挑战》（上海：上海人民出版社，2017）。
35. 例如，安德鲁·赫里尔的《全球秩序的崩塌与重建》，译者林曦（北京：中国人民大学出版社，2018）。
36. 蔡定剑，《依法治理》，载于俞可平主编的《中国治理变迁三十年：1978—2008》（北京：社会科学文献出版社，2008），第 142 页。
37. 任淼，《法律文本成形，法治认同尚远》，《多维时报》，2011 年 3 月 18 日，第 17 页。
38. 关于对中国法律发展在专业扩大方面比较乐观的观点，见李成和乔丹·李的《中国法律制度》(China's Legal System)，《中国评论》(China Review)，No.48（2009 年秋），第 1—3 页。
39. 陈甦，《当代中国法学研究》，第 13 页。
40. 顾欣，《重振中国社会：机构转型与社会变化》(Revitalizing Chinese Society: Institutional Transformation and Social Change)，载于王赓武和黄朝翰（John Wong）主编的《中国：二十年的改革与变化》(China: Two Decades of Reform and Change)（Singapore: Singapore University Press and World Scientific Press，1999），第 80 页。
41. 见《我国律师人数已超二十万》，中国律师网络（China Lawyers' Network），2011 年 1 月 10 日。
42. 任淼，《法律文本成形，法治认同尚远》。
43. 《全国律师已达 42.3 万》，每日头条，2019 年 3 月 27 日。
44. 贺卫方、何勤华和田涛主编，《法律文化三人谈》（北京：北京大学出版社，2010），第 87 页。
45. 陈甦，《当代中国法学研究》，第 238 页。
46. 同上。

47. 林戈，《10 年律师人数翻倍》，《律师界》，2018 年 7 月 13 日。
48. 关于上海法律院校的更多讨论，见尼克·威廉（Nick William）的《法学院风云之上海滩》，LawSchool website，2017 年 9 月 18 日。
49. 周正和董宇洲，《从数字看上海律师行业 4 年发展》，腾讯网，2019 年 4 月 2 日。
50. 林戈，《10 年律师人数翻倍》。
51.《上海律师四十年》，豆瓣网，2019 年 4 月 13 日。
52. 在两个国家留过学的人算两次，一个国家一次。
53. 周正和董宇洲，《从数字看上海律师行业 4 年发展》。

第八章

1. 突出的例外是崔大伟和冯杨，《海外学生、海归和国际规范在后毛泽东时代中国的散播》（Overseas Students, Returnees, and the Diffusion of International Norms into Post-Mao China），《国际研究评论》（International Studies Review）16, No.2（2014 年 6 月），第 252—263 页。
2. 苗绿、郑金连和王建芳，《2016 年中国留学回国人员发展情况调研报告》，载于王辉耀和苗绿主编的《中国留学发展报告》，No.6（北京：社会科学文献出版社，2016），第 56—85 页。
3. 同上，第 82 页。
4. 本书的研究在这项调查和我在不同的项目下开展的其他调查之间做了许多比较。比如，百人会的《希望与恐惧：美国人和中国人对彼此的态度——就美中关系所涉问题同时展开的调查》（New York, Committee of 100 Publication，2007 年 12 月）。作者是百人会这次调查的共同主席之一。
5. 黄颖，《上海市海归群体发展状况调查》，《中国人才》（2009 年 12 月），第 20 页。
6. 李成，《回家教书：海归在中国高等教育中的地位和流动》（Coming Home to Teach: Status and Mobility of Returnees in China's Higher Education），载于李成主编的《连接太平洋两岸的桥梁：美中教育交流 1978—2003》（Lanham, MD: Lexington Books，2005），第 92—93 页。
7. 上海市政府侨务办公室和上海市归国华侨联合会，《上海市基本侨情》，上海地方志办公室网站，2013年2月4日。

8. 教育部留学服务中心，《中国教育报告：发展与质量——中国留学回国就业蓝皮书2016》（北京：人民教育出版社，2017）。

9. 张煜，《上海人均GDP突破2万美元》，《解放日报》，2019年3月2日。

10. 普渡大学宗教与中国社会中心，《2018年度在美中国留学生与访问学者调查报告》，2018年10月17日。

11. 同上，第6页。

12.《世界价值观调查第六波：2010—2014》（*World Value Survey Wave 6: 2010—2014*）。

13. 苗绿、郑金连和王建芳，《2016年中国留学回国人员发展情况调研报告》，第77页。

14. 同上。

15. 同上。

16. 上海市欧美同学会课题组，《留学回国人员在沪工作情况的调查与思考》，《海归学人》，No.10，2010年4月7日。

17. "2007年中国公众"民调指百人会做的民意调查，《希望与恐惧：美国人和中国人对彼此的态度》，第12页。"2012年中国公众"民调指百人会做的民意调查，《美—中对彼此的态度》（New York: Committee of 100 Publication, 2012），第53页。"2017年中国公众"指百人会《美中公众的看法：2017年民意调查》（New York: Committee of 100 Publication, 2017），第44页。

18. 奥利维娅·罗萨恩（Olivia Rosane），《2018年世界污染最严重的20个城市》（*The World's 20 Most Polluted Cities in 2018*），EcoWatch，2019年3月6日。

19.《世界10个最糟糕的城市》（*The World's 10 Worst Cities*），《大众科学》（*Popular Science*），2008年6月23日；《世界上20个污染最严重的城市16个在中国》（*16 of World's 20 Most-Polluted Cities in China*），美国之音（Voice of America），2009年10月31日。

20. 对中国城市居民总体信心水平的2009年民调也是零点研究咨询集团做的。见2009年6月发表的《2009年城市生活调查报告》（*The 2009 Urban Life Survey Report*）。那次民调使用了靶向拦截方法。民调开展的时间是 2009 年 5 月 4 日到 10 日，地点有北京、上海、广州、哈尔滨、青岛、大连、武汉、南京、成都和深圳。从这 10 个城市中获取了 3 295 个有效样本，受访者的年龄在 24 岁到 45 岁。

21. 零点研究咨询集团和搜狐新闻中心，《2010 年关于两会热门话题的民调》（ *2010 Survey on Hot Topics in the Two Sessions of the Chinese Government's Annual Meeting* ）。调查报告 2010 年 1 月由零点研究咨询集团公布。

22. 百人会，《美中公众的看法：2017 年民意调查》，第 71 页。

23. 百人会，《希望与恐惧》，第 40 页。

24. 零点研究咨询集团，《中国公共服务的公众评价指数报告 2009》（ *China Public Service Public Evaluation Index Report 2009* ）。这次民调在 7 个城市（北京、上海、广州、武汉、成都、沈阳和西安）使用了多阶段随机抽样法对 18 岁到 60 岁的居民做了家访调查。调查结果根据每个城市的实际人口规模做了加权。误差率为正负 0.92 个百分点。

25. 理查德·威克（Richard Wike）和布鲁斯·斯托克斯（Bruce Stokes），《中国公众认为中国在世界上作用加强，指美国为头号威胁》（ *Chinese Public Sees More Powerful Role in World, Names U.S. as Top Threat* ）。皮尤研究中心网页，2016 年 10 月 5 日。

26. 例如，百人会，《希望与恐惧》。

27. 威克和斯托克斯，《中国公众认为中国在世界上作用加强》。

28. 同上。

29. 同上。

30. 零点研究咨询集团，《2012 年关于中国居民生活质量的调查报告》（ *The 2012 Survey Report on the Quality of Life of Chinese Residents* ）。

31. 零点研究咨询集团，在《2009 年中国人民眼中的世界调查》（ *The 2009 World in the Eyes of Chinese People survey* ）下的《中国城市居民对中国与其他国家关系的评价》（ *The Relationship Evaluation between China and Other Countries by Chinese urban residents* ）。此次民调采用了多阶段随机抽样法，3 000 名受访者居住在包括北京、上海、和广州在内的 10 个城市，年龄在 18 岁以上。有 95% 的把握说此次民调结果误差率为正负 1.06 个百分点。

32. 白洁曦，《中国公众有多强硬？再次审视"上升的民族主义"和中国外交政策》(How Hawkish Is the Chinese Public? Another Look at 'Rising Nationalism' and Chinese Foreign Policy),《当代中国》(Journal of Contemporary China) 28, No.119 (2019年3月), 第689页。

33. 同上。

34. 这次调查对爱国主义和民族主义程度的衡量基本与唐文方在他2008年为估量中国人民族主义情绪开展的民调中采用的开创性方法一样。唐文方在民调中请受访者回答是否同意反映"对我国（中国）感情"的4个说法：(1)"比起任何其他国家，我更愿意做我国的公民。"(2)"如果别国人民更像我国人民，世界将更加美好。"(3)"我国比大多数国家都好。"(4)"我国在国际赛事中取得好成绩令我自豪。"

35. 潘婕和徐轶青，《中国的意识形态光谱》(China's Ideological Spectrum),《Journal of Politics》, 80, No.1 (2018年1月), 第258—260页。

36. 同上，第271页。

37. 同上，第255页。

38. 同上，第255、262页。

39. 白洁曦，《中国公众有多强硬？》, 第679—680页。

40. 同上，第680页。

41. 同上，第692页。

42. 普渡大学宗教与中国社会中心，《2018年度在美中国留学生与访问学者调查报告》，第5页。

43. 陈安，《中国的资本主义发展、企业家阶级和民主化》(Capitalist Development, Entrepreneurial Class, and Democratization in China),《政治学季刊》(Political Science Quarterly) 117, No.3 (2002), 第422页。

第九章

1. 彼得·内维尔-哈德利（Peter Neville-Hadley),《西方人为何误解现代中国艺术——如何改变看法》(Why Westerners Misinterpret Modern Chinese Art—and How Perceptions Can Be Changed),《南华早报》(South China Morning Post), 2019年4月7日。

2. 施选青，《新时期上海美术创作概况》,《上海艺术家》2 (1999), 第12页；中国文化书院讲演录编委会，《中外文化比较研究》（北京：生活·读书·新知三联书店，1989）。

3. 康燕，《解读上海》（上海：上海人民出版社，2001），第351页。

4. 上海前卫艺术家施勇这样描述20世纪90年代初上海的艺术情境："'地下！地下！'许多人都使用这个词，它总是使人联想到抵抗，联想到挺直脊梁坚持意见。但实际上，在大多数情况中，那只是因为我们没有选择！那时候，主流艺术界把我们的艺术看成是垃圾（现在仍有人这么认为，虽然他们不再垄断艺术话语权）。"引自比利亚娜·齐里奇（Biljana Ciric），《卜汉可、申凡、周铁海、施勇和丁乙——我们谈谈钱：上海首次国际传真艺术展》（*Hank Bull, Shen Fan, Zhou Tiehai, Shi Yong, and Ding Yi—Let's Talk about Money: Shanghai First International Fax Art Exhibition*），《艺术：中国当代艺术研究》（*Yishu: Journal of Contemporary Chinese Art*）18, No.2（2019年3/4月），第9页。

5. 张晓凌，《观念艺术：解构与重建的诗学》（长春：吉林美术出版社，1999），第86页。

6. 本章的一部分内容最先出现在李成和林恩·怀特三世的《与西方对话：上海前卫艺术家的政治信息》（*Dialogue with the West: A Political Message from Avant-Garde Artist in Shanghai*）中，《亚洲批判研究》（*Critical Asian Studies*）35, No.1（2003年3月），第59—98页。

7. 刘淳，《薛松访谈录》（太原：三晋出版社，2015），第48页。

8. 白杰明，《艺术销售：谁来买？中国当代艺术在国内与国外》（*Artful Marketing: Who Buys It? Contemporary Chinese Art at Home and Abroad*），《*Persimmon*》1, No.1（2000年春），第23页。

9. 奉家丽，《无尽的不同：论在中国做女性艺术家》（*Limitless Difference: On Being a Chinese Woman Artist*），《亚太艺术》（*Art Asia Pacific*），31（2001），第68页。

10. 麦琪·法利（Maggie Farley），《戛纳少了一部电影》（*One Less Movie at Cannes*），《洛杉矶时报》（*Los Angeles Times*），1999年5月7日，F1版。

11. 高明路主编，*Inside Out: New Chinese Art*, Berkeley and Los Angeles: University of California Press, 1998, 第29页。

12. 钱志坚，《表演身体：张洹、马六明和中国的行为艺术》（*Performing Bodies: Zhang Huan, Ma Liuming, and Performance Art in China*），《艺术学

报》(Art Journal) 58，No.2（1999 年夏），第 70 页。

13. 同上。第 78 页。

14. 卡伦·史密斯，《中国的前卫艺术》(China's Avant-garde)，2001 年 8 月 20 日。类似论点见高名潞，《20 世纪中国艺术的彻底现代性与前卫性》(Total Modernity and the Avant-Garde in Twentieth-Century Chinese Art)(Cambridge, MA: The MIT Press，2011)。

15. 卡伦·史密斯，《上海精神》(The Spirit of Shanghai)，2001 年 8 月 20 日；冀少峰，《当代艺术版图中的上海》，载于马钦忠主编的《象界：上海当代艺术家巡礼》。(上海：学林出版社，2015)，第 11 页。

16. 冀少峰，《当代艺术版图中的上海》，第 12 页。

17. 史密斯，《上海精神》。

18. 关于第三届上海双年展的详细情况，见上海双年展目录（上海：上海双年展，2000）。

19. 巫鸿，《2000 年上海双年展：历史性事件》(The 2000 Shanghai Biennale: The Making of a Historical Event)，《亚太艺术》(Art Asia Pacific)，31 (2001)，第 47 页。

20. 第 12 届上海双年展详情见其官网。

21. 夸特莫克·梅迪纳，《第 12 届上海双年展主题：禹步：历史暧昧时代的艺术》(Theme of the 12th Shanghai Biennale: Proregress: Art in an Age of Historical Ambivalence)，第 12 届上海双年展网站。

22. 在钱雪儿的《第 12 届上海双年展开幕：进退之间，无序或矛盾》中引用，《澎湃新闻》，2018 年 11 月 10 日。

23. 20 世纪 50 年代初全国教育改组后，许多这类学校被关闭。有些迁到杭州，并入浙江美术学院。几十年的时间里，上海连一家艺术学院都没有。见余丁，《新古典风艺术——世纪末的回声》（长春：吉林美术出版社，1999），第 23 页。

24. 上海百年文化史编纂委员会，《上海百年文化史》1（上海：上海科学技术文献出版社，2002），第 35 页。

25. 朱其，《半年多，三展览，五代人，上海当代艺术三十年》，海外集团网站（Overseas Group website）。

26. 这个评估基于中国国内和国外的批评之声。见施选青，《新时期上海美术创作概况》,《上海艺术家》,2(1999),第12—23页;魏明德(Benoit Vermander),《中国绘画的未来》(*The Future of Chinese Painting*),《中国新闻分析》(*China News Analysis*),1601(1998年1月1日),第1—10页。

27. 朱其,《半年多,三展览,五代人,上海当代艺术三十年》。
28. 怀特,《非国家权力》,第2卷,第144页。著名中国当代艺术商人张颂仁(Johnson Chang)说:"在不同历史时期,不同的省份各领风骚。18世纪是扬州;19世纪是上海。今天是上海、北京和四川。"引自《艺术报》(*Art Newspaper*),77(1998年1月),第23页。
29. Richard Kraus 和 Richard P. Suttmeier,*Reconstituting the Arts and Sciences*,载于 Edwin A. Winckler 主编,*Transition from Communism in China: Institutional and Comparative Analyses*,Boulder, CO: Lynne Rienner,1999,第212页。
30. 苏立文,《20世纪中国的艺术和艺术家》(*Art and Artists of Twentieth-Century China*)(Berkeley and Los Angeles: University of California Press, 1996),第272页。然而,上海的一些边缘艺术,如连环画和农民画,即使在20世纪60年代和70年代期间都发展很快,并具有很高的审美质量。见怀特,《非国家权力》第2卷,第144页。
31. 引自蒋祖烜主编,《神话陈逸飞》(长沙:湖南美术出版社,1999),第225页。
32. 康燕,《解读上海》,第334页;还有 Dorothy J. Solinger,*Contesting Citizenship in Urban China*,Berkeley and Los Angeles: University of California Press,1999。
33. 《上海正迅速成为中国的文化之都》(*Shanghai is racing to become China's cultural capital*),《经济学人》(*The Economist*)杂志,2016年11月24日。
34. 顾欣,《上海再工业化的艺术》(*The Art of Re-industrialisation in Shanghai*)载于约翰·弗奈斯(Johan Fornäs)、马丁·弗雷德里克松(Martin Fredriksson)和燕妮·约翰尼松(Jenny Johannisson)主编,《松绑的文化》(*Culture Unbound*)系列第4卷,《上海现代:见微知著?》(*Shanghai Modern: The Future in Microcosm?*)(Linköping, Sweden: Linköping University Electronic Press, 2012),第193—211页;贾斯廷·伯格曼(Justin Bergman),《上海发生艺术爆炸》(*An Arts Explosion Takes Shanghai*),

《纽约时报》(New York Times),2015 年 11 月 8 日。
35. 韩妤齐和张松,《东方的塞纳左岸:苏州河沿岸的艺术仓库》(上海:上海古籍出版社,2004),第 28—29 页。
36. 同上,第 71 页。
37. 伯格曼,《上海发生艺术爆炸》。
38.《这里是我生活的城市上海》(That's Shanghai),2001 年 6 月,第 36—38 页。
39.《关于城市文化的全球领导力》(Global Leadership on Culture in Cities),世界城市文化论坛。
40. 荣跃明和花建,《上海文化产业发展报告 2018》(上海:上海人民出版社和上海书店出版社,2018),第 200 页。
41. 关于上海这两条艺术街的更多信息,见艾里斯·郑(Iris Zheng),《按门牌的绘画:绍兴路上新艺术区的创立》(Painting by the Street Numbers: The Creation of a New Art District on Shao Xing Lu),《这里是我生活的城市上海》(That's Shanghai),2001 年 5 月,第 37 页;《解放日报》,2001 年 8 月 11 日,A8 版。
42. 李伦新、方明伦、李友梅和丁锡满主编,《海派文化与城市创新》(上海:文汇出版社,2010),第 11 页。
43.《世界日报》,2001 年 6 月 3 日,A4 版;也见李成 2001 年夏在上海对张海腾的访谈。这个模式也许会随着中国中产阶层的增长而改变。有些观察者说,外国人在艺术市场上占的份额自 21 世纪开始以来在缓慢减少。据住在台北的中国当代艺术专家魏明德所说,21 世纪第一个十年早期,中国艺术品大约 30% 被台湾买家买走。香港和东南亚居民各占 5%。魏明德,《中国绘画的未来》,第 8 页。
44. 康燕的《解读上海》第 370 页引用。
45. 希勒米·尤索夫(Helmi Yusof),《上海努力成为艺术之都》(Shanghai's Bid to Be an Arts Capital),《商业时报》(Business Times)(新加坡),2016 年 12 月 16 日。
46. 薛红艳,《上海,9+1!——走近苏州河艺术家》(上海:上海人民出版社,2005),第 4 页。
47.《神话/历史 II:上海星空》,《余德耀美术馆杂志》(YUZM Magazine),2015 年 5 月,第 6 页。

48. 徐震,《1199个人：龙美术馆收藏展》(上海：格致出版社, 上海人民出版社, 2019)。
49. 关于此收藏, 见徐震,《1199个人：龙美术馆收藏展》。
50. 王薇,《馆长的话》,《龙艺术》4 (2019), 第 2 页。
51. 同上。
52. 王薇、张庆杰和徐子涵主编,《转折点：中国当代艺术四十年》(上海；上海文化出版社, 2018)。
53. 同上, 第 6—7 页。
54. 尤索夫,《上海努力成为艺术之都》。
55. 阿里·莫里斯 (Ali Morris),《蓬皮杜中心将在戴维·奇普菲尔德的西岸美术馆开设上海分部》(*Centre Pompidou to open Shanghai outpost in David Chipperfield's West Bund Art Museum*), Dezeen 网站, 2017 年 8 月 8 日。
56.《上海正迅速成为中国的文化之都》,《经济学人》(*The Economist*) 杂志, 2016 年 11 月 24 日。
57. 周铁海,《好的艺术空间可以代表城市的灵魂》,《艺术国际》, 2014 年 11 月 5 日。
58. 荣跃明和郑崇选,《上海文化发展报告 2017》(北京：社会科学文献出版社, 2017), 第 5 页; 姜俊,《如何理解"今天"上海当代艺术的繁荣》,《凤凰艺术》, 2018 年 11 月 19 日。
59. 姜俊,《如何理解"今天"上海当代艺术繁荣》。
60. 同上, 第 125 页。
61. 星球研究所,《为什么上海被称为"魔都"？》, 2019 年 6 月 27 日。
62. 巫鸿,《为什么中国需要私人当代艺术博物馆（前言）》(*Why China Needs Private Contemporary Art Museums (Preface)*), 载于巫鸿主编,《收藏家与美术馆：上海余德耀美术馆筹备专集》(广州：岭南美术出版社, 2013), 第 5 页。
63. 巫鸿主编,《当代艺术的实践：美术馆收藏与研究》(广州：岭南美术出版社, 2014), 第 89 页。
64. 在巫鸿的《收藏家与美术馆》第 64 页引用。
65. 姜俊,《如何理解"今天"上海当代艺术的繁荣》。
66. 同上。

第十章

1. 这五位艺术家都有作品在上海香格纳画廊展出。李成感谢香格纳画廊的何浦林在这些艺术家 20 世纪 90 年代期间的作品方面的帮助。李成也通过 2017 年到 2019 年参观上海和别处的其他艺术画廊研究了这些艺术家在 20 世纪 90 年代之后的作品。本章的部分内容最先作为和林恩·怀特合著的《与西方对话：上海前卫艺术家的政治信息》发表，《亚洲批判研究》(Critical Asian Studies) 35, No.1（2003 年 3 月），第 59—98 页。

2. 关于中国知识分子和大学生对美国外交政策批评的详细讨论，见宋强、张藏藏和乔边，《中国可以说不》（北京：中华工商联合出版社，1996）；房宁、王炳权和马利军，《成长的中国：当代中国青年的国家民族意识研究》（北京：人民出版社，2002）。

3. 见林似竹的网站。1999 年汇编，2001 年 1 月更新。

4. 侯瀚如，《裸城：2000 年上海双年展策展笔记》，《亚太艺术》(Art Asia Pacific) 31（2001），第 61 页。

5. 关于北京和其他城市震撼艺术的讨论，见潘文（John Pomfret），《震撼艺术使自由降至新低》(Shock Artists Take Freedom to New Lows)，《华盛顿邮报》(Washington Post)，2001 年 7 月 31 日，C1 版。

6. 关于北京这些艺术家村的更多讨论，见杨颖诗，《通州艺术家社区》(The Tongzhou Artists Community)，《亚太艺术》(Art Asia Pacific) 31（2001），第 72—75 页。

7. 杨卫，《四十一个人》（长沙：湖南美术出版社，2012），第 31—35 页。

8. 马艳，《美术馆时代下的上海当代艺术生态》，《艺术国际》，2013 年 2 月 12 日。

9. 杨卫，《四十一个人》，第 31 页。

10. 林恩·T. 怀特，《非国家权力：中国知识、法律与政府改革的地方原因》，第 2 卷（Armonk, NY: M. E. Sharpe, 1999），第 156 页。

11. 在刘淳的《薛松访谈录》中引用（太原：三晋出版社，2015），第 232 页。

12. 杨卫，《一半海水一半火焰：略谈北京与社会艺术生态的差异》，载于马钦忠主编的《象界：上海当代艺术家巡礼》（上海：学林出版社，2015），第 16 页。
13. 同上。
14. 李旭，《上海抽象——中国当代艺术的重要范本》，《艺术界》，2012 年 2 月 1 日。
15. 安雅兰，*Painters and Politics in the People's Republic of China, 1949-1979*，Berkeley: University of California Press，1994，第 400 页。
16. 克里斯·伊曼茨·埃尔库姆斯（Kris Imants Ercums），《取消了！》（*Cancelled!*），《亚太艺术》（*Art Asia Pacific*），31（2001），第 37 页。
17. 尹继佐，《上海文化发展蓝皮书》（上海：上海社会科学院出版社，2000），第 105 页。
18. 马艳，《表皮与内里——上海当代艺术生态报告》，《东方艺术·大家》，12（2012），第 130—139 页；马艳，《美术馆时代下的上海当代艺术生态》。
19. 马艳，《表皮与内里》。
20. 高名潞，*Inside out: Chinese Art*，Berkeley: University of California Press，1998，第 31 页。
21. 见安东尼奥·葛兰西（Antonio Gramsci）对文化霸权的经典马克思主义分析，《狱中笔记选集》（*Selections from the Prison Notebooks*）（New York: International Publishers，1971）。
22. 比利亚娜·齐里奇，《卜汉可、申凡、周铁海、施勇和丁乙——我们谈谈钱：上海首次国际传真艺术展》，《艺术：中国当代艺术研究》18，No.2（2019 年 3/4 月），第 17 页。
23. 同上。
24. 刘淳，《薛松访谈录》，第 86 页。
25. 薛松，《我的创作观》，载于马钦忠的《象界》，第 170 页。
26. 侯瀚如，《裸城》，第 61 页。
27. 高名潞用此说法指中国前卫艺术运动的总体转变。高名潞，《*Inside Out*》，第 8 页。
28. 侯瀚如，《裸城》，第 61 页。
29. 艺术与收藏集团，《施勇，1993—2014》，《*Shanghai: ShanghaiART Gallery*，

2018》，第 65 页。

30. 同上，第 40—41 页。
31. 同样，武汉艺术家任剑宣称当代艺术变成了产品艺术，如同随时供人享用的快餐。这就是一些艺评家所谓的"艺术的麦当劳化"。引自高名潞，*Inside out: Chinese Art*，第 28 页。
32. 艺术与收藏集团，《施勇》，第 86 页。
33. 施勇，《秘密的真相》，载于马钦忠的《象界》，第 142 页。
34. 艺术与收藏集团，《施勇》，第 214 页。
35. 西内·贝普勒（Sine Bepler），《浦捷的二元视角》，《*Art Link Art*》（中国当代艺术数据库）2007。
36. 张晓凌，《观念艺术解构与重建的诗学》（长春：吉林美术出版社，1999），第 27 页。
37. 黄丹麾和胡戎，《新表现艺术——情感的栖居地》（长春：吉林美术出版社，1999），第 48 页。
38. Karl Polanyi, *The Great Transformation*, New York: Reinhardt, 1944。
39. 张晓凌，《观念艺术解构与重建的诗学》，第 27 页。张晓凌是北京中国美术学院的学者。
40. 皮力，《周铁海：当代艺术的谋略》，载于侯瀚如的《周铁海》（Shanghai: ShanghART Gallery Publication, 2003），第 4 页。
41. 同上。
42. 乔恩·伯里斯（Jon Burris），《周铁海：做艺术不难》（*Zhou Tiehai: It Is Not Difficult to Make Art*），《中国日报》（*China Daily*），2014 年 11 月 7 日。
43. 周铁海，《好的艺术空间可以代表城市的灵魂》，《艺术国际》，2014 年 11 月 5 日。
44. 薛红艳，《上海，9+1！》，第 183 页。
45. 皮力，《周铁海》。
46. 薛红艳，《上海，9+1！》，第 87 页。
47. 奉家丽，《无尽的不同：论在中国做女性艺术家》，《亚太艺术》（*Art Asia Pacific*），31（2001），第 68 页。
48. 蒋祖烜主编，《神话陈逸飞》（长沙：湖南美术出版社，1999），第 154 页。

49. 孙良，《谈中国当代艺术之殇》，《东方早报》，2011年4月1日。
50. 薛红艳，《上海，9+1！》，第86页。
51. 皮力，《周铁海》，第5页。
52. 周铁海（目录），上海，香格纳画廊，2000。
53. 侯瀚如，《骆驼先生，对今日上海最忠实的肖像——周铁海的作品》（*On Zhou Tiehai's Work: Mr. Camel, the Most Faithful Portrait of Shanghai Today*），香格纳画廊，2006年9月11日。
54. 孙津，《波普艺术——断层与绵延》（长春：吉林美术出版社，1999），第21—22页。
55. 王爱华，《具有伸缩性的公民身份：跨国性的文化逻辑》（Durham, NC: Duke University Press, 1999），第18页。
56. 王昌浩，《析世鉴——天书》载于靳濛濛、王青云和郝赫汇编，《伟大的作品，伟大的历程1978—2018》（北京：人民美术出版社，2018），第40页。
57. 梁硕恩（Simon Leung）和珍妮特·A.卡普兰（Janet A. Kaplan）在《伪语言：与谷文达、徐冰和乔迅的谈话》（*Pseudo-Languages: A Conversation with Wenda Gu, Xu Bing, and Jonathan Hay*）中引用。《艺术杂志》（*Art Journal*）58, No.3（1999年秋），第87—99页。
58. 引自高名潞，*Inside Out: Chinese Art*，第35页。
59. 同上。
60. 关于谷文达的《联合国系列——中国纪念碑：天坛》（*United Nations Series—China Monument: Temple of Heaven*），见《谷歌艺术与文化》（*Google Arts & Culture*）。
61. 薛松，《访谈》，《美术文献》，2014年7月15日。
62. 丁乙，《形式即精神》，载于马钦忠的《象界》，第88页。
63. 卢世伟，《丁乙：城市的艺术文脉》，《市场周刊》（2013年10月），第78—79页。
64. Artspy.cn网站，2019年5月5日。
65. 丁乙，《形式即精神》，第92页。
66. 冯博一主编，《十×三十：丁乙作品》，《上海：上海人民美术出版社，2018》，第54页。

67. 沈嘉禄，《丁乙的密码》，《新民周刊》（2011年12月14日），第60页。
68. 薛红艳，《上海，9+1！》，第5页。
69. 沈嘉禄，《丁乙的密码》，第58页。
70. 丁乙，《形式即精神》，第92页。
71. 冯博一，《十 × 三十》，第29页。
72. 冀少峰，《当代艺术版图中的上海》，载于马钦忠的《象界》，第15页。
73. 鲍栋，《丁一"十示"：从精神启蒙到观念自省》，《中国艺术》，2016年5月18日。
74. 冯博一，《十 × 三十》，第251页。
75. 关于政府外和企业内政治现实的比较，见E. E.谢茨施耐德（E. E. Schattschneider），《半主权人民》（The Semi-Sovereign People）（New York: Dreyden，1960）。
76. 王远，《一个"涂像"制造者的自语》，载于马钦忠的《象界》，第176页。

第十一章

1. 乔纳森·怀特（Jonathan White），《科比·布莱恩特：中国跟随前湖人队友对这位NBA明星致敬并哀悼》（Kobe Bryant: China's Tributes Led by Ex-Lakers Teammates as China Mourns NBA Star），《南华早报》（South China Morning Post），2020年1月27日。
2. 李成和王秋阳，《科比·布莱恩特和他对中美友谊的持久影响》（Kobe Bryant and His Enduring Impact on the Sino-American Friendship），《中美聚焦》（China-U.S. Focus），2020年3月4日。
3. 关于科比·布莱恩特的微博账户。
4. 朱斯蒂娜·科尔曼（Justine Coleman），《美国历史上首次50个州全部宣布紧急状态》（All 50 States Under Disaster Declaration for First Time in US History），《国会山报》（The Hill），2020年4月12日；霍利·塞孔（Holly Secon）和艾林·伍德沃德（Aylin Woodward），《约95%的美国人被命令居家。此地图显示了被封闭的城市和州》（About 95% of Americans Have Been Ordered to Stay at Home. This Map Shows Which Cities and States are Under Lockdown），《商业内幕》（Business Insider），2020年4月7日。
5. 多米尼克·拉什（Dominic Rushe）和阿曼达·霍尔普赫（Amanda

Holpuch),《飓风来袭：新冠病毒严重打击经济使 2 200 万美国人失业》(*Hit by a Hurricane: 22m Out of Work in US as Coronavirus Takes Heavy Economic Toll*),《卫报》(*Guardian*), 2020 年 4 月 16 日。

6. 王毅,《中国已向近 150 个国家和 4 个国际组织提供紧急援助》, 新浪网, 2020 年 5 月 24 日。

7. 黄严忠,《新冠疫情可能打乱美国药品供应》(*The Coronavirus Outbreak Could Disrupt the U.S. Drug Supply*), 对外关系委员会 (Council on Foreign Relations), 2020 年 3 月 5 日; 道格·帕尔默 (Doug Palmer) 和芬巴尔·伯明翰,《美国决策者担心中国将药物出口"武器化"》(*U.S. Policymakers Worry about China "Weaponizing" Drug Exports*), Politico, 2020 年 4 月 20 日。

8. 乔希·温格罗夫 (Josh Wingrove),《库德洛说美国应给公司报销"100%的眼前费用"》(*Kudlow Says U.S. Should Allow Firms "100% Immediate Expensing"*) 彭博社 (Bloomberg), 2020 年 4 月 9 日。

9. 珍妮·李 (Jane Li),《美国和中国就新冠病毒的互相攻讦日益激烈》(*The US and China Are in an Increasingly Nasty War of Words over the Coronavirus*), Quartz, 2020 年 3 月 17 日。

10. 例子有约书亚·纳尔逊 (Joshua Nelson),《汤姆·科顿兜售让中国为向世界散播新冠大流行赔偿的法案》(*Tom Cotton Touts Bill to Make China Pay for Unleashing Pandemic on the World*),《福克斯重点新闻》(*Fox News Flash*), 2020 年 4 月 20 日。

11.《外交部发言人耿爽的 2020 年 4 月 20 日例行记者会》, 中华人民共和国外交部, 2020 年 4 月 20 日。

12.《中国对付得了美国：学者》(*China Can Deal with the US: Scholars*),《环球时报》, 2020 年 7 月 7 日。

13. 约翰·博登 (John Bowden),《基辛格警告说中美正处于"冷战的山麓"》(*Kissinger Warns China, US Are in "Foothills of a Cold War"*),《国会山报》(*The Hill*), 2019 年 11 月 21 日。

14. 亨利·A. 基辛格,《新冠病毒大流行将永远改变世界秩序》,《华尔街日报》(*Wall Street Journal*), 2020 年 4 月 3 日。

15. 伊沃·达尔德,《大流行的严肃教训。需要加强而不是减少国际合作》(*Amid the Pandemic, a Sobering Lesson. More, Not Less, International Cooperation Needed*),《芝加哥论坛报》(*Chicago Tribune*), 2020 年 4 月 9 日。

16. 同上。

17. 约书亚·库珀·雷默,《我曾在 2003 年近距离观察 SARS 病毒。这次的病毒有何不同》(*I Had a Ringside Seat For the SARS Virus in 2003. Here's How This Coronavirus Is Different*),《洛杉矶时报》(*Los Angeles Times*), 2020 年 2 月 11 日。

18. 彼得·贝纳特,《特朗普与中国闹翻有致命的后果》(*Trump's Break with China Has Deadly Consequences*),《大西洋月刊》(*The Atlantic*), 2020 年 3 月 28 日。

19. 比尔·盖茨,《下一次大爆发？我们没有做好准备》(*The Next Outbreak? We're Not Ready*), TED Talks, 2015 年 4 月 3 日。

20. 同上。

21. 威廉·巴尔,《在杰拉德·R. 福特总统博物馆关于中国政策的讲话》(*Remarks on China Policy at the Gerald R. Ford Presidential Museum*)(2020 年 7 月 16 日在明尼苏达州大急流城的演讲), 美国司法部。

22.《美国日渐缩小的中产阶层：细察都市地区的变化》(*America's Shrinking Middle Class: A Close Look at Changes within Metropolitan Areas*), 皮尤研究中心, 2016 年 5 月 11 日。

23. 世界不平等数据库,《收入增长 1980—2014》(*Income Growth 1980-2014*), 全球战略 (Global Strategies), 2018 年 11 月 20 日。

24. 同上。

25. 巴尔,《关于中国政策的讲话》。

26. 杰弗里·D. 萨克斯,《美国对中国不光彩的讨伐》(*America's Unholy Crusade against China*), Project Syndicate, 2020 年 8 月 5 日。

27. 中华人民共和国国务院,《新时代的中国国防》白皮书, 2019 年 7 月 24 日。

28. 萨克斯,《美国对中国不光彩的讨伐》。

29. 迈克尔·D. 斯温,《我希望美国政府不要蠢到在这些领域挑衅中国》,《环球时报》网站, 2020 年 8 月 5 日。

30. 理查德·哈斯，《迈克·蓬佩奥不懂中国的地方，理查德·尼克松与美国外交政策》（What Mike Pompeo Doesn't Understand about China, Richard Nixon and U.S. Foreign Policy），《华盛顿邮报》（Washington Post），2020年7月25日。
31. 同上。
32. 杰弗里·A.贝德，《正在改变的中国政策：我们在寻找敌人吗？》，布鲁金斯中国战略论文系列，第1篇，2015年6月。
33. 哈斯，《迈克·蓬佩奥不懂中国的地方》。
34. 《美国对中华人民共和国的战略方针》（United States Strategic Approach to the People's Republic of China），白宫，2020年5月20日。
35. 德先生，《550万华人在美人才现状》，《知乎》，2020年6月16日。
36. 亚历山德拉·尹-亨德里克斯，《对中国学生的签证限制令学界惊心》，《纽约时报》（New York Times），2018年7月27日。
37. 乔恩·希尔森拉特（Jon Hilsenrath）和乔恩·坎普（Jon Kamp），《一位约翰斯·霍普金斯大学教授和她的中国学生是如何追踪新冠病毒的》（How a Johns Hopkins Professor and Her Chinese Students Tracked Coronavirus），《华尔街日报》（Wall Street Journal），2020年5月9日。
38. 伯恩斯，《美国需要新的外交政策》。
39. 《中国对付得了美国》。
40. 黄奇帆，《中美关系及未来10年世界五大趋势》，在中国金融四十人论坛上的讲话，2020年6月9日。
41. 郑永年，《美国与中国脱钩意味着与整个东亚产业链重组，成本太大》，2020年6月2日。
42. 斯科特·肯尼迪和谭世宁，《华盛顿和西方产业脱钩》（Decoupling between Washington and Western Industry），CSIS网站，2020年6月10日。
43. 同上。
44. 欧逸文（Evan Osnos），《打打谈谈：美国与中国争斗的未来》（Fight Fight, Talk Talk: The Future of America's Contest with China），《纽约客》（New Yorker）杂志，2020年1月13日，第35页。
45. 詹姆斯·马尼卡（James Manyika）、阿努·马加弗卡（Anu Madgavkar）、苏珊·伦德（Susan Lund）和安德雷·米罗年科（Andrey Mironenko），

《中国与世界：理解变化中的经济联系》，麦肯锡全球研究所出版（McKinsey Global Institute Publication），2019 年 7 月，第 17 页。

46. 列夫·博罗多夫斯基（Lev Borodovsky），《每日一瞥：美国消费者情绪探底？》（*The Daily Shot: Is U.S. Consumer Sentiment Bottoming?*），《华尔街日报》（*Wall Street Journal*），2020 年 4 月 20 日。

47. 斯蒂芬·罗奇，《美中关系的终结》（*The End of the US-China Relationship*），《中美聚焦》（*China-US Focus*），2020 年 5 月 3 日。

48. 斯蒂芬·罗奇，《美元即将崩溃》（*A Crash in the Dollar Is Coming*），彭博社（Bloomberg），2020 年 6 月 8 日。

49. 李显龙，《濒临险境的亚洲世纪，美国、中国和对抗的危险》（*The Endangered Asian Century America, China, and the Perils of Confrontation*），《外交事务》（*Foreign Affairs*）杂志，2020 年 7/8 月。

50. 蓬佩奥，《共产党中国与自由世界的未来》问答部分。

51. 王义桅，《西方的"双重标准"：根源与根治》，《澎湃新闻》，2020 年 5 月 5 日。

52. 余东晖，《谢淑丽答中评：冷战言行令美失去中国朋友》，中国评论新闻网，2020 年 7 月 26 日。

53. 在李燕妮（Yen Nee Lee）写的《前美国外交官说，"蓬佩奥攻击中国的演讲会产生'反效果'"》（*Pompeo's Speech Slamming China Will Have the "Opposite Effect," Says Former U.S. Diplomat*）中引用。美国消费者新闻与商业电视网（CNBC website），2020 年 7 月 24 日。

54. 爱德华·坎宁汉（Edward Cunningham）、托尼·赛奇（Tony Saich）和杰西·图列尔（Jessie Turiel），《理解中共的韧性：对中国公共舆论的长期调查》（*Understanding CCP Resilience: Surveying Chinese Public Opinion through Time*），哈佛大学肯尼迪学院阿什民主治理与创新中心，2020 年 7 月。

55. 坎宁汉、赛奇和图列尔，《理解中共的韧性》。

56. 雷光、玛格丽特·罗伯茨（Margaret Roberts）、徐轶青和赵建南，《大流行中中国人对政府的支持加强，对美国的看法转差》（*Pandemic Sees Increase in Chinese Support for Regime, Decrease in Views towards the U.S.*），加州大学圣地亚哥分校中国数据实验室，2020 年 6 月 30 日。

57. 黎安友，《威权合法性之谜》（The Puzzle of Authoritarian Legitimacy），《民主杂志》（Journal of Democracy）31，No.1（2020年1月），第158—168页。

58. 《中国说美国对中共党员的旅行禁止"可怜"》（China Says a US Travel Ban on Communist Party Members Would Be "Pathetic"），BBC，2020年7月16日。

59. 陆梅吉，《给中国定罪》（Criminalizing China），《刑法与犯罪学杂志》（Journal of Criminal Law and Criminology）111，No.1（2020年6月）；陈玉轩和张娟，《陆梅吉：美国司法部的"中国行动"有悖美国的价值观》，《中美印象》，2020年7月25日。

60. 陆梅吉，《给中国定罪》。

61. 黄绒，《美FBI雇华人举报华裔科学家》，《中美印象》，2020年6月19日。

62. 孟建国（Paul Mozur）和凯德·梅茨（Cade Metz），《人工智能领域中的美国秘密武器：中国人才》（A U.S. Secret Weapon in A.I.: Chinese Talent），《纽约时报》（New York Times），2020年6月9日，也见马尔科·波洛（Marco Polo），《全球人工智能人才追踪》（The Global AI Talent Tracker），保尔森研究所。

63. 同上。

64. 《研究与开发支出（占GDP的%）——世界，美国，中国》（Research and Development Expenditure (% of GDP)—World, United States, China），联合国教科文组织统计研究所。

65. 哈斯，《迈克·蓬佩奥不懂中国的地方》。

66. 伯恩斯，《美国需要新的外交政策》。

67. 梁建章，《开放国际互联网可以彻底打碎美国封锁Tiktok的正当性》，新浪网，2020年8月2日。

68. 副国务卿安东尼·布林肯、美国驻华大使麦克斯·鲍卡斯（Max Baucus），新闻圆桌会，中国北京花马天堂餐馆，2015年10月8日，美国大使馆和领事馆网站。

69. 亚历克斯·沃德（Alex Ward），《乔·拜登在胜选讲话中说："让美国这个妖魔化的黑暗时代开始结束吧。"》（Joe Biden in Victory Speech: "Let This Grim Era of Demonization in America Begin to End"）Vox，2020年11

月 7 日。
70. 郑永年，《中美之争》，《华尔街文摘》，2020 年 7 月 8 日。
71. 伯恩斯，《美国需要新的外交政策》。
72. 尤瓦尔·诺厄·哈拉里（Yuval Noah Harari），《新冠病毒之后的世界》（The World after Coronavirus），《金融时报》（Financial Times），2020 年 3 月 20 日。
73. 欧逸文，《打打谈谈》，第 38 页。
74. 理查德·马德森，《美国想象中的中国》，《Dissent》（1998 年冬），第 54 页。
75. 俞可平，Democracy Is a Good Thing: Essays on Politics, Society and Culture in Contemporary China，Washington DC: Brookings Institution Press，2009。

附录：插图

插图 1　黄永砯《沙的银行，银行的沙》
2000 年，沙、水泥，350 × 600 × 430 厘米
管艺当代文献馆收藏，致谢沈远
图片由 UCCA 尤伦斯当代艺术中心提供

Huang Yong Ping, *Bank of Sand, Sand of Bank*
Sand and cement, 350 × 600 × 430 cm
Collection of Guanyi Art Archive, Beijing Courtesy Shen Yuan
Image courtesy UCCA Center for Contemporary Art

插图 2 薛松关于上海浦东金融区的作品
* 插图 2—插图 15 由香格纳画廊何浦林先生提供
Image courtesy Lorenz Helbling from Shangh ART

插图 3　施勇《第一次约会》

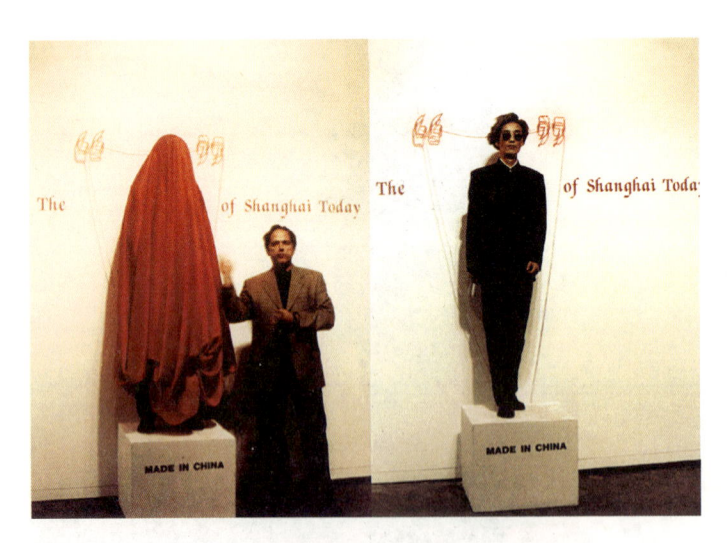

插图4　施勇《上海今日新形象》

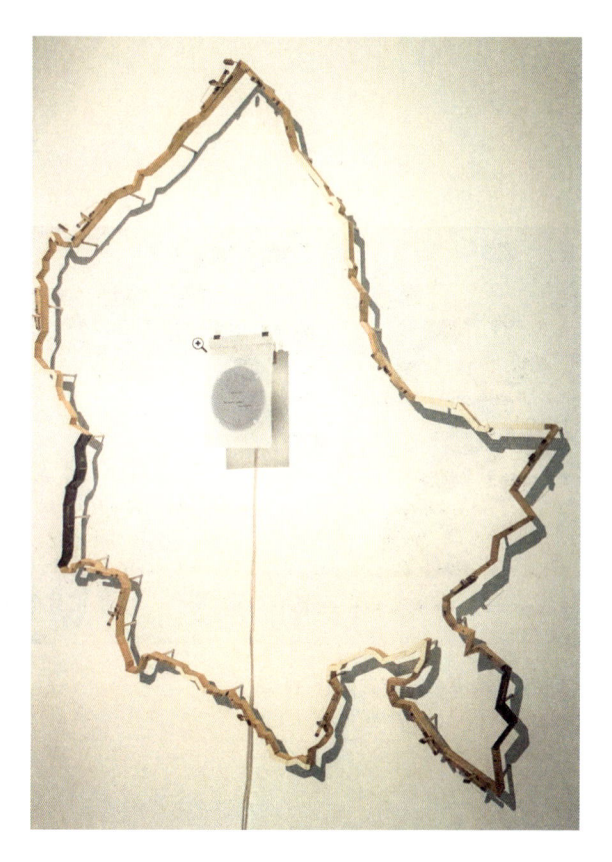

插图 5　施勇《在另一个句子里忽隐忽现——消息不胫而走》

插图 6　浦捷《互联网时代 11 号》

插图 7　浦捷《头是她》

插图 8　周铁海《安慰药》

插图 9　周铁海《朱利安尼》

插图 10　周铁海《法官》

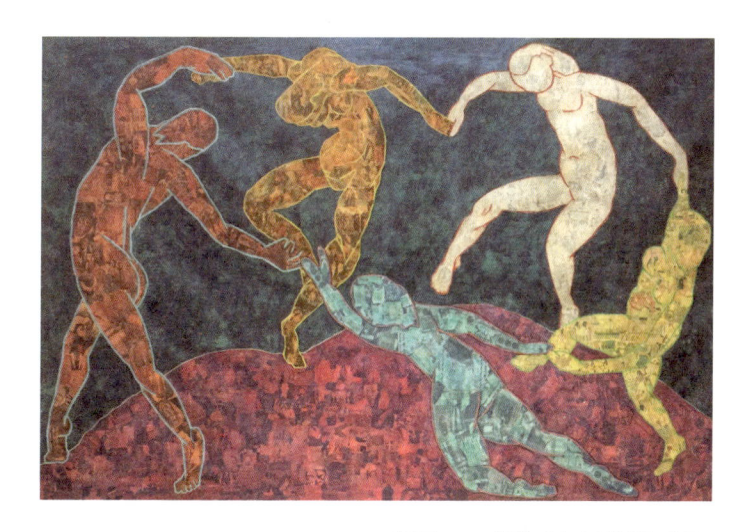

插图 11　薛松《与马蒂斯对话》

插图 12　薛松个人画展"不搭介"的宣传画

插图 13 丁乙《十示》

插图 14　丁乙《如意》

插图 15　丁乙《太极》

附录：略语表

AI	人工智能
APEC	亚太经合组织
APIs	活性药物成分
BLM	黑人的命也是命
BRI	"一带一路"倡议
BRICS	金砖国家
CAS	中国科学院
CASS	中国社会科学院
CATI	计算机辅助电话调查系统
CDC	中国疾病预防控制中心
CCG	中国与全球化智库
CCP	中国共产党
CCYL	中国共青团
CEIBS	中欧国际工商学院
CELAC	拉美和加勒比国家共同体

CGP	中美化学研究生项目
CMC	中共中央军委
CPPCC	中国人民政治协商会议
CPS	中共中央党校
CSSC	中国船舶工业集团有限公司
CUSBEA	中美生物化学联合招生项目
CUSPEA	中美联合招考物理研究生项目
CVRD	淡水河谷公司
DRAM	动态随机处理存储器
GDP	国内生产总值
AGP	政府采购协议
FARA	美国外国代理人登记法
FBI	联邦调查局
FDI	外国直接投资
FTZ	自由贸易区
HSBC	汇丰银行
IMF	国际货币基金组织
IOT	物联网
IPR	知识产权
MNCs	多国公司
NBA	美国篮球联盟
NDAA	美国国防授权法
NDB	新开发银行

NDRC	中国国家发展和改革委员会
NGO	非政府组织
NIH	美国国立卫生研究院
NPC	中国全国人民代表大会
NYSE	纽约证券交易所
PBOC	中国人民银行
PLA	中国人民解放军
PPE	个人防护用品
PRC	中华人民共和国
PSA	上海当代艺术博物馆
PSC	中共中央政治局常务委员会
RMB	人民币（中国货币）
S&T	科学技术
SAIC	上海汽车集团股份有限公司
SARS	严重急性呼吸道综合征（非典）
SCO	上海合作组织
SFTZ	上海自由贸易区
SOEs	国有企业
SSE	上海证券交易所
SSTIC	上海科技创新中心
STEM	科学、技术、工程和数学
TVEs	乡镇企业
UNCTAD	联合国贸发大会

UNESCO	联合国教育、科学及文化组织
VAT	增值税
WHO	世界卫生组织
ZNIIDZ	张江国家自主创新示范区